Alessandro Lazzari:
»Das Eine, was der Menschheit Noth ist«

Spekulation und Erfahrung

Texte und Untersuchungen zum Deutschen Idealismus

Abteilung II: Untersuchungen Band 49

»Das Eine, was der Menschheit Noth ist«

Einheit und Freiheit in der Philosophie Karl Leonhard Reinholds (1789–1792)

von Alessandro Lazzari

frommann-holzboog 2004

Dieser Band wird vorgelegt von der Fichte-Kommission der Bayerischen Akademie der Wissenschaften

Gedruckt mit freundlicher Unterstützung des Forschungskredits der Universität Luzern, des Istituto Italiano per gli Studi Filosofici (Neapel) sowie der Josef Schmid-Stiftung (Luzern)

Bibliographische Information Der Deutschen Bibliothek

Die Deutsche Bibliothek verzeichnet diese Publikation in der Deutschen Nationalbibliographie; detaillierte bibliographische Daten sind im Internet über <http://dnb.ddb.de> abrufbar

ISBN 3-7728-2213-4

www.frommann-holzboog.de
Satz: golden section · Klaus H. Pfeiffer, Stuttgart
Druck: Offizin Chr. Scheufele, Stuttgart
Einband: Schaumann, Darmstadt
Gedruckt auf säurefreiem und alterungsbeständigem Papier

per i miei genitori
con Andréa, Marco e Vitória,
e in memoria di Ursula Höing

Inhalt

... da ich zum letztenmal an einem Orte auftrete, ...wo es mir gelungen ist, den allein seligmachenden Glauben an Freyheit des Willens in so vielen Herzen aufzuwecken und gegen Speculation der Vernunft sicher zu stellen ...

K. L. Reinhold, Jena, 28. März 1794
(Genius der Zeit, S. 253)

Vorwort

Vorliegende Arbeit stellt die leicht revidierte Fassung meiner Dissertation dar, die von der Philosophischen Fakultät der Universität Freiburg (Schweiz) im November 2000 angenommen wurde. In ihr lege ich die Ergebnisse des ersten Teils einer umfassenderen Untersuchung über die Genese von J. G. Fichtes »Wissenschaftslehre« vor. Zahlreiche Personen und Institutionen sind ihrer Entstehung förderlich gewesen. Für wertvolle Unterstützung, für Kommentare, Kritiken und Ermutigungen bin ich Karl Ameriks, Valentin Dagon, George di Giovanni, Karen Gloy, Otfried Höffe, Ruedi Imbach, Frederick Neuhouser sowie den Teilnehmerinnen und Teilnehmern der ersten und zweiten internationalen Reinhold-Tagung (Bad Homburg 1998; Luzern 2002) dankbar. Für ihr sorgfältiges Korrekturlesen bin ich meiner Schwester Daniela Dank schuldig. Martin Bondeli, Alexander von Schönborn und Jean-Claude Wolf sind meinem Reinhold-Projekt von Anfang an mit Rat und Kritik beigestanden. Mit ihnen konnte ich in den letzten Jahren alle Teile des Manuskripts diskutieren und zahlreiche Verbesserungen anbringen. An sie geht deshalb mein ganz besonderer Dank. Für vielfache Hilfe bei der Beschaffung oft nur schwer zugänglicher Materialien bedanke ich mich bei folgenden Institutionen: Bayerische Staatsbibliothek (München), Jagellonische Bibliothek (Krakau), Boston Public Library, Geheimes Staatsarchiv Preußischer Kulturbesitz (Berlin), Goethe und Schiller-Archiv (Weimar), Houghton Library (Cambridge, U.S.A.), Kantons- und Universitätsbibliothek Freiburg (Schweiz), Kantons- und Universitätsbibliothek Lausanne (Schweiz), Königliche Bibliothek (Kopenhagen), Landesbibliothek Coburg, National Library of Medicine (Bethesda, U.S.A.), Österreichische Nationalbibliothek Wien, Sächsische Landesbibliothek Dresden, Staats- und Universitätsbibliothek Hamburg, Stadt- und Universitätsbibliothek Bern, Thüringer Universitäts- und Landesbibliothek Jena, Universitätsbibliothek Erlangen, Universitätsbibliothek Marburg, Universitätsbibliothek München, Universitätsbibliothek Tartu (Estland), Widener Library (Cambridge, U.S.A.), Zentralbibliothek Zürich, Zentral- und Hochschulbibliothek Luzern

(Schweiz). Für die finanzielle Unterstützung meines einjährigen Forschungsaufenthalts an der Harvard-Universität (1995/1996) sei an dieser Stelle dem Schweizerischen Nationalfonds zur Förderung der wissenschaftlichen Forschung gedankt. Für den großzügigen Druckkostenzuschuß geht mein herzlicher Dank an den Forschungsfonds der Universität Luzern, an das Istituto Italiano per gli Studi Filosofici (Neapel) sowie an die Josef Schmid-Stiftung (Luzern).

Luzern, Mai 2003 Alessandro Lazzari

Einleitung

Die Beurteilung der Rolle Karl Leonhard Reinholds (1757-1823)[1] innerhalb der komplexen philosophischen Entwicklung zwischen Kant und Hegel befindet sich im Wandel. War bis vor kurzem Reinhold in Untersuchungen über die deutsche klassische Philosophie überhaupt erwähnt, so vor allem als Zwischenglied und vorbereitende Erscheinung für die »eigentlich großen« Denker des deutschen Idealismus: Fichte, Schelling und Hegel. Sein Beitrag zum philosophischen Diskurs dieser Zeit wurde meistens auf zweierlei reduziert: die Wiedereinführung des Systemgedankens und die gegenüber den philosophischen Klassikern noch verbleibenden, aber lehrreichen »Unzulänglichkeiten«.[2] Einige wenige verdienstvolle Studien haben bisher versucht, Reinhold als eigenständigen Denker ernstzunehmen. Bis zu Beginn der sechziger Jahre handelt es sich jedoch um isolierte Versuche.[3]

1 Zu Reinholds Leben und Wirken vgl. E. Reinhold (1825), S. 3-126; Hasse (1826); Rosenkranz (1840/1987), S. 325-335; Wurzbach (1873); Keil (1885), S. 5-72; Prantl (1889); Weinhandl (1930); Rohs (1969); Alwast (1979); Schröpfer (1995); Rauchbauer (1996), S. 9-30. Vgl. auch die Gesamtdarstellung von D. Breazeale (1982).

2 Vgl. Fischer (1914), S. 6-46; Zynda (1910), S. 45-67; Pallon (1921), S. 13-18; Léon (1922/24), I, S. 219-226, 433-440, 574-578, II, S. 158-164, 234ff., 270-294; Hartmann (1960), S. 8-15; Cassirer (1920/1994), S. 33-58; Carabellese (1929), S. 107-119; Wundt (1932), S. 143-181; Pfeifer (1935); Olivier (1941), S. 22-49; Pierini (1941) und Durante (1943), S. 19-41. Vgl. ferner Michelet (1837), S. 222-244; Moeller (1910), S. 121-134; Kronenberg (1912), bes. S. 135-143; von Aster (1921), S. 543-554; Kroner (1921), S. 315-326; Maréchal (1947), bes. S. 195-203; Zacharias (1948), S. 70-75; de Muralt (1958), bes. S. 11-33; Lenk (1968), S. 46-58; Leopoldsberger (1968/69), bes. S. 7-12; Schuhmann (1968); Nelson (1973), S. 260-275; Baumanns (1974), S. 27-47; Röttgers (1974); Timm (1974), S. 397-421; König (1980); Engfer (1982), S. 39-42; Sauer (1982), bes. S. 57-106. E. Reinhold (1845), S. 79-106, und Eberstein (1799), S. 302-347, liefern hauptsächlich eine Paraphrase von Reinholds Theorie des Vorstellungsvermögens. Zur bisherigen Reinhold-Rezeption, ihren Defiziten und den Gründen derselben vgl. die Ausführungen von A. von Schönborn (1991), S. 20ff.

3 Vgl. Erdmann (1834/1931), bes. S. 422-495; Holzer (1921); Adam (1930); Selling (1938); Verra (1951); Klemmt (1958) und (1961); Cloeren (1972).

Eine eigentliche Reinhold-Forschung setzt erst im Zusammenhang mit den Arbeiten an der von Reinhard Lauth begründeten kritischen Gesamtedition der Schriften J.G. Fichtes (GA) ein.[4] Durch sie wurden viele Briefe Reinholds zum ersten Mal dem Publikum vorgelegt und ein erster Einblick ermöglicht in die komplexe Natur der Beziehungen zwischen Reinhold und Fichte. In der Folge dieses erneuten Interesses sind auch die 1963 und 1978 respektive stattfindenden Neuauflagen zweier Hauptwerke Reinholds aus der Jenaer Zeit anzusiedeln – der *Versuch einer neuen Theorie des menschlichen Vorstellungsvermögens* (1789, nachgedruckt durch die Wissenschaftliche Buchgesellschaft Darmstadt) und die Schrift *Ueber das Fundament des philosophischen Wissens* (1791, nachgedruckt in Meiners Philosophischer Bibliothek)[5] –, und die erstmalige zumindest partielle Publikation derselben in holländischer, französischer, italienischer und englischer Sprache.[6] Als entscheidend für die beachtliche Entwicklung der Reinhold-Forschung in den letzten Jahren haben sich aber vor allem die Veröffentlichung 1983 des ersten Bandes der Gesamtausgabe der Briefe (Korr.) und, acht Jahre später, der ersten umfassenden Bibliographie (von Schönborn (1991)) erwiesen.

Die seitdem unter vielfachen Gesichtspunkten erfolgende Untersuchung von Reinholds philosophischem Wirken[7] hat bereits zu einer

4 Vgl. in diesem Zusammenhang auch die wichtigen Arbeiten von Lauth (1974) und (1979); Spickhoff (1961); Baum (1973); Mensen (1974) und Teichner (1976).

5 Eine Neuauflage von Reinholds Schrift *Die Hebräischen Mysterien oder Die älteste religiöse Freimaurerey* (1788) ist 2001 erschienen (Edition Mnemosyne, hrsg. von Jan Assmann), während ein Nachdruck der Schriften *Grundlegung einer Synonymik* (1812) und *Das menschliche Erkenntnisvermögen* (1816) bei Minerva vorbereitet wird.

6 Vgl. van Spanje (1988); Chenet (1989); Gallo (1993); Röhr (1995); Goubet (1999) und di Giovanni / Harris (2000) (1. Aufl. 1985).

7 Reinholds Rolle im philosophischen Kommunikationsnetz zwischen Tübingen, Frankfurt und Jena/Weimar ist vor allem D. Henrich nachgegangen. Vgl. hierzu Henrich (1989), (1991), (1992) und (1997); vgl. auch Stamm (1995), (1997) und Stolzenberg (1986), (1996). Zu Reinholds Einfluß auf die Romantiker vgl. vor allem Frank (1996) und (1997). Zu Reinholds Spätphilosophie vgl. Schrader (1993); Valenza (1994) und Bondeli (1995); über sein Verhältnis zum Berner Hegel vgl. Bondeli (1997). R. Lauth (1979), H. Schüttler (1988) und G. Fuchs (1994) haben die Einflüsse des Illuminatismus auf Reinholds Philosophie untersucht, P. Perconti (1999), Kap. 5, und P. Valenza (2003) dessen späte Sprachphilosophie. Siehe ferner Schrader (1983)

entscheidenden Wandlung des bis dahin gängigen Bilds geführt: Reinhold erscheint immer weniger als ein »subalterner Kopf«[8], dessen Beitrag sich im Schatten Kants und Fichtes in der Popularisierung philosophischer Gedanken erschöpft, und immer mehr als ein Denker, der die Entwicklung der nachkantischen deutschen Philosophie weitaus tiefer geprägt hat, als bisher wahrgenommen wurde und von den philosophischen »Giganten« dieser Zeit eingeräumt werden konnte.

Diese Wandlung betrifft nun nicht gleichermaßen theoretische und praktische Philosophie. Vielleicht unter dem Einfluß eines Urteils J.E. Erdmanns, wonach die praktische Philosophie *nicht* zu dem gehört, was von Reinholds Denken nicht genügend gewürdigt ist, weil dasjenige, »was er [...] hinsichtlich des Praktischen geschrieben hat, [...] zum Theil nur Wiedererzählung des von Kant Geleisteten [...]« ist, »oder aber [...] sich darauf [beschränkt], nur einzelne Modificationen ohne Bedeutung anzubringen« (Erdmann (1834/1931), S.469f.), sind Reinholds Moralphilosophie sowie dessen Rechts- und Religionsphilosophie bis heute stark vernachlässigt worden. Wer sich näher mit Reinholds praktisch-philosophischem Hauptwerk beschäftigen will – der zweite Band der *Briefe über die Kantische Philosophie* von 1792 –, ist, falls kein Originaldruck vorliegt, nach wie vor auf die von Raymund

und (1987); Coreth (1985); Horkheimer (1990), S.64-75; Horstmann (1991), S.75-79; Sauer (1992); Mittmann (1993), S.8-34; Schrader (1993); Lazzari (1995); Schröpfer (1995); Kim (1996) und Rauchbauer (1996). Es sei schließlich auf das wachsende Interesse hingewiesen, das Reinhold im nordamerikanischen Raum zuteil wird: Breazeale (1982); Wellek (1984); Rockmore (1986), bes. S.21-77; Beiser (1987), S.226-265; Ameriks (1989); Neuhouser (1990), S.70-72 und 103-106 u.ö.; di Giovanni (1995), bes. S.8-19; Piché (1995), bes. S.73-128; Röhr (1995a); Martin (1997), S.82-87; Breazeale (1998); Baur (1999), S.72-77; von Schönborn (1999); di Giovanni (2000), bes. S.9-32; Franks (2000), bes. S.121-132; Franks (2000a), bes. S.102-105; Rosen (2000), Ameriks (2000), bes. S.81-160; Pinkard (2002), S.96-104; Ahlers (2003); Ameriks (2003); Breazeale (2003); di Giovanni (2003) und von Schönborn (2003).

8 Vgl. Liebmann (1865/1912), S.5. Vgl. aber auch Rosenkranz (1840/1987), S.327f. (Reinhold als lächerlicher Pedant), Frank (1904), S.40 (»flache Paraphrase«), Kroner (1921), S.316 (»In seinem Denken ist keine lebendige Schöpferkraft [...]«), Horkheimer (1990), S.65 (»Ein tiefer Denker ist er freilich nicht gewesen«). Vgl. hierzu auch von Schönborn (1991), S.20ff. Zur Notwendigkeit einer Erneuerung des gängigen Reinhold-Bildes vgl. Timm (1974), S.397ff.

Schmidt »um Immanuel Kants und um des Studiums seiner Philosophie willen« (Schmidt (1923), S. 3) und »nur indirekt zu Ehren Reinholds« (ebd., S. 5) besorgte und ohne jeglichen Kommentar herausgegebene Neuauflage von 1923 angewiesen. Was die Sekundärliteratur betrifft, wird er neben der sorgfältigen, aber stark paraphrasierenden Gesamtdarstellung in Pupi (1966) und den zweiundzwanzig Seiten, die Paul Olivier (1941) Reinholds *Briefen* von 1792 gewidmet hat, nur einige wenige, kürzere, einschlägige Arbeiten und verstreute Bemerkungen finden.[9]

Die vorliegende Arbeit versteht sich nur teilweise als ein Beitrag zur Wiederaufholung dieses Rezeptionsdefizits. In ihr soll keine systematische Darstellung *der* praktischen Philosophie Reinholds zwischen 1789 und 1792 versucht werden. Denn *die* praktische Philosophie Reinholds zwischen 1789 und 1792 gibt es nicht. Sie will auch keine »rationale Rekonstruktion« dieser Position sein. Es soll hier nicht die Ansicht verteidigt werden, Reinholds Moral- oder Rechtsphilosophie stelle einen besonders wertvollen Beitrag dar für heutige moral- oder rechtsphilosophische Fragestellungen oder biete eine anderen Ansätzen dieser Zeit überlegene Alternative an. Was in dieser Arbeit Darstellung Reinholdscher Gedanken über praktische Philosophie ist, ist nur indirekt ein Beitrag zur Wiederaufholung des gegenwärtigen Rezeptionsdefizits. Im Zentrum derselben steht vielmehr die *Rolle* der praktischen Philosophie in Reinholds Denken zwischen 1789 und 1792. Mit ihr hängt die *Hauptthese* dieser Untersuchung zusammen. Sie besagt, daß Reinholds

9 Vgl. Kabitz (1902), S. 49-51; Pfeifer (1935), bes. S. 6-38 (betrifft aber vor allem die moralphilosophischen Aufsätze in *Beyträge II*); Guéroult (1930/1982), S. 61-65; Verra (1951), bes. S. 14-20; Gliwitzky (1965), S. 12-14; Schulz (1975), bes. S. 81-91 und 177-199; Prauss (1983), S. 84-92; Beiser (1987), S. 263-265; Tomasi (1988), bes. S. 303 und 314f.; Allison (1990), S. 133-136. Eine Trendwende ist seit Mitte der neunziger Jahre zu beobachten. Vgl. Landucci (1994), bes. S. 301-319; Nuzzo (1994); Bondeli (1995), S. 84f.; Peetz (1995), S. 202-210; Röhr (1995a), S. 52-62; Bondeli (1997), S. 167-170; Berger (1998); Fabbianelli (1998), S. 68-75; Fabbianelli (1998/99); von Wallwitz (1998), S. 59-62 und 151f.; Wildfeuer (1999), S. 51-53; Ameriks (2000), S. 154-159; Fabbianelli (2000a); Bondeli (2001); Gerten (2003) sowie Lazzari (2003) und (2003a).

Interesse an der Auflösung praktischer Fragestellungen in dieser Zeitspanne nicht nur größer ist, als bisher angenommen, sondern sogar das entscheidende, übergeordnete Motiv für seine gesamtphilosophische Entwicklung, d.h. für theoretische *und* praktische Philosophie, darstellt. Dies bedeutet – entgegen den Annahmen des »mainstreams« der gegenwärtigen Reinhold-Forschung –, daß durch Beschränkung auf Reinholds theoretische Philosophie Entwicklung und Krise seines philosophischen Systems, die »Elementarphilosophie«, letztlich nicht hinreichend erklärt werden können.

Die Rekonstruktion der Rolle der praktischen Philosophie in Reinholds Denkentwicklung zwischen 1789 und 1792 erfolgt aber selbst im Hinblick auf eine übergeordnete, die Grenzen dieser Arbeit sprengende Fragestellung: die Bestimmung von Reinholds Beitrag zur Entstehung des deutschen Idealismus, insbesondere von Fichtes »Wissenschaftslehre«. Mit Bezug auf diese Fragestellung soll es in dieser Arbeit nur zur Formulierung eines Verdachts kommen: Daß sich in diesem Zusammenhang Reinholds Beitrag nicht auf die Bereitstellung des Systemgedankens und des »Satz des Bewußtseins« beschränkt, sondern gerade mit seinen praktischen Begründungsversuchen und den damit verbundenen Schwierigkeiten und Einsichten den Rahmen liefert, worin Fichte seine allerersten systematischen Bemühungen ansiedelt.

Methodische Grundlage dieser Untersuchung ist ein Ansatz, der zuerst von Dieter Henrich im Rahmen eines Forschungsprojekts zur »Aufklärung der philosophischen und intellektuellen Situation an der Universität Jena während der Jahre 1789 und 1795« (Henrich (1989), S.9) entwickelt wurde und heute unter dem Namen »Konstellationsforschung« bekannt ist. Nach diesem Ansatz kann eine angemessene Klärung der Intentionen und Formationsbedingungen bedeutsamer philosophischer Werke nicht dadurch erreicht werden, daß in ihnen enthaltene Unklarheiten, Brüche und Bedeutungsverschiebungen unberücksichtigt bleiben und weginterpretiert werden. Auch Interpretationsmuster, die den Text rückläufig als eine »noch-nicht« Etappe aus einer schon vollzogenen Entwicklung heraus deuten, sind diesem Zweck unangemessen. Die Einbeziehung von Brüchen und Mehrdeutigkeiten sowie der Intentionen und der dem Autor tatsächlich vorliegenden Problemen macht es aber notwendig, die zu interpretierende Theorie in dem Denkraum zu lokalisieren, in den hinein sie konzipiert worden ist (ebd., S. 17). *Denkraum* ist dabei der abstrakte Raum, der durch Zusammenspiel zweier Arten von *Konstellationen* (oder Mengen unter sich zusammenhängender und aufeinander wirkender Faktoren) entsteht: die Konstellation zwischen Begriffs- und Systembildungen im Umfeld der zu analysierenden Theorie und diejenige des philosophischen Gesprächs über und um dieselben (ebd., S. 42, 221). Aufgabe der sogenannten *Konstellationsforschung* ist es, diesen Denkraum zu bestimmen und darin die zu analysierende Theorie so zu lokalisieren, daß sie selbst als eine unter mehreren theoretischen Stellungnahmen erscheint und zugleich die besonderen Gründe und Umstände *ihrer* Verwirklichung nachvollziehbar sind. Im einzelnen wird es darum gehen, einerseits durch Analyse von Argument- und Begriffsformen die Theorie innerhalb eines Spektrums theoretischer Möglichkeiten zu lokalisieren (ebd.), andererseits durch historische Quellenforschung die Gründe ausfindig zu machen, die für die Ausbildung der wirklichen Theorie verantwortlich sind.[10]

Die besondere Lage des philosophischen Diskurses im letzten Viertel des achtzehnten Jahrhunderts zwingt nun dazu, den Bereich der zu berücksichtigenden Materialien nicht auf philosophische Werke in engerem Sinn zu beschränken. Wie D. Henrich überzeugend ausführt (ebd., S. 38ff.), hat die Kantische Philosophie wegen ihres noch nie dagewesenen Grades an Komplexität in der deutschsprachigen philosophischen Welt ein derartiges Bedürfnis nach Übersicht und Verständigung verursacht, daß ein Ausbau der philosophischen Medien unerläßlich wurde. Neben der Zunahme von Briefwechseln philosophischen Inhalts ist hier vor allem die Explosion des Zeitschriftenwesens zu erwähnen. Zahlreiche neue Zeitschriften werden in dieser Zeit gegründet, darunter einige, die sich ausschließlich philosophischen Debatten widmen. Einzelne unter ihnen, wie die 1785 von Christian Gott-

10 Zur Anwendung dieser Methode auf die Freiheitsdebatte zwischen Reinhold und C. Chr. E. Schmid vgl. Lazzari (2003a).

fried Schütz ins Leben gerufene *Allgemeine Literatur-Zeitung*[11], erscheinen täglich, manchmal sogar zweimal täglich und erreichen eine noch nie dagewesene Verbreitung. Diese Explosion im Zeitschriften- und Rezensionswesen führt zu einer enormen Beschleunigung des philosophischen Diskurses. Will man auf dem letzten Stand der Diskussion bleiben – und dies ist notwendig für Universitätsdozenten, die größtenteils von Vorlesungsgebühren leben –, muß das leitende Prinzip des Zeitschriftenwesens, die »Schleunigkeit der Anzeige« (Seifert (1984), S. 278), auch von ihnen ergriffen werden. Es werden nun mehr Bücher, Anzeigen, Besprechungen, Repliken und Dupliken geschrieben als je zuvor und vor allem: schneller.

Eine derartige Veränderung in der Praxis philosophischen Kommunizierens kann nicht ohne Einfluß bleiben auf die Entstehung wichtiger philosophischer Werke. Denn einerseits wird oft die Zeit, die der Forscher in das Verfassen von Berichtigungen, Besprechungen, Gegenrezensionen und Anzeigen investiert, der Gesamtrevision und der nachträglichen Überarbeitung entzogen; andererseits werden diese Zeitschriftenbeiträge oft selbst zum Ort der ersten Ausbildung philosophischer Gedanken. Die Notwendigkeit, etwas zum richtigen Zeitpunkt und auf dem letzten Stand der Kontroversen zu liefern, die damit verbundenen Erwartungen des philosophischen Publikums und der Verleger sowie das Bedürfnis, auch während der Niederschrift der eigenen Theorie ständig neue einschlägige Publikationen einzuarbeiten, führen dazu, daß seit Mitte der achtziger Jahre des achtzehnten Jahrhunderts philosophische Traktate unter einem zunehmenden Druck entstehen. Für den Versuch einer angemessenen Interpretation derselben führt dies zur Notwendigkeit, nicht nur Rezensionen, Briefwechsel und Nachlässe aus einer bestimmten Gesprächskonstellation, sondern auch die Produktionsgewohnheiten der Autoren und die Produktionsgeschichte der Texte eingehend zu untersuchen.

11 Die *Allgemeine Literatur-Zeitung*, die in kürzester Zeit zum wichtigsten Organ zur Verbreitung und Diskussion der Kantischen Philosophie avanciert, hat bereits nach 2 Jahren (1787) 120 Mitarbeiter und über 2000 Abonnenten (Seifert (1984), S. 276, 279). Vgl. hierzu auch Schönfuß (1914) und Wahl (1933).

Auf dieser methodischen Grundlage soll im folgenden die Begründung unserer Hauptthese in zwei großen Schritten erfolgen, denen die Zweiteilung der Untersuchung entspricht. Der erste Teil der Arbeit wird sich auf Reinholds *Versuch einer neuen Theorie des menschlichen Vorstellungsvermögens* (1789) beschränken. In ihm soll zunächst (Kap. 1) gezeigt werden, daß zwei zentrale Motive für Reinholds frühes Hauptwerk bestimmend sind, und daß beide praktisch-philosophischer Natur sind: einmal das vorrangige Interesse an der »Moraltheologie« der *Kritik der reinen Vernunft*, zum anderen frühe Schwierigkeiten mit Kants Rechtfertigung derselben und darin vor allem mit der Rechtfertigung des Freiheitsgedankens. Beide Motive führen Reinhold im *Versuch* zu einer Neubegründung der Kantischen »Resultate«, deren wichtigste Inhalte die Ideen von Gott, Freiheit und Unsterblichkeit sind. Vor dem Hintergrund dieses Interesses gewinnen die Verlegenheiten an Bedeutung, die Reinhold im Laufe der »Theorie der Vernunft« – gerade der Teil des *Versuchs*, in dem es zur Begründung der drei Ideen kommen soll – zu beschäftigen beginnen (Kap. 2). Um die ihnen zugrundeliegenden Schwierigkeiten zu lösen, unterbricht Reinhold den planmäßigen Argumentationsgang und fügt gegen Ende des *Versuchs* einen Abschnitt ein, der ursprünglich an dieser Stelle nicht vorgesehen war: die »Grundlinien der Theorie des Begehrungsvermögens«. Durch einen Vorgriff auf Ergebnisse der noch nicht aufgestellten »Theorie des Begehrungsvermögens« versucht Reinhold in diesem Abschnitt, den Gedanken einer absoluten Freiheit in einem Rahmen zu rechtfertigen, der den des *Versuchs* sprengt und zugleich an den Grundannahmen und –begriffen der Theorie des Vorstellungsvermögens festhält. Weit gefehlt, dieses zu leisten, machen aber die »Grundlinien« erst recht deutlich, wie tief diese Schwierigkeiten in Reinholds vorstellungstheoretischem Ansatz verwurzelt sind (Kap. 3). Zum Abschluß dieses ersten Teils der Arbeit sollen die Hauptergebnisse desselben noch einmal mit Hilfe der Begriffe »Einheit« und »Freiheit« auf übersichtliche Weise rekonstruiert werden, was vor allem erlauben wird, Reinholds Schwierigkeiten als mit seinem Systemkonzept notwendig verbunden zu erkennen (Kap. 4).

Der zweite Teil der Arbeit untersucht die philosophische Entwicklung zwischen dem *Versuch* und dem zweiten Band der *Briefe über die Kantische Philosophie* (1792) unter dem Gesichtspunkt zweier Veränderungen in Reinholds Denken. Wir werden uns zunächst der für Reinhold fundamentalen Auflösung der bei Kant vorhandenen Identität von Willen und praktischer Vernunft zuwenden (Kap. 5). Wir werden sehen, daß diese Entwicklung nicht einfach als Reaktion auf den sogenannten »intelligiblen Fatalismus« C. C. E. Schmids gedeutet werden kann, sondern im Rahmen einer besonderen rechtsphilosophischen Problematik ansetzt, mit der sich Reinhold seit Oktober 1791 auseinandersetzt. Diese weist derart starke Analogien zu den früheren Schwierigkeiten des *Versuchs* auf, daß sie als eine späte Folge derselben betrachtet werden kann. Wir werden auch sehen, daß in diesem Zusammenhang C. C. E. Schmid eine besondere Stellung zukommt, indem er als einziger in seiner *Empirischen Psychologie* von 1791 auf das Problematische der »Grundlinien« eingeht. Die Untersuchung der zweiten Veränderung in Reinholds Denken zwischen 1789 und 1792, die das Verhältnis zwischen gemeinem, gesundem Verstand und philosophierender Vernunft betrifft (Kap. 6), wird eine der begrifflichen Trennung von Willen und praktischer Vernunft im großen und ganzen komplementäre Entwicklung aufzeigen. Mit den moralisch-praktischen Fragen gewidmeten *Merkur*-Aufsätzen von 1791 beginnt Reinhold die Ausarbeitung einer Theorie, die nicht nur eine Unterscheidung zwischen gemeinem und gesundem Verstand erstrebt, sondern letzterem eine gegenüber der philosophierenden Vernunft zunehmend dominierende Stellung einräumt. Diese Theorie erhält durch die ansetzende Trennung von Willen und praktischer Vernunft einen Impuls, der schon vor den 1792 laut werdenden Kritiken gegen das Beweisprogramm der »Elementarphilosophie« in Richtung einer Preisgabe desselben drängt. Der zweite Band der *Briefe über die Kantische Philosophie* bildet den Abschluß dieser zwei Entwicklungen (Kap. 7). In ihm fügen sich beide Veränderungen als Folgen aus den frühen Schwierigkeiten des *Versuchs* zu einer Theorie des Willens zusammen, von der aus Reinhold – wie wir sehen werden fälschlicherweise – meint, die bereits dort in Aussicht gestellte Rechtfertigung der Idee einer absoluten Freiheit nachliefern zu können. Mit dieser Position besiegelt Reinhold eine *de facto*-Preisgabe der »Elementarphilosophie«, die zugleich ein neues Selbstbewußtsein gegenüber Kant erkennen läßt.

Zum Schluß werden wir uns wieder der Hauptthese dieser Arbeit zuwenden. Anhand einer kurzen Rekonstruktion des Widerstreits von Einheit und Freiheit und seiner Entwicklung seit dem *Versuch* wird es zunächst möglich sein, die Trennung von praktischer Vernunft und Willen als eine Loslösung des letzteren von dem in der »Theorie des Vorstellungsvermögens« bzw. in der »Elementarphilosophie« verkörperten systematischen Ansatz zu deuten, die den Schwierigkeiten zu entgehen sucht, die sich durch die vorstellungstheoretische Interpretation der Vernunft für die Rechtfertigung der absoluten Freiheit ergeben. Die »Lösung« dieses Widerstreits, der Gedanke eines sich selbst rechtfertigenden Selbstbewußtseins der Freiheit, wird dabei die These zu begründen erlauben, wonach das praktisch-moralische Interesse das entscheidende Motiv für Reinholds gesamtphilosophische Entwicklung zwischen 1789 und 1792 darstellt. Ein kurzer Blick auf J.G. Fichtes Berücksichtigung gerade dieses Widerstreits bei Reinhold in der Neuauflage des *Versuchs einer Kritik aller Offenbarung* (1793) wird abschließend zur Äußerung des Verdachts führen, daß Reinholds Beitrag zur Entstehung der »Wissenschaftslehre« *auch*, und, chronologisch gesehen, *zunächst* philosophisch-praktischer Natur ist.

Bei Zitaten aus Texten Reinholds und anderer Autoren dieser Zeit habe ich generell dort auf jeglichen Eingriff in die Orthographie verzichtet, wo aus Originaldrucken zitiert wird. Dies betrifft auch die Kursivschrift. Von dieser Regel werde ich nur in zwei Fällen abweichen. *Erstens* im Fall von Zeichensetzungen des Originals, falls diese zu einer Mißdeutung oder zu Unverständlichkeiten führen können. Von mir eingesetzte Zeichen, z.B. Kommata, werden durch gefüllte eckige Klammern [,], getilgte Zeichen durch leere eckige Klammern [ ] kenntlich gemacht. Die *zweite* Ausnahme bilden offensichtliche und zugleich sinnstörende Druckfehler. Diese werden in der Textwiedergabe korrigiert und in einer Anmerkung angeführt. Im Original gesperrt oder fettgedruckte Wörter werden in einer Anmerkung als solche identifiziert und erscheinen in Kursivschrift, Seitenwechsel innerhalb eines Zitats werden durch einen doppelten Schrägstrich wiedergegeben.

I. Der *Versuch einer neuen Theorie des menschlichen Vorstellungsvermögens* (1789)

1. Das Projekt einer neuen Theorie des menschlichen Vorstellungsvermögens

Der 1789 erschienene *Versuch einer neuen Theorie des menschlichen Vorstellungsvermögens* gilt zu Recht als Reinholds philosophisches Hauptwerk.[1] Nur in ihm entwickelt Reinhold eine die Bereiche des Theoretischen und des Praktischen umfassende Wissensbegründung. Trotz seiner prominenten Stellung innerhalb von Reinholds philosophischem Werdegang ist aber der *Versuch* bisher nie aus dem Kontext der eigenen Zielsetzung und Problemlage heraus interpretiert worden. Stattdessen betrachtet man ihn fast immer aus der Sicht des ersten Bands der *Beyträge zur Berichtigung bisheriger Mißverständnisse der Philosophen* (1790), in welchem einige Argumentationsstücke neu, andere Weiterfühungen sind und zahlreiche Abschnitte des *Versuchs* überhaupt keine Entsprechung haben.[2] Wie wir im Laufe dieser Arbeit sehen werden, hat dies dazu geführt, daß der vielleicht wichtigste Impuls für Reinholds Denkentwicklung in dieser Zeit bis heute so gut wie unbemerkt geblieben ist. Als erster Schritt eines diese Lücke füllenden Interpretationsvorhabens soll im folgenden versucht werden, das Projekt einer neuen Theorie des menschlichen Vorstellungsvermögens so darzustellen, wie es sich aus Reinholds Äußerungen vor Erscheinen des

1 Vgl. Erdmann (1834/1931), S. 426. Diese Einschätzung findet sich seitdem bei fast allen Reinhold-Interpreten.

2 Dies ist der Fall bei Erdmann (1834/1931), Selling (1938), Klemmt (1958) und Bondeli (1995). Bei Michelet (1837), S. 222ff., van Spanje (1988) und Frank (1997) findet sich ein etwas nuancierterer Zugang. Reinhold selbst hat dieser Deutung Vorschub geleistet, indem er in den *Beyträgen I* von seiner Theorie des Vorstellungsvermögens als »*der* Elementarphilosophie« spricht, die im *Versuch* zuerst aufgestellt und nun in den *Beyträgen* lediglich in ihren »Hauptmomenten« neu »dargestellt« wird. Wird wie bei Klemmt (1958) versucht, »die Elementarphilosophie« aus den »besten« Teilen des *Versuchs* und der *Beyträge* zu rekonstruieren, indem Reinholds aus späterer Sicht durchgeführte Ersetzungen und Korrekturen an seiner früheren Position übernommen werden, kann man dem *Versuch* als eigenständigem Werk nicht gerecht werden. Man gibt hier von vornherein die Perspektive preis, aus welcher ein ursprünglicher Sinn der »unkorrigierten« Passagen ersichtlich werden könnte.

Versuchs rekonstruieren läßt. Das Kapitel gliedert sich in vier Teile. In einem ersten Teil (1.1.) soll anhand der anfänglichen Korrespondenz zwischen Kant und Reinhold die zunehmende Komplexität des Verhältnisses beider Denker beleuchtet werden. Aus ihr läßt sich zeigen, daß Reinhold gegenüber seinem Meister schon bald eine Position einnimmt, die nicht mehr von einer uneingeschränkten Übereinstimmung zeugt. Die beiden sich hier abzeichnenden Hauptmerkmale der Reinholdschen Position, das immer wieder betonte Festhalten an den Resultaten der *Kritik der reinen Vernunft* hinsichtlich der Willensfreiheit, der Existenz Gottes und des zukünftigen Lebens und das Vorhandensein noch stillgeschwiegener Probleme mit einigen Argumentationsstücken der ersten beiden *Kritiken*, werden dann der Reihe nach in einem zweiten (1.2.) und dritten Abschnitt (1.3.) anhand der Vorrede und des »Ersten Buchs« des *Versuchs* erörtert. Eine nähere Untersuchung des Abschnitts »Ueber den Erkenntnißgrund der Grundwahrheit der Moralität« (Versuch, S. 89-120) wird dann erlauben, Reinholds »Festhalten an den Kantischen Resultaten«, einige seiner Schwierigkeiten mit der ersten und der zweiten *Kritik* und insgesamt seine Stellung gegenüber Kant zu Beginn seiner systematischen Phase etwas genauer zu fassen (1.4.).

1.1. Erste Kontakte mit Kant

Als Karl Leonhard Reinhold am 12. Oktober 1787 die Feder ergreift, um erstmals mit Kant Kontakt aufzunehmen, geschieht dies nach mehr als einem Jahr verständlicher »schüchterner Bedenklichkeiten« (Korr., Nr. 66, S. 270). Denn Reinhold will in diesem Schreiben gerade den Mann um einen Gefallen bitten, den er zwei Jahre zuvor als Vertreter einer »metaphysische[n] Orthodoxie«, dessen »metaphysische Vernunft [...] mit gleichgültiger Ruhe leblose Ideen-Schatten anatomirt« (Schreiben des Pfarrers, S. 164f.), behandelt hatte.[3] Der sorgfältige Auf-

3 In seinem »Schreiben des Pfarrers« hatte sich Reinhold bereits einmal – wenn auch auf indirekte Weise, so doch öffentlich und anonym – an Kant gewandt, um Herders *Ideen zur Philosophie der Geschichte der Menschheit* gegen Kants abwertende Be-

bau des Texts und die ebenso gesuchte Wortwahl lassen den Arbeitsaufwand ahnen, den Reinhold das Verfassen dieses Briefs gekostet haben muß. Reinhold macht sich zunächst als Autor sowohl des »Schreiben des Pfarrers« (»jenen leidigen Brief«, »die unphilosophische Philosophie des zudringlichen Pfarrers«, Korr., Nr. 66, S. 271) wie auch der *Briefe über die Kantische Philosophie* vorstellig. In Antizipation der Frage nach den Gründen seiner Bekehrung zum Kantianismus fährt dann Reinhold mit diesen Worten weiter:

> Der von *Ihnen* entwickelte *moralische Erkenntnißgrund* der Grundwahrheiten der Religion, das einzige Morceau das mir aus dem ganzen in der // Litteraturzeitung gelieferten Auszuge *Ihres* Werkes[4] verständlich war, hat mich zuerst zum Studium der Kritik d. r. V. eingeladen. Ich ahndete, suchte und fand in derselben das kaum mehr für möglich gehaltene Mittel, der unseeligen Alternative zwischen Aberglauben und Unglauben überhoben zu // seyn. Beyde Seelenkrankheiten habe ich in einem seltenen Grade durch eigene Erfahrung kennen gelernt, und ich weiß nicht ob ich von der letztern, von der mich die K[ritik]. d[er]. r[einen]. V[ernunft]. geheilt hat, nicht eben so empfindlich gelitten habe, als von der ersten [...] Meine Freude über meine radikale Genesung, und der Wunsch zur Verbreitung des von mir so bewährt gefundenen, und gleichwohl von meinen Zeitgenossen zum Theil noch so sehr verkannten Heilmittels das Meinige beyzutragen, haben die erwähnten *Briefe über die kantische Philosophie* veranlasset. (Korr., Nr. 66, S. 271ff.)

sprechung derselben in der *Allgemeinen Literatur-Zeitung* vom 6. Januar 1785 zu verteidigen.

4 Vgl. »Rezension Kant/Schultz«. Autor derselben ist Christian Gottfried Schütz (1747-1832), Professor für Poesie und Beredsamkeit an der Universität Jena. Das »einzige Morceau«, auf das sich Reinhold bezieht, besteht aus den zwei Paragraphen zu Kants »Critik aller rationalen Theologie«, Sp. 127f. Es entspricht in der *Kritik der reinen Vernunft* dem Textteil zwischen dem dritten Hauptstück, dritter Abschnitt der »Transzendentalen Dialektik« (»Von den Beweisgründen der spekulativen Vernunft, auf das Dasein eines höchsten Wesens zu schließen«) und dem zweiten Abschnitt des »Kanons der reinen Vernunft« (beide inbegriffen). Zu Chr. G. Schütz vgl. neuerdings die umfassende Darstellung bei Schröpfer (2003).

Nachdem er sich auf diese Weise als Autor der *Briefe* ausgewiesen hat und Kraft dieser prominenten Autorschaft, wagt sich Reinhold dann mit seiner Bitte an Kant heran:

> Ich weiß, wie viel ich begehre, indem ich Sie bitte unter meinen Briefen wenigstens den *Dritten* (: im Jenner d. J.) und den *Achten* (: im September :) zu lesen, *und dann*, wenn Sie es für thunlich halten mir bey der unten anzuzeigenden Gelegenheit, das einfache Zeugniß zu geben, *daß ich die Critik der reinen Vernunft verstanden habe*. Dieses Zeugniß wird meinem Berufe, wenn er mehr als Traum ist, das Siegel seiner Authenticität aufdrücken, und meinen Briefen aufmerksamere und häufigere *Leser*, und meinen Vorlesungen *über meine Einleitung in die Kritik der Vernunft für Anfänger*, die ich in vierzehn Tagen eröfnen werde, Zuhörer verschaffen [...] Die Gelegenheit, die ich zu dem öffentlichen Zeugnisse, daß ich Sie so viel sich aus meinen Briefen über die kantische Philosophie ersehen läßt, verstanden habe, unmaßgeblich vorzuschlagen wage, wäre ein *Fragment* ihrer beliebigen Antwort an mich, das ich in den teutschen Merkur den ich mit meinem Schwiegervater seit anderthalb Jahren herausgebe, abdrucken lassen dürfte [...]« (Korr., Nr. 66, S. 274f.).

Kants Antwort läßt nicht lange auf sich warten. Erfreut durch die Wirkung der *Briefe* und den Erfolg von Reinholds Einleitungsvorlesung zur *Kritik der reinen Vernunft*[5], schickt Kant Reinhold bereits Ende Dezember 1787 seinen Aufsatz »Über den Gebrauch teleologischer Principien in der Philosophie«, der im Januar- und Februarheft des *Teutschen Merkurs* von 1788 erscheint und im zweiten Stück eine auffällige Rechtfertigung des Autors der *Briefe*[6] enthält.

5 Am 5. Dezember 1787 schreibt Johann Christoph Berens an Kant: »Ihr vormaliger Verehrer P: Ulrich will Ihr Gegner werden, weil ihm Reinhold die Lorbern von der ersten Rolle geraubet.« (AA X, Nr. 310, S. 507f.)

6 »Das Talent einer lichtvollen, so gar anmuthigen Darstellung trockener abgezogener Lehren, ohne Verlust ihrer Gründlichkeit, ist so selten (am wenigsten dem Alter beschieden) und gleichwohl so nützlich, ich will nicht sagen blos zur Empfehlung, sondern selbst zur Klarheit der Einsicht, der Verständlichkeit, und der damit verknüpften Ueberzeugung, – daß ich mich verbunden halte, demjenigen Manne, der meine Arbeiten, welchen ich diese Erleichterung nicht verschaffen konnte, auf solche Weise ergänzte, meinen Dank öffentlich abzustatten.« (Über den Gebrauch, S. 134) Kants Aufsatz schließt mit folgenden Worten: »Ich erfahre eben jetzt daß der Verfasser ob-

Bei dieser einen Bitte allein ist es aber nicht geblieben. Schon wenige Tage nach Eintreffen von Kants Aufsatz bedankt sich Reinhold schriftlich für die ihm zuteil gewordene Ehre, erörtert die Modalitäten der Veröffentlichung desselben und gibt Kant erste Hinweise auf Erfolg und insbesondere auf die Gestaltung seiner Vorlesung zur Einleitung in die *Kritik der reinen Vernunft*. In ihr werde *erstens* der unmittelbare historische Hintergrund der *Kritik* dargestellt, die Gründe und Ursprünge der Mißverständnisse, welche die philosophische Welt in verschiedene philosophische Parteien aufteilen, sowie die Notwendigkeit einer Beilegung dieser Mißverständnisse. *Zweitens* werde die Kantische Theorie des Erkenntnisvermögens selbst in Diktaten über die Theorie der Sinnlichkeit, des Verstandes und der Vernunft als die Philosophie dargestellt, in welcher diese Mißverständnisse erst verständlich und daraufhin gelöst werden. Schließlich sei *drittens* der Zweck der Vorlesung, der *Kritik der reinen Vernunft* »vorbereitete Leser zu verschaffen«.[7]

benannter Briefe, Herr Rath *Reinhold*, seit kurzem Professor der Philosophie in Jena, sei; ein Zuwachs, der dieser berühmten Universität nicht anders als sehr vortheilhaft sein kann.« (Ebd., S. 136) In dem Brief, der die Manuskriptsendung begleitet, schreibt Kant Reinhold: »Ich habe vortreflicher liebenswürdiger Mann die schöne Briefe gelesen womit Sie meine Philosophie beehrt haben und die an mit Gründlichkeit verbundener Anmuth nichts übertreffen kan die auch nicht ermangelt haben in unserer Gegend alle erwünschte Wirkung zu thun. Desto mehr habe ich gewünscht[,] die genaue Übereinkunft Ihrer Ideen mit den meinigen und zugleich meinen Dank für das Verdienst welches Sie um deren Erleichterung haben in irgend einem Blatte[,] vornehmlich dem deutschen Merkur[,] wenigstens mit einigen Zeilen bekannt zu machen.« (28. Dezember 1787, Korr., Nr. 78, S. 298)

7 »Meine öffentlichen Vorlesungen über die Einleitung in die Kritik d. V. oder wie ich es hier aus guten Gründen lieber genannt habe – die Kantische Theorie des Erkenntnißvermögens, haben bisher einen meine Erwartung übertreffen- // den Erfolg gehabt. Ich diktire die Theorien der Sinnlichkeit, des Verstandes, und der Vernunft in Aphorismen; in welchen ich von einer getreuen Schilderung des Zustandes in welchem die Kr. d. V. unsre spekulative Phlie natl: Theologie und Moral gefunden hat, ausgieng, die Nothwendigkeit einer Beylegung des Misverständniß[,] das die Philosophische Welt in vier Partheyen 1. *Supernaturalisten* 2 (: Naturalisten :) *Skeptiker*, 3 (: Dogmatiker :) *Pantheisten* oder *Atheisten*. 4 *Theisten* trennt; so wie der Grund und Ursprung des Misverständnisses, die unbestimmten und falschen Vorstellungsarten vom Erkenntnißvermögen, z.B. von der Sinnlichkeit die man bald mit dem Verstand identificirte, bald auf den Körper übertrug u.s.w. zeigte. – Doch ich hoffe

Eine Anzeige der Schrift, welche die Resultate von Reinholds Einleitungsvorlesung zusammenfaßt, erscheint kurz darauf im Anzeiger des *Teutschen Merkurs*.[8] Obwohl Reinhold bestrebt ist, Kant bald die gedruckte Fassung seiner Vorlesung vorzulegen und ihm das Erscheinen derselben für Michaelis (Oktober) 1788 bereits angekündigt hatte[9], kommt es jedoch zu keiner Veröffentlichung. Am 9. April 1789 schickt Reinhold Kant stattdessen eine kleine Abhandlung *Ueber die bisheri-*

diesen ganzen Versuch, der unter andern zum Zwecke hat der Kritik der r. V. vorbereitete Leser zu verschaffen, ihrer Prüfung vorlegen zu dürfen.« (Reinhold an Kant, 19. Januar 1788, Korr., Nr. 84, S. 314f.) Ob die an dieser Stelle vorkommende Rede von einem »Versuch« bereits auf den späteren Titel von Reinholds Hauptwerk anspielt, wie van Spanje (1988), S. 11, meint, ist fragwürdig. Denn in den darauffolgenden Monaten spricht Reinhold mit Bezug auf sein Projekt nur von einer »*allgemeinen Theorie des Erkenntniß-Vermögens*« bzw. einer »*Einleitung in die Kritik der Vernunft*« (vgl. die nachstehenden Anm. 8 und 9).

8 In ihr verwendet Reinhold zum ersten Mal Kants Rechtfertigung des Autors der *Briefe* in dessen Teleologie-Aufsatz: »Der Verfasser der *Briefe über die Kantische Philosophie* im teutschen Merkur, Professor Reinhold in Jena, arbeitet gegenwärtig an einer *allgemeinen Theorie des Erkenntniß-Vermögens* in welcher er die vornehmsten Resultate der *Kritik der Vernunft systematisch* vorzulegen, die beträchtlichsten unter den bisher dagegen vorgebrachten Einwürfen (ohne Polemik) aufzulösen, und dem *Mißverständnisse der Prinzipien*, als der gemeinschaftlichen Quelle derselben, in einem *leicht verständlichen Vortrage* zuvorzukommen hoffet. Gegen die Besorgniß daß er selbst vielleicht den Sinn der Kritik der Vernunft verfehlt haben dürfte, glaubt er sich durch Herrn Kants Zeugniß im Januar und Februar des t.M. dieses Jahres, gesichert. Jena den 20. Junius 1788.« (*Anzeiger* des *Teutschen Merkurs*, TM II, Junius 1788, LXXII)

9 »Meine *Einleitung in die Kritik der Vernunft*, die bis zu dem nahen Ende des Kurses fleissig besucht worden, wird auf *Michaelis* im Verlage meines Freundes *Blumauer* in Wien[,] der mit dem Buchhändler Gräffer in Compagnie getretten ist[,] erscheinen; und, wie ich hoffe zu einem Leitfaden für akademische Vorlesungen nicht ganz unbrauchbar seyn [...] Auf die Bitte von fünf Ungarn, die dießfalls bey mir waren, habe ich ein *Privatissimum* über die Kritik der Vernunft selbst, im Lektionskatalogus angebothen.« (Reinhold an Kant, 1. März 1788, Korr., Nr. 94, S. 339). Daß es sich bei dieser »Einleitung« lediglich um die Vorrede zu Reinholds *Versuch* handle, wie de Vleeschauwer meint (1937), S. 495, kann ausgeschlossen werden, da die »Einleitung« die Theorien der Sinnlichkeit, des Verstandes und der Vernunft in Form von Aphorismen enthalten soll (vgl. Reinhold an Kant, 19. Januar 1788, Korr., Nr. 84, S. 315 sowie oben Anm. 7).

gen Schicksale der Kantischen Philosophie[10], erwähnt ihm gegenüber zum ersten Mal das Projekt seiner Theorie des Vorstellungsvermögens (AA XI, Nr. 353, S. 18) und nützt die Gelegenheit, Kant eine zweite Bitte vorzutragen:

> Ich bitte, und beschwöre Sie, nach reifer Überlegung wage ichs, [...] um die einfache *öffentliche Erklärung*, zu der Sie als bester Ausleger des Sinnes ihrer Worte so ganz befugt sind: *Daß man (: z. B. Eberhard u. s. w.) Sie nicht verstanden habe*. Sie thun damit der guten Sache einen sehr wesentlichen Dienst [...] Ihre Erklärung, die nicht zu bald genug geschehen kann, wird in meiner Theorie des Vorstellungsv. durch äusserst auffallende Beyspiele erläutert werden. Unmaßgeblich dürften sie diese Erklärung, nur in eine *ostensible Stelle* ihres nächsten Briefes an mich einkleiden; die dann in der A. L. Z. und mit einigen begleitenden Gedanken von mir, [...] in den nächsten Merkur eingerückt werden könnte. (Reinhold an Kant, 9. April 1789, AA XI, Nr. 353, S. 18)

Nur einen Tag nach Erscheinen von Reinholds Besprechung des Eberhardschen *Magazins*, in welche die inzwischen erfolgte Äußerung Kants eingegliedert wurde[11], wendet sich aber Reinhold mit einer neu-

10 Eine unveränderte Fassung des Aufsatzes erscheint als Vorrede zu Reinholds *Versuch*. Dieser Aufsatz ist zugleich erschienen als: »Ueber das bisherige Schicksal der Kantischen Philosophie«, in: TM II, April 1789, S. 3-37; Mai 1789, S. 113-135. Van Spanje (1988), S. 35, nimmt irrtümlicherwiese an, der April-Teil des *Merkur*-Aufsatzes sei unter dem Titel »Ueber das bisherige Schicksal der Kantischen Philosophie« erschienen, der Mai-Teil hingegen unter dem Titel »Ueber die bisherigen Schicksale der Kantischen Philosophie«. Infolge eines Urteils von R. Reicke (AA, XIII, S. 232) nimmt van Spanje (1988), S. 13, ferner an, Reinhold habe Kant nur den April-Teil der *Merkur*-Abhandlung geschickt. In Wirklichkeit sind sowohl der April-Teil wie der Mai-Teil der Abhandlung unter dem Titel »Ueber das bisherige Schicksal der Kantischen Philosophie« erschienen. Bei dem an Kant gesandten Aufsatz handelt es sich stattdessen nicht um den ersten Teil der *Merkur*-Fassung, sondern um die als Separatdruck erschienene Vorrede zum *Versuch* (Jena: Mauke 1789), wie Reinholds Rede von einer »Abhandlung über die Schicksale Ihrer Philosophie« (Reinhold an Kant, 14. Juni 1789, AA XI, Nr. 366, S. 60) deutlich macht. Vgl. auch Warda (1922), S. 54 (Eintrag Nr. 99); von Schönborn (1991), S. 72f.

11 Vgl. »Rezension Eberhard«. Das erbetene Zeugnis befindet sich in Kants Brief an Reinhold vom 12. Mai 1789: »*Daß Hr. Eberhard, wie mehrere andere, mich nicht verstanden habe*, ist das mindeste, was man sagen kan (denn da könnte doch noch

en, erweiterten Bitte an Kant. Neben der Erlaubnis, das von Kant zunächst nur gegen Eberhard gerichtete Mißverständnis-Zeugnis auch auf andere anwenden zu dürfen, bittet Reinhold nun um eine seine Theorie des Vorstellungsvermögens betreffende Erklärung:

> Sie haben mir zwar Ihr Urtheil über meine Abhandlung *über die Schicksale Ihrer Philosophie* [...] noch nicht mitgetheilt, und waren wahrscheinlich bisher abgehalten sie zu lesen. Gleichwohl wage ich die Zudringlichkeit ihnen das erste Buch des Werkchens wozu jene Abhandlung die Vorrede seyn soll gegenwärtig zu übersenden [...] Das zweyte Buch[,] welches die eigentliche Theorie des Vorstellungsvermögens überhaupt enthält, sehe ich für die eigentlichen *Prämissen* Ihrer Theorie des Erkenntnißvermögens, und den Schlüssel zur Kritik der Vernunft an. Finden Sie daß es das erste wirklich ist: so werde ich bitten, daß sie mir die Stelle ihres Briefes in welcher sie mir dieß Zeugniß geben werden, dem *Vorberichte* den ich dem ganzen Werke voranschicken will einzuverleiben erlauben. Merkwürdig ist es immer, daß alle wesentliche Resultate ihrer Kritik der Vernunft in jener auf das blosse *Bewußtseyn* gebauten Theorie ihre vollkommste Bestätigung finden, und die für sich selbst feststehende Theorie des Erkenntnißvermögens auf einem ganz verschiedenen Wege eben so unerschütterlich befunden wird. Ich nenne sie *Schlüssel* zur Cr. d. V. in wie ferne alles was

einige Schuld auf mir haften); aber, daß er es sich auch recht angelegen seyn lassen, mich nicht zu verstehen und unverständlich zu machen, können zum Theil folgende Bemerkungen darthun [...]« (AA XI, Nr. 359, S. 33). Dieses Zeugnis schlägt sich in auffallender Weise in Reinholds Eberhard-Besprechung nieder. Für den Fall, daß Eberhard und Maaß die in der Rezension gegen sie geäußerten Kritikpunkte als »beweislos« und die Anmaßung des Rezensenten, den Verfasser der *Kritik der reinen Vernunft* besser als sie zu verstehen, als »ungereimt« zurückweisen sollten, bleibe – schreibt Reinhold – dem Rezensenten »nichts übrig, als sich auf eine *Autorität* zu berufen, gegen welche hier nur derjenige etwas einwenden kann, der einem Schriftsteller das Vermögen und das Recht abspricht, der zuverläßigste Ausleger seiner eigenen Worte zu seyn.« Reinhold fügt dann hinzu: »*Der Vf. d. Kr. d. r. V.*, aus dessen eigenhändigen uns mitgetheilten Aufsätzen wir alle in Klammern eingeschloßne Stellen dieser Recension entlehnt haben, hat uns erlaubt, unter seinem Namen laut und öffentlich zu erklären, *daß er im Eberhardischen Magazine, wie in mehrern anderen Schriften*, in Absicht der *Hauptmomente seines Systems* durchaus nicht verstanden, folglich so gut als völlig mißverstanden sey.« (ALZ Nr. 176, 13. Junius 1789, Sp. 596) Zur Kant-Eberhard-Kontroverse vgl. Gawlina (1995); darin speziell zu Reinhold S. 314ff.

den Gegnern davon bisher Geheimniß war, durch den blossen Begrif der blosen Vorstellung aufgeschlossen wird. (Reinhold an Kant, 14. Juni 1789, AA XI, Nr. 366, S. 60f.)

Doch Kant, dem Reinhold mit gleicher Post auch einen Abdruck des »Ersten Buchs« des *Versuchs*[12] zugeschickt hatte, läßt diesmal Reinholds Bitte unbeantwortet, und das Werk erscheint im Oktober 1789[13]

12 Die Gesamtgliederung des *Versuchs* ist folgende: »Vorrede. Ueber die bisherigen Schicksale der kantischen Philosophie« (S. 1-68); »Erstes Buch. Abhandlung über das Bedürfniss einer neuen Untersuchung des menschlichen Vorstellungsvermögens«, §§ I-V (S. 69-192); »Zweytes Buch. Theorie des Vorstellungsvermögens überhaupt«, §§ VI-XXXVII (S. 193-318); »Drittes Buch. Theorie des Erkenntnissvermögens überhaupt«, §§ XXXVIII-LXXXVIII (S. 319-579). Das »Dritte Buch« umfaßt eine »Theorie der Sinnlichkeit«, §§ XLVI-LXVI (S. 351-421), eine »Theorie des Verstandes«, §§ LXVII-LXXVI (S. 422-497) und eine »Theorie der Vernunft«, §§ LXXVII-LXXXVIII (S. 498-579). Innerhalb der »Theorie der Vernunft« nimmt ein Abschnitt über die »Grundlinien der Theorie des Begehrungsvermögens« die Seiten 560-575 ein. In seinem Brief an Kant vom 9. April 1789 sagt Reinhold von seiner Theorie des Vorstellungsvermögens, sie solle »etwas beytragen, dem unglücklichen Gange, den die sogenannte Prüfung Ihrer Philosophie durch die berühmten und berühmt werden wollenden Kenner der *Dinge an sich* [ ] genommen hat[,] eine andere Wendung zu geben« (AA XI, Nr. 353, S. 18).

13 Das Datum der Vorrede des *Versuchs* (»9. April 1789«) hat Kommentatoren wie D. Henrich (1989), S. 121, 126; vor allem (1992), S. 23 und 771, Anm. 1, und M. Frank (1997), S. 106, 297f., dazu verlanlaßt, das Erscheinen des *Versuchs*, das in die Michaelismesse 1789 fällt (Oktober), fälschlicherweise in den Zeitabschnitt zwischen April und Mai 1789 zu setzen. Zur richtigen Datierung vgl. Reinholds eben zitierten Brief an Kant (AA XI, Nr. 353, S. 18) und die entsprechende Behauptung in »Fragmente TM«, 3. Irreführend ist in diesem Zusammenhang auch der Bericht des »reisenden Russen« Nikolaj Michailovic Karamsin von seinem Besuch bei Wieland am 21. Juli 1789, der die Editorin des Wieland-Briefwechsels zur Annahme des falschen Datums verleitet hat und (WB 10.2, S. 172): »Er [Wieland, A. L.] zeigte mir eine neue Schrift seines Schwiegersohnes, des Professors Reinhold: ›Versuch einer neuen Theorie des menschlichen Vorstellungsvermögens‹, die soeben die Presse verlassen hatte und die Erläuterung der Kantischen Philosophie beabsichtigt. ›Lesen Sie das Buch durch‹, sagte Wieland, ›wenn Sie an dergleichen Sachen Geschmack finden‹«. (Kar., S. 112f.) Daß Wieland im Juli 1789 jemandem Reinholds *Versuch* zeigen konnte, obwohl dieser noch nicht als abgeschlossener Band erschienen war, ist jedoch nicht unsinnig. Wieland hat offenbar auf die ihm bis dahin vorliegenden Bogen gezeigt, wobei Karamsin den Eindruck gewonnen haben muß, er habe das abgeschlossene Werk vor Augen gehabt.

ohne den erwähnten Vorbericht. Kant meldet sich erst wieder am 1. Dezember um Reinhold das Eintreffen des *Versuchs* zu bestätigen (AA XI, Nr. 392, S. 111f.) und ihm ein »Urtheil über das Ganze«, zu dem es bisher aus gesundheitlichen Gründen nicht kommen konnte, für die Weihnachtsferien in Aussicht zu stellen. Doch auch dieses Urteil ist ausgeblieben. Erst zwei Jahre später, in einem Schreiben vom 21. September 1791, gibt Kant Reinhold Einblick in die wahren Gründe seines Schweigens. Kant versichert Reinhold zunächst, seine »Unterlassungssünden« seien keineswegs auf Abneigung oder Kaltsinnigkeit gegen ihn zurückzuführen, dem er vielmehr zu aufrichtigem Dank verbunden sei und größte persönliche Hochachtung hege, sondern stattdessen auf gesundheitliche Mißstände. Nur wenige Zeilen später liefert er aber – in diplomatisch aufbereiteter und beschönigter Form – sein bisher unterschlagenes Urteil über Reinholds Theorie des Vorstellungsvermögens: Diese sei nicht nur eine undurchsichtige, dunkle Theorie, sondern darüber hinaus überflüssig, da die Richtigkeit der von der *Kritik der reinen Vernunft* aufgestellten Prinzipien durch ihre Folgen einleuchte und zur »gänzlichen Aufhellung des Gegenstandes« lediglich noch einige Anmerkungen nötig seien.[14]

14 »Ich gestehe es gern und nehme mir vor, es gelegentlich öffentlich zu gestehen, daß die aufwärts noch weiter fortgesetzte Zergliederung des Fundaments des Wissens, sofern es in dem Vorstellungsvermögen als einem solchen überhaupt und dessen Auflösung besteht, ein großes Verdienst um die Critik der Vernunft sey, sobald mir nur das, was mir jetzt noch dunkel vorschwebt, deutlich geworden sein wird; allein ich kann doch auch nicht, wenigstens in einer vertrauten Eröffnung gegen Sie nicht, bergen, daß sich durch die abwärts fortgesetzte Entwickelung der Folgen, aus den bisher zum Grunde gelegten Principien, die Richtigkeit derselben bestätigen und bei derselben, nach dem vortrefflichen Talent der Darstellung, welches Sie besitzen, gelegentlich in Anmerkungen und Episoden so viel von ihrer tieferen Nachforschung anbringen lasse, als zur gänzlichen Aufhellung des Gegenstandes nöthig ist, ohne die Liebhaber der Critik zu einer so abstracten Bearbeitung als einem besonderen Geschäfte zu nöthigen und eben dadurch Viele abzuschrecken. – Dieses war bisher mein Wunsch, ist aber weder jetzt mein Rath, noch weniger aber ein darüber ergangenes und Anderen, zum Nachtheil Ihrer verdienstvollen Bemühungen, mitgetheiltes Urtheil. – Das Letztere werde ich noch einige Zeit aufschieben müssen [...]« (Kant an Reinhold, 21. September 1791, AA XI, Nr. 487, S. 288f.). Wie aus anderen Stellen in Kants Briefwechsel hervorgeht, ist sich Kant bewußt, daß die

Dieses anfängliche Stück des Briefwechsels zwischen beiden Autoren gibt wichtige Aufschlüsse für die Rekonstruktion von Reinholds Stellung gegenüber Kant zu Beginn seiner systematischen Phase. Aus ihm geht das Bild eines zunehmend komplexen Verhältnisses beider Autoren hervor.[15] Ist Reinhold zur Zeit der Abfassung der *Briefe über die Kantische Philosophie* noch ganz Kantianer, so ändert sich doch seine Position bis 1789 auf eine Weise, die es Kant nicht mehr erlaubt, sich in rechtfertigender Absicht hinter die Theorie des Vorstellungsvermögens zu stellen. Zugleich betont aber Reinhold noch 1789 die Endgültigkeit der Lehre Kants auf eine Art, die seiner Position in den *Briefen* völlig entspricht und Kant dazu führen wird, sich noch Jahre später Reinhold gegenüber für die unterlassenen Stellungnahmen zu entschuldigen und seine wärmste Teilnahme zu bekunden.[16] Diese Zweideutigkeit der Reinholdschen Stellung gegenüber Kant wird in Reinholds Texten durch eine besondere Redeweise ausgedrückt. Es ist in diesem Zusammenhang von den »Resultaten« der Kantischen *Kritik* die Rede, die

Theorie, die zu rechtfertigen er sich durch Reinhold aufgefordert sieht, nicht mehr mit der eigenen übereinstimmt. So zeigt sich Kant nicht gerade begeistert, als ihm Jacob Sigismund Beck mitteilt, er wolle dem Verleger Hartknoch eine Abhandlung über Reinholds Theorie des Vorstellungsvermögens liefern, da diese »so sehr in dunkele Abstractionen zurückgeht, wo es unmöglich wird das Gesagte in Beyspielen darzustellen, so, daß wenn sie auch in allen Stücken richtig wäre (welches ich wirklich nicht beurtheilen kan, da ich mich noch bisjetzt nicht habe hineindenken können) sie doch eben dieser Schwierigkeit wegen unmöglich von ausgebreiteter oder daurender Wirkung seyn kan« (Kant an Beck, 2. November 1791, AA XI, Nr. 496, S. 304). Zu Kants Urteil über Reinholds philosophische Versuche und über den Briefwechsel zwischen beiden vgl. Klemmt (1958), S. 149ff. De Vleeschauwers ((1937), S. 496) und Klemmts ((1958), S. 158) Meinung, Kant habe sich ernsthaft mit der Theorie des Vorstellungsvermögens beschäftigt, wofür die Tatsache spreche, daß Kant am 29. April 1790 seinen Verleger Nicolovius um Nachsendung des Bogens Bb des *Versuchs* bittet, der in seinem Exemplar fehle (dieser Bogen umfaßt die Seiten 385-400), wird von Chenet ((1989), S. 25) mit dem Argument kritisiert, aus der Einforderung des fehlenden Bogens gehe nicht mehr hervor, als daß Kant in Reinholds *Versuch* geblättert habe. Die Wahrheit liegt vermutlich irgendwo zwischen diesen beiden Behauptungen: Kant hat den *Versuch* zwar nie ganz gelesen, doch sind zumindest ernsthafte Bemühungen in diese Richtung anzunehmen.

15 Vgl. hierzu insbesondere die Darstellungen von Teichner (1976), S. 217ff.

16 Vgl. zuletzt Kants Brief an Reinhold vom 1. Juli 1795, AA XII, Nr. 633, S. 27.

durch nichts mehr erschüttert werden können, und von den »eigentlichen«, in der Vernunftkritik noch verborgenen Prämissen, von denen aus auf einem »ganz verschiedenen Wege« diese Resultate erreicht werden sollen. Beide Elemente müssen für eine adäquate Rekonstruktion der Reinholdischen Position zu Beginn seiner systematischen Phase sowohl deutlich als in ihrer Beziehung zueinander und zum Aufbau der Theorie des Vorstellungsvermögens verständlich gemacht werden.

1.2. Ein Primat des Praktischen

Reinholds Rede von den unerschütterlich feststehenden Resultaten der Kantischen Philosophie läßt sich bis zu den *Briefen* von 1786-87 zurückverfolgen. Hier hatte Reinhold von der Kantischen als der Philosophie gesprochen, welche zum ersten Mal einen »ewigen Frieden im Reiche der Spekulation« ermögliche (Erster Brief, S. 123).[17] Sie stelle die höchsten und apodiktisch gewissen Erkenntnisgründe bzw. Grundsätze auf, welche Moral und Religion eine systematische Einheit gewähren und sowohl Moralphilosophie wie auch Philosophie der Religion und Theologie zum Rang von Wissenschaften erheben (Dritter Brief, S. 27f., 39; Vierter Brief, S. 119f.; Fünfter Brief, S. 167). Sie entdecke den Vereinigungspunkt aller entgegengesetzten streitenden Parteien und erlaube virtuell sowohl das Wahre im Anspruch jeder einzelnen wie auch die Mißverständnisse, die den Einseitigkeiten der verschiedenen Parteien zugrunde liegen, genau zu erkennen (Erster Brief, S. 122f.; Zweiter Brief, S. 133). Freilich habe die Kritik der Vernunft die vollkommene Einhelligkeit der Meinungen auf philosophischem Gebiete bisher noch nicht bewirkt, doch sei dies auf Ursa-

17 Den Gedanken eines ewigen Friedens im Bereich der Spekulation übernimmt Reinhold von Kants *Kritik der reinen Vernunft*: A 752 / B 780. Zu Reinholds erster Serie von *Merkur*-Briefen vgl. Reicke (1856), S. 20ff.; Adam (1930), S. 40-51; Verra (1951); Klemmt (1958), S. 15-33; Pupi (1966), S. 65-103; Röttgers (1974); Beiser (1987), S. 232-236; Fuchs (1994), S. 70-90; Kim (1996), S. 115-211.

chen zurückzuführen, »die meistens ausser der Kritik der Vernunft liegen« (Erster Brief, S. 126). In konzentrierter Form finden wir all diese Punkte in einem programmatischen Schreiben an Regierungsrat Voigt von Anfang November 1786 (Korr., Nr. 35, S. 145-157), in welchem sich Reinhold auch über die Gründe der Rezeptionsschwierigkeiten der Kantischen Philosophie äußert:

> Freylich kann ich mit der lebendigsten Überzeugung von der Welt behaupten: Die Kritik der Vernunft habe die bisher vermißte genaue und vollständige Charte des Vernunftvermögens geliefert, auf derselben die eigenthümlichen Gebiethe der *Sinnlichkeit*, des *Verstandes*, und der eigentlichen (: *reinen* :) theoretischen und praktischen *Vernunft* unterschieden und festgesetzt, und den bisher kaum vermutheten *Punkt des Misverständnisses* entdeckt, welches allen Streitigkeiten der Orthodoxen und Heterodoxen : im // weitesten Verstande : in Absicht *auf den Gebrauch der Vernunft in Religionssachen* – den Theisten, Deisten, und Atheisten in Absicht *auf das Daseyn und die Eigenschaften der Gottheit* – den Spiritualisten, Materialisten, und Idealisten, in Absicht *auf den menschlichen Geist* – den Aequilibristen, Deterministen, und Fatalisten in Absicht auf *die Freyheit des Willens*, – den Skeptikern und Dogmatikern in Absicht auf *die Gewisheit menschlicher Erkenntniß* zum Grunde liegt; und folglich damit einen ewigen Frieden in allen Gegenden der spekulativen Philosophie möglich gemacht; – Sie habe *Alles*, was die Vernunft über die Fragen von Gott, Seele, Freyheit und Moralität ausmachen und nicht ausmachen kann, vollständig und bis zur höchsten möglichen Evidenz bestimmt. (Korr., Nr. 35, S. 146f.)

Diese frühen Äußerungen über die Leistungen der Kantischen Philosophie widerspiegeln genau die in der Vorrede zum *Versuch* ausgedrückte Einstellung. Reinhold bekennt hier, »daß ihm durch die neuerhaltenen Principien alle seine philosophischen Zweifel auf eine Kopf und Herz vollkommen befriedigende, für immer entscheidende, sowohl ganz unerwartete Weise beantwortet sind« (Versuch, S. 56). Die erwähnten philosophischen Zweifel betreffen dabei nichts anderes als die »Grundwahrheiten« der Religion und der Moral (ebd., S. 53-56). Der von Reinhold erwähnte Grund seines Studiums der *Kritik der reinen Vernunft*, daß er in derselben »unter andern auch den Versuch wahrzunehmen glaubte, die Erkenntnißgründe der Grundwahrheiten der Religion und der Moral von aller Metaphysik unabhängig zu machen« (ebd., S. 54), entspricht dabei der Darstellung seiner Entdeckung der kritischen Philosophie in seinem ersten Brief an Kant (Korr., Nr. 66, S. 271ff.).

Reinholds Rede von den unerschütterlichen Resultaten der Kantischen Philosophie ist somit nicht einfach die Behauptung einer über die Jahre hinweg gleichbleibenden Übereinstimmung mit Kants Vernunftkritik *insgesamt*.[18] Es handelt sich vielmehr um eine in bedeutsamer Hinsicht eingeschränkte Behauptung. Reinhold verwendet die Worte »Resultate der Kritik der (reinen) Vernunft« bzw. »Resultate der Kantischen Philosophie« u. dgl. fast ausschließlich, um die Kantischen Resultate über die Freiheit des Willens, das Dasein Gottes und das zukünftige Leben zu bezeichnen. Daß sich dieser Wortgebrauch und die damit verbundene Anerkennungsbekundung Reinholds vor allem auf diese praktischen Resultate beziehen, bedeutet für sich selbst noch nicht Reinholds Unzufriedenheit mit allen übrigen Lehrstücken der *Kritik*. Es bedeutet aber zumindest, daß Reinhold es nicht für nötig hält, die übrigen Punkte, in denen er mit Kant übereinstimmt, auf dieselbe Weise zu betonen. Die Gründe dieser Zurückhaltung und der Hervorhebung von Kants praktischen Resultaten – Reinholds philosophisches Grundinteresse und dessen Auffassung der Zwecke der Philosophie – sind zwei weitere Motive hinter Reinholds Rede von den unerschütterlichen Resultaten der Kantischen Philosophie.

Reinholds philosophisches Grundinteresse erhellt am deutlichsten in der Schilderung seines philosophischen Werdegangs. Von sich in dritter Person sprechend, verweist Reinhold auf seine Erziehung, welche »ihm [Reinhold, A. L.] *Religion* nicht nur zur ersten, sondern gewisser massen zur einzigen Angelegenheit seiner früheren Lebensjahre gemacht« hatte (Versuch, S. 52). Dieses Grundinteresse an Religion bleibt bestimmend für die künftige Beschäftigung mit spekulativer Philosophie. Nachdem Reinhold durch sie den »blinden Glauben« verliert (ebd., S. 53), richten sich seine Bemühungen auf die Suche nach einem philosophischen System, das die so entstandene Glaubensleere kompensiert

18 Im Gegensatz zu Behauptungen Teichners (1976), S. 219, 236.

und die »ernsthaften Forderungen« von Kopf (Vernunft) und Herz (Glaube) zugleich zu befriedigen erlaubt (ebd.). Dieses System wird Reinhold in Kants *Kritik der reinen Vernunft* finden, die als erste seine philosophischen Zweifel »auf eine Kopf und Herz vollkommen befriedigende, für immer entscheidende« Weise beantwortet.

Diese Schilderung stimmt genau mit der im Brief an Kant enthaltenen überein.[19] Reinhold will aber in der Vorrede zum *Versuch* nicht nur von sich selbst sprechen. Die *Kritik der reinen Vernunft* liefert für Reinhold in bezug auf Freiheit, Gott und das zukünftige Leben Aufschlüsse, welche die schlimmsten Befürchtungen und erhabensten Hoffnungen eines jeden Menschen auf letztgültige Weise beantworten. Deshalb auch der Wunsch, durch die *Briefe über die Kantische Philosophie* »etwas beyzutragen, daß ein Gut, in dessen Besitze er sich so glücklich fühlte, auch von andern erkannt und benutzt würde« (ebd., S. 57). Die im »Ersten Buch« des *Versuchs* enthaltene Bestimmung des Zwecks der Philosophie schließt hier unmittelbar an. Insofern allein die Philosophie die Mittel aufbieten kann, um die Eintracht von Kopf und Herz herzustellen, ist es »*der vornehmste Zweck der Philosophie […], der Menschheit über die Gründe ihrer Pflichten und Rechte in diesem, und ihrer Erwartung für das zukünftige Leben allgemeingiltige Aufschlüsse zu geben.*« (Ebd., S. 74) Reinholds Rede von den unerschütterlichen Resultaten der *Kritik der reinen Vernunft* erhält durch dieses Motiv noch stärkere Konturen: Sie drückt das Festhalten nicht an irgendwelchen Erkenntnissen aus, sondern an den wichtigsten Erkenntnissen, denjenigen, die in Reinholds Leben und (nach Reinhold) im Leben aller Menschen den obersten, *vornehmsten* Platz einnehmen und zugleich das *Vornehmste* ausmachen, was von einer Philosophie geleistet werden kann.

Insgesamt sind Reinholds Äußerungen über seinen philosophischen Werdegang, seine Hauptinteressen und das Wesen der Philosophie zwischen 1787 und 1789 in folgendem eindeutig und übereinstimmend: Kants *Kritik der reinen Vernunft* ist für Reinhold vor allem in praktischer, insbesondere religionsphilosophischer Hinsicht bedeutsam. Es

19 Vgl. oben S. 31 und Anm. 4 (in diesem Kap.) sowie Korr., Nr. 66, S. 271ff.

ist erstens ein praktisches, religionsphilosophisches Interesse, das Reinhold zur Vertiefung der Kantischen Philosophie drängt. Zweitens ist es der praktische, vor allem religionsphilosophische Teil der ersten *Kritik*, der Reinhold einleuchtet und ihm erlaubt, sich als von seinem Unglauben geheilt zu sehen. Schließlich sind es diese praktischen Resultate, die Reinhold in seinen *Briefen* auf eine allgemeinverständliche Weise darstellt und im *Versuch* den vornehmsten Zweck der Philosophie nennt. Es ist deshalb nicht übertrieben zu sagen, Reinholds erste philosophische Schriften zur Kantischen Philosophie entstünden unter dem Leitfaden eines *Primats des Praktischen* bzw. praktischer Fragestellungen.[20]

Unsere Unterstreichung dieser von Reinhold hinreichend betonten Vorrangstellung des Praktischen mag auf den ersten Blick übertrieben erscheinen. Doch hat gerade dieses Primat Konsequenzen für die Interpretation des *Versuchs* und der »Elementarphilosophie«, die von der bisherigen Reinhold-Forschung nicht hinreichend berücksichtigt worden sind. Wenn es der »vornehmste Zweck der Philosophie« ist, »der Menschheit über die Gründe ihrer Pflichten und Rechte in diesem, und ihrer Erwartung über das zukünftige Leben allgemeingültige Aufschlüsse zu geben«, und wenn sich Reinholds *Versuch* in Anschluß an Kants *Kritik der reinen Vernunft* anschickt, dieses Ziel zu erreichen, dann wird sich die Aufbietung der Argumente im *Versuch* letztlich an *diesem* Ziel messen müssen.[21] Dies läßt einerseits die Frage sinnvoll erscheinen, ob gewisse Argumentationsstücke, deren Stellung im Textaufbau bzw. im vorgegebenen Ablauf zunächst seltsam erscheint, sich

20 Auf das Primat praktischer Fragestellungen bei Reinhold ist in der Sekundärliteratur mehrmals und vor allem in bezug auf die *Merkur*-Fassung der *Briefe über die Kantische Philosophie* hingewiesen worden. Vgl. E. Frank (1904), S. 39, 42 (Reinhold habe seltsamerweise das Primat des Praktischen bei Beginn seiner elementarphilosophischen Phase preisgegeben); Adam (1930), S. 50; Pfeifer (1935), bes. S. 9f.; Kronenberg (1912), S. 140; Maréchal (1947), S. 202f.; Ameriks (1989), S. 449; Piché (1995), S. 122, 128; Berger (1998), S. 176; Goubet (1999), S. 9, 15 und 119; Ameriks (2000), S. 100, 111. Am eingehendsten ist dieser Aspekt bisher wohl von Fortlage (1852), S. 85ff., und Holzer (1921), S. 3 u.ö., unterstrichen worden.

21 Auf diesen Punkt hingewiesen hat bisher allein Schulz (1975), S. 180.

nicht eben im Hinblick auf dieses Ziel erklären lassen. Andererseits wird zumindest dann innerhalb der Motive, die Reinhold zur Veränderung und schließlich zur Preisgabe der »Elementarphilosophie« geführt haben, stärker dieser Zielsetzung Rechnung zu tragen sein, wenn letztere als über die Jahre hinweg beständig erwiesen werden kann.[22]

Wie im Lichte dieses Primats die Interpretation des *Versuchs* noch genauer zu fassen ist, geht aus zwei zusätzlichen Punkten hervor. Der erste betrifft Reinholds Rede von den »allgemeingültigen Aufschlüssen« über die Gründe der Rechte und Pflichten sowie der Erwartung eines künftigen Lebens. Wenn Reinhold sagt, diese zu liefern sei der erhabenste Zweck der Philosophie, dann hängt für ihn das Erhabensein desselben nicht lediglich von der Allgemeingültigkeit der aufzufindenden Gründe, sondern auch von ihrem Inhalt ab. Reinhold hält sich hier an Kants eigene Einschätzung, wonach die Nachforschungen der Vernunft über Gott, Freiheit und Unsterblichkeit »weit vorzüglicher« und »viel erhabener« sind, »als alles, was der Verstand im Felde der Erscheinungen lernen kann« (KrV, B 7). Die Erhabenheit der Gründe hängt aber davon ab, daß es Gründe für die Erkenntnis sind, es könne niemandem die Nichtexistenz bzw. Widersprüchlichkeit von Gott,

22 Vgl. hierzu z. B. die Bemerkungen von Alfred Klemmt zu Beginn seiner Reinhold-Monographie: »Zunächst hatte die Elementarphilosophie, als systematisches Ganzes angesehen, eine unleugbare Schwäche, die seit dem Auftreten Fichtes alsbald in die Augen springen mußte. Dies war ihr rein *theoretischer* Charakter. Bezüglich des Praktischen ging Reinhold in der Elementarphilosophie sogar so weit, das ›Begehrungsvermögen‹ geradezu als ›Vorstellungsvermögen‹ zu bezeichnen. Seine sich in den letzten Jahren des Jenenser Aufenthalts verstärkenden Bemühungen um Hauptprobleme der praktischen Philosophie [...] sind systematisch ohne Bedeutung geblieben.« (Klemmt (1958), S. VIII) Klemmt erweckt hier den Eindruck, als ob sich Reinhold im *Versuch* überhaupt nicht für praktische Fragen interessiert hätte. Dementsprechend betrachtet Klemmt Reinholds »Elementarphilosophie« ausschließlich unter den Gesichtspunkten der Bewußtseins- und Ding an sich-Diskussion. Wie dagegen im folgenden zu zeigen sein wird, enthält nicht nur Reinholds *Versuch* einen bemerkenswerten Anlauf zur Grundlegung einer praktischen Philosophie. Es wird sich ebenfalls zeigen, daß Reinholds Überlegungen zu Hauptproblemen der praktischen Philosophie von großer systematischer Bedeutung gewesen sind, insofern Reinholds Preisgabe seiner »Elementarphilosophie« letztlich auf sie zurückzuführen ist. Vgl. Abs. 7.3. in dieser Arbeit.

Freiheit und Unsterblichkeit bewiesen werden.[23] Der allgemeingültige Nachweis, es könne *nicht* sinnvoll von der Existenz Gottes usw. gesprochen werden, wäre für Reinhold alles andere als erhaben. Reinholds Festhalten an den Kantischen »Resultaten« ist deshalb wörtlich zu verstehen, was sein Unternehmen einer Theorie des Vorstellungsvermögens als den Versuch erscheinen läßt, für bestimmte vorgegebene, feststehende Ergebnisse die begründenden Argumente *nachzuliefern*.

Der zweite hier zu erwähnende Punkt hängt eng mit dem ersten zusammen und betrifft die Schwierigkeiten, die sich aus diesem Ansatz ergeben müssen. Denn nicht nur die Ergebnisse der Theorie des Vorstellungsvermögens stehen bereits zu Beginn des Unternehmens fest. Ein feststehender und unerschütterlicher Ausgangspunkt, der Begriff der Vorstellung, ist für Reinholds Projekt ebenso wesentlich. Der Begriff der Vorstellung ist für Reinhold »das *einzige* über dessen Wirklichkeit *alle* Philosophen einig sind« (Versuch, S. 190), und deshalb der einzig mögliche Ausgangspunkt auf der Suche nach allgemeingültigen Erkenntnisgründen für die Grundwahrheiten von Recht, Moral und Religion. Daß sich aber Reinholds Theorie des Vorstellungsvermögens nicht nur von *einem* festen Punkt aus oder aber zu *einem* festen Punkt hin, sondern *zwischen* zwei festen Punkten entwickeln muß, setzt den Raum, in welchem die wichtigsten Argumente als Bindeglieder zwischen beiden entwickelt werden, möglichen gravierenden Spannungen aus. Es besteht hier nicht die Möglichkeit, derartige Spannungen gewissermaßen außerhalb der Theorie zu lassen, wie im Falle offener Resultate (wo die Hauptfrage ist: »Was läßt sich aus diesem feststehenden Ausgangspunkt ableiten?«) oder offener Grundannahmen (wo die Hauptfrage ist: »Aus welchen Grundannahmen lassen sich die feststehenden Ergebnisse erreichen?«). Spannungen auf dem Ableitungsweg – wenn z.B. auf einmal klar wird, daß sich gewisse Resultate aus den angenommenen Prämissen nicht begründen lassen – bleiben in diesem Fall *innerhalb* der Theorie und führen unweigerlich zu mehr oder weniger bewußten Auslassungen von Argumentationsstücken, Erschlei-

23 Vgl. hierzu KrV, A 741f.; B 769f.

chungen oder Bedeutungsverschiebungen. Auf solche Vorkommnisse werden wir deshalb in der Interpretation von Reinholds Theorie des Vorstellungsvermögens besonders Acht geben müssen.

1.3. Erste Schwierigkeiten mit Kants Lehre

Die in 1.1. näher betrachteten Auszüge aus Reinholds früher Korrespondenz mit Kant sind nicht nur deshalb aufschlußreich, weil sie eine grundlegende und anhaltende Übereinstimmung beider Denker in einigen wichtigen Punkten zwischen 1787 und 1789 hervorzuheben erlauben. Sie sind auch deshalb von Bedeutung, weil in ihnen Spuren erster Schwierigkeiten Reinholds mit Kants Lehre enthalten sind, die Kants Zurückhaltung im Ausstellen eines positiven Zeugnisses über die Theorie des Vorstellungsvermögens gerechtfertigt erscheinen lassen.[24] Es handelt sich um Spuren einer Verschiebung in Reinholds Position zwischen der Erstveröffentlichung der *Briefe* (1786-87) und den Teilen des *Versuchs*, die Kant bis Mitte 1789 kennt, die trotz Reinholds Bemühung, das kritische Geschäft der Kantischen Philosophie und das eigene Projekt als eine gemeinschaftliche gute Sache darzustellen, Kant nicht verborgen bleiben konnten.

Diese in Reinholds Briefen sowie in der Vorrede und im »Ersten Buch« des *Versuchs* enthaltene Abweichung von Kants Lehre ist zunächst unscheinbar, aber bei näherem Hinsehen wesentlich. Reinhold behauptet hier zwar nach wie vor, Kant habe die obersten Vernunftprinzipien von Religion und Moral mit apodiktischer Gewißheit und auf vollständige Weise aufgestellt. Ebenso habe er das »alte und allgemeine Mißverständnis des Erkenntnißvermögens [...] welches [...] allen Spaltungen in der philosophischen Welt zum Grunde liegt, [...] durch die Kritik der r. V. zuerst und völlig aufgedeckt« (Versuch, S. 61). Und immer noch gilt, daß sowohl die Unfähigkeit der Gegner der *Kritik*, sie zu verstehen, wie auch jene der Verteidiger derselben, sie zu er-

24 Vgl. zum folgenden Teichner (1976), S. 217ff.

klären, zum Teil von ihr selbst abhänge (ebd.). Zugleich vertritt aber Reinhold nunmehr die Ansicht, die Allgemeingültigkeit der Resultate der Kritik der Vernunft sei auf eine Weise uneinsichtig, die einen den kantischen Rahmen sprengenden Beweis derselben notwendig macht.

Kant hat vermutlich schon bei der Lektüre von Reinholds Brief vom 14. Juni 1789 einen ersten Wink dieser Abweichung bekommen. Warum – so könnte Kant gedacht haben – ist ein derart umständliches Unternehmen, das »auf einem ganz verschiedenen Wege« die Kantischen Resultate begründen will, überhaupt notwendig? Und was bedeutet die Rede von den »eigentlichen Prämissen« der Kantischen Theorie des Erkenntnisvermögens?

Der Beantwortung dieser Fragen und der Begründung des Projekts einer neuen Theorie des Vorstellungsvermögens ist das »Erste Buch« des *Versuchs* gewidmet, welches den Titel »Abhandlung über das Bedürfnis einer neuen Untersuchung des menschlichen Vorstellungsvermögens«[25] trägt. Reinholds Überlegungen können in zwei größere Abschnitte gegliedert werden. Im ersten, der den § I umfaßt (S. 71-120), erweist Reinhold die Behauptung, daß »die Philosophie [...] bisher weder allgemeingeltende Erkenntnißgründe für die Grundwahrheiten der Religion und der Moralität, noch allgemeingeltende Erste Grundsätze der Moral und des Naturrechts aufgestellt« hat (Versuch, S. 71). Dies geschieht anhand einer detaillierten Schilderung der verschiedenen philosophischen Parteien, die sich im Bereich der Religion (»Ueber den Erkenntnißgrund der vornehmsten Grundwahrheit der Religion«, ebd., S. 76-89), der Moral und des Naturrechts gegenüberstehen (»Ueber den Erkenntnißgrund der Grundwahrheit der Moralität«, ebd., S. 89-120). Die These der Notwendigkeit eines erneuten philosophischen Versuchs, solche allgemeingeltenden Erkenntnisgründe und erste Grundsätze zu liefern, wird hier anhand des schon erwähnten »vornehmsten Zwecks der Philosophie« (ebd., S. 74) begründet. Im zweiten Teil des

25 Diese Überschrift, die sich auf der Titelseite des »Ersten Buchs« (S. 69) befindet, stimmt nicht ganz überein mit der Überschrift auf der ersten Textseite des »Ersten Buchs« (S. 71), die lautet: »Von dem Bedürfnisse einer neuen Untersuchung des Vorstellungsvermögens«.

»Ersten Buchs« versucht dann Reinhold zu zeigen, warum dieser philosophische Versuch die Gestalt einer neuen Theorie des menschlichen Vorstellungsvermögens annehmen muß. Reinhold argumentiert hier ausgehend von der Vermutung, dem Mangel an Allgemeingeltendem könne ein Mangel an Allgemeingültigem[26] zugrundeliegen, eine Vermutung, die unmittelbar auf den »kritischen Zweifel« führe, »ob die Philosophie solche allgemeingültige Erkenntnißgründe und Grundsätze« überhaupt aufzustellen imstande ist (ebd., § II, S. 120). Das höchste Interesse der Menschheit, dasjenige »der Wissenschaften von unseren Pflichten und Rechten in diesem, und dem Grunde unsrer Erwartung für ein zukünftiges Leben« fordert aber eine positive Beantwortung dieser Frage, die deshalb umgewandelt wird in die, »*Wie* [...] jene allgemeingültigen Erkenntnißgründe und Grundsätze möglich« sind (ebd., § III, S. 141). Diese Frage wiederum läßt sich nur unter der Voraussetzung beantworten, daß man vorab eine allgemeingültige Antwort auf die grundsätzlichere Frage gefunden hat, was sich überhaupt erkennen läßt bzw. was die Grenzen möglicher Erkenntnis sind (ebd., § IV, S. 146). Es ist aber »schlechterdings unmöglich sich über den allgemeingültigen Begriff des Erkenntnißvermögens zu vereinigen, so lange man über das Wesen des Vorstellungsvermögens verschieden denkt« (ebd., § V, S. 188f.). Der Begriff des Erkenntnisvermögens setzt nämlich den der Vorstellung und damit den des Vorstellungsvermögens voraus: Denn ist auch nicht jede Vorstellung Erkenntnis, so ist zumindest jede Erkenntnis als eine Vorstellung zu betrachten (ebd., S. 189). Die Untersuchung des Vorstellungsvermögens, die nichts anderes als das Explizitmachen der eigentlichen Prämissen der Kantischen Theorie (ebd., S. 67) ist, erweist sich damit als unerläßlich, sollen die Kantischen Resultate allgemein als gültig anerkannt werden. Daß nach dieser Untersuchung über das Vorstellungsvermögen keine weiteren Mißverständ-

26 *Allgemeingültig* ist für Reinhold ein Prinzip, das »von jedem, der es versteht[,] als wahr befunden« wird; *allgemeingeltend* ist es, wenn es »auch von jedem gesunden und philosophirenden Kopfe wirklich verstanden wird« (Versuch, S. 71). Vgl. hierzu Mensen (1974), S. 120; Teichner (1976), S. 245ff.; Schrader (1983), S. 75-79; van Spanje (1988), S. 3 und vor allem 176-184; Bondeli (1995), S. 102ff.; Piché (1995), S. 123; Ameriks (2000), S. 96.

nisse möglich sind, wird aber dadurch gewährleistet, daß die Vorstellung »das *einzige* [ist] über dessen Wirklichkeit *alle* Philosophen einig sind.« (Ebd., S. 190)

Dieses Argument liefert tatsächlich eine Antwort auf die Frage nach der Notwendigkeit, die Resultate der Kantischen Kritik auf dem neuen Weg einer Theorie des Vorstellungsvermögens zu begründen. Doch kann diese Antwort Kant kaum befriedigt haben, indem sie letztlich auf die Behauptung hinausläuft, eine neue Begründung der Kantischen Resultate sei deswegen notwendig, weil die ursprüngliche unbefriedigend ist. Tatsächlich kann man hier im Sinne Kants fragen, warum man auf eine »so abstracte[ ] Bearbeitung« (Kant an Reinhold, 21. September 1791, AA XI, Nr. 487, S. 289) rekurrieren sollte, wenn die Möglichkeit besteht, durch minutiöse Erläuterungen und Erklärungen dunkle Stellen der *Kritik der reinen Vernunft* hinreichend deutlich zu machen. Die Frage ist dabei natürlich, ob für Reinhold diese Möglichkeit gegeben war. Einige Äußerungen Reinholds gehen in diese Richtung. So heißt es in der Vorrede zum *Versuch*, die Resultate der Kantischen Philosophie *könnten* für denjenigen – doch nur für denjenigen – streng bewiesen werden, der »das Kantische Werk selbst studiert und durchgängig verstanden« habe (Versuch, S. 57). Auch spricht Reinhold hier von der zu liefernden Theorie des Vorstellungsvermögens als einem »leichteren« und nicht als dem einzigen Weg, »das alte allgemeine Mißverständnis« der Philosophie wegzuräumen (ebd., S. 62). Warum also den zwar gewissermaßen »leichteren«, andererseits aber offenbar umständlicheren, abstrakteren Weg der Theorie des Vorstellungsvermögens einschlagen, wenn Kants Kritik und deren Resultate hinreichend auf dem Weg des erläuternden Kommentars verdeutlicht werden können? Reinholds Verweis auf das Allgemeingeltende – nur auf dem Weg einer Theorie des Vorstellungsvermögens könne in der Philosophie ein *allgemeines* Einverständnis, der »Frieden auf dem Gebiethe der speculativen Philosophie« und insbesondere der Kantischen Philosophie (ebd., S. 21)[27] herbeigeführt werden, ist letztlich unzureichend. Denn warum sollte man sich überhaupt um ein solches *allgemeines* Einverständnis bemü-

27 Der Ausdruck stammt aus Kants *Kritik der reinen Vernunft*, A 752, B 780.

hen? Ist einmal – so könnte man sagen – die Möglichkeit gegeben, durch Erklärungen und eingehendes Studium zur Einsicht in die Schlüssigkeit der Argumente zu gelangen, die Kant zur Begründung seiner Resultate liefert, ist die Notwendigkeit oder das dringende Bedürfnis einer allgemeinen Übereinkunft über Behauptungen, von denen aus diese Resultate auf einem ganz anderen Weg begründet werden könnten, nicht mehr einzusehen. Reinholds Unternehmen einer neuen Theorie des menschlichen Vorstellungsvermögens wäre dann bestenfalls ein intellektuelles Kuriosum, in dem gezeigt würde, daß gewisse schon begründete Thesen auch auf einem abstrakteren, umständlicheren Weg begründet werden können.

Reinholds Ansicht, die Mißverständnisse über die Kantische Philosophie müßten auf eine endgültige, jedermann befriedigende Weise und für immer gelöst werden, und die daran anschließende Rede von dem Bedürfnis einer neuen Theorie des menschlichen Vorstellungsvermögens gewinnen hingegen stark an Überzeugungskraft, wenn vorausgesetzt wird, daß Kants Argumente fehlerhaft oder derart dunkel sind, daß die erhofften Ergebnisse auch auf dem Weg eines minutiösen Kommentars nicht erreichbar sind.[28] Sind nämlich die Aufschlüsse der

28 Reinholds Gedanke eines Allgemeingeltenden als Fundament eines Systems von Überzeugungen stellt die älteste Bedeutungskomponente des späteren obersten Grundsatzes der Philosophie, des *Satzes des Bewußtseins*, dar. Er ist zum ersten Mal in dem Aufsatz »Gedanken über Aufklärung« (TM III, Juli-September 1784) nachweisbar, zu einer Zeit, da Reinhold noch nicht begonnen hatte, sich mit Kantischer Philosophie zu beschäftigen. Schon hier sehnt sich Reinhold nach Begriffen, die »die Communikations Brücke zwischen Wissenschaft und Unwissenheit ausmachen; Begriffe, [...] die der Philosoph und der Pöbel [...] mit einander gemein haben, und welche [...] sowohl mit den geistigsten und feinsten Notionen des Philosophen, als mit den sinnlichsten Ideen des gemeinen Mannes zusammenhängen« (GüA, S. 130). In dem 1785 veröffentlichten Dialog *Herzenserleichterung zweyer Menschenfreunde, in vertraulichen Briefen über Johann Caspar Lavaters Glaubensbekentnis* (vgl. Fuchs (1994), S. 63) fordert Lichtfreund, einer der beiden Menschenfreunde, hinsichtlich der christlichen Lehrbegriffe, »daß endlich ein *System* aufgestellt werde«, das »für den *Philosophen* nichts Falsches, für den Ungelehrten nichts unverständliches, für beide nichts zweydeutiges, streitiges, unerweisliches enthält« (Herzenserleichterung, S. 100, 102; Orig.: Fett- statt Kursivdruck). Vgl. auch Adam (1930), S. 20-39; Pupi (1962), S. 81; Pupi (1966), S. 19-36; Batscha

Kritik der reinen Vernunft über die Freiheit des Willens, das Dasein Gottes und das zukünftige Leben die Antwort auf das dringendste Interesse der Menschheit, die dahinführenden Argumente aber unzureichend, wird es zur dringendsten Aufgabe der Philosophie, diese Einsichten auf einem anderen Weg abzusichern. Reinholds Gedanke, von einem unbezweifelbaren Allgemeingeltenden auszugehen und von hier aus die Begründung einzuleiten, erscheint dann nicht mehr als ein überflüssiger Umweg, sondern als die einzig angemessene Lösung angesichts der Dringlichkeit der Lage: Nur von einem cartesianischen, absolut gewissen und von niemandem zu bezweifelnden Ausgangspunkt kann man hoffen, einen absolut sicheren Argumentationsweg einzuschlagen, um die Kantischen Resultate zu erreichen.[29]

Daß Reinhold an keiner Stelle explizit das Unzureichende und Dunkle der Kantischen Lehre behauptet, sich im Gegenteil ganz hinter ihre »Resultate« stellt und sogar bemüht ist, die zu errichtende Theorie des Vorstellungsvermögens als Weiterführung des Unternehmens der *Briefe über die Kantische Philosophie* darzustellen, hat Kant nicht über die zunehmende Distanzierung seines wichtigsten Anhängers hinwegtäuschen können. Nicht nur muß ihm das Projekt einer Theorie des Vorstellungsvermögens *als solches* – nicht ohne Grund, wie wir soeben gesehen haben – als Zeichen einer Abweichung von den Lehren der ersten *Kritik* erschienen sein, insofern dieses Projekt gerade dann besonders sinnvoll erscheint, wenn Kants Argumente zumindest teilweise unzureichend sind. Auch die Spannungen in Reinholds Versuch, die eigene Theorie als Weiterführung eines gemeinsamen kritischen Geschäfts darzustellen, dürften Kant aufgefallen sein. Diese Bemühung um Kontinuität zeigt sich darin, daß sich Reinhold zur Charakterisierung der eigenen Theorie im wesentlichen derselben Formeln bedient, die er vorher in Verbindung mit der Kantischen Theorie und der eige-

(1977); Lauth (1979), S. 614f.; Schrader (1983), S. 73f.; Kim (1996), S. 63-76, 84-96; Rauchbauer (1996), S. 43ff. und 77-85.

29 Nicht ganz zu Unrecht spricht deshalb Nelson (1970, S. 393) von einer »Rückbildung der Kritik zum Cartesianismus«. Vgl. auch Grondin (1989), S. 117; Oittinen (2003) (im Druck).

nen Zwecksetzung in den *Briefen* gebraucht hatte. War Kants Leistung in der ersten *Kritik* die Entdeckung des Mißverständnisses, das die philosophische Welt zuerst in verschiedene Parteien spaltet (Erster Brief, S. 123; Zweiter Brief, S. 133f.; Korr., Nr. 35, S. 146f.; Versuch, S. 61), so entdeckt Reinhold genau dieses Mißverständnis als Grund der Uneinigkeit im Verständnis von Kants Kritik der Vernunft (Versuch, S. 62-64). Und wie früher Kants *Kritik* für Reinhold den Schlüssel zur Auflösung der Mißverständnisse der verschiedenen philosophischen Parteien lieferte, so ist nun die eigene Theorie der Schlüssel zur *Kritik der reinen Vernunft*. Schließlich soll die Theorie des Vorstellungsvermögens lediglich das aussprechen, was in der ersten *Kritik* implizit ist, sie soll nur die »Prämissen zur [Kantischen] Theorie des Erkenntnißvermögens« (ebd., S. 67) nachliefern, insofern der Begriff der Erkenntnis den der Vorstellung voraussetzt (ebd., S. 189). Diese Formeln, die Reinhold dazu dienen, eine Kontinuität zwischen zwei Etappen eines selben kritischen Geschäfts zu unterstreichen, sind aber meist auf eine Weise zweideutig, die diese Kontinuität wieder in Frage stellt. So bedeutet z.B. die Annahme einer Theorie des Vorstellungsvermögens als Schlüssel der *Kritik der reinen Vernunft*, daß letztere nicht mehr als »höchster Gesichtspunkt« gelten kann, »von welchem aus alle[ ] unteren sich übersehen lassen« (Reinhold an Kant, 19. Januar 1788, Korr., Nr. 84, S. 314).[30] Die

30 In seinem Brief an Kant vom 19. Januar 1788 schreibt Reinhold: »Ich habe bereits Ihre Theorie der Sinnlichkeit und des Verstandes zur Ausfertigung einer wirklich neuen Theorie des Vergnügens benutzt, die ich meinen Vorlesungen über die sogenannte Ästhetik vorausgeschickt, und in Aphorismen diktirt habe. Daß ich darin *Ihre* Meynung wenigstens zum Theil getroffen haben müsse, schliesse ich daraus, weil mein Versuch die verschiedenen Meynungen über die Natur des Vergnügens [...] auf das natürlichste vereinigt; – zeigt, daß jeder dieser Philosophen das Vergnügen aus einem *wahren* Gesichtspunkte, aber nur aus einem *einzigen* betrachtet habe, und daß jeder dieser Gesichtspunkte, nach Abzug des heterogenen das er durch Einseitigkeit erhält, als richtig befunden werde seit dem die Kritik der Vernunft den *höchsten Gesichtspunkt*, von welchem aus alle[ ] *unteren* sich übersehen lassen, angegeben habe. Einen ähnlichen Versuch[,] die Ehre des menschlichen Geistes an den Griechischen Schulen Häuptern in Rücksicht auf die rationale Psychologie zu retten[,] werden sie[ ] in meinem *siebenten* und *achten* Briefe gefunden haben. – Ich werde in der Folge noch öfters mit dem Schlüssel der Kr. d. V. dergleich. Räthseln in der Geschichte des menschlichen Geistes aufschliessen.« (Korr., Nr. 84,

Rede von den »impliziten Prämissen« kann ihrerseits so gefaßt werden, daß sie einmal Kants nicht explizit gemachte Annahmen über das Vorstellungsvermögen bezeichnet, wie sie sich ausgehend von den Argumenten der ersten *Kritik* rekonstruieren lassen, wobei der Zweck dieser Rekonstruktion die Aufklärung gewisser dunkler Textstellen wäre. Sie kann aber auch die fehlenden Prämissen bezeichnen, die nachgetragen werden müßten, um Kants Argumente im Hinblick auf ihr Ziel zu vervollständigen oder zu ersetzen.[31] Was schließlich die erste Lesart betrifft, so entspricht Reinholds »ganz anderer Weg« zu den Kantischen Resultaten schon als Entwurf nicht mehr diesen Bestimmungen. Denn die Theorie des Vorstellungsvermögens schickt sich nicht an, ausgehend von »eigentlichen Prämissen« der ersten *Kritik* die Mißverständnisse im Zusammenhang mit einzelnen Argumenten derselben aufzulösen. Nicht die *Kritik der reinen Vernunft* insgesamt, sondern lediglich ihre wichtigsten Resultate sollen auf die Theorie des Vorstellungsvermögens folgen. Die Rede von dem »ganz anderen« einzuschlagenden Weg deutet hier lediglich das an, was dann im *Versuch* tatsächlich ausgeführt wird, nämlich eine vollständige Ersetzung dieser Argumentationsstücke.

S. 313f.) Der Untertitel des »Achten Briefs« lautet: »*Hauptschlüssel* zur rationalen Psychologie der Griechen«. [Herv. A. L.] Am 14. Juni 1789 schreibt Reinhold wie gesehen stattdessen: »Das zweyte Buch [des *Versuchs einer neuen Theorie des menschlichen Vorstellungsvermögens*, A. L.] welches die eigentliche Theorie des Vorstellungsvermögens überhaupt enthält, sehe ich für die eigentlichen *Prämissen* Ihrer Theorie des Erkenntnißvermögens, und den Schlüssel zur Kritik der Vernunft an […]« (AA XI, Nr. 366, S. 60).

31 Vgl. hierzu auch die »Fragmente TM« von 1789, in welchen Reinhold von der Theorie des Vorstellungsvermögens offen behauptet, sie liefere »nicht, wie hie und da angekündigt wurde, bloße Erläuterung der Kritik der Vernunft oder Paraphrase des Kantischen Systems, sondern die bisher noch nirgends aufgestellten *eigentlichen Elemente* der kritischen Philosophie« (S. 3, kursiv A. L.). Vgl. auch Reinholds Brief an Jacobi vom 13. März 1790: »Sie würden wissen, daß ich das kritische System auf einem ganz *anderen* Wege neu begründet habe […] Dadurch fällt die äußerst künstliche Articulation des kantischen Systems, fällt fast die ganze Terminologie, fällt die Analysis, Dialektik, Antinomie etc. von selbst weg […]« (Zoeppritz, S. 135). Zum Verständnis des *Versuchs* als Kommentar der ersten *Kritik* vgl. aber noch Buhle (1804), S. 706.

1.4. Reinholds Theorie der Freiheit im »Ersten Buch« des *Versuchs*

Wie wir bisher anhand von Reinholds frühem Briefwechsel mit Kant, der Vorrede und des »Ersten Buchs« des *Versuchs* nachweisen konnten, kündigt sich die neue Theorie des menschlichen Vorstellungsvermögens einerseits als eine Theorie an, die an den in der *Kritik der reinen Vernunft* enthaltenen Resultaten über Religion und Moralität (Existenz Gottes, Freiheit des Willens und Seelenunsterblichkeit) festhält. Andererseits deutet Reinholds erstes systematisches Unternehmen als solches genommen bereits auf eine Distanzierung zu Kant, die frühe Schwierigkeiten mit den Lehren des Meisters vermuten läßt. Über beide Elemente erhält man erst in einer näheren Betrachtung des »Ersten Buchs« des *Versuchs* weiteren Aufschluß. Hier, in dem Abschnitt »Ueber den Erkenntnißgrund der Grundwahrheit der Moralität« (Versuch, S. 89-120) zeigt sich nicht nur Reinholds Schwierigkeit, zwischen Kants *Kritik der reinen Vernunft* und der *Kritik der praktischen Vernunft* Stellung zu beziehen. Durch eine Untersuchung von Reinholds Erörterung der Freiheit, der die ersten zehn Seiten dieses Abschnitts gewidmet sind (ebd., S. 89-98), ist es auch möglich, eine konkrete Schwierigkeit mit Kant zu umschreiben, die zugleich zeigt, daß die Rede von den Resultaten der Kantischen *Kritik*, an denen Reinhold festhalten will, nicht so uneingeschränkt zutrifft, wie Reinhold behauptet.[32]

Schon die Themengliederung dieser wenigen Seiten verdient Aufmerksamkeit. Anstatt sich auf die Darstellung der verschiedenen einseitigen Freiheitsbegriffe der philosophischen Schulen zu beschränken, was der Argumentationslogik und -durchführung in den Abschnitten über die Grundwahrheit der Religion (ebd., S. 76-89) und über die ersten Grundsätze der Moral (ebd., S. 99-117) und des Naturrechts (ebd., S. 117-120) entsprechen würde, beginnt Reinhold diesen Abschnitt mit einer Definition von Moralität und Freiheit und einer zweiseitigen Erörterung eines Freiheitsbegriffs, der keiner philosophischen Schule zu-

32 Zu Reinholds Freiheitsauffassung im »Ersten Buch« des *Versuchs* vgl. van Spanje (1988), S. 209f., und neuerdings Fabbianelli (1998/99), bes. S. 50ff.

geschrieben wird, sondern offenbar Reinholds eigene Auffassung widerspiegelt. Nach dieser Auffassung ist Freiheit das Vermögen, »die Gesetze der Vernunft gegen die denselben in so manchen Fällen entgegengesetzten Forderungen der Sinnlichkeit durchzusetzen« (ebd., S. 90). Daß ein Handelnder frei ist, bedeutet für Reinhold, daß dieser »weder durch die Vernunftgesetze noch durch die Forderungen der Sinnlichkeit gezwungen handelt« (ebd.), was wie folgt erläutert wird: «Nicht gezwungen durch die Gesetze der Vernunft, kann er, wenn er will, der Sinnlichkeit – und nicht gezwungen durch Forderungen der Sinnlichkeit, kann er wenn er will der Vernunft den Vorzug geben [...] Er hat freye Wahl, entweder seinen Entschluß durch seine Vernunft *selbst zu bestimmen*, oder ihn durch die Objecte der Sinnlichkeit bestimmen zu lassen.« (Ebd.) Dieses Vermögen, »zwischen zwey verschiedenen Gesetzen zu wählen« (ebd.), das dem gemeinen Verstande eine »Thatsache« ist, die man aus innerer Erfahrung kennt (ebd., S. 91), könne aber von der philosophierenden Vernunft nicht einfach hingenommen werden. Von ihr werde erwartet, daß sie zunächst dessen »Nichtunmöglichkeit«[33] bzw. Nichtwidersprüchlichkeit beweise, und zwar so, daß alle Uneinigkeit unter den Philosophen aufgehoben wird. Erst im Anschluß an diese kleine Theorie der Freiheit läßt Reinhold die Darstellung der verschiedenen wirklich vertretenen einseitigen Freiheitsauffassungen folgen (ebd., S. 94-98).

Interessant an dieser Freiheitsdarstellung ist zunächst – und dies gilt für den *Versuch* insgesamt – das Unterbleiben einer jeglichen offenen Bezugnahme auf die 1788 erschienene *Kritik der praktischen Vernunft*.

33 Kant gebraucht den Ausdruck »Nichtunmöglichkeit« in seiner Substantivform weder in der ersten noch in der zweiten *Kritik*. In der Vorrede zur *Kritik der praktischen Vernunft* spricht er aber mit Bezugnahme auf das Unternehmen der ersten *Kritik* von transzendentaler Freiheit als etwas, das von der spekulativen Vernunft »nur problematisch, als nicht unmöglich« (KpV, A 4) bzw. als »keine innere Unmöglichkeit (Widerspruch)« enthaltend zu denken ist. Kant redet hier mit Absicht nicht von »Möglichkeit«, was seiner Unterscheidung von Denkbarkeit bzw. logischer Möglichkeit (oder Widerspruchsfreiheit) und realer Möglichkeit in der ersten *Kritik* entspricht (KrV, B XXVIff.; vgl. auch ebd., A 558, B 586). Reinhold dürfte sich mit seiner substantivierten Rede von einer Nichtunmöglichkeit der Freiheit auf diese Stelle der Vorrede zur zweiten *Kritik* beziehen.

Dies erscheint seltsam vor dem Hintergrund von Reinholds Begeisterung bei der Lektüre des Werks,[34] wird aber verständlicher, wenn man die Veränderungen in Kants Lehre zwischen der ersten und der zweiten *Kritik* berücksichtigt, die die Begriffe Gottes, der Freiheit und der Sittlichkeit betreffen.[35] Diese Veränderungen müssen Reinhold vorerst in Verlegenheit gebracht haben, worauf der Entschluß gründen könnte, auf Kants zweite *Kritik* vorerst nicht offen einzugehen und auf den Gebrauch von Begriffen, die von diesen Änderungen unmittelbar tangiert sind – wie der Begriff *transzendentaler* Freiheit – möglichst zu verzichten.

Kants *Kritik der praktischen Vernunft* ist aber dennoch nicht spurlos am »Ersten Buch« des *Versuchs* vorbeigegangen.[36] Dies zeigt einmal die Erörterung des »Aeusserlich bestimmte[n] subjektive[n] Grund[es] der moralischen Verbindlichkeit« (Versuch, S. 102ff.), die eine nicht zu übersehende Anlehnung an Kants Tabelle der praktischen materialen Bestimmungsgründe im Prinzip der Sittlichkeit darstellt (KpV, A 69). Andererseits ist dies gerade im Hinblick auf das Freiheitsproblem sichtbar.

34 »Was soll ich Ihnen [...] über das unschätzbare Geschenk, der Kritik der praktischen Vernunft, wovon ich heut das mir angewiesene Exemplar erhalten, die ich aber bereits vor acht Tag verschlungen habe, sagen? Mein gegenwärtiges Verstummen, und mein ganzes künftiges Leben mag Ihnen danken [...] Wie lieb ist mirs nun daß ich mich in meinen *Briefen über die kantische Philosophie* bis itzt noch nicht auf die eigentliche Erörterung des *moralischen Erkenntnißgrundes der Grundwahrheiten der Religion* eingelassen habe. Ich hätte da ein schwaches Lämpchen aufgesteckt, wo Sie durch die Kr. d. pr. V. eine Sonne hervorgerufen haben. Ich muß gestehen, daß mir ein solcher Grad von Evidenz, eine so ganz vollendete Befriedigung, als ich wirklich gefunden habe, unerwartet war.« (Reinhold an Kant, 19. Januar 1788, Korr., Nr. 84, S. 312f.)

35 Man denke an die Lehre vom Faktum der Vernunft, an die Preisgabe Gottes als Triebfeder für die Ausübung der Sittlichkeit und die damit veränderte Einführung des Postulats der Existenz Gottes sowie an die These der Wirklichkeit einer reinen praktischen Vernunft und einer transzendentalen Freiheit. Vgl. zu diesen Punkten insgesamt Schulz (1975).

36 Dies gilt für den *Versuch* insgesamt. So lehnt beispielsweise auch die Gegenüberstellung von einem »höchsten obersten Gut« und einem »ganzen höchsten Gut« (Versuch, S. 574) an eine entsprechende Unterscheidung der *Kritik der praktischen Vernunft* an (vgl. den Beginn des Zweiten Hauptstücks der »Dialektik« in KpV, A 198f.). Vgl. auch die folgende Anmerkung.

Denn zum einen verzichtet Reinhold nicht nur auf die Bezeichnung »transzendental« in bezug auf Freiheit, sondern überhaupt auf die Unterscheidung zwischen zwei Freiheitsbegriffen, die der Kantischen Gegenüberstellung von transzendentaler und praktischer Freiheit in der ersten *Kritik* entsprechen würde. Vielleicht aufgrund der Kantischen Kritik am psychologischen Freiheitsbegriff in der zweiten *Kritik* (KpV, A 173f.) folgt hier Reinhold Kant und gebraucht, wie dieser, nur noch *einen* Freiheitsbegriff, der seinem Sinne nach mit dem transzendentalen identisch ist.[37] Zum anderen übernimmt Reinhold aus der zweiten *Kritik* – zumindest in bezug auf die Meinung desjenigen, der »nie über die Freyheit philosophiert hat« (Versuch, S. 91) – die These, wonach »die Wirklichkeit der Freyheit [...] der vollgültigste Beweis von ihrer Möglichkeit« ist (ebd., S. 92).[38] Reinhold hat also Kants *Kritik der praktischen Vernunft* durchaus gelesen und durchstudiert, hat einige wenige Elemente daraus stillschweigend übernommen, ist aber, wohl vorsichtshalber, nicht explizit auf sie eingegangen.

Zwei Stellen in Reinholds Behandlung des Freiheitsproblems im »Ersten Buch« des *Versuchs* stellen jedoch eine so deutliche Abweichung von Kants Position in der zweiten *Kritik* dar, daß sinnvoll auf konkrete Schwierigkeiten Reinholds mit dieser Position geschlossen werden kann. Es handelt sich dabei erstens um die Behauptung des Bewußtseins der Freiheit als Tatsache:

> Wer nie über die Freyheit philosophiert hat, der ist von ihrer Wirklichkeit wie von seinem eignen Daseyn überzeugt. Sie ist ihm eine Thatsache, die er aus seiner inneren Erfahrung kennt, deren // er sich durch das Selbstgefühl

37 Die gegen Ende des *Versuchs* vorkommende Rede von komparativer und absoluter Freiheit (Versuch, S. 558f.), die ebenfalls aus der *Kritik der praktischen Vernunft* übernommen wird (vgl. die bekannte Bratenwender-Stelle in KpV, A 174), will nicht zwei verschiedene Freiheitsvermögen bezeichnen, sondern zwei verschiedene Äußerungen derselben Freiheit. Auch sie stellt eine Anlehnung an die erste *Kritik* dar, nämlich an die Unterscheidung von »absolut« und »komparativ« (KrV, B 380ff.). Wie wir noch sehen werden (Abs. 2.2., Anm. 28), ist aber die Entsprechung nur partiell.

38 Vgl. KpV, A 4f.: »[...] d. i. die *Möglichkeit* derselben [der Freiheit, A. L.] wird dadurch bewiesen, daß Freiheit wirklich ist«.

bewußt ist, und wovon er sich selbst neue Proben zu geben jeden Augenblick in seiner Gewalt hat. Die Wirklichkeit der Freyheit ist ihm der vollgültigste Beweis von ihrer Möglichkeit. (Versuch, S. 91f.)[39]

Die zweite Stelle enthält Reinholds Behauptung der Freiheit als philosophischer Erkenntnisgrund für die Grundwahrheit der Moralität:

> Sey es denn daß sich (aus sehr begreiflichen Gründen) nicht begreifen lasse: *wie* die Freyheit möglich sey; so muß doch wenigstens vollkommen begriffen, allgemeingiltig dargethan werden, daß sie nicht unmöglich sey, daß sie keinen Widerspruch in sich fasse, daß sie wenigstens unter die denkbaren Dinge gehöre. Nur durch einen allgemeingiltigen Beweis dieser Nichtunmöglichkeit kann das Zeugniß des Selbstgefühls (auf welches sich zwar die Wirklichkeit der Freyheit annehmen, aber aus welchem sich keineswegs die Möglichkeit derselben begreifen läßt) gegen alle Grübeleyen und Zweifel der Spekulation gesichert, und zum *philosophischen Erkenntnißgrunde* für die Grundwahrheit der Moralität erhoben werden. (Versuch, S. 93)

Beide Behauptungen widersprechen in auffälliger Weise Kants Lehre der *Kritik der praktischen Vernunft*. Reinhold behauptet hier nicht nur, er betont und unterstreicht, daß Freiheit demjenigen, der noch nie darüber philosophiert hat, als wirklich bewußt ist, und widerspricht damit Kants deutlicher und wiederholter Behauptung, daß man sich der Freiheit nicht unmittelbar bewußt werden kann.[40] Ebenso deutlich wider-

39 Vgl. die fast gleichlautende Formulierung von Jacobi: »XXIX. Es kann also die Möglichkeit absoluter Selbsttätigkeit nicht erkannt werden, wohl aber ihre Wirklichkeit, welche sich unmittelbar im Bewußtsein darstellt, und durch die Tat beweist« (Spinozabuch, S. 173).

40 »Freiheit und unbedingtes praktisches Gesetz weisen also wechselweise auf einander zurück. Ich frage hier nun nicht: ob sie auch in der Tat verschieden sein [...] sondern wovon unsere *Erkenntnis* des unbedingt-Praktischen *anhebe*, ob von der Freiheit, oder dem praktischen Gesetze. Von der Freiheit kann es nicht anheben; denn deren können wir uns weder unmittelbar bewußt werden, weil sein erster Begriff negativ ist, noch darauf aus der Erfahrung schließen [...]« (KpV, A 52f.) Vgl. auch KpV, A 4ff., 52ff., 97. Kant vertritt hier nichts Neues im Vergleich zur ersten *Kritik*: vgl. KrV, B XXVIII sowie A 557f., B 585f. Vgl. allerdings auch die abweichende Stelle in KpV, A 72, wo das Faktum, »worin sich reine Vernunft bei uns in der Tat praktisch beweiset« mit dem Bewußtsein der Freiheit des Willens identifiziert wird.

streitet seine durch Kursivschrift hervorgehobene Bestimmung der Freiheit als philosophischer Erkenntnisgrund, d.h. als *ratio cognoscendi* für die Grundwahrheit der Moralität, der berühmten Anmerkung zu Beginn der zweiten *Kritik*, wonach »die Freiheit allerdings die ratio essendi des moralischen Gesetzes, das moralische Gesetz aber die ratio cognoscendi der Freiheit« ist (KpV, A 5). Beide Widersprüche scheinen gleichwohl nicht auf ein schlichtes Festhalten an Kants älterer Position der ersten *Kritik* zurückführbar zu sein. Reinholds Annahme eines Bewußtseins der Freiheit als Tatsache der inneren Erfahrung erinnert zwar an die Stelle des »Kanons« der *Kritik der reinen Vernunft*, wo Kant die Beweisbarkeit der praktischen Freiheit durch Erfahrung behauptet (KrV, B 830). Doch der Ausdruck »Tatsache« (Versuch, S. 91, vorletzte Zeile) und die Annahme, die Wirklichkeit der Freiheit sei für den gemeinen Verstand der »vollgültigste Beweis« ihrer Möglichkeit (ebd., S. 92, Z. 3ff.), zeigen, daß Reinhold hier nicht nur den »Kanon«, sondern auch und vor allem Kants zweite *Kritik* vor Augen hat. Beide Widersprüche zur zweiten *Kritik* sind deshalb dort, wo sie mit den Lehren der *Kritik der reinen Vernunft* übereinstimmen, als eine wohlüberlegte Übereinstimmung zu verstehen, in der eine frühe und nicht offen ausgetragene Auseinandersetzung Reinholds mit Kants Begriff des »Faktums der Vernunft« wirksam ist.[41]

Reinholds frühe Schwierigkeiten mit diesem Lehrstück aus Kants *Kritik der praktischen Vernunft* lassen sich leider auf Grund der Quellenlage nicht genauer bestimmen. Es ist aber möglich, Reinholds Stellung gegenüber Kant zu Beginn seiner systematischen Phase in anderer

41 Vgl. hierzu Klemmt (1958), S. 465 und 471f.; Fabbianelli (1998/99), S. 53 (Anm.). Die drei Jahre später im zweiten Band der *Briefe* sehr vorsichtig und diplomatisch angegangenen Schwierigkeiten Reinholds mit Kants These des Bewußtseins des Sittengesetzes als *ratio cognoscendi* der Freiheit (Briefe II, S. 276) waren vermutlich schon 1789 vorhanden und für Reinholds Zurückhaltung mitverantwortlich. Trifft dies zu, dann hätte Reinhold schon früh in dieser Sache einen Standpunkt bezogen, der mit dem A. W. Rehbergs weitgehend identisch ist. Dieser hatte in einer Aufsehen erregenden Besprechung von Kants *Kritik der praktischen Vernunft* (ALZ Nr. 188 a und b, 6. August 1788, Sp. 345-360) die Wirklichkeit einer reinen praktischen Vernunft und des Selbstbewußtseins derselben bestritten (ebd., Sp. 352, 357). Vgl. auch Schulz (1975) und unsere Diskussion in Abs. 7.4.

Hinsicht genauer zu fassen. Reinhold hält sich in der Freiheitsdiskussion insgesamt an das Projekt der *Kritik der reinen Vernunft*, wie es in der Auflösung der Dritten Antinomie durchgeführt ist. Analog zu Kants Behauptung eines praktischen Interesses an der Auflösung der Freiheitsantinomie und im Einklang mit dessen Forderung eines Nachweises der Denkbarkeit der Freiheit (KrV, B XXVIII)[42], fordert Reinhold einen von der Theorie des Vorstellungsvermögens zu erbringenden Nachweis der Denkbarkeit bzw. logischen Möglichkeit bzw. »Nichtunmöglichkeit« der Freiheit (Versuch, S. 93).[43] Doch Reinholds Freiheitslehre im »Ersten Buch« des *Versuchs* unterscheidet sich von der Kants in der *Kritik der reinen Vernunft* auf eine Weise, die die Behauptung nicht mehr zuläßt, Reinhold sei in dieser Phase seines Denkens nicht über Kants »Standpunkt von 1781« hinausgekommen (Schulz (1975), S. 166). Nicht nur verzichtet Reinhold auf die Kantische Unterscheidung von transzendentaler und praktischer Freiheit. Seine Definition der Freiheit im »Ersten Buch« des *Versuchs* unterscheidet sich von Kants Bestimmung der transzendentalen Freiheit in einem nicht unerheblichen Punkt. Während für Kant die sogenannte *negative Seite* der transzendentalen Freiheit *allein* in der Unabhängigkeit von empirischen Bedingungen besteht (KrV, B 561, 581), ist für Reinhold Freiheit das Vermögen, nicht nur ungezwungen durch die »Forderungen der Sinnlichkeit«, sondern zugleich ungezwungen durch die »Vernunftgesetze« zu handeln. Damit distanziert sich aber Reinhold von einer Bestimmung der transzendentalen Freiheit, die Kants erster und zweiter *Kritik* gemeinsam ist[44], was auf noch deutlichere Weise Reinholds Bedürfnis anzeigt, Kants Freiheitsbegriff im Hinblick auf die neueren Diskussionen über Kausalität, Determinismus und Freiheit weiterzuentwickeln.[45]

42 Vgl. auch KrV, A 558; B 586.

43 Vgl. hierzu Ameriks (2000), S. 152f.

44 Vgl. KpV, A 51, 58f.

45 Vgl. hierzu Nuzzo (1994). Offenbar hat für Reinhold 1789 die Tatsache, daß der Wille nicht durch Vernunftgesetze und somit nicht durch das Sittengesetz gezwungen werden kann, nicht die Unterschiedenheit von Willen und praktischer Vernunft *impliziert*. Reinhold scheint hier der Meinung zu sein, praktische Vernunft sei ein

Die bisherigen Erörterungen geben ein komplexes, wenn auch unvollständiges Bild von Reinholds Projekt einer neuen Theorie des menschlichen Vorstellungsvermögens.[46] Reinholds Projekt ist weder eine nachgelieferte Propädeutik zu Kants *Kritik der reinen Vernunft* noch die logische Fortsetzung der *Briefe über die Kantische Philosophie*. Bereits in seiner frühesten systematischen Phase ist Reinhold nicht mehr der getreue Ausleger der Kantischen Doktrin,[47] was zumindest teilweise der eigenen Selbstdarstellung widerspricht. Entgegen einer vorherrschenden Meinung in der Reinhold-Forschung (Selling (1938), Klemmt (1958), Henrich (1991), Bondeli (1995), Frank (1997)), welche Reinholds Auseinandersetzung mit Kant in dieser Phase ausschließlich unter dem Gesichtspunkt der Selbstbewußtseins-, Grundsatz- und Ableitungsproblematik betrachtet, sind es aber vor allem Schwierigkeiten mit *praktischen* Aspekten der Kantischen Lehre, welche in der Entstehungsphase des *Versuchs* sichtbar sind.[48] Diese Schwierigkeiten betref-

komplexes Vermögen, das sich einerseits im Aufstellen des Sittengesetzes, andererseits in der willentlichen Befolgung desselben äußert. Am deutlichsten wird diese Position an einer Stelle der späteren »Ehrenrettung des Naturrechts« ausgedrückt: »Die praktische Vernunft handelt als *reiner (moralischer) Willen*, in wiefern sie die Gesetzmäßigkeit des Begehrens bloß um der Gesetzmäßigkeit willen realisirt; und folglich ihr eigenes Gesetz aus einer und eben derselben Fülle ihrer Kraft sich selbst giebt, und befolgt« (ENR, S. 362).

46 Um ein vollständiges Bild von Reinholds Projekt einer neuen Theorie des Vorstellungsvermögens zu erhalten, müßte man zahlreichen Spuren nachgehen, die hier nicht näher betrachtet werden können, wie das Einfließen von Motiven von Leibniz, Wolff, Lambert, Crusius, Baumgarten und Platner, von Locke und der angelsächsischen »common sense«-Philosophie (Oswald, Beattie, Reid, Ferguson und Shaftesbury), von der zeitgenössischen Spinoza-Diskussion (Jacobi, Mendelssohn, Wizenmann, Herder, Rehberg, Jakob und Heydenreich) sowie von Eberhard, Sulzer und dem Illuminatismus. Ebenso müßte das Verhältnis der im *Teutschen Merkur* veröffentlichten *Briefe über die Kantische Philosophie* zum *Versuch* näher untersucht werden, insbesondere hinsichtlich der Übernahme des Klassifizierungsansatzes philosophischer Positionen und der Gegenüberstellung von gemeinem, gesundem Verstand und philosophierender Vernunft. Erste Vorarbeiten in diese Richtung finden sich bei van Spanje (1988).

47 Vgl. hierzu Timm (1974), S. 405.

48 Damit soll natürlich nicht gesagt sein, Reinhold habe *nur* hinsichtlich praktischer Fragen Schwierigkeiten mit Kant. Wir wissen, daß Reinhold schon in dieser frühen

fen Kants Auffassung der Freiheit, des Faktums der Vernunft und insgesamt die Entwicklung der Kantischen Lehre zwischen der ersten und der zweiten *Kritik*. Auch hier ist aber Reinholds Stellung nicht eindeutig, insofern sich seine Äußerungen weder ganz mit der einen noch ganz mit der anderen *Kritik* in Einklang bringen lassen.

Reinholds Projekt bleibt zwar in einem entscheidenden Punkt kantisch. Reinhold will nicht nur an den Resultaten der Kantischen Moraltheologie festhalten. Für sie eine definitive Begründung zu finden ist ihm vielmehr der letzte und vornehmste Zweck der Philosophie überhaupt. Man kann sogar sagen: Erst dieses Primat des Praktischen macht die Mängel der Kantischen Wissensbegründung zu etwas dringend zu Behebendem. Doch gerade aufgrund von Reinholds praktischen Schwierigkeiten mit Kant wird diese »unerschütterliche« Anlehnung an dessen Resultate wieder relativiert, so daß nicht nur dem Leser, sondern Reinhold selbst die Frage entstehen muß, *welche* Resultate letztlich begründet werden sollen. Diese Frage betrifft die zu begründende Freiheitsauffassung in ganz besonderem Maße. Denn zum einen ist das gesamte Unternehmen einer Theorie des Vorstellungsvermögens auf diese zu begründenden Resultate als Ziele ausgerichtet, so daß die genaue Bestimmung derselben wesentlich ist für die Durchführung des Projekts, und die Bestimmung des Freiheitsbegriffs in bezug auf Kant eine vorrangige Aufgabe wird. Zum anderen ist die Frage nach dem zu begrün-

Phase Fragen zur Rolle der transzendentalen Deduktion der Kategorien hatte (Reinhold an Kant, 12. Oktober 1787, Korr., Nr. 66, S. 276). Und wahrscheinlich waren die in *Beyträge I* (1790) mehr oder weniger explizit gemachten Probleme zu einzelnen Argumentationsstücken der ersten *Kritik* (Unterscheidung von synthetischen und analytischen Urteilen, Ableitung der Apriorizität von Raum und Zeit, transzendentale Einheit der Apperzeption, Vollständigkeit der Urteilstafel, [...]) schon 1788-1789 vorhanden. Im Unterschied zu den praktischen Schwierigkeiten sind aber diese Zweifel in der Vorrede und im »Ersten Buch« des *Versuchs* nicht sichtbar. Vgl. hierzu Horstmann (1991), S. 77ff.; Bondeli (1995), Abs. 1.2., 1.3. und S. 108. Ungenau und bestenfalls auf die sogenannten »Resultate« der Kantischen Philosophie zutreffend ist demgegenüber die Auffassung, wonach Reinhold an der Wahrheit und Richtigkeit der Kantischen Lehre nicht zweifle (von Wallwitz (1998), S. 81) und sich der fundamentalen Unterschiede zu Kant in keiner Weise bewußt gewesen sei (Sauer (1982), S. 96).

denden Freiheitsbegriff deshalb besonders dringlich, weil nach dem zugrundeliegenden Kantischen Modell eine sinnvolle Rede von der Existenz Gottes und eines zukünftigen Lebens von der Denkbarkeit oder Nicht-Widersprüchlichkeit der Freiheit abhängt.

Das Projekt einer neuen Theorie des menschlichen Vorstellungsvermögens kündigt sich damit in Reinholds früher Korrespondenz mit Kant, in der Vorrede und im »Ersten Buch« des *Versuchs* als ein in wichtiger Hinsicht praktisches und zugleich mehrdeutiges Unternehmen an. Ob Reinholds Theorie, wie sie uns im »Zweiten« und »Dritten Buch« des *Versuchs* vorliegt, als getreue Ausführung dieses Projekts verstanden werden kann, ist freilich eine andere Frage. Es handelt sich aber um eine Frage, die aus Reinholds Äußerungen zu seinem ersten systematischen Unternehmen heraus gerechtfertigt ist. Ihr wollen wir uns im nächsten Kapitel zuwenden.

2. Die »Theorie der Vernunft«

Reinholds *Versuch einer neuen Theorie des menschlichen Vorstellungsvermögens* entsteht mit dem Ziel, die wichtigsten Resultate der *Kritik der reinen Vernunft* – für Reinhold insbesondere die regulativen Ideen von Gott, Freiheit und Unsterblichkeit – aus einer allgemeingeltenden Grundlage, dem Begriff des Vorstellungsvermögens, abzuleiten. Die äußere, allgemeinste Gliederung des *Versuchs* entspricht dieser Zielsetzung. Auf das erste, bloß die Frage der Notwendigkeit des Unternehmens betreffende Buch, läßt Reinhold zwei weitere Abschnitte folgen: das »Zweite Buch« (S. 193-318)[1], das, wie seine Überschrift ankündigt, die »Theorie des Vorstellungsvermögens überhaupt« enthält und die Begriffe der Vorstellung und des Vorstellungsvermögens als allgemeingeltende Basis der Argumentation entwickelt, und das »Dritte Buch«, die »Theorie des Erkenntnissvermögens überhaupt« (S. 319-579), das der Ableitung der »Kantischen Resultate« gewidmet ist.

Um beurteilen zu können, ob und inwiefern die in diesen Teilen des *Versuchs* aufgestellten Argumente auch im einzelnen eine Umsetzung des ursprünglichen Projekts darstellen, und um zu sehen, wie vor allem der für das Gelingen des Unternehmens besonders wichtige Nachweis der Nichtunmöglichkeit der Freiheit in Angriff genommen wird, wollen wir in einem ersten Abschnitt (2.1.) zunächst die Architektur des »Zweiten« und »Dritten Buchs« etwas näher betrachten. Hinsichtlich des »Dritten Buchs« wird sich hier zeigen, daß Reinhold den Textaufbau nach einer Ordnung gliedert, die sich nicht nur eng an die Argumentabfolge von Kants erster *Kritik* hält, sondern zugleich die Aufstellung eines »Systems der Ideen« als letzten Zweck verfolgt. Vor dem Hintergrund dieser Ordnung wird es in einem zweiten Ab-

1 Einfache Seitenangaben in Klammern (ohne weitere Spezifikation) beziehen sich in diesem Kapitel immer auf Reinholds *Versuch einer neuen Theorie des menschlichen Vorstellungsvermögens*. Einfache Seitenangaben mit A/B beziehen sich in diesem Kapitel immer auf Kants KrV.

schnitt (2.2.) möglich sein, durch eine genauere Analyse des dritten Teils des »Dritten Buchs«, der »Theorie der Vernunft«, eine Anomalie im Textaufbau zu umschreiben, die mit der Stellung des Kapitels über die »Grundlinien der Theorie des Begehrungsvermögens« zusammenhängt. Wie in den beiden darauffolgenden Abschnitten (2.3., 2.4.) gezeigt werden soll, ist diese Anomalie im Argumentationsablauf nicht willkürlich, sondern die Folge einer Schwierigkeit, die in den Grundannahmen der Theorie des Vorstellungsvermögens selbst verankert ist und bereits in Reinholds sogenannter »Theorie der Grade der Spontaneität« (S. 534-538) nachgewiesen werden kann. Diese Schwierigkeit – ihrer Rekonstruktion ist der Abschnitt 2.3. gewidmet – ist von besonderer Bedeutung, weil sie das wichtigste Ziel des Reinholdschen Unternehmens betrifft: den Nachweis der »Nichtunmöglichkeit« von Freiheit durch die Ableitung der Idee einer freien absoluten Ursache.

2.1. Die Architektur des »Zweiten« und »Dritten Buchs«

Reinholds Erörterungen zu Beginn der »Theorie des Vorstellungsvermögens überhaupt« schließen unmittelbar an die Ergebnisse des »Ersten Buchs« an. Weil – wie im »Ersten Buch« gezeigt – die Vorstellung das einzige ist, über deren Wirklichkeit alle Philosophen einig sind (S. 190), die Begriffe derselben aber zahlreich sind (S. 191), beginnt Reinhold das »Zweite Buch« mit einer Begriffsbestimmung »in weiterer Bedeutung«. In ihr soll zunächst ein Begriff des Vorstellungsvermögens bestimmt werden, der hinreichend weit ist, um sich die Anerkennung aller philosophischen Parteien zuzusichern (S. 195f.). In dieser Bedeutung faßt das Wort »*Vorstellungsvermögen* [...] alles zusammen, was zunächst zu den Bedingungen der Vorstellung gehört« (S. 195). Dasjenige, worüber alle philosophischen Parteien und »denkenden Köpfe« übereinstimmen, kann aber nach Reinhold näher bestimmt werden durch die Unterscheidung der Bedingungen der Vorstellung in *innere* und *äußere* (S. 199). Diese Unterscheidung ist für

Reinhold das »Merkmal des Begriffs der Vorstellung«, das die Grundlage der Theorie abgeben soll; sie wird in § VII formuliert und stellt im *Versuch* die erste Vorfassung des späteren *Satzes des Bewußtseins*[2] dar:

2 Vgl. die Formulierung des Satzes des Bewußtseins in *Beyträge I*, S. 167: »Im Bewußtseyn wird die Vorstellung durch das Subjekt vom Subjekt und Objekt unterschieden und auf beyde bezogen«. Siehe auch *Beyträge I*, S. 144 und *Fundament*, S. 78. Daß im § VII eine Vorfassung des späteren Satzes des Bewußtseins im *Versuch* enthalten ist, sieht bereits Klemmt (1958), S. 59. Seine Behauptung, »die Unterschiede in den einzelnen Formulierungen« des Satzes des Bewußtseins seien »ganz unwesentlich« (ebd., S. 59), verschließt ihm aber von vornherein die Möglichkeit, Reinholds Ringen um eine Formulierung seines obersten Grundsatzes als Auseinandersetzung mit philosophischen Problemen zu deuten. Vgl. auch Horstmann (1972); Mensen (1974), S. 122f.; Breazeale (1982), S. 797; Beiser (1987), S. 239; Bondeli (1995), S. 56ff. Zu den vom Satz des Bewußtseins aufgeworfenen Fragen und Schwierigkeiten vgl. ferner Klemmt (1958), S. 263-323; Spickhoff (1961), S. 22-40; Horstmann (1972); Bondeli (1997a); Goubet (1999), S. 37-45; Franks (2000), S. 125-128; Franks (2000a), S. 40. Die meisten Kommentatoren sind der Auffassung, der Satz des Bewußtseins werde zum ersten Mal im *Versuch* aufgestellt. Die Frage, wo genau dies im *Versuch* geschehe, wird aber unterschiedlich beantwortet. Eine Reihe von Autoren ist der Meinung, dies geschehe in § VII (S. 200): vgl. Wundt (1932), S. 160; Coreth (1985), S. 263; Leopoldsberger (1968/69), S. 10; van Spanje (1988), S. 42, 99ff. und 196; Gawlina (1995), S. 315 (Anm. 118). Für L. Nelson hingegen findet sich der Satz des Bewußtseins zum ersten Mal auf S. 258 des *Versuchs* (Nelson (1973), S. 262), für P. Baumanns auf S. 115 (Baumanns (1974), S. 29) und für M. Horkheimer auf S. 235 (Horkheimer (1990), S. 69). In Wirklichkeit kommt der Ausdruck »Satz des Bewußtseins« an keiner Stelle des *Versuchs* vor. Reinholds oberster Grundsatz ist hier noch »in statu nascendi«, wie Bondeli (1995), S. 56, zu Recht behauptet (vgl. auch Schuhmann (1968), S. 315). Es ist im *Versuch* überhaupt noch nicht von einem ersten oder obersten Grund*satz* der Philosophie oder des gesamten Wissens die Rede, sondern lediglich von einer »Grundlage« (S. 200) bzw. einem »Grund« (S. 66) der Theorie des Vorstellungsvermögens. Die in § VII enthaltene ist im übrigen zwar die erste Vorfassung des Satzes des Bewußtseins im *Versuch*, nicht aber überhaupt die erste. Eine frühere Fassung findet sich in Reinholds Aufsatz UNV (Januar 1789), wo es heißt: »Wir sind durchs Bewußtseyn genöthiget die Vorstellung, die wir von unsrem organischen Körper haben, sowohl von dem organischen Körper selbst, als auch von unserm vorstellenden Subjekte zu unterscheiden, // und den erstern in die Reihe der außer und befindlichen Dinge zu versetzen, von denen wir nur durchs afficirt werden Vorstellungen haben können« (UNV, S. 42f.; vgl. auch van Spanje (1988), S. 21). Noch frühere Formulierungsansätze finden sich aber bereits in den *Briefen über die Kantische Philosophie*. So heißt es z.B. im »Siebenten« der *Merkur*-Briefe (August 1787): »Gleich mit der ersten

»Man ist, durch das Bewußtseyn genöthiget, darüber einig, daß zu jeder Vorstellung ein vorstellendes Subjekt, und ein vorgestelltes Objekt gehöre, welche *Beyde* von der Vorstellung, zu der sie gehören, unterschieden werden müssen« (S. 200). Ein vorstellendes Subjekt und ein vorgestelltes Objekt sind zwar als notwendige Bedingungen mit jeder Vorstellung verbunden, doch als *äußere* Bedingungen, d.h. sie gehören nicht selbst zu den Bestandteilen oder *inneren* Bedingungen der Vorstellung (S. 202, § VIII). In einer *engeren* Bedeutung soll nach Reinhold der Begriff des Vorstellungsvermögens nur diese inneren Bedingungen umfassen.

Diese Begriffsbestimmungen werden von Reinhold in den §§ IXff. weitergeführt. Insofern das Wort »Vorstellung« in seiner *weitesten* Bedeutung »die Empfindung, den Gedanken, die Anschauung, den Begrif, die Idee« (S. 209) zusammenfaßt, und insofern diese Vorstellungen auf Empfinden, Denken, Anschauen und Begreifen[3] beruhen, gehören die Vermögen, welche diesen Handlungen entsprechen, d.h. Sinnlichkeit, Verstand und Vernunft, zu den inneren Bedingungen der Vorstellung, diejenigen, die das Vorstellungsvermögen in seiner *engeren* Bedeutung ausmachen (S. 212, § X). Das Wort »Vorstellung« kann aber noch enger gefaßt werden, in einer *engsten* Bedeutung. In dieser Hinsicht faßt es »nur dasjenige zusammen, was die Empfindung, der Gedanke, die Anschauung, der Begriff, und die Idee untereinander *gemeinschaftliches* haben« (S. 214, § XI). Analog dazu wird das Vorstellungsvermögen in *engster* Bedeutung als das Vermögen bestimmt, welches nur dasjenige zusammenfaßt, »was zu den innern Bedingungen der blossen Vorstel-

Morgendämerung der Vernunft mußte sich das *denkende Ich*, den Gesetzen des *Bewußtseyns* gemäß, von jeder seiner *gedachten* Vorstellungen, und folglich auch schon darum vom Körper, in so ferne dieser unter jenen Vorstellungen vorkam, unterscheiden« (S. 142). Zu diesen frühen Formulierungsversuchen vgl. Adam (1930), S. 51; Klemmt (1958), S. 23f., und neuerdings Lazzari (2003b).

3 Reinhold entgeht der Verlegenheit, auch für die Erzeugung der Ideen eine entsprechende Handlung zu nennen, durch schlichte Weglassung (S. 208) oder durch die Abkürzungsformel »u.s.w.« (S. 212). Zu Beginn der »Theorie der Vernunft« identifiziert Reinhold diese Handlung mit derjenigen, »die man in der Logik mit dem Namen *Schliessen* bezeichnet« (S. 499f.), doch ohne näher zu erörtern, inwiefern das logische Schließen als eine Art des Vorstellens zu betrachten ist.

lung im strengsten Sinne gehört«, d.h. »weder Sinnlichkeit, noch Verstand, noch Vernunft« (S. 216), sondern das, was allen drei Vermögen gemeinsam ist und zur »Vorstellung überhaupt, zur Vorstellung κατ' εξοχην gehört« (S. 219).

Bis hierhin ist Reinhold negativ verfahren. Es sind Bedeutungskomponenten ausgeschlossen worden, bis eine engste Bedeutung der Begriffe »Vorstellung« und »Vorstellungsvermögen« übrig geblieben ist, über die alle Denkenden übereinstimmen können. Mit § XIII (S. 220) beginnt die positive Bestimmung dieser Begriffe. Sie besteht in der Beantwortung der Frage, was die inneren Bedingungen der Vorstellung überhaupt seien bzw. wie letztere beschaffen sei – eine Frage, die sich nach Reinhold nur aus dem richtigen Begriff der bloßen Vorstellung oder »Vorstellung überhaupt« beantworten läßt. Diese ist nun zwar an sich undefinierbar, da Empfindungen, Gedanken, Anschauungen, Begriffe und Ideen, die hier als *definiens* herangezogen werden könnten, selbst als besondere Arten der Vorstellung definiert werden müssen, was zu einer zirkulären Definition der Vorstellung führen würde (S. 223f.). Doch ist dies kein Hindernis für das Aufstellen einer Theorie des Vorstellungsvermögens, weil ungeachtet dessen eine Erörterung der bloßen Vorstellung möglich bleibt, in welcher sich die Merkmale angeben lassen, »durch welche sie gedacht wird, und welche, in wieferne sich ohne dieselben die Vorstellung nicht denken läßt, unter die innern Bedingungen der Vorstellung gehören« (§ XIV, S. 227). In dieser Erörterung des Vorstellungsbegriffs muß es zu einer »völligen Erschöpfung« oder »Zergliederung« desselben kommen, »das heißt, es muß *alles* was in diesem Begriffe vorstellbar ist, und *so weit* als es vorstellbar ist, angegeben seyn« (S. 229).

Das erste Merkmal der bloßen Vorstellung, das als innere Bedingung anzunehmen wir durch unser Bewußtsein genötigt sind (S. 230), ist der *Stoff*: »§ XV. Zu jeder Vorstellung gehört als innere Bedingung (als wesentlicher Bestandtheil der blossen Vorstellung) etwas, welches dem *Vorgestellten* (dem von der Vorstellung durchs Bewußtseyn unterschiedenen Gegenstande,) entspricht; und dieß nenne ich den *Stoff* der Vorstellung« (ebd.). Jede Vorstellung »ohne Ausnahme« muß also einen Stoff in dieser Bedeutung des Wortes haben (S. 232).

Das zweite Merkmal der bloßen Vorstellung ist die *Form* derselben: »§ XVI. Zur Vorstellung überhaupt gehört als innere Bedingung (als wesentlicher Bestandtheil der blossen Vorstellung) etwas, wodurch der blosse Stoff zur Vorstellung wird, und dieses Etwas nenne ich die *Form der Vorstellung*« (S. 235). Form und Stoff der Vorstellung sind damit wesentlich verschiedene Komponenten der Vorstellung, die aber zugleich nicht voneinander getrennt werden können, ohne daß die Vorstellung aufhörte zu existieren (ebd.). Nur dadurch, daß der bloße oder vom Gegenstand allein bestimmte Stoff (S. 239)[4] die Form einer Vorstellung annimmt und damit zum Stoff einer Vorstellung wird, kann etwas vorgestellt werden (S. 240). Dies führt Reinhold zugleich zur These der Unvorstellbarkeit der Dinge an sich. Dinge an sich, d.h. Dinge, insofern sie »unter derjenigen Form, die [ihnen] ausser aller Vorstellung zukäme« (S. 246), und gerade nicht unter der Form der Vorstellung stehen, sind deshalb unvorstellbar, weil nur der unter der Form der Vorstellung stehende bloße Stoff vorgestellt werden kann (S. 244ff.). Die »von Kant erwiesene Unmöglichkeit der Erkenntniß des Dinges an sich« kann damit auf einem kürzeren Weg bewiesen werden: »Das Ding an sich ist nicht *Vorstellbar*; wie sollte es *Erkennbar* sein?« (S. 254f.)[5]

Als letztes Merkmal der bloßen Vorstellung führt Reinhold den bloßen Stoff als in der Vorstellung *gegeben*, die bloße Form als *hervorgebracht* an: »§ XVIII. In jeder *Vorstellung* muß der blosse Stoff *gegeben* seyn, und die blosse *Form* an demselben *hervorgebracht* werden«

4 Zum Problematischen der Reinholdschen Annahme eines »bloßen Stoffs« vgl. Herbart (1884/1964), S. 232f.; Pierini (1941), S. 173f.; Klemmt (1958), S. 386f., 394f.; Frank (1997), S. 278ff.

5 Zu den mit Reinholds These der Unvorstellbarkeit der Dinge an sich verbundenen Schwierigkeiten vgl. Cassirer (1920/1994), S. 52ff.; Selling (1938), S. 81f.; Klemmt (1958), vor allem S. 435-449; Bondeli (1995), S. 79-84, 180; Frank (1997), S. 278ff. K. Ameriks spricht in diesem Zusammenhang von einem »kurzen Argument« (»short argument«) für den Idealismus (vgl. Ameriks (1989) und Ameriks (2000), S. 125-136). Weitere kritische Stellungnahmen bei van Spanje (1988), S. 118ff.; Grondin (1989a), S. 478; Sauer (1992); Thomas-Fogiel (1999), S. 27f.

(S. 255), was auch für die Vorstellung der Fall ist, in welcher das vorstellende Subjekt sich selbst vorstellt, das anderenfalls in und durch seine Vorstellung sich selbst hervorbringen würde (S. 258).

Nach dieser Bestimmung der inneren Bedingungen der bloßen Vorstellung wendet sich Reinhold den inneren Bedingungen des Vorstellungs*vermögens* zu. Stoff und Form der Vorstellung werden zunächst auf der Ebene des Vorstellungsvermögens die Vermögen der *Rezeptivität* (oder »Empfänglichkeit für den Stoff einer Vorstellung«, § XIX, S. 264) und der *Spontaneität* (oder »thätige[s] Vermögen«, § XX, S. 267) zugeordnet, welche respektive als das Vermögen, *affiziert* zu werden (S. 279), und als das Vermögen, die bloße Form an dem Stoff *hervorzubringen*, bestimmt werden. Analog zur These der Unvorstellbarkeit der Dinge an sich behauptet dann Reinhold hinsichtlich Rezeptivität und Spontaneität (S. 272) sowie hinsichtlich Stoff und Form (S. 276) die Unvorstellbarkeit, insofern diese *an sich selbst* betrachtet werden. In einem weiteren Schritt wird die Möglichkeit von Bewußtsein davon abhängig gemacht, daß der Stoff oder das Gegebene der Vorstellung ein *Mannigfaltiges*, die Form oder das Hervorgebrachte an derselben *Einheit* sei (§ XXV, S. 283). Die Form ist deshalb Mannigfaltigkeit überhaupt (S. 285), die Form der Spontaneität Verbindung oder Synthesis des gegebenen Mannigfaltigen überhaupt (§ XXVI, S. 288), und beide sind »dem vorstellenden Subjekte *in* und *mit* dem Vorstellungsvermögen *gegeben* und in demselben *vor* aller Vorstellung *bestimmt* vorhanden« (§ XXVII, S. 291f.). Ausgehend von der These, die Wirklichkeit der Vorstellung setze einen objektiven Stoff voraus (S. 296f., § XXVIII), liefert dann Reinhold einen gegen den Skeptiker gerichteten Beweis des Daseins der Gegenstände außer uns (§ XXIX, S. 299) und schließt – als Vorbereitung für die besonderen Untersuchungen der Theorien der Sinnlichkeit, des Verstandes und der Vernunft – mit einer kurzen Erörterung der Umstände, unter denen von den Vorstellungen insgesamt als Vorstellungen a priori und a posteriori (§ XXX-XXXII, S. 302ff.), von der einzelnen Vorstellung überhaupt als Empfindung, Gedanke, Anschauung, Begriff und Idee in weiterer Bedeutung gesprochen werden kann (§ XXXIII- XXXVII, S. 313-318).

Mit dem »Dritten Buch« des *Versuchs*, der »Theorie des Erkenntnissvermögens überhaupt« wendet sich Reinhold dem Teil seines Unternehmens zu, in welchem die Ableitung der Hauptresultate der *Kritik der reinen Vernunft* erfolgen soll. Reinhold beginnt dieses Kapitel mit einer – allerdings nicht als solche betitelten – Theorie des Bewußtseins (S. 321-351, §§ XXXVIII-XLV) und gliedert daraufhin den weiteren Argumentationsverlauf in eine »Theorie der Sinnlichkeit« (S. 351-421, §§ XLVI-LXVI), eine »Theorie des Verstandes« (S. 422-497, §§ LXVII-LXXVI) und eine »Theorie der Vernunft« (S. 498-579, §§ LXXVII-LXXXVIII).

Zu Beginn der »Theorie des Bewußtseins« bestimmt Reinhold zunächst das *Bewußtsein überhaupt*: Es besteht »aus dem Bezogenwerden der blossen Vorstellung auf das Objekt und Subjekt; und ist von jeder Vorstellung überhaupt unzertrennlich« (§ XXXVIII, S. 321). Diese Bestimmung des Bewußtseins überhaupt ist eine Bedeutungskomponente der reifsten Fassung des späteren Satzes des Bewußtseins (»Im Bewußtsein wird die Vorstellung durch das Subjekt vom Subjekt und Objekt unterschieden und auf beide bezogen«), von dem sie das Beziehungsmoment ausdrückt[6]; zugleich und vor allem ist sie aber eine fast wörtliche Wiedergabe der Kantischen Erörterung des Beziehungsgefüges im Begriff der Vorstellung zu Beginn des »Systems der transzendentalen Ideen« aus der *Kritik der reinen Vernunft*, wo das »Allgemeine aller Beziehung, die unsere Vorstellungen haben können« in der Beziehung aufs Subjekt und auf Objekte besteht.[7] Wie M. Bondeli in seiner Reinhold-Monographie beobachtet, ist diese Erörterung nur eine »im Sinne einer zentralen Gliederung des Begriffs der Vorstellung« (Bondeli

6 J. S. Beck hält diese Stelle für die erste Formulierung des Satzes des Bewußtseins ((1796/1975), S. 100).

7 Vgl. KrV, B 391: »Nun ist das Allgemeine aller Beziehung, die unsere Vorstellungen haben können, 1. die Beziehung aufs Subjekt, 2. die Beziehung auf Objekte, und zwar entweder als Erscheinungen, oder als Gegenstände des Denkens überhaupt. Wenn man diese Untereinteilung mit der oberen verbindet, so ist alles Verhältnis der Vorstellungen, davon wir uns entweder einen Begriff, oder eine Idee machen können, dreifach: 1. das Verhältnis zum Subjekt, 2. zum Mannigfaltigen des Objekts in der Erscheinung, 3. zu allen Dingen überhaupt.«

(1995), S. 65) weitergeführte Spezifizierung des »oberste[n] Principium[s] aller synthetischen Urteile« in der *Kritik der reinen Vernunft* (B 197), so daß angenommen werden kann, Reinhold versuche an dieser Stelle, Kants oberstes Prinzip aller synthetischen Urteile im Rahmen der Theorie des Vorstellungsvermögens so zu rekonstruieren, daß dasselbe – im Zusammenhang mit Kants Satz der Apperzeption (KrV, B 131f.) – nicht nur der näheren Erörterung des Verstandes und der Vernunft, sondern sogar der Sinnlichkeit vorausgehe.[8]

Reinhold unterscheidet nun innerhalb der Gattung »Bewußtsein überhaupt« zwischen dem Bewußtsein der Vorstellung, dem Bewußtsein des Vorstellenden (oder Selbstbewußtsein) und dem Bewußtsein des Vorgestellten als Arten desselben (S. 325). Allen dreien ist das Bezogenwerden der bloßen Vorstellung aufs Objekt und Subjekt gemeinschaftlich (S. 327), was für Reinhold die Unmöglichkeit bewußtseinsloser Vorstellungen zur Folge hat (S. 327-331).

8 Vgl. hierzu insgesamt Bondeli (1995), Abs. 1.2. In Anschluß an Cassirer ((1920/1994), S. 44) hat M. Bondeli gezeigt, daß eine Auseinandersetzung Reinholds mit Kants Satz der Apperzeption und des obersten Prinzips aller synthetischen Urteile einen wesentlichen Hintergrund liefert zur Deutung des Satzes des Bewußtseins, wie er uns in *Beyträge I* und in der *Fundamentschrift* vorliegt. Die Stellung und die Ähnlichkeit der Bestimmung des »Bewusstseins überhaupt« in § XXXVIII (Versuch, S. 321) mit dem späteren Satz des Bewußtseins bestätigen Bondelis These. Reinhold hat offenbar Schwierigkeiten mit der Stellung des »Ich denke« und des obersten Prinzips der synthetischen Urteile, die nicht den Anfang der »Elementarlehre« der ersten *Kritik* bilden. Er versucht deshalb in § XXXVIII zunächst, beide Kantischen Grundsätze zusammengenommen zu Beginn der »Theorie des Erkenntnissvermögens überhaupt« zu rekonstruieren, und stellt schließlich in *Beyträge I* den Satz des Bewußtseins an den Anfang der »Elementarphilosophie«. Ergänzend zu Bondelis Ausführungen muß aber festgehalten werden, daß im *Versuch* schon beide Bedeutungskomponenten von Reinholds Grundsatz, das Beziehen *und* das Unterscheiden der Vorstellung von Subjekt und Objekt (wobei das Unterscheiden bei Reinhold ein Unterscheiden der Vorstellung vom *vorstellenden* Subjekt und vom *vorgestellten* Objekt ist; vgl. Versuch, S. 200) separat, an zwei verschiedenen Stellen vorkommen, während die angeführte Stelle aus Kants »System der transzendentalen Ideen« nur das »Allgemeine aller Beziehung« (B 391), nicht aber das Allgemeine aller Unterscheidung ausführt. Vgl. auch Stolzenberg (1996), S. 463f.; Franks (2000), S. 123. Zur Bedeutung von Kants Paralogismuskapitel für das Entstehen des Satzes des Bewußtseins vgl. Ameriks (2000), S. 108, und Lazzari (2003b).

In der ersten Art des Bewußtseins überhaupt (§ XXXIX), dem Bewußtsein der Vorstellung, ist das Bewußtsein überhaupt *klar*, insofern »sich das Gemüth bey demselben keines andern Gegenstandes als seiner eigenen Vorstellung bewußt ist« (S. 332). Im strengsten Sinne ist diese Art des Bewußtseins »Bewußtseyn der bey einer Vorstellung vorgehenden Veränderung des Gemüthes« (S. 333).

In der zweiten Art des Bewußtseins überhaupt (§ XL), dem Bewußtsein des Vorstellenden oder Selbstbewußtsein, ist das Bewußtsein überhaupt *deutlich*, »in wieferne es Bewußtseyn des vorstellenden Subjektes, als des vorstellenden ist« (S. 333). Das vorstellende Subjekt kann deshalb nie wie es an sich selbst ist Objekt des Selbstbewußtseins sein – das Subjekt an sich ist genau so unvorstellbar wie die Dinge an sich –, sondern lediglich in seiner Eigenschaft als Vorstellendes (S. 334). Ein Vorstellendes kann aber nach Reinhold nur dadurch Objekt eines Selbstbewußtseins sein, daß sich das vorstellende Subjekt »das blosse Vorstellen selbst wieder vorzustellen vermag«, was allein durch die Vorstellung der inneren Bedingungen des bloßen Vorstellungsvermögens geschehen kann, der Rezeptivität und Spontaneität. Die Identität von Objekt und Subjekt des Bewußtseins wird dadurch gewährleistet, daß das Subjekt die ursprünglich a priori gegebenen Formen der Spontaneität und Rezeptivität auf sich selbst bezieht, indem diese Formen durch eine Selbstaffektion des Subjekts Stoff einer Vorstellung werden (S. 335-337).[9]

In der dritten Art des Bewußtseins überhaupt (§ XL), dem Bewußtsein des Vorgestellten, heißt schließlich das Bewußtsein »Erkenntnis überhaupt«, »in wieferne bey demselben die Vorstellung auf den bestimmten Gegenstand bezogen wird« (§ XLII, S. 340).

Vorausblickend auf die zu liefernden Theorien der Sinnlichkeit, des Verstandes und der Vernunft schließt Reinhold diesen einleitenden Abschnitt mit einer Erörterung der beiden wesentlichen Bestandteile der

9 Reinholds Deutung des Selbstbewußtseins schließt eng an Kants Äußerungen im § 8 der »Ästhetik« an (KrV, B 68f.). Vgl. die detaillierte Diskussion der Reinholdschen Theorie des Selbstbewußtseins in Stolzenberg (1996), S. 463-472. Vgl. auch Zacharias (1948), S. 70-74; Stolzenberg (1986), S. 43-45; van Spanje (1988), S. 113; Bondeli (1995), S. 144-150; Henrich (1989), S. 147-152; Frank (1997), S. 248f., 286-307 und 418ff.

Erkenntnis überhaupt, die Anschauung in engerer Bedeutung (§ XLIII, S. 345-348) und der Begriff in engerer Bedeutung (§ XLIV, S. 348f.), und einer Betrachtung des Erkenntnisvermögens überhaupt als Vermögen der Anschauungen und der Begriffe (§ XLV, S. 349ff.).[10]

Reinholds »Theorie der Sinnlichkeit« hält sich ziemlich genau an die »Transzendentale Ästhetik« der ersten *Kritik*. In ihr kommt es – durch Verwendung der im »Zweiten Buch« zur Verfügung gestellten Begrifflichkeit – zur Bestimmung der Sinnlichkeit und ihrer Handlung, der Apprehension, als ersten Grad der Spontaneität (S. 357), der Anschauung und Empfindung als innere und äußere, des inneren und äußeren Sinnes (S. 351-377) und der Begriffe von Raum und Zeit als a priori bestimmte Formen der äußeren bzw. inneren Anschauung (S. 377-421).

Die »Theorie des Verstandes« folgt im großen und ganzen der »Transzendentalen Analytik« der *Kritik der reinen Vernunft* bis zum Ende des Abschnitts über »Die Postulate des empirischen Denken[s] überhaupt« (KrV, B 274). Es werden zunächst der Verstand und der Begriff in engerer und engster Bedeutung, die Handlung des Verstandes in engster Bedeutung als zweiter Grad der Spontaneität (S. 423), dann die objektive Einheit (S. 429), die Verstandeseinheit (S. 433f.) und das Urteilen erörtert (S. 435ff.). In Anlehnung an Kants Tabelle der logischen Funktionen des Verstandes in Urteilen (B 95) kommt es zu einer Ableitung der »logischen Materie« und der »logischen Form« der Urteile aus dem Verhältnis von Subjekt und Prädikat, für sich genommen und zusammengenommen, zur objektiven Einheit (S. 444-447). Die Einteilung der Urteile stimmt dabei ziemlich genau mit der Kantischen überein.[11] Ihr entsprechend folgt eine Tafel der Kategorien[12] (S. 449-50)

10 Zu Reinholds Theorie des Bewußtseins vgl. Beck (1796/1975), S. 103f.; von Aster (1921), S. 547; de Muralt (1958), S. 22-33; van Spanje (1988), S. 109ff.; von Wallwitz (1998), S. 98.

11 Die einzige Abweichung betrifft Kants »unendliches Urteil« der Qualitätstriade, das Reinhold zunächst ebenfalls unendlich nennt, wobei er in Klammern aber »Indefinitum« schreibt (S. 445). In der vier Seiten später angeführten Tabelle der »A priori bestimmte[n] Handlungsweise des Verstandes«, in der die Urteilsformen den Kategorien gegenübergestellt werden, ist dann aber nur noch von »Unbestimmte[n]

und die Unterscheidung der Kategorien in mathematische und dynamische (S. 451ff.). Reinholds Deduktion der Kategorien ist ihrem Ansatz nach von vornherein mit der Deduktion der Urteilsformen verbunden und ist, anders als bei Kant, mit der Aufstellung der Kategorientafel und einigen daran anschließenden Erörterungen abgeschlossen. Die von Kant unter dem Titel der »Deduktion der reinen Verstandesbegriffe« durchgeführte Argumentation (KrV, A 84-130, B 116-169) hat deshalb in der »Theorie des Verstandes« keine Entsprechung in strengem Sinne.[13] Reinhold geht direkt zum Schematismus über und stellt in § LXXV (S. 466-482) eine Tafel der Schemata auf, die der der *Kritik der reinen Vernunft* (A 137-147, B 176-187) genau entspricht. Es folgt in § LXXVI die Erörterung der »Gesetze des Verstandes in engerer Bedeutung«, die sich ziemlich genau an die vier Abschnitte der Kantischen »systematische[n] Vorstellung aller synthetischen Grundsätze des reinen Verstandes« (Axiome der Anschauung, Antizipationen der Wahrnehmung, Analogien der Erfahrung, Postulate des empirischen Denkens überhaupt) hält, mit dem wesentlichen Unterschied allerdings, daß Reinhold diese Grundsätze als »eines Beweises eben so wenig bedürftig als fähig betrachtet« (S. 484). Schließlich kommt es noch zu einer Diskussion des Satzes vom Widerspruch

Urtheile[n]« die Rede (S. 449). Von der Kantischen Urteilstafel sagt hier Reinhold, sie sei zwar von Kant zuerst aufgestellt, dort »aber freylich noch nicht so ganz bestimmt deduciert[en] « worden (S. 448).

12 Kleine Veränderungen ergeben sich hier gegenüber der Kantischen Kategorientafel: Die Kantische »Limitation« wird zur »Limitation der Gegenstände« und in den Kategorien der Relation wird die Kantische »Inhärenz und Subsistenz« durch »Substanzialität«, die »Gemeinschaft« durch »Koncurrenz der Gegenstände« ersetzt; vgl. A 80/B 106. Vgl. hierzu Selling (1938), Kap. 6, vor allem S. 192; Klemmt (1958), S. 110-113 und 142-146; Lenk (1968), S. 46-58; König (1972) und (1980); Bondeli (1995), S. 111-114.

13 Vgl. hierzu Beck (1796/1975), S. 86; von Zynda (1910), S. 48 u. ö.; Kroner (1921), S. 323; Wundt (1932), S. 141 und 162; van Spanje (1988), S. 188; Piché (1995), S. 75, 100, 105; Franks (2000), S. 112. Ganz anders G. Baum (1973), S. 218ff., 225, 229, der die schwer nachvollziehbare Auffassung vertritt, der Satz des Bewußtseins sei nichts anderes als die konsequentere und klarer gefaßte transzendentale Deduktion Kants. Vgl. dazu kritisch van Spanje (1988), S. 107, und Mittmann (1993), S. 35 (Anm.).

und des »obersten Grundsatz[es] des eigentlichen (empirischen) Erkennens« (S. 489-492), die an Kants Erörterungen der obersten Grundsätze aller analytischen und synthetischen Urteile (A 150-158, B 189-197) anschließt,[14] und zu einer als Anhang vorgestellten Untersuchung über die »durch den blossen Verstand bestimmte Mannigfaltigkeit« nach den Kategorien der Quantität, Qualität, Relation und Modalität (S. 492-497), ein Abschnitt, der bei Kant keine Entsprechung hat.[15]

Die »Theorie der Vernunft« folgt nur in groben Zügen Kants »Transzendentaler Dialektik« und lehnt sich auch nicht durchgehend, sondern mehr oberflächlich an ihre drei Hauptstücke, die Kapitel über die Paralogismen, die Antinomien und das Ideal der reinen Vernunft. Reinhold beginnt die »Theorie der Vernunft« mit der Einführung der Begriffe der Vernunft und der Idee in engerer und engster Bedeutung (§ LXXVII-LXXVIII, S. 498-502). Idee in engster Bedeutung ist »die Vorstellung, welche durch das Verbinden des *à priori* gedachten entsteht« und Vernunft in engster Bedeutung das Vermögen, zu solchen Ideen zu gelangen (S. 500), das auch den dritten und höchsten Grad der

14 Im Unterschied zu Kant, der die Erörterung der obersten Grundsätze aller analytischen und synthetischen Urteile der Aufstellung des Systems der synthetischen Grundsätze vorausschickt, werden die obersten Urteilsgrundsätze von Reinhold erst nach dessen Errichtung aufgestellt und diskutiert. Der oberste Grundsatz des eigentlichen (empirischen) Erkennens lautet bei Reinhold: »Ieder erkennbare vom bloßen Vorstellungsvermögen verschiedene Gegenstand steht unter den formalen und materialen Bedingungen der möglichen Erfahrung« (S. 490); er ist nichts anderes als Kants »oberstes Principium aller synthetischen Urteile« im Gewand der Theorie des Vorstellungsvermögens. Kants Grundsatz lautete: »ein jeder Gegenstand steht unter den notwendigen Bedingungen der synthetischen Einheit des Mannigfaltigen der Anschauung in einer möglichen Erfahrung« (B 197).

15 Die Abschnitte »Von dem Grunde der Unterscheidung aller Gegenstände überhaupt in Phaenomena und Noumena« (B 294-315) und »Von der Amphibolie der Reflexionsbegriffe«, welche bei Kant die »Transzendentale Analytik« beschließen, haben keine Entsprechung im *Versuch*. Eine »Widerlegung des Idealismus« (B 274-279) kommt in der »Theorie des Verstandes« nicht vor, ist aber durch § XXIX des »Zweiten Buchs« in die »Theorie des Vorstellungsvermögens überhaupt« einbezogen worden. Dort versucht Reinhold, den Lehrsatz zu erweisen, demzufolge »Das Daseyn der Gegenstände ausser uns [...] also ebenso gewiß [ist], als das Daseyn einer Vorstellung überhaupt« (S. 299).

Spontaneität ausmacht. Die »in der ursprünglichen Handlungsweise der Vernunft bestimmte Form der Idee überhaupt« wird daraufhin als unbedingte, absolute Einheit bestimmt, insofern sie die Einheit des »an den blossen Formen der Urtheile bestimmten [...] Mannigfaltigen« ist (S. 502). Es folgen, der Reihe nach, Überlegungen zur Vernunft als Vermögen zu schließen, zu den Formen des mittelbaren Urteils (Allheit, Limitation, Konkurrenz, Notwendigkeit, S. 504-511)[16] und den damit übereinstimmenden Merkmalen der Idee der unbedingten Einheit (S. 511-516).

Bis hierhin folgt Reinhold in etwa der Chronologie von Kants Gedankengang im zweiten Abschnitt der Einleitung zur »Transzendentalen Dialektik« (»Von der reinen Vernunft, als dem Sitze des transzendentalen Scheins«, B 355ff.) bis zu Beginn des Dritten Abschnitts des ersten Buchs (»System der transzendentalen Ideen«, B 390ff.).[17] Reinhold tilgt aber alles, was bei Kant der Erörterung des transzendentalen Scheins und der dialektischen Schlüsse entspricht – das ganze zweite Buch der »Transzendentalen Dialektik« wird übersprungen[18] – und schließt erst wieder an den Anhang zur »Dialektik« an, doch auch hier nur in loser Form und unter Rückgriff auf einzelne Punkte der »Transzendentalen Analytik« sowie der Einleitung zur »Dialektik«. So werden zunächst die Kantischen Vernunftgesetze der systematischen Einheit der Erfahrung (S. 516-520; vgl. B 687ff.) eingeführt, doch in der Fassung, die in der Anmerkung zum dritten der »Postulate des empirischen Denkens überhaupt« vorkommt (»in mundo non datur casus«, »non datur fatum«, »non datur saltus«, »non datur hiatus«, B 280ff.);

16 Reinholds Bestimmung der Formen des mittelbaren Urteils nach den Kategorien der Allheit, Limitation, Konkurrenz und Notwendigkeit hat keine Entsprechung in Kants erster *Kritik*.

17 Einzelne Passagen aus den ersten Abschnitten der »Dialektik«, die keine direkte Entsprechung in der »Theorie der Vernunft« haben, sind dennoch für Reinhold von großer Bedeutung gewesen und in die Gesamtkonzeption des *Versuchs* eingeflossen, wie z. B. im Fall der sogenannten »Stufenleiter der Vorstellungsarten« (B 376f.). Zur Bedeutung dieses Abschnitts des KrV für Reinhold vgl. van Spanje (1988), S. 150; Mittmann (1993), S. 30; Piché (1995), S. 113, und vor allem Bondeli (1995), S. 42-45.

18 Vgl. Piché (1995), S. 127f.

dann erst folgen die drei Prinzipien, durch welche die Vernunft dem Verstand bei der Naturerforschung das Feld »bereitet« (wie bei Kant: Homogenität, Spezifikation und Kontinuität (der logischen Formen), S. 520-522, B 685f.).

Die gesamte übrige Argumentation der »Theorie der Vernunft« kann als Versuch betrachtet werden, im Anschluß an den Dritten Abschnitt des ersten Buchs der »Transzendentalen Dialektik« ein ausführliches »System der Ideen« aufzustellen. In Anlehnung an die Einleitung zur »Dialektik« übernimmt Reinhold zunächst die Kantische Unterscheidung zwischen kategorischen, hypothetischen und disjunktiven Vernunftschlüssen (§ LXXXII, S. 522; vgl. B 361), dann Kants Zuordnung zwischen diesen Urteilsformen und – in dieser Reihenfolge – den transzendentalen, eine absolute Einheit ausdrückenden Ideen des »*denkenden Subjekts*«, des »Schlechthinunbedingten *in einer Reihe* gegebener Bedingungen« und des »Wesen[s] aller Wesen« (B 392f.; B 391). Reinhold nennt sie nach den Relationskategorien der Kantischen Kategorientafel die Ideen des *absoluten Subjekts*, der *absoluten Ursache* und der *absoluten Gemeinschaft* (S. 522).[19]

19 Vgl. § LXXXII: »Die *allgemeine* Form der Vernunftschlüsse begreift *drey besondere* ebenfalls in der Natur der reinen Vernunft bestimmte Formen, nämlich die Form des *kategorischen*, *hypothetischen* und *disjunktiven* Vernunftschlusses unter sich, durch welche die allgemeine Form der Ideen überhaupt, oder die unbedingte Einheit, in drey besondern Formen besonderer Ideen näher bestimmt wird, welche, rein vorgestellt, die Gegenstände von dreyen Ideen in engster Bedeutung ausmachen, nämlich von der Idee des *absoluten Subjektes*, der *absoluten Ursache*, und der *absoluten Gemeinschaft*« (S. 522). Kant selbst verweist im Zusammenhang der Einführung der drei transzendentalen Ideen auf die Kategorien der Relation als die Arten der Bedingungen, die in der absoluten Totalität der Synthesis der reinen Vernunft zusammengefaßt werden (KrV, B 393). Reinholds Verwendung des Ausdrucks »Gemeinschaft« für die dritte transzendentale Idee erklärt sich daraus, daß Kant in seiner Kategorientafel die dritte Relationskategorie nicht Konkurrenz (wie in B 393), sondern Gemeinschaft nennt (ebd., B 106). Kant spricht zwar im Zweiten und Dritten Abschnitt des ersten Buchs der »Dialektik« von diesen Ideen nie als von einem absoluten Subjekt, einer absoluten Ursache und einer absoluten Gemeinschaft, sondern immer nur von absoluter *Einheit* des denkenden Subjekts usw. In den drei Hauptstücken über die Paralogismen, die Antinomie und das Ideal der reinen Vernunft ist aber die Rede von einem »absoluten Subjekt« (ebd., A 348, B

In einem zweiten Schritt übernimmt Reinhold Kants Gedanke, »das Allgemeine aller Beziehung, die unsere Vorstellungen haben können«, bestehe in einer Beziehung auf das Subjekt und auf das Objekt (B 390f.), und ordnet die Ideen des absoluten Subjekts, der absoluten Ursache und der absoluten Gemeinschaft beiden Beziehungen zu, was eine Konstellation von 6 Ideen ergibt, wovon 3 die *objektive*, 3 die *subjektive* Einheitsleistung der Vernunft zum Ausdruck bringen (S. 525f.). Diese werden in der Folge zunächst unter dem Gesichtspunkt ihrer Gemeinsamkeiten, dann unter dem ihrer jeweiligen Besonderheiten betrachtet.

Reinhold erörtert so erstens das Gemeinsame der drei Ideen, die eine *objektive universelle Vernunfteinheit* ausdrücken. Ihnen werden zum Vergleich die Schemata der Substanzialität, der Kausalität und der Gemeinschaft gegenübergestellt, in denen eine *objektive*, doch bloß *individuelle Verstandeseinheit* zum Ausdruck kommt (S. 526-529). Dann kommt es zur Betrachtung des Gemeinsamen der drei Ideen der Vernunft, die eine *subjektive* und *unbedingte Vernunfteinheit* ausdrücken, insofern sie gleichermaßen allein durch Vernunft denkbar sind und von den inneren Anschauungen unterschieden werden müssen, die nur eine *subjektive* und *bedingte Verstandeseinheit* bilden (S. 529-538). In diesem Zusammenhang liefert Reinhold auch einen Gesamtüberblick über seine »Theorie der Grade der Spontaneität« (S. 534-538).

Es folgt die Untersuchung der Besonderheiten der Ideen des absoluten Subjekts, der absoluten Ursache und der absoluten Gemeinschaft in ihrer Beziehung auf die subjektive und die objektive Vernunfteinheit. Reinhold beginnt mit der Idee des absoluten Subjekts, insofern es als Grundlage der Erscheinungen zuerst des äußeren (objektive Grundlage), dann des inneren Sinnes (subjektive Grundlage) nicht als Ding an sich, sondern als Ding unter der Form der Vernunfteinheit vorgestellt wird (S. 542-556). Dieser Abschnitt, dessen Stellung in der »Theorie der

554), einer »absolute[n] Selbsttätigkeit (Freiheit)« (ebd., B 446) bzw. »absolute[n] Spontaneität der Ursachen« (ebd., B 474) und von einem »absolut notwendigen Wesen[s]« (ebd., B 622f.), so daß Reinholds Sprachgebrauch für sich genommen nicht Zeichen einer inhaltlichen Distanzierung gegenüber Kant ist.

Vernunft« in etwa der des Paralogismuskapitels in der *Kritik der reinen Vernunft* entspricht, endet dort, wo die Idee der Seele in einer »höheren Metaphysik« weiterentwickelt werden muß (S. 556).

Analog zum Antinomienkapitel der ersten *Kritik* folgt des weiteren eine Untersuchung der Idee der absoluten Ursache, inwiefern durch sie einmal »die Vernunft den in der Sinnenwelt *erkennbaren Ursachen* vollständige Einheit giebt« (Gedanke einer ersten Ursache überhaupt, objektive Vernunfteinheit, § LXXXV, S. 556f.), dann insofern das vorstellende Subjekt als freie Ursache vorgestellt wird (§ LXXXVI, S. 559f., subjektive Vernunfteinheit).[20] Das anschließende Kapitel über die »Grundlinien der Theorie des Begehrungsvermögens« lehnt sich inhaltlich besonders an die ersten beiden Abschnitte des »Kanons der reinen Vernunft« (»Methodenlehre«) an – es kommt in ihm zu einer näheren Bestimmung der Begriffe des Triebs, des Willens, der Freiheit, der Glückseligkeit, der Moralität und des höchsten Guts (S. 560-575) – und erstreckt sich bis zu dem Punkt, an dem die eigentliche »Theorie des Begehrungsvermögens« einsetzen muß (S. 575).

Schließlich folgt, entsprechend dem Kantischen »Ideal der reinen Vernunft« (B 832ff.), eine gesonderte Untersuchung der Idee der absoluten Gemeinschaft, insofern diese auf die Einheit des äußeren (objektive Vernunfteinheit) oder inneren Sinns (subjektive Vernunfteinheit) bezogen wird (§ LXXXVII) und dadurch eine Ableitung der Ideen einer physischen, moralischen und intelligiblen Welt sowie des allerrealsten Wesens erlaubt (§ LXXXVIII, S. 575-579; B 840ff.). Der letzte Abschnitt des *Versuchs* endet dort, wo die Idee des allerrealsten Wesens in einer höheren Metaphysik weiterentwickelt werden muß (S. 579).

Aus dieser Übersicht des »Zweiten« und »Dritten Buchs« des *Versuchs* geht hervor, daß die Struktur der Theorie des Vorstellungsvermögens im wesentlichen der durch sie verfolgten Zielsetzung entspricht. Angekündigtes Ziel derselben war, die Resultate der *Kritik der reinen Ver-*

20 Die Stellung von § LXXXVI in der »Theorie der Vernunft« entspricht dabei in etwa dem Abschnitt zur »Auflösung der kosmologischen Ideen« (B 560ff.) und dem Ersten Abschnitt des »Kanons der reinen Vernunft« (B 825ff.).

nunft, insbesondere die über »die Gründe [der] Pflichten und Rechte in diesem, und [der] Erwartung für das zukünftige Leben« (S. 74) von Prämissen abzuleiten, die von den Kantischen verschieden sind und von jedermann anerkannt werden können. Diese Prämissen, die »Theorie des Vorstellungsvermögens überhaupt«, werden im »Zweiten Buch« aufgestellt, während im »Dritten Buch« die Kantischen Resultate daraus abgeleitet werden. Insbesondere kommt es im letzten Teil des *Versuchs* zur Bestimmung der Ideen des absoluten Subjekts, der absoluten Ursache und der absoluten Gemeinschaft, welche nach Reinhold die Basis für die Aufstellung der obersten Grundsätze der Religion und der Moral liefern.

Die Betrachtung des Aufbaus des »Zweiten« und »Dritten Buchs« zeigt aber nicht nur, daß es *faktisch* gegen Ende des *Versuchs* zur Auseinandersetzung mit genau dem Themenkomplex kommt, den Reinhold als den wichtigsten bezeichnet hatte. Sie macht auch klar, daß Reinholds »System der Ideen« nicht lediglich ein Zusatz oder Anhang ist, der dem Hauptcorpus der Argumentation zum Schluß noch beigefügt wird, sondern vielmehr als letzter und wichtigster Schritt in einem Konzept zu verstehen ist, das dem gesamten *Versuch* zugrundeliegt und auf das Aufstellen der drei Ideen abzielt.[21]

21 D. Henrich (1989), S. 147ff., ist der Auffassung, Reinhold sei im Laufe der Erklärung des Selbstbewußtseins (Versuch, S. 333-340) auf die Schwierigkeit gestoßen, daß durch die Vorstellung der Formen des Vorstellungsvermögens allein kein Wissen um eine *eigene* Tätigkeit des vorstellenden Subjekts begründet werden kann (Henrich (1989), S. 151f.). Reinhold habe deshalb eine Begründung des hierzu notwendigen Gedankens der unbedingten Einheit in der »Theorie der Vernunft« in Aussicht gestellt (Versuch, S. 338), die über die Erörterung der Idee des absoluten Subjekts hätte geschehen sollen. Diese Aufgabe habe er dann aber aus den Augen verloren, als er die »Theorie der Vernunft« erreichte. Daß die in der »Theorie der Vernunft« bereitgestellten Mittel zur Lösung dieser – zuerst von Jürgen Stolzenberg bemerkten (1986), S. 43ff. – Schwierigkeit ganz inadäquat sind, und auch nicht der geringste Versuch in diese Richtung unternommen wird, spricht aber viel eher zugunsten der Tatsache, daß Reinhold die von Henrich erwähnte Schwierigkeit, die, wie ich meine, wirklich besteht, überhaupt nicht gesehen hat. Reinhold ist nicht plötzlich der Ansicht, seine Erklärung des Selbstbewußtseins in § XL sei mangelhaft und bedürfe eines den Rahmen der Formen des Vorstellungsvermögens sprengenden und *deshalb* auf das absolute Subjekt rekurrierenden Erklärungskomple-

ments (vgl. auch Frank (1997), S. 297f.). Dies anzunehmen ist schon deshalb unangemessen, weil Reinholds Auffassung des absoluten Subjekts den von den Formen des Vorstellungsvermögens festgelegten Rahmen gerade nicht sprengt und auch nicht sprengen will. Denn selbst die Handlungsweise des absoluten Subjekts, die absolute Selbsttätigkeit, ist auf das Gegebensein eines Stoffes angewiesen und an »blosse[n] Formen der Spontaneität« gebunden (Versuch, S. 537, 559). Andererseits ist für Reinhold das absolute Subjekt, insofern es die subjektive Einheit der inneren Erfahrung betrifft, nichts als »*absolutes Subjekt des a priori vorgestellten Vorstellungsvermögens*« (ebd., S. 530), dessen »großes Prädikat« eben das Vorstellungsvermögen ist (ebd., S. 338), und die einzige Vorstellungsweise des vorstellenden Ich (ebd., S. 533f.). Dieser letzte Punkt erklärt auch die Textstelle, welche die Grundlage für Henrichs Deutung liefert, diejenige, in der Reinhold weiteren Aufschluß über Selbstbewußtsein in der »Theorie der Vernunft« verspricht: »In wieferne sich in der *Theorie der Vernunft* zeigen wird, daß jede reine Vorstellung *a priori* als solche nur durch Vernunft möglich ist, in soferne wird sichs dann deutlich begreifen lassen, daß, und warum die Vorstellung des *Ichs* von der das Bewußtseyn der *Persönlichkeit* abhängt, ein ausschliessender Vorzug der vernünftigen Wesen ist« (ebd., S. 338). Daß und warum die Vorstellung des Ich und das Selbstbewußtsein nur in *vernünftigen* Wesen vorkommen kann, dies glaubt Reinhold durch die bisherigen Erörterungen nicht hinreichend deutlich erwiesen, nicht die Erklärung des Selbstbewußtseins als solches. Diesen Punkt verliert die »Theorie der Vernunft« dann auch nicht aus den Augen: Da das Subjekt des Vorstellungsvermögens nicht mittels einer Anschauung vorgestellt werden kann, muß diese Vorstellung auf unmittelbare Weise geschehen. Auf unmittelbare Weise kann sie aber nur durch Vernunft geschehen, d. h. durch die Idee des absoluten Subjekts. Reinhold kann deshalb schließen: »das vorstellende *Ich* kann nur durch eine *Idee in engster Bedeutung*, als absolutes Subjekt, vorgestellt werden« (ebd., S. 534), und das heißt, als absolutes Subjekt gerade desjenigen »großen Prädikats«, welches vier Zeilen vor der Stelle, auf die Henrich seine Deutung stützt, der »Schlüssel zur ganzen Erkenntniß seiner selbst, und alles ausser ihm Erkennbaren« (ebd., S. 338) genannt wird. Damit ist für Reinhold geklärt, daß und warum Selbstbewußtsein nur in *vernünftigen* Wesen möglich ist. Reinhold ordnet in der »Theorie der Vernunft« dem vorstellenden Subjekt keine andere Selbsttätigkeit zu, als diejenige, die er in der »Theorie des Selbstbewußtseins« ins Spiel gebracht hatte, um Selbstbewußtsein zu erklären: das Hervorbringen der Einheit der »mannigfaltigen Formen des Verstandes« (ebd., S. 537) in einer Idee. Daß Reinhold die von Stolzenberg und Henrich hervorgehobene Schwierigkeit in seiner Theorie des Selbstbewußtseins nicht gesehen hat, erklärt sich wohl daraus, daß Reinhold die für das Selbstbewußtsein konstitutive Identität von Subjekt und Objekt des Bewußtseins zwar als eine unbedingte versteht, den unbedingten Charakter derselben aber durch die Vermittlung eines a priori gegebenen Stoffs (Rezeptivität und Spontaneität) nicht kompromittiert sieht, da das Gegebene in diesem Fall nichts von der Spontaneität verschiedenes sei (vgl. ebd.).

Mehrere Eigenheiten des Textaufbaus lassen auf ein solches Konzept schließen. Die *erste* ist die besondere Ökonomie, die den Aufbau des Werks bestimmt. Reinhold folgt zwar – wie soeben gesehen – nicht nur im großen und ganzen, sondern in einzelnen Abschnitten sogar ziemlich genau dem Aufbau der ersten *Kritik*. Gewisse Teile derselben fallen dafür ganz weg: das letzte Hauptstück der »Analytik« (»Amphibolie der Reflexionsbegriffe«, »Phaenomena und Noumena«), das gesamte zweite Buch der »Dialektik« und ein Gutteil der »Methodenlehre«. Betrachtet man Reinholds Auswahl der aufzunehmenden Kapitel der *Kritik* etwas näher, so zeigt sich, daß nur diejenigen Teile berücksichtigt werden, die für eine vollständige Aufstellung aller Verstandes- und Vernunftbegriffe notwendig sind, alle die Teile hingegen weggelassen werden, die entweder ihrem Inhalt nach assimiliert werden können, den dialektischen Vernunftgebrauch betreffen oder Erörterungen liefern, die über die vollständige Aufstellung aller Verstandes- und Vernunftbegriffe hinausreichen. Da nun die Aufstellung der gesamten Begrifflichkeit von Verstand und Vernunft erst mit dem »System der Ideen« vollständig abgeschlossen ist, geht auch das »Zweite Buch« bis zur Einführung der Idee in weiterer Bedeutung, aber nicht über sie hinaus.

M. Frank, der Henrichs Deutung folgt, meint in seiner Monographie über die Anfänge der philosophischen Frühromantik, Reinhold sei erst durch die erwähnte Schwierigkeit in der Erklärung des Selbstbewußtseins »zu dem Gedanken getrieben [worden], das Subjekt nicht als Gegenstand eines Verstandes-, sondern eines Vernunftbegriffs, also einer Idee, zu fassen« (1997), S. 289. Er sei erst *dadurch* angehalten worden, »dem aufsteigenden Gang der Kantischen Philosophie« zu folgen (ebd., S. 287) und »den ganz unkantianischen Gedanken« (ebd., S. 288) einer Theorie der Grade der Spontaneität zu entwickeln (ebd., S. 297ff.). Aus unserer bisherigen Untersuchung des *Versuchs* ergibt sich stattdessen, daß Reinholds Unternehmen einer Theorie des Vorstellungsvermögens *von vornherein* auf eine Rekonstruktion der Kantischen Resultate, insbesondere der Ideenlehre ausgerichtet ist, d.h.: Reinhold entwickelt eine Theorie des absoluten Subjekts weil er Kant folgen will, und nicht umgekehrt. Vgl. auch Anm. 25 in diesem Kap.

Zweitens deutet die mechanische Entwicklung anhand der Momente des Subjektiven und Objektiven, in der Reinhold die einzelnen Abschnitte aufeinander folgen läßt, auf ein zugrundeliegendes Konzept.[22] Diese Gliederung ist im ganzen *Versuch*, besonders aber im »Zweiten Buch«, in der »Theorie des Bewußtseins« zu Beginn des »Dritten Buchs« und in der »Theorie der Vernunft« sichtbar. Im »Zweiten Buch« geht Reinhold von der Bestimmung der Vorstellung und des Vorstellungsvermögens in weiterer, engerer und engster Bedeutung zur näheren Erörterung der Merkmale der bloßen Vorstellung über. Letztere geschieht nach folgendem Schema (die Reihenfolge der Zahlen entspricht der Chronologie des Textes):

1. Stoff	→	4. gegeben
2. Form	→	5. hervorgebracht
		3. These der Unvorstellbarkeit der Dinge an sich

Die anschließende Bestimmung der Merkmale des Vorstellungsvermögens folgt genau demselben Schema:

1. Rezeptivität	→	4. Mannigfaltiges
2. Spontaneität	→	5. Einheit
		3. These der Unvorstellbarkeit der Merkmale der bloßen Vorstellung und des Vorstellungsvermögens, wie sie an sich sind

Dieses Schema wird aber ebenfalls zu Beginn des »Dritten Buchs«, nach der Bestimmung des »Bewußtseins überhaupt«, übernommen, insofern die daran anschließenden Erörterungen nach Reinhold die Untersuchung der Vorstellung voraussetzen:[23]

1. Bewußtsein der Vorstellung	→	5. klares Bewußtsein
2. Bewußtsein des Vorstellenden	→	6. deutliches Bewußtsein
3. Bewußtsein des Gegenstands	→	7. Erkenntnis überhaupt

4. These der Unmöglichkeit bewußtseinsloser Vorstellungen

22 Dieses Mechanische im Aufbau des *Versuchs* muß wohl zu Recht mit Herbart (1884/1964), S. 237, Dilthey (1889), S. 602, und Pupi (1966), S. 165, als zum großen Teil erkünstelt betrachtet werden.

23 Vgl. hierzu die Fußnote in *Versuch*, S. 224.

Daß Reinhold den Bewußtseinsabschnitt des »Dritten Buchs«, in welchem die Theorien der Sinnlichkeit, des Verstandes und der Vernunft vorbereitet werden, ganz nach dem Schema des »Zweiten Buchs« aufbaut, wird auch durch das jeweilige Vorkommen der gleichen Theoriestücke bestätigt. So kommt die in § XXXVIII enthaltene Vorfassung des Satzes des Bewußtseins genau an der Stelle vor, die im »Zweiten Buch« der Fassung in § VII entspricht, während die Passage über Selbstbewußtsein auf S. 257f. (»Zweites Buch«) eine konzise Vorwegnahme der ausführlichen Erörterung in § XL darstellt.[24]

24 Die Theorien der Sinnlichkeit, des Verstandes und der Vernunft, die schon im »Zweiten Buch« als der Ort angekündigt sind, an welchem die Arten der Vorstellungen in ihrer Eigentümlichkeit behandelt werden (ebd., S. 238), bilden den ältesten Kern des *Versuchs*. Von ihnen ist schon im Brief an Kant vom 19. Januar 1788 die Rede: »Ich diktire die Theorien der Sinnlichkeit, des Verstandes, und der Vernunft in Aphorismen [...]« (Korr., Nr. 84, S. 315). Laut Reinholds Auskunft an Kant vom 1. März 1788 hätten diese drei Stücke unter dem Titel *Einleitung in die Kritik der reinen Vernunft* »auf *Michaelis* im Verlage [s]eines Freundes Blumauer in Wien« erscheinen sollen (ebd., Nr. 94, S. 339). Dies ist dann nicht geschehen. Reinhold hatte bereits Ende 1787 damit begonnen, die Kantische »Theorie der Sinnlichkeit und des Verstandes zur Ausfertigung einer wirklich neuen Theorie des Vergnügens« zu benutzen (Reinhold an Kant, 19. Januar 1788, ebd., Nr. 84, S. 313), eine Theorie, die dann in der Abhandlung »Ueber die Natur des Vergnügens« (TM, Oktober 1788, November 1788, Januar 1789) veröffentlicht wird und in dieser Fassung eine frühe Andeutung des Satzes des Bewußtseins enthält. Reinhold muß schon im Sommer 1788 den Beschluß gefaßt haben, die Theorien der Sinnlichkeit, des Verstandes und der Vernunft nicht mehr als *Einleitung in die Kritik der reinen Vernunft* zu veröffentlichen, sondern innerhalb einer Theorie des Vorstellungsvermögens zu verwerten. Die im »Dritten Buch« des *Versuchs* enthaltenen drei Theorien dürften deshalb das Resultat einer nach den Grundannahmen der »Theorie des Vorstellungsvermögens überhaupt« erfolgten Überarbeitung sein. Der erste Hinweis auf das neue Projekt ist wahrscheinlich in Wielands Brief an Reinhold vom 21. Dezember 1788 (WB 10.1, Nr. 151) enthalten, wo von einem »mit Hrn. Maucke (und Compagnie) neuerlich geschlossene[n] Accord« die Rede ist (S. 127). Daß es sich hier eher um die Veröffentlichung des *Versuchs* handelt als um den Druck des 6. Bands der *Allgemeinen Damenbibliothek*, die Reinhold aus dem Französischen übersetzte (wie hingegen die Bearbeiterin dieses Bands der Wieland-Korrespondenzausgabe vermutet, WB 10.2., S. 130), geht aus Wielands Erwähnung einer »Compagnie« hervor, womit der Prager Mitverleger des *Versuchs* Caspar Widtmann gemeint sein dürfte. Da die ersten Bo-

Noch stärker als die übrigen Teile des »Dritten Buchs« ist aber der Aufbau der »Theorie der Vernunft« nach einer strengen Abfolge des Subjektivitäts- und Objektivitätsmoments geordnet, die sich als Idealmodell wie folgt darstellen läßt:

1. (absolutes Subjekt, absolute Ursache, absolute Gemeinschaft)	→	Objekte (§ LXXXIII)
2. (absolutes Subjekt, absolute Ursache, absolute Gemeinschaft)	→	Subjekt (§ LXXXIII)
3. absolutes Subjekt	→	Objekte [Idee der Körper] (§ LXXXIV)
4. absolutes Subjekt	→	Subjekt [Idee der Seele] (§ LXXXIV)
5. absolute Ursache	→	Objekte [Idee einer ersten Ursache] (§ LXXXV)
6. absolute Ursache	→	Subjekt [Idee eines freien Willens] (§ LXXXVI)
7. absolute Gemeinschaft	→	Objekte [Idee einer physischen Welt] (§ LXXXVII)
8. absolute Gemeinschaft	→	Subjekt [Idee einer moralischen Welt] (§ LXXXVII)
9. absolute Gemeinschaft	→	Idee einer physischen und einer moralischen Welt [Idee des Universums] (§ LXXXVII)
10. absolute Gemeinschaft	→	denkbare absolute Realitäten [Idee des allerrealsten Wesens] (§ LXXXVIII)

Schließlich entwickelt Reinhold die Theorien der Sinnlichkeit, des Verstandes und der Vernunft von vornherein als Theorien über verschiedene »Grade« einer und derselben Spontaneität, deren höchster Grad in der Erzeugung der Ideen besteht,[25] wobei die Ideen jeweils die Elemente

gen des *Versuchs* kurz nach Ostern 1789 gedruckt sind (vgl. Reinhold an Kant, 9. April 1789, AA XI, Nr. 353, S. 18), muß angenommen werden, Reinhold sei mit Mauke & Co. spätestens um die Jahreswende einen diesbezüglichen »Druck Accord« eingegangen.

25 Reinholds »Theorie der Grade der Spontaneität« ist einer der ältesten Bestandteile des *Versuchs*. Eine Art Vorfassung davon ist bereits im ersten Teil des schon erwähnten Aufsatzes UNV enthalten (August 1788). Hier ordnet Reinhold Empfin-

der Grundsätze einzelner Wissenschaften enthalten[26] und selbst im Hinblick auf eine höchste Idee (Gott) hierarchisch strukturiert sind.

Dieses vor allem in der »Theorie der Vernunft« wirksame Idealmodell der Gedankenabfolge läßt nun aber, je näher man es betrachtet und mit dem wirklichen Textablauf vergleicht, umso deutlicher eine Anomalie ins Blickfeld treten, die gerade die wichtigste Argumentationsetappe auf dem Weg einer allgemein einsichtigen Aufklärung über die Gründe der Pflichten und Rechte in diesem, und der Erwartung eines zukünftigen Lebens (Versuch, S. 74) betrifft: den Nachweis der Nichtunmöglichkeit von Freiheit. Dieser Anomalie wollen wir uns nun zuwenden.

2.2. Die Anomalie im Aufbau der »Theorie der Vernunft«

Die Anomalie im Aufbau der »Theorie der Vernunft« besteht in der Eingliederung der »Grundlinien der Theorie des Begehrungsvermögens« und in der Art und Weise, wie diese geschieht. Mit dem Titel »Grundlinien der Theorie des Begehrungsvermögens« kündigt Reinhold einen eigenständigen Textabschnitt an, in welchem die Grundlinien einer neuen, in der bis dahin zurückgelegten Argumentation noch nicht erwähnten Theorie vorgestellt werden sollen. Die »Grundlinien« scheinen damit, neben der »Theorie der Sinnlichkeit«, der »Theorie des Verstandes« und der »Theorie der Vernunft«, ein zusätzliches Kapitel innerhalb des »Dritten Buchs« des *Versuchs* auszumachen – ein Kapitel,

den und Denken zwei Äußerungen der Vorstellungskraft zu, die in verschiedenem Grade tätig sind: »Alle Thätigkeit der Vorstellungskraft beym *Empfinden* besteht im Auffassen (in der *Apprehension*) des der Empfänglichkeit gegebenen Stoffes; und in so ferne ist der Charakter des Empfindens *leichte Beschäftigung* der Vorstellungskraft [...] Die Thätigkeit der Vorstellungskraft beym *Denken* besteht nicht nur im Auffassen, sondern auch im Herbeyschaffen und Ordnen des Stoffes der Vorstellungen, und in so ferne ist der Charakter des Denkens *starke Beschäftigung* der Vorstellungskraft.« (UNV, S. 66) Vgl. zur Datierung Wieland an Reinhold, zwischen dem 25. und dem 29. August 1788, WB 10.1, Nr. 97, S. 88.

26 Auch in diesem Punkt folgt Reinhold Kant. Vgl. KrV, B 860ff.

das den restlichen Text bis zum Abschluß des Werks umfaßt. Ein Blick auf die Organisation der »Theorie der Vernunft« zeigt aber, daß die »Grundlinien« kein solches zusätzliches Kapitel sein können. Die unter § LXXXVII und § LXXXVIII durchgeführte, das Werk abschließende Behandlung der Idee der absoluten Gemeinschaft in ihrer Beziehung auf den inneren und äußeren Sinn erfolgt nämlich – gemäß dem Schema, das dem Aufbau der »Theorie der Vernunft« zugrundeliegt – unmittelbar nach der Untersuchung der absoluten Ursache in § LXXXVI, so daß die letzten beiden Paragraphen offenbar zur »Theorie der Vernunft« und nicht zu einem ihr nachgeordneten Kapitel gehören. Die »Grundlinien« sind deshalb entweder ein zusätzliches, dem ordentlichen Argumentationsverlauf der »Theorie der Vernunft« beigefügtes Kapitel, eine Art Exkurs zu einem bestimmten Punkt der Argumentation, oder sie gehören gewissermaßen als wirklicher Bestandteil zu derselben, in dem Sinne, daß ein bestimmtes Element der in der »Theorie der Vernunft« durchzuführenden planmäßigen Argumentation in einem Rahmen abgehandelt wird, der die vorgezeichneten Grenzen der Theorie sprengt. In beiden Fällen handelt es sich um einen Verstoß gegen den Plan, an dem sich die Gedankenabfolge der »Theorie der Vernunft« orientiert.[27]

27 Die seltsame Stellung der »Grundlinien« im *Versuch* ist in der Sekundärliteratur so gut wie unbemerkt geblieben. Vgl. allein Holzer (1921), S. 36-40, und Erdmann (1834/1931), S. 467, der auch als einziger auf die Unterbrechung der Paragraphierung hinweist. Daß aber etwas mit Umfang und Stellung der »Grundlinien« im *Versuch* seltsam ist, wird schon daran sichtbar, daß beides in der Sekundärliteratur auf ganz verschiedene und manchmal verwirrende Weise gedeutet worden ist. Für Breazeale (1982), S. 802f., und Goubet (1999), S. 121, umfassen die »Grundlinien« die Seiten 560-579 und damit auch die §§ LXXXVII und LXXXVIII, ohne dabei ein Teil der »Theorie der Vernunft« zu sein. Dies ist auch für Erdmann der Fall (1834/1931), S. 467f. Zugleich bezieht aber Erdmann die Seiten 560-579 auf »zwei Paragraphen, welche als Grundlinien zu einer Theorie des Begehrungsvermögens bezeichnet sind« (ebd., S. 467) und übersieht dabei, daß die §§ LXXXVII und LXXXVIII nur 4 der 19 Seiten der »Grundlinien« ausmachen würden. Ähnlich wie Breazeale und Erdmann betrachtet auch Klemmt das Kapitel nicht als Teil, sondern als eine Art Anhang zur »Theorie der Vernunft« ((1958), S. 84, 117), rechnet ihm aber – wie später auch E. G. Schulz ((1975), S. 181) – nur die Seiten 560-575 zu ((1958), S. 121), und scheint dann die §§ LXXXVII und LXXXVIII (S. 575-579) doch noch der »Theorie der Vernunft« zuzuordnen ((1958, S. 117). Dies ist auch

Um welchen der beiden Fällen es sich dabei handelt, zeigt eine nähere Betrachtung des § LXXXVI, des Paragraphen also, welcher der Einführung der »Grundlininen« unmittelbar vorhergeht. Dieser Paragraph enthält eine Abweichung hinsichtlich der Logik, nach welcher sich die Argumentation des *Versuchs* ursprünglich gestalten sollte. Diese zweite Anomalie besteht in einer doppelten Unterlassung: *erstens* das Fehlen einer Erörterung der angekündigten zweifachen Bestimmung des Begehrungsvermögens durch Vernunft, *zweitens*, und vor allem, das Ausbleiben einer Ableitung der Idee der absoluten Ursache, insofern das vorstellende Subjekt dabei als *absolut* frei gedacht wird – eine Ableitung, die nach Reinholds Plan in diesen Paragraphen gehören müßte. Um zu zeigen, daß es sich hier wirklich um Unterlassungen handelt, ist zunächst deutlich zu machen, daß nach Reinholds Logik des Textaufbaus sowohl die Erörterung der zweifachen Vernunftbestimmung des Begehrungsvermögens wie auch die Ableitung der Idee der absoluten Freiheit tatsächlich in § LXXXVI erfolgen sollten. Dies wollen wir tun, indem wir uns erneut dem in Abschnitt 2.1. aufgestellten Modell der Gedankenabfolge in der »Theorie der Vernunft« zuwenden und daraufhin einen Blick auf Reinholds Art und Weise der Paragrapheneinteilung werfen.

Nach dem oben aufgestellten Modell hat auf die Erörterung des absoluten Subjekts, der absoluten Ursache und der absoluten Gemeinschaft unter dem Gesichtspunkt dessen, was ihnen hinsichtlich der Bezugnahme auf den inneren und den äußeren Sinn gemeinsam ist, die Erörterung derselben Ideen unter dem Gesichtspunkt ihrer jeweiligen spezifischen Eigenschaften – ebenfalls bezüglich der objektiven, dann der subjektiven Vernunfteinheit – zu folgen. Der Gehalt von § LXXXV

die Meinung von Pupi ((1966), S. 191f.), der interessanterweise bemerkt, daß die »Grundlinien« auch einen Teil des § LXXXVI umfassen (ebd., S. 192), sie aber zugleich irrtümlicherweise mit § LXXXVII beginnen läßt (ebd., S. 220). Während schließlich für Selling ((1938), S. 127) und Guéroult ((1930/1982), S. 91-93) die »Theorie der Vernunft« die §§ LXXVII bis LXXXVIII und damit auch die »Grundlinien« umfaßt, zählt Fischer seltsamerweise nur die Seiten 560-573 zu diesem Abschnitt ((1890), S. 158). Vgl. ferner E. Frank (1904), S. 41 (»schwächliches Appendix«), und Piché (1995), S. 110 (»appendice programmatique«).

entspricht noch ganz diesem Modell. Nachdem in § LXXXIV die Idee des absoluten Subjekts betrachtet wurde, zunächst als objektive, dann als subjektive Vernunfteinheit, kommt es nun zur Untersuchung der Idee der absoluten Ursache, insofern durch sie eine objektive Vernunfteinheit zustandekommt. Es ist die Erörterung der in der »Theorie der Grade der Spontaneität« in Klammern erwähnten (S. 537) Vernunfteinheit des »theoretischen Vorstellungsvermögens« bzw. des »Systematische[n] der Erkenntniß«, durch welche die erkennbaren Objekte »in einem systematischen Zusammenhang *gedacht*« werden (S. 539). Der uns hier besonders interessierende § LXXXVI entspricht dieser Logik der Themenabfolge, indem in seinem Lehrsatz eine Erörterung der Idee der absoluten Ursache, insofern durch sie eine subjektive Vernunfteinheit zustandekommt, angekündigt wird. Er widerspricht aber Reinholds Programm in zweierlei Hinsicht. Erstens kündigt der Lehrsatz von § LXXXVI mehr als eine Erörterung der Vernunfteinheit des »praktischen Vorstellungsvermögens« an, durch welche das »Moralische der Willenshandlungen« bestimmt (S. 537) und »die blossen Vorstellungen in systematischen Zusammenhang *gebracht*« werden. Und zweitens führt der auf den Lehrsatz folgende Textabschnitt nicht alle in ihm aufgestellten Hauptgedanken aus. Betrachten wir dies etwas genauer.

Reinhold eröffnet § LXXXVI mit folgendem Lehrsatz:

> Durch die Idee der absoluten Ursache, in wieferne dieselbe auf die Kaussalität der Vernunft bezogen werden muß, wird das vorstellende Subjekt als *freye Ursache* vorgestellt; und zwar als *komparativ-frey*, in wieferne die Vernunft beym *Denken* geschäftig ist, und das *Begehrungsvermögen à posteriori* bestimmt; *absolut-frey*, in wieferne sie das Begehrungsvermögen *a priori* bestimmt. (S. 558)

Gegenüber dem Wortlaut der »Theorie der Grade der Spontaneität« verzichtet hier Reinhold nicht lediglich auf die Rede von einem »praktischen Vorstellungsvermögen« zugunsten einer differenzierteren Begrifflichkeit des Begehrungsvermögens. Die Aufteilung der Vernunfttätigkeit zwischen objektiver Vernunfteinheit-Denken-Theorie auf der einen und subjektiver Vernunfteinheit-Tun-moralische Praxis auf der anderen Seite wird hier selbst relativiert, indem nunmehr zwischen dem Denken der theoretischen Vernunft (§ LXXXV) und der Bestimmung eines moralischen Willens der praktischen Vernunft eine Tätigkeit der Vernunft angenommen wird, die einerseits Denken ist, zugleich aber Vorstellungen in einen systematischen Zusammenhang *bringt*.

Neben dieser Abweichung von der »Theorie der Grade der Spontaneität« fällt aber in § LXXXVI vor allem das Fehlen zweier Abschnitte auf, die, wie ein Blick auf Reinholds Art und Weise der Paragraphengestaltung zeigt, in diesem Paragraphen enthalten sein sollten.

Alle Paragraphen in Reinholds *Versuch* lassen sich in zwei Abschnitte aufteilen. Der erste Abschnitt eröffnet den Paragraphen und hat die Form eines Lehrsatzes, der, zum Zweck des Diktats in Vorlesungen, die Hauptgedanken des Paragraphen in konziser Form zusammenfaßt. In einem zweiten Abschnitt, der Rest des Paragraphen, werden dann diese Hauptgedanken genauer erörtert und weiterentwickelt. Diese Ordnung wird in § LXXXVI nicht eingehalten. Auf den soeben zitierten Lehrsatz folgt nämlich zunächst eine kurze allgemeine Bemerkung über die Vernunft als absolute und freie Tätigkeit, die an die entsprechende Erörterung der absoluten Ursache in § LXXXIII anschließt (S. 535). Daraufhin definiert Reinhold die Ausdrücke »komparative« und »absolute Freiheit« und geht anschließend über zu einer Erörterung des Begriffs des Denkens als einer komparativ freien Tätigkeit der Vernunft.[28] Das vorstellende Subjekt handelt

28 Reinholds Gebrauch der Ausdrücke »komparativ« und »absolut« im Zusammenhang mit Freiheit geht, wie schon bemerkt (vgl. Abs. 1.4., Anm. 37), auf Kant zurück. Er läßt sich aber weder ganz mit dem Kantischen Gebrauch in der *Kritik der reinen*, noch mit dem in der *Kritik der praktischen Vernunft* in Übereinstimmung bringen. Von der ersten übernimmt Reinhold die Bedeutung der beiden Ausdrücke in ihrer Gegenüberstellung (KrV, B 380ff.), von der zweiten die Anwendung auf Freiheit. Von beiden *Kritiken* abweichend ist Reinholds Einschränkung der Rede von komparativer und absoluter Freiheit auf Handlungen, während es sich bei Kant um Vermögen handelt. Während schließlich die Ansicht, einzig der absolute Freiheitsbegriff sei in moralphilosophischer Hinsicht von Bedeutung, Reinhold in die Nähe der zweiten *Kritik* stellt, ist die Abwesenheit der Täuschungskomponente im

nach Reinhold bei der Erzeugung der Ideen, beim Denken, *komparativ frei*, insofern die Ideen aus einer hervorgebrachten Form und einem gegebenen Stoff bestehen. Denn in diesem Fall ist eben nur die Form der Idee durch Spontaneität *hervorgebracht*, der Stoff aber im Vorstellungsvermögen *gegeben*, d. h. das vorstellende Subjekt kann überhaupt nur hinsichtlich der Form, nicht aber hinsichtlich der ganzen Idee *frei* handeln. Dies bedeutet aber für Reinhold *nicht* – so der weitere Verlauf der Argumentation –, daß das vorstellende Subjekt bei der Erzeugung der Ideen *nicht* als absolute Ursache betrachtet werden kann. Das vorstellende Subjekt kann auch hier als absolute Ursache betrachtet werden, weil der Stoff dieser Ideen zwar *gegeben*, aber nicht in der »der Spontaneität *fremde*[*n*] Form der Sinnlichkeit«, sondern in der »Form des Verstandes«, d. h. in der »blossen Spontaneität« des vorstellenden Subjekts »*à priori* bestimmt« ist (S. 559). An dieser Stelle nun beginnt der neue Abschnitt der »Grundlinien« (S. 560).

Die Unterbrechung des verfahrensmäßigen Gedankengangs ist nun auffallend. Reinhold unterscheidet im Lehrsatz zu § LXXXVI zwei Weisen, das vorstellende Subjekt durch die Idee der absoluten Ursache als frei zu denken. In der ersten wird das vorstellende Subjekt als absolute Ursache des Denkens vorgestellt – in dieser Hinsicht bestimmt die Vernunft das Begehrungsvermögen a posteriori und ist nur komparativ frei; in der zweiten – Reinhold gibt ihr keinen Namen – wird das vorstellende Subjekt als absolute Ursache einer Tätigkeit der Vernunft vorgestellt, die das Begehrungsvermögen a priori bestimmt und dabei absolut frei ist. Gemäß Reinholds Verfahren müßten beide Weisen, das vorstellende Subjekt als absolute und freie Ursache vorzustellen, nacheinander im eigentlichen Textteil des Paragraphen erörtert werden, doch es kommt nur zu einer partiellen Erörterung der ersten. Weggelassen werden hingegen die nähere Betrachtung der Art und Weise, wie durch das Denken das Begehrungsvermögen a posteriori bestimmt

Komparativen der komparativen Freiheit wiederum ein Punkt, der Reinholds Ansicht und der ersten *Kritik* gemeinsam ist und sie von der zweiten distanziert (vgl. KpV, A 181).

wird und die gesamte Erörterung der absolut freien Tätigkeit der Vernunft. An der Stelle, wo es nach der Logik der Textgestaltung zu einer Untersuchung dieser Themen kommen sollte, wird stattdessen der Abschnitt der »Grundlinien« eingeschaltet.

Der hier naheliegendste Verdacht – die »Grundlinien« stellten einen Rahmen dar, in dem gerade diese fehlenden Theoriestücke nachgeliefert werden sollen – kann durch einen vorgreifenden Blick auf den Inhalt dieses Kapitels bestätigt werden: Es enthält tatsächlich eine mehr oder weniger ausführliche Theorie der aposteriorischen und apriorischen Bestimmung des Begehrungsvermögens durch Vernunft, eine Theorie des Willens und seiner Freiheit, in welcher es auch zur Einführung der absoluten Freiheit kommt (S. 571f.). Die »Grundlinien« sind deshalb nicht ein Exkurs oder Anhang zu einem bestimmten Punkt der Argumentation, sondern wirklicher Bestandteil derselben. Sie sind gewissermaßen ein Teil von § LXXXVI. Es wird in ihnen ein bestimmtes Element der in der »Theorie der Vernunft« planmäßig durchzuführenden Argumentation abgehandelt, doch in einem Rahmen, der die vorgezeichneten Grenzen der Theorie sprengt.

Die hier unmittelbar anschließende Frage lautet freilich, warum die Idee der absolut freien absoluten Ursache und die anderen im eigentlichen § LXXXVI fehlenden Stücke auf diese abweichende Weise eingeführt werden. Warum hält sich Reinhold nicht an die planmäßige Ordnung und rekurriert stattdessen auf Grundlinien einer Theorie, die nicht zur »Theorie der Vernunft« gehört? Daß es sich hier lediglich um ein Versehen oder eine Unaufmerksamkeit handelt, kann durch den mit dieser Abweichung verbundenen Aufwand ausgeschlossen werden. Hinter dieser Abweichung stehen Gründe, die in Reinholds Theorie des Vorstellungsvermögens selbst verankert sind.

Schon die Verlegenheit mit dem Begriff eines »praktischen Vorstellungsvermögens« und die Notwendigkeit einer gegenüber der »Theorie der Grade der Spontaneität« differenzierteren Sicht der Rolle der Vernunft im Willensbestimmungsprozeß haben Reinhold dazu bewogen, grundsätzliche und ursprünglich nicht geplante Betrachtungen über das Begehrungsvermögen und seine Bestimmung durch Vernunft anzustellen. Mehr noch als diese Motive, deren Natur sich im Text nicht genauer festlegen läßt, scheinen aber Schwierigkeiten im Zusammenhang mit der Ableitung der Idee des vorstellenden Subjekts als absolut freier Ursache für den Vorgriff auf Grundlinien einer Theorie des Begehrungsvermögens verantwortlich zu sein. Denn im Unterschied zur bloß komparativ freien Tätigkeit der Vernunft beim Denken ist die Erörterung der absolut freien Tätigkeit der Vernunft *ganz* in dem widerplanmäßig hinzugefügten Abschnitt der »Grundlinien« enthalten. In jedem Fall scheint es zur Aufklärung der Gründe hinter dieser Anomalie im Aufbau der »Theorie der Vernunft« notwendig, einen näheren Blick auf die schon erwähnte »Theorie der Grade der Spontaneität« (S. 535-538) zu werfen, insofern dieser kurze, aber dichte Abschnitt nicht nur für Reinholds Verlegenheiten mit dem Begriff eines »praktischen Vorstellungsvermögens«, sondern auch für die Erörterung der Idee der absoluten Ursache als freie Ursache den chronologisch ersten Anknüpfungspunkt darstellt.

2.3. Spontaneität und Freiheit I: Die »Theorie der Grade der Spontaneität«

Reinhold formuliert den Grundgedanken seiner »Theorie der Grade der Spontaneität«[29] in folgenden wenigen Sätzen:

> Das absolute Subjekt muß als *handelnd* gedacht werden, in wieferne es das Subjekt der *Spontaneität* ist, welche die Form der Vorstellung überhaupt, oder die Einheit des Mannigfaltigen, hervorbringt. Allein die *Gattung* Vorstellung begreift drey wesentlich verschiedene *Arten* unter sich; die sinnliche Vorstellung, den Begriff und die Idee, oder die Vorstellung der Sinnlichkeit, des Verstandes und der Vernunft. Iede dieser Arten hat ihre eigenthümliche

29 Der Ausdruck »Theorie der Grade der Spontaneität« kommt im *Versuch* nirgends vor. In einem Brief an Baggesen vom 15. Januar 1795 spricht aber Reinhold in diesem Zusammenhang von einer »Theorie der drei Grade der Spontaneität« (Bag II, S. 5). Vgl. hierzu Maréchal (1947), S. 201; Engfer (1982), S. 108; Chenet (1989), S. 35; Frank (1997), S. 297ff.

> von der anderen verschiedene *Form*, Einheit der Apprehension, Verstandeseinheit und Vernunfteinheit, bey deren Hervorbringung sich die Spontaneität in drey verschiedenen Graden von Thätigkeit äussert, als Vermögen der Apprehension, als reiner Verstand, als reine Vernunft. (S. 535)

Nach diesen allgemeinen Bestimmungen wendet sich Reinhold der Reihe nach den drei einheitsstiftenden Tätigkeiten der Spontaneität zu und untersucht, inwieferne sie als frei betrachtet werden können.

Der *erste Grad der Spontaneität*, die Handlung der Apprehension, »besteht in der Synthesis des durch Afficiertseyn gegebenen Mannigfaltigen, und die Spontaneität wird zu derselben durch das Afficiertseyn bestimmt« (S. 535). Durch die Apprehension wird ein gegebenes Mannigfaltiges zu einer Anschauung synthetisiert. Diese Handlung der Spontaneität des vorstellenden Subjekts ist für Reinhold als solche *gezwungen*, insofern sich die Handlung der Spontaneität hier lediglich als notwendige Reaktion, als »Gegenwirkung« zu einer »Einwirkung« äußert. Reinhold unterscheidet aber zwischen zwei Weisen des Gezwungenseins: Je nachdem, ob die Rezeptivität von der Spontaneität selbst oder von außen affiziert ist, wird die Handlung der Apprehension *relativ* oder *schlechterdings gezwungen* sein, wobei in letzterem Fall »das vorstellende Subjekt nicht einmal als absolute Ursache der *Entstehung* der Vorstellung gedacht werden« kann. (S. 535)

Der *zweite Grad der Spontaneität*, die Handlung des Verstandes, »besteht in der Verbindung des durch Anschauung vorgestellten Mannigfaltigen« zu einem Begriff (S. 536). Im Unterschied zur Handlung der Apprehension synthetisiert die Handlung des Verstandes nicht ein »rohes« Mannigfaltiges zu einer Einheit, sondern ein bereits durch Spontaneität (im ersten Grad) synthetisiertes Mannigfaltiges (Anschauungen). Die Handlung des Verstandes ist deshalb für Reinhold nicht lediglich eine notwendige Reaktion auf einen Stimulus, sondern eine *Selbsttätigkeit* des Verstandes, durch welche der Begriff erst Dasein erhält und aus diesem Grund als eine gegenüber der Apprehension höhere Stufe der Spontaneität betrachtet werden kann. Die Handlung des Verstandes ist hier lediglich durch sich selbst bestimmt; der Verstand handelt in ihr *ungezwungen*. Insofern aber in dieser Handlung lediglich das verbunden wird, was dem Verstand »unter der Form der sinnlichen Vorstellung vorgehalten wird« (ebd.), ist sie zugleich an die Form der Anschauung gebunden, und die durch sie hervorgebrachte Einheit ist nur *komparativ*: sie »reicht nur so weit als das durch diese Form bestimmte Mannigfaltige« (ebd.). Reinhold schließt daraus: »Der Verstand, der also bey der Erzeugung des Begriffes zwar *ungezwungen*, aber an die Form der Sinnlichkeit *gebunden* handelt, muß daher zwar als absolute Ursache der *Entstehung* aber nicht der *Form* eines Begriffes in engster Bedeutung gedacht werden. Er wirkt als Verstand in engster Bedeutung nur in Vereinigung mit der Sinnlichkeit« (ebd.).

Der *dritte Grad der Spontaneität*, die Handlung der Vernunft, »besteht in der Verbin-//dung des in der blossen Natur des Verstandes und durch die blosse Form der Begriffe bestimmten Mannigfaltigen, und folglich der Begriffe in wieferne sie blosse Produkte der Spontaneität im zweyten Grade sind« (S. 536f.).[30] Die Handlung der Vernunft verhält sich also zur Handlung des Verstandes wie diese in etwa zur Handlung der Apprehension: So wie durch die Handlung des Verstandes im Begriff ein bereits Apprehendiertes, durch einen ersten Grad der Spontaneität Synthetisiertes verbunden wird, so verbindet die Handlung der Vernunft in der Idee das durch den zweiten Grad der Spontaneität Synthetisierte, d.h. die bloßen Formen der Begriffe.[31] Trotz dieser Analogie

30 Interessante Verschiebungen ergeben sich hier zur ersten rudimentären Skizze der Theorie der Grade der Spontaneität zu Beginn der »Theorie der Vernunft«. An dieser Stelle (S. 499) spricht Reinhold noch von Begriffen als »*unmittelbare[n]* Objekt[en] der Idee«, wodurch »die Anschauung ein mittelbares Objekt der Idee seyn kann«. In der späteren Formulierung der Theorie sind dann nicht mehr Begriffe überhaupt, sondern bloße Formen der Begriffe Gegenstand der Ideen. Ebenso ist nicht mehr von Anschauungen als mittelbaren Objekten der Ideen die Rede, sondern von einer gänzlichen Loslösung von allen Bedingungen der Sinnlichkeit (S. 537). Vgl. unten Anm. 31. Diese Verschiebungen deuten auf Reinholds Bemühung, diejenigen Elemente aus der Theorie zu tilgen, die ein Hindernis für den Gedanken einer absoluten und damit freien Selbsttätigkeit sein könnten. Vgl. auch Kants Bemerkungen in KrV, B 359 und 382f., die Reinhold in diesem Punkt angeregt haben könnten.

31 Die ursprüngliche Analogie zwischen den Handlungen der Apprehension, des Verstandes und der Vernunft in der Skizze der Theorie der Grade der Spontaneität zu Beginn der »Theorie der Vernunft« (»Das Objekt der Anschauung ist der un-

besteht aber für Reinhold ein wesentlicher Unterschied zwischen der Handlung der Vernunft und der des Verstandes. Während das von der Handlung des Verstandes Verbundene an die Formen der Sinnlichkeit gebunden ist, sind die von der Spontaneität auf ihrer dritten Stufe verbundenen Begriffsformen nicht etwas, das von der Sinnlichkeit, sondern etwas, das von dem Verstand vorgegeben wird, so daß die Handlung des Verbindens durch keine anderen als die eigenen Formen der Spontaneität bedingt wird. Die Spontaneität verkörpert auf dieser dritten Stufe eine *absolute Selbsttätigkeit*, und die durch sie hervorgebrachte Einheit ist *absolut*. Ihre Handlung ist nämlich nicht nur *ungezwungen* hinsichtlich der Erzeugung der Idee, sondern auch *ungebunden*, insofern sie bei der Erzeugung der Ideen an keine ihr fremden Formen gebunden ist. Die Handlung der Vernunft ist aber nach Reinhold auch die einzige Handlung des vorstellenden Subjekts, welche sowohl als ungezwungen wie auch als ungebunden, d.h. als *frei* gedacht werden kann und deshalb auch den einzigen Übergang in den Bereich des Praktischen liefert.[32] Das vorstellende Subjekt selbst muß seinerseits »als eine freye Ursache gedacht werden, in wieferne es als absolute Ursache gedacht wird, und es muß als absolute Ursache gedacht werden, in wieferne es das Subjekt der Vernunft ist« (S. 537).

Diese Theorie der Grade der Spontaneität ist alles andere als klar. So ist zum Beispiel nicht leicht zu sehen, wie die nur als Reaktion auf einen Stimulus bestimmte Handlung der Apprehension überhaupt als Hand-

mittelbare Gegenstand; das *unmittelbare* Objekt des Begriffes ist die Anschauung, durch welche der Gegenstand *mittelbares* Objekt des Begriffes ist; das unmittelbare Objekt der Idee sind Begriffe, durch welche die Anschauung ein mittelbares Objekt der Idee seyn kann« (S. 499)) wird durch Reinholds Veränderung derselben (vgl. oben Anm. 30) z.T. aufgehoben.

32 Vgl. *Versuch*, S. 537: »Im *theoretischen* Vorstellungsvermögen wird durch diese Vernunfteinheit das Systematische der Erkenntniß, im *praktischen* das Moralische der Willenshandlungen bestimmt«. Reinhold folgt hier offenbar Kants Hinweis in KrV, B 385f.: »Zu geschweigen, daß sie [die Ideen, A. L.] vielleicht von den Naturbegriffen zu den praktischen einen Übergang möglich machen, und den moralischen Ideen selbst auf solche Art Haltung und Zusammenhang mit den spekulativen Erkenntnissen der Vernunft verschaffen können.«

lung einer Spontaneität verstanden werden kann, und was für eine Rolle diesem Grad Null der Spontaneität in einer Theorie der Grade derselben zukommen soll. Auch ist die Annahme, wonach der Verstand als *absolute* Ursache gedacht werden muß, insofern er Ursache der Entstehung des Begriffs in engster Bedeutung ist (S. 536), nicht unproblematisch im Rahmen von Reinholds Theorie. Denn, wie Reinhold an anderer Stelle zusammenfaßt, kommt das »Merkmal des *absoluten Grundes*« dem »absoluten Subjekte nur in Rücksicht auf dasjenige zu, was durch blosse Vernunft an den Vorstellungen hervorgebracht wird, und folglich // auch nur durch Vernunft in einer *Idee* als *Wirkung* vorstellbar ist« (S. 534f.).[33] Das heißt aber: Das Merkmal des absoluten Grundes oder der absoluten Ursache[34] sollte dem absoluten bzw. vorstellenden Subjekt hinsichtlich dessen, was durch bloßen Verstand an den Vorstellungen hervorgebracht wird, gar nicht zukommen. Es ist ferner nicht klar, inwiefern der Verstand nicht als Urheber der Form eines Begriffes in engster Bedeutung gedacht werden kann (S. 536). Denn die Form einer jeden Vorstellung ist auf Spontaneität zurückzuführen, und der Verstand ist offenbar das Vermögen derselben, einen Stoff unter die Form des Begriffs zu bringen. Schließlich paßt der Umstand, daß allein die Vernunfthandlung als frei gedacht werden kann (S. 537f.), zusammen mit der Annahme, daß das vorstellende Subjekt als frei gedacht werden muß, insofern es als absolute Ursache gedacht wird (S. 537), nicht zu der anderen Annahme, wonach auch der Verstand als absolute Ursache gedacht werden muß, insofern er Ursache der Entstehung des Begriffs in engster Bedeutung ist (S. 536). Denn in diesem Fall müßte auch der Verstandeshandlung Freiheit zugeschrieben werden, so daß nicht allein die Vernunfthandlung als frei gedacht werden könnte.

33 Reinhold ist einerseits der Ansicht, absolutes Subjekt, absolute Ursache und absolute Gemeinschaft seien nur durch Ideen vorstellbar, andererseits ist das absolute Subjekt als absolute Ursache selbst Erzeuger der Ideen. Vgl. hierzu Henrich (1989), S. 156.

34 Die Ausdrücke »absoluter Grund« und »absolute Ursache« sind für Reinhold in diesem Zusammenhang gleichbedeutend und werden auch als austauschbar gebraucht. Vgl. insgesamt S. 534 und 535ff.

Trotz dieser Unklarheiten ist es möglich, eine dominante Ansicht Reinholds hinsichtlich des Verhältnisses von absoluter Ursächlichkeit und Freiheit hervorzuheben. Nach dieser Ansicht kann die Handlung des vorstellenden Subjekts dann und nur dann als frei betrachtet werden, wenn das vorstellende Subjekt als absolute Ursache *sowohl* des Daseins *als auch* der Form der durch seine Handlung hervorgebrachten Vorstellung gedacht werden kann. Das vorstellende Subjekt ist dieser Ansicht zufolge in der Handlung der Apprehension nicht frei, weil es weder hinsichtlich des Daseins noch der Form der durch diese Handlung hervorgebrachten Vorstellung als absolute Ursache handelt, sondern in der ersten Hinsicht *gezwungen* und in der zweiten *gebunden* ist.[35] Die Handlung des Verstandes ist ebenfalls nicht frei, weil in ihr

35 Daß für Reinhold die Handlung der Apprehension eine unfreie Handlung ist, geht aus dem Kontext seiner Bemerkungen zur Apprehension sowie aus der gesamten »Theorie der Grade der Spontaneität« und nicht aus einer expliziten Behauptung hervor. Entgegen Reinholds Ansicht, die Apprehension verhalte sich lediglich wie eine notwendige Gegenwirkung zu einer Einwirkung, suggerieren aber diese Bemerkungen ebenfalls, daß die Apprehension in einer Hinsicht doch als *Selbsttätigkeit* des vorstellenden Subjekts betrachtet werden könne. Nachdem er innerhalb der *als solchen gezwungenen* Handlung der Apprehension zwischen einer *relativ* und einer *schlechterdings gezwungenen* Apprehension unterscheidet, je nachdem ob das Affiziertsein der Rezeptivität *von innen* oder *von außen* geschieht, schließt Reinhold diesen Abschnitt mit folgender verwirrenden Bemerkung: »Bey jeder sinnlichen Vorstellung verhält sich also die Handlung der Spontaneität wie Gegenwirkung zur Einwirkung; ist eine nothwendige Folge der Einwirkung; und wenn diese durch etwas vom Vorstellenden verschiedenes geschehen ist, so kann das vorstellende Subjekt nicht einmal als absolute Ursache der *Entstehung* der Vorstellung gedacht werden« (S. 535). Diese Bemerkung ist verwirrend, weil in ihr suggeriert wird, das vorstellende Subjekt könne als absolute Ursache der Entstehung der Vorstellung (Anschauung) gedacht werden, wenn die Rezeptivität von innen affiziert wird. In diesem Fall wäre das vorstellende Subjekt absolute Ursache der Entstehung, nicht aber der Form der Vorstellung, und würde sich damit von der Handlung des Verstandes nur hinsichtlich der Art der Vorstellung unterscheiden, die durch die Handlung der Spontaneität zustandekommt, nicht aber hinsichtlich des Grades der Spontaneität. Denn in beiden Fällen ist das vorstellende Subjekt absolute Ursache der Entstehung einer Vorstellung und insofern beide Handlungen der Spontaneität Absoluta sind, kann zwischen ihnen kein Gradunterschied stattfinden. Dieser Befund wäre aber problematisch für Reinholds Theorie der Grade der Spontaneität, in welcher sich die verschiedenen Stufen derselben gerade aus der Zurück-

zwar das Dasein, nicht aber die Form der Vorstellung durch das vorstellende Subjekt als absolute Ursache hervorgebracht wird. Die Handlung der Spontaneität ist hinsichtlich des Daseins der Vorstellung *ungezwungen*, hinsichtlich der Form derselben aber *gebunden*. Einzig die Handlung der Vernunft kann und muß dieser Ansicht zufolge als frei gedacht werden, denn in ihr allein ist das vorstellende Subjekt absolute Ursache sowohl des Daseins als auch der Form der Vorstellung (der Idee) und die Handlung desselben sowohl *ungezwungen* als *ungebunden*.

Der Grund, weshalb die Handlung der Vernunft als frei, die Handlungen des Verstandes und der Apprehension aber als unfrei gedacht werden müssen, scheint damit einleuchtend zu sein. Die Handlung der Vernunft muß deshalb als frei gedacht werden, weil sie *ganz* von Bedingungen der Sinnlichkeit unabhängig ist; die Handlungen der Apprehension und des Verstandes müssen als unfrei gedacht werden, weil sie entweder gar nicht oder nur zum Teil unabhängig von Bedingungen der Sinnlichkeit sind. Warum aber ist die kleinste Abhängigkeit von Bedingungen der Sinnlichkeit hinreichend, um eine Handlung der Spontaneität unfrei zu machen? Reinholds Antwort auf diese Frage liegt auf der Hand: Weil die kleinste Abhängigkeit von Bedingungen der Sinnlichkeit eine Abhängigkeit von etwas ist, das in einer unmittelbaren Beziehung zu einem gegebenen Mannigfaltigen steht, welches gegenüber der Spontaneität *fremden* Ursprungs ist. Eine solche Abhängigkeit führt aber ein Moment der Fremdbestimmung in die Handlung der Spontaneität hinein, so daß diese nicht mehr als reine Selbsttätigkeit, sondern als unreine, nicht mehr als freie, sondern als unfreie Tätigkeit betrachtet werden muß. Reinhold könnte seine Antwort wie folgt erläutern: Wie die Handlungen der Apprehension und des Verstandes verbindet auch die Handlung der Vernunft ein gegebenes Mannigfaltiges zu einer Einheit. Diese Gemeinsamkeit macht es gerade, daß von *einer* Spontaneität mit *verschiedenen Graden* der Tätigkeit gesprochen werden kann. Doch im Unterschied zu den Handlungen der Apprehension und des Verstandes verbindet die Handlung der

führbarkeit und Nichtzurückführbarkeit der Form und des Daseins der Vorstellung auf eine absolute Ursache ergeben.

Vernunft ein ihr gegebenes Mannigfaltiges, das keinen ihr gegenüber fremden Ursprung aufweist, und dies nach Formen der Spontaneität und nicht nach Formen, die ihr durch eine fremde Instanz vorgehalten werden: »Die *Idee* entsteht dadurch, daß die Spontaneität den mannigfaltigen Formen des Verstandes (einer durch die blosse Spontaneität bestimmten Mannigfaltigkeit) Einheit giebt, und folglich einen Stoff verbindet, der ihr nicht durch die Sinnlichkeit vorgehalten wird, wobey sie an keine Bedingungen der Sinnlichkeit gebunden ist, sondern nach blossen Formen der Spontaneität, und folglich als unbedingte, durch nichts von ihr selbst Verschiedenes[36] bestimmte und eingeschränkte Spontaneität, als *absolute Selbstthätigkeit* handelt« (S. 537). Diese zweifache Selbständigkeit der Handlung der Vernunft macht die Freiheit des vorstellenden Subjekts aus, inwiefern es als absolute Ursache nach der Vernunft handelt, und bedeutet zugleich den wesentlichen Unterschied zwischen ihr und den Handlungen der Apprehension und des Verstandes.

Diese Begründung der Freiheit des vorstellenden Subjekts, insofern es als absolute Ursache auf der dritten Stufe der Spontaneität handelt, ist im Rahmen der Theorie des Vorstellungsvermögens nicht haltbar. Es trifft zwar zu, daß die Handlung der Vernunft, wie sie von Reinhold bestimmt ist, eine Vorstellung hervorbringt, deren Stoff nicht – wie z.B. Anschauungen – eine Beziehung auf Sinnliches enthält. Dies kann aber nicht bedeuten, daß die Vernunft hier als eine »durch nichts von ihr selbst Verschiedenes bestimmte und eingeschränkte« und deshalb als freie Spontaneität handelt. Ließe sich nämlich aus dem Umstand, daß im Prozeß der Ideenerzeugung kein Bezug auf Sinnliches stattfindet, schließen, daß die Vernunft hierbei durch *nichts von ihr selbst Verschiedenes* bestimmt und eingeschränkt wird, müßte man zugeben, daß in diesem Prozeß die Vernunft selbst *alles* bestimmt.

In der Ideenerzeugung müßte alles auf ein *bestimmendes Handeln* der Vernunft zurückgeführt werden können. Nicht nur die Form der zu erzeugenden Idee und die Idee als Ganzes, sondern auch der Stoff

36 Im Original: »verschiedenes«.

der Idee wären damit auf ein bestimmendes Handeln der Vernunft zurückzuführen. Der Stoff der zu erzeugenden Idee, die a priori im Gemüt vorhandenen Formen der Begriffe, könnte aber unter diesen Umständen der Vernunft nicht mehr ursprünglich gegeben, sondern müßte ursprünglich durch sie *hervorgebracht* sein. Denn nur in diesem Fall könnte man sagen, die Vernunft bestimme *allein*, d. h. *selbst* den Prozeß der Ideenerzeugung. Die Annahme einer Vernunft, die nicht nur eine Einheit der mannigfaltigen Begriffsformen des Verstandes, sondern diese Formen selbst hervorbringt, führt aber im Rahmen von Reinholds Theorie zu Schwierigkeiten. Seine Theorie der Grade der Spontaneität, seine Auffassung von Verstand und Vernunft und ihre Unterscheidung können unter diesen Umständen nicht mehr aufrechterhalten werden. Denn eine Vernunft, die nicht lediglich Ideen erzeugt bzw. Einheit schafft unter den mannigfaltigen Begriffsformen des Verstandes, sondern zusätzlich diese Formen selbst hervorbringt, ist offenbar eine ganz andere als die, welche in der »Theorie der Vernunft« erörtert wird: Sie hat eine zweifache Tätigkeit, wovon eine nunmehr konstitutiv in die Entstehung der Begriffe eingreift. Eine solche Auffassung von Vernunft würde aber nicht nur zu einer entsprechenden Veränderung von Reinholds Verstandesauffassung führen; Verstand und Vernunft würden vielmehr in eins fallen, da nicht mehr zu sehen wäre, welche Aufgabe ein Verstand noch erfüllen könnte, wenn die Kategorien durch die Spontaneität der Vernunft hervorgebracht würden.

Die Annahme einer Ideenerzeugung, in der alles auf ein bestimmendes Handeln der Vernunft zurückgeführt werden müßte, ist aber noch in einer anderen Hinsicht problematisch. Insofern die Idee eine Vorstellung ist und letztere einen gegebenen Stoff hat, muß auch der Stoff der Idee gegeben sein, und zwar irgendwie der Vernunft gegeben. Soll nun der gesamte Prozeß der Ideenerzeugung auf ein Handeln der Vernunft zurückgeführt werden können, muß dies auch für das Gegebensein des Stoffes der Fall sein. Es genügt nicht, daß die Begriffsformen des Verstandes überhaupt durch Vernunft hervorgebracht werden; auch ihr Gegebensein als Stoff einer Idee muß seinen Ursprung in der Spontaneität der Vernunft haben, da sonst ein Moment dieses Prozesses unberücksichtigt bliebe. Das Gegebensein der Begriffsformen als Stoff einer Idee kann aber unmöglich seinen Ursprung in einer Vernunfthandlung haben. Denn das *unmittelbare* Verhältnis zwischen der Vernunft und den Begriffsformen besteht hier im Hervorbringen derselben. Ist zwischen beiden nicht nur ein Verhältnis des Hervorbringens, sondern auch eins des Gegebenseins, so kann letzteres nur ein mittelbares sein. Weil aber die Vermittlung nicht wiederum durch Vernunft geschehen kann, da eine Vermittlung durch sich selbst keine ist, so kann das Gegebensein der Begriffsformen nicht selbst Resultat einer Vernunfttätigkeit sein, sondern ein anderes, von der Vernunft verschiedenes Vermögen ist dafür verantwortlich.[37]

Reinhold kann also aus dem Umstand, daß in der Handlung der Vernunft keine unmittelbare Beziehung auf Sinnliches enthalten ist, sinnvollerweise nicht schließen, die Vernunft handle hier als eine »durch nichts von ihr selbst verschiedenes bestimmte und eingeschränkte« und damit freie Spontaneität. Denn die Annahme einer ganz durch die Selbsttätigkeit der Vernunft bestimmten Vorstellung käme im Rahmen von Reinholds Theorie des Vorstellungsvermögens der Annahme einer Handlung gleich, in welcher eine Vorstellung mit einer hervorgebrachten Form und einem hervorgebrachten Stoff erzeugt wird, einer Handlung also, die nach der Theorie des Vorstellungsvermögens ein Unding ist. Und insofern für Reinhold die Freiheit des vorstellenden Subjekts mit einer *solchen* absoluten Selbsttätigkeit zusammenhängt, kann es im Rahmen der Theorie des Vorstellungsvermögens keine Freiheit und keinen Nachweis derselben geben.

Nun hat Reinhold gerade diese Konsequenzen nirgends gezogen. Nicht nur findet sich an keiner Stelle des *Versuchs* die Behauptung, die Begriffsformen als solche und ihr Gegebensein als Stoff einer Idee müßten durch Vernunft hervorgebracht werden. Reinhold scheint vielmehr auch in der »Theorie der Grade der Spontaneität« darum bemüht zu sein, an

37 Vgl. dazu Zacharias (1948), S. 73.

der These des verschiedenen Ursprungs des Stoffs und der Form einer Vorstellung streng festzuhalten,[38] indem sogar die Vernunft nach Formen der Spontaneität handelt, die sie nicht selbst hervorgebracht hat.

Daß Reinhold diese Konsequenzen nicht zieht, verstärkt scheinbar seine Position gegenüber dem Einwand, es könne im Rahmen der Theorie des Vorstellungsvermögens keinen Nachweis der Nichtunmöglichkeit von Freiheit geben. Reinhold würde entgegnen, die Behauptung, die Vernunft handle in der Erzeugung der Ideen als »unbedingte, durch nichts von ihr selbst verschiedenes bestimmte und eingeschränkte Spontaneität« (S. 537), impliziere keineswegs, daß die Vernunfthandlung sowohl die Form wie den Stoff der zu erzeugenden Idee hervorbringe. Denn – so würde Reinhold wohl fortfahren – die Vernunft könnte in der Erzeugung der Ideen durchaus als »unbedingte, durch nichts von ihr selbst verschiedenes bestimmte und eingeschränkte Spontaneität« handeln, ohne daß der Stoff der zu erzeugenden Idee selbst von der Vernunft hervorgebracht würde. Der Stoff der zu erzeugenden Idee ist nämlich – so Reinholds mögliches Argument – der Vernunft allein durch die Formen des Verstandes gegeben. Diese gehören aber ebenso wie die Vernunft zur Spontaneität des Gemüts; die Unabhängigkeit von Bedingungen der Sinnlichkeit ist ihnen gemeinsam. Die Vernunft erhält damit den Stoff nicht durch eigene Selbsttätigkeit, son-

38 Vgl. *Versuch*, S. 256f.: »Die Vorstellung ist nur dadurch im Bewußtseyn möglich, dass in demselben ein Stoff unter der Form der Vorstellung, das heißt, dass zwey verschiedene Etwas vereiniget vorkommen, wovon das eine dem von dem vereinigten selbst unterschiedenen Subjekte, und das andere dem von ihm unterschiedenen Objekte angehört. Die Vorstellung kann daher in Rücksicht auf diese zwey wesentlich verschiedenen Bestandtheile keineswegs auf eben dieselbe Art entstanden seyn, und diese Bestandtheile können unmöglich einerley Ursprung haben. Nur die bloße Form, d. h. dasjenige, wodurch sich die Vorstellung auf das Subjekt bezieht, was an // ihr dem Subjekte angehört, kann durch das *Vermögen* des Subjektes *entstanden* seyn; der Stoff hingegen, dasjenige wodurch sich die Vorstellung auf das Objekt bezieht, was an ihr dem Objekte eigenthümlich ist, kann nicht durch das Vermögen des Subjektes entstanden, muß demselben *gegeben* seyn. Wäre an der Vorstellung nicht nur die Form, sondern auch der Stoff durch das Gemüth hervorgebracht; so würde alles Bewußtseyn, alle Unterscheidung der blossen Vorstellung vom Subjekte und Objekte unmöglich seyn […]«.

dern durch etwas anderes, als sie selbst, nämlich durch den Verstand; sie ist aber dabei dennoch nicht fremdbestimmt, da der reine Verstand ebenfalls unabhängig von Bedingungen der Sinnlichkeit, und ihr also nicht fremd ist. Insofern aber die Vernunft bei der Ideenerzeugung nicht durch ihr fremde Instanzen bestimmt wird, könne sie als selbstbestimmend, und das vorstellende Subjekt, welches diese Handlung ausführt, als frei betrachtet werden.

Doch durch diese Erwiderung würde Reinhold das Problem nur verschieben – eine Verschiebung, die freilich insofern fruchtbar ist, als sie auf den Grund des Problems führt. Hält man daran fest, daß der Stoff der zu erzeugenden Idee der Vernunft *gegeben* und nicht von dieser hervorgebracht wird, dann muß man zugeben, daß dieser Stoff als solcher gegenüber der Vernunft fremden Ursprungs ist. Daß der *Verstand* der Vernunft diesen Stoff gibt, ändert nichts an dieser Tatsache: der Verstand ist insofern ein gegenüber der Vernunft fremdes Vermögen, so daß die Vernunft bei der Ideenerzeugung fremdbestimmt und letztlich unfrei handelt. Der Eindruck, die Vernunft könne von woanders her, nämlich vom Verstand, den Stoff der zu erzeugenden Idee erhalten und zugleich absolute Selbsttätigkeit sein, entsteht aus einer Äquivokation in der Rede von der Verstand und Vernunft gemeinsamen Spontaneität des Gemüts. Die Behauptung, der Verstand gehöre ebenso wie die Vernunft zur Spontaneität des Gemüts, kann nämlich auf zwei verschiedene Weisen gedeutet werden, je nachdem, was man unter »Spontaneität« versteht.

Der Verstand könnte in dem Sinne wie die Vernunft zur Spontaneität des Gemüts gehören, daß es sich bei ihnen im wörtlichen Sinne um dieselbe Spontaneität handelt: ein einziges Hervorbringen der einheitsstiftenden Form an einem gegebenen Stoff. Vernunft und Verstand wären hier nur verschiedene Gestalten, die dieses eine fundamentale Handeln des vorstellenden Subjekts annimmt, je nachdem auf welche Art von Stoff es sich bezieht. Als derartige Äußerungen einer und derselben Spontaneität würden sich Verstand und Vernunft nur durch eine Art Grad der Intensität oder Stärke der Tätigkeit unterscheiden. Eine solche Spontaneität – dies ist offenbar der Gedanke, welcher der »Theorie der Grade der Spontaneität« zugrunde liegt – würde ausschließen, daß fremde Elemente in ihr Handeln eindringen und würde damit den Gedanken einer absoluten Selbsttätigkeit retten. Doch wäre unter diesen Umständen nicht nur nicht mehr zu erklären, wie die Begriffsformen als Stoff der zu erzeugenden Idee der Vernunft gegeben sein könnten, da die für das Gegebensein erforderliche Vermittlung hier unmöglich ist. Insoweit Verstand und Vernunft sich nicht mehr gegenüberstehen, sondern dieselbe Spontaneität ausmachen, könnten sie überhaupt nicht mehr als *verschiedene* Vermögen gedacht werden, so daß die Rede von einer absoluten Selbsttätigkeit *der Vernunft* genausowenig sinnvoll wäre wie die Rede von einer absoluten Selbsttätigkeit *des Verstandes*, und die Annahme eines unterschiedlichen Grades der Spontaneität im Verstand und in der Vernunft ganz wegfallen müßte.

Der Verstand könnte aber auch in dem Sinne ebenso wie die Vernunft zur Spontaneität des Gemüts gehören, daß ihnen das Merkmal, Spontaneität zu sein, gemeinsam ist. Verstand und Vernunft sind hier *verschiedene* Vermögen des Gemüts, die eine Gemeinsamkeit haben: Beide sind Vermögen, zu handeln, d.h. Formen von Spontaneität, nicht aber dieselbe Spontaneität. In dieser Auffassung von Spontaneität ist es kein Problem zu verstehen, wie die Begriffsformen des Verstandes der Vernunft gegeben sein können, denn beide Vermögen werden hier nicht als identisch konzipiert. Was Schwierigkeiten macht, ist, den Begriff einer absoluten Selbsttätigkeit in dieses Konzept einzugliedern. Denn weder der Verstand, dem der Stoff der Vorstellung durch Sinnlichkeit gegeben ist, noch die Vernunft, welche den Stoff der Idee durch ein ihr fremdes Vermögen, den Verstand, erhält, können als absolute Selbsttätigkeit gelten.

Keine der beiden Bedeutungen der Rede von der Verstand und Vernunft gemeinsamen Spontaneität des Gemüts erlaubt, für sich genommen, die These zu begründen, die Begriffsformen des Verstandes seien als Stoff der zu erzeugenden Idee der Vernunft gegeben, und diese sei zugleich absolute Selbsttätigkeit. Beide erlauben aber, je einen Teil dieser These zu stützen. Wo Reinhold sagt, die Begriffsformen sind der Vernunft als Stoff einer Idee gegeben, so setzt dies voraus, Vernunft und Verstand gehörten im zweiten Sinne zur Spontaneität des Gemüts. Wo er hingegen – um eine mögliche Fremdbestimmung auszuschließen – sagt, die Begriffsformen des Verstandes gehören wie die Vernunft selbst zur Spontaneität des Gemüts, setzt dies voraus, Vernunft und Verstand gehörten im ersten Sinne dazu. Der unspezifisch gehaltene Gebrauch der Rede von der gemeinsamen Spontaneität des Gemüts erweckt hier den Eindruck, die These könne begründet werden. Daß es sich aber hier um einen falschen Eindruck handelt, wird deutlich, wenn man sieht, daß diese Rede unmöglich beide Bedeutungen zugleich haben kann.[39]

Reinhold sieht nicht, daß die Schwierigkeit, an die er im Verlauf seiner Erörterung der Idee der absoluten Ursache stößt, eine Schwierigkeit ist, die mit dem Vorhaben selbst einer Theorie der Grade der Spontaneität zusammenhängt, weil er nach wie vor der Meinung ist, die Unabhängigkeit von Bedingungen der Sinnlichkeit sei als solche für die Möglichkeit einer *absoluten* Selbsttätigkeit ausschlaggebend. Tatsächlich ist aber im Rahmen der Theorie des Vorstellungsvermögens nicht der mehr oder weniger starke Zusammenhang mit Bedingungen der Sinnlichkeit als solcher, sondern die An- oder Abwesenheit eines Gegebenen überhaupt für die Möglichkeit einer *absoluten* Selbsttätigkeit von Bedeutung. Der Zusammenhang mit einem empirischen Stoff ist für die Möglichkeit einer absoluten Selbsttätigkeit nur insofern relevant, als es sich dabei um ein Gegebenes handelt, um

39 Man könnte hier an eine dritte Möglichkeit denken, diejenige, in welcher der Verstand und die Vernunft in dem Sinne zur Spontaneität des Gemüts gehören, daß es sich um zwei verschiedene Vermögen ein und desselben vorstellenden Subjekts handelt. »Spontaneität des Gemüts« wäre hier die Gesamtheit der Vermögen eines vorstellenden Subjekts. Doch diese Möglichkeit ist nur scheinbar von den zwei bereits angeführten verschieden, indem sie letztlich entweder mit der einen oder mit der anderen zusammenfällt. Denn *entweder* ist das Subjekt der Handlungen der Vernunft und der Handlungen des Verstandes dasselbe. Dann stellt sich die Frage, wie diesem Subjekt die Formen des Verstandes als Stoff einer Idee gegeben sein können ohne die Annahme einer nicht auf es zurückführbaren Vermittlung. *Oder* es handelt sich um verschiedene Subjekte, was zur bekannten Schwierigkeit führt, das Handeln beider als *eine* absolute Selbsttätigkeit zu fassen.

etwas also, das einen der Spontaneität gegenüber fremden Ursprung hat. Die Handlung, durch welche Begriffe zustandekommen, die Handlung des Verstandes, ist deshalb nicht als absolute Selbsttätigkeit zu betrachten, weil der Begriff *nicht allein* durch die Handlung des Verstandes erzeugt wird, sondern auch Elemente enthält, die dem Verstand gegenüber *fremden* Ursprungs sind und den Charakter des Gegebenen haben. Als solche Elemente fremden Ursprungs müssen auch der Vernunft die Begriffsformen des Verstandes erscheinen, weshalb denn das Isolieren eines absolut selbsttätigen und freien Handelns eines vorstellenden Subjekts innerhalb von Reinholds »Theorie der Grade der Spontaneität« nicht möglich ist.

2.4. Spontaneität und Freiheit II: Komparative und absolute Freiheit

In Reinholds Erörterung der Idee der absoluten Ursache bzw. des absoluten Grundes in der »Theorie der Grade der Spontaneität« (§ LXXXIII, S. 534-538) ist eine fundamentale Schwierigkeit enthalten. Um im Rahmen der Theorie des Vorstellungsvermögens die Idee einer absoluten und freien Ursache zu formulieren, müßte eine Tätigkeit des vorstellenden Subjekts isoliert werden können, die Vorstellungen erzeugt und zugleich absolute Selbsttätigkeit ist. Während aber die Theorie des Vorstellungsvermögens von einer Vorstellung überhaupt verlangt, daß sie aus einer hervorgebrachten Form und einem gegebenen Stoff bestehe, darf eine Tätigkeit, um als absolute Selbsttätigkeit gelten zu können – entgegen dem, was Reinhold an manchen Stellen anzunehmen scheint – keine gegebenen Elemente enthalten. Das heißt: Die Bedingung, die erfüllt sein muß, damit eine Tätigkeit als absolute (und freie) Selbsttätigkeit gelten könnte, schließt gerade aus, daß es sich bei dieser Tätigkeit um eine Tätigkeit des *vorstellenden* Subjekts handelt. Ebenso wie die Eigenschaften, die nach Reinhold den Handlungen des *vorstellenden* Subjekts als solchen wesentlich sind, gerade ausschließen, daß irgendeine unter ihnen eine absolute Selbsttätigkeit sein könnte.

Der Befund, daß diese Schwierigkeit Reinholds Theorie der Grade der Spontaneität innewohnt, bleibt aber ohne Bedeutung für unsere Untersuchung, solange nicht gezeigt werden kann, daß von ihr eine Wirkung auf den übrigen Verlauf der Argumentation ausgegangen ist. Lassen sich im Text Spuren finden, die in diesem Zusammenhang zumindest auf eine Verlegenheit Reinholds deuten? In der »Theorie der Grade der Spontaneität« läßt sich kein Anzeichen in diese Richtung feststellen. Reinhold berührt hier zwar die Schwierigkeit, ist sich aber derselben noch nicht bewußt. Im Paragraphen LXXXVI – derjenige, der durch die Einschaltung der »Grundlinien der Theorie des Begehrungsvermögens« unterbrochen wird – sind hingegen Spuren einer Verlegenheit sichtbar, die eindeutig auf den erörterten Problemkomplex zurückweisen. Sie zeigen sich im Rahmen der Unterscheidung von absoluter und komparativer Freiheit, und vor allem in der Definition der letzteren.

Reinhold wiederholt zunächst den Gedanken, daß Vernunft »nur als *ungezwungen-* und *ungebunden-handelnde* Spontaneität, d.h. als *absolute Thätigkeit* gedacht werden« kann (S. 558), und nur in dieser Eigenschaft frei handelt. Wie schon bemerkt (Abs. 2.2.), schließen hier die Definitionen der komparativen und absoluten Freiheit als Definitionen zweier Arten der Gattung Freiheit an:

> Die Freyheit ist *komparativ*, wenn nur eine gewisse Art von fremden Ursachen die Handlung nicht nothwendig bestimmt; *absolut*, wenn schlechterdings keine fremde Ursache bey der Bestimmung der Handlung mitwirkt. (S. 558)

Nach diesen Definitionen folgt die Erörterung der Handlungsweise der Vernunft, die als komparativ frei zu betrachten ist, das Denken:

> Die Vernunft // *denkt*, in wieferne sie eine Idee *erzeugt*, das heißt an dem Mannigfaltigen, das ihr durch den Verstand geliefert wird, Einheit (die blosse Form der Vorstellung) *hervorbringt*. Dieses Mannigfaltige, welches den Stoff der Ideen ausmacht, ist in der *Form des Verstandes à priori* bestimmt, und in soferne *seiner Beschaffenheit* nach weder durch den Verstand, noch durch die Vernunft *hervorgebracht*, sondern im Vorstellungsvermögen *gegeben*. In wieferne also die *Idee* aus Form und Stoff besteht, dieser letztere

> aber der Vernunft *gegeben* seyn muß (nicht ihr eigenes Produkt seyn kann) in soferne handelt die Vernunft beym Denken *nur komparativ*, das heißt *nur* in Rücksicht auf die *Form*, die blosse Einheit, die ihr Werk ist, *frey*; in Rücksicht auf den Stoff aber an die gegebene Form desselben *gebunden*, und folglich *nothwendig*. (S. 559)

Reinholds Verlegenheit im Zusammenhang mit der Schwierigkeit der Theorie der Grade der Spontaneität zeigt sich in einer Abweichung gegenüber derselben. Während in dieser Theorie die absolute Selbsttätigkeit der Vernunft als solche ungezwungen und ungebunden handelte, weil sie »durch nichts von ihr selbst verschiedenes« bestimmt und eingeschränkt (S. 537) und insofern als frei zu betrachten war, ist nun eine der Arten dieser Vernunfttätigkeit, das Denken, als zwar ungezwungene, aber doch gebundene Tätigkeit bestimmt. Dieser Punkt ist an und für sich nur eine Differenz im Wortgebrauch, die noch nicht auf eine inhaltliche Abweichung gegenüber der Theorie der Grade der Spontaneität deutet. Denn bei einer näheren Ausführung dieser Theorie hätte Reinhold wohl durchaus eingestanden, daß auch die absolute Selbsttätigkeit der Vernunft in einem gewissen Sinn als gebunden zu betrachten ist, insofern die Formen dieser Selbsttätigkeit nicht durch die Vernunft selbst erschaffen sein können. Wichtig war hier (ebd.), daß selbst diese Gebundenheit kein Hindernis für die Freiheit und Absolutheit der Vernunfthandlung war, insofern diese eben an nichts von ihr selbst Verschiedenes gebunden und so eigentlich ungebunden war.

Die Annahme einer an die Formen des Verstandes gebundenen Tätigkeit der Vernunft wird aber zu einer inhaltlichen Abweichung gegenüber der Theorie der Grade der Spontaneität, indem Reinhold ihr eine bloß komparative Freiheit zuordnet. Denn nach Reinholds Definition ist eine Handlung dann und nur dann komparativ frei, »wenn nur eine gewisse Art von *fremden* Ursachen die Handlung nicht nothwendig bestimmt« (kursiv von mir, A. L.). Indem Reinhold die Handlung der Vernunft beim Denken komparativ frei nennt und das bloß Komparative der Freiheit an die Bindung an die a priori gegebenen Formen des Verstandes hängt (S. 559), wird den Formen des Verstandes ein gegenüber der Vernunft fremder Ursprung zuerkannt. Die Tätigkeit der Vernunft beim Denken ist deshalb bloß komparativ frei, weil sie an

Formen gebunden ist, die – im Unterschied zur Theorie der Grade der Spontaneität – nicht mehr denselben, sondern einen von der Vernunft verschiedenen Ursprung haben.

Reinholds Bestimmung des Denkens als bloß komparativ freie Tätigkeit der Vernunft kann als Beginn einer Einsicht in die oben erörterte Schwierigkeit der Theorie der Grade der Spontaneität gedeutet werden. Reinhold scheint zu sehen, daß das Gegebensein der Formen des Verstandes Konsequenzen für die Vernunft hat, die eine uneingeschränkte Freiheitszuschreibung ausschließen. Zugleich geht aber Reinhold nur den halben Weg. Denn die a priori gegebenen Formen des Verstandes sind für die Erzeugung der Ideen notwendig. Es kann für Reinhold keine Idee geben, deren Stoff nicht aus a priori gegebenen Formen des Verstandes gebildet ist. Zusammengenommen mit dem Umstand, daß diese Formen einen von der Vernunft fremden Ursprung haben, bedeutet dies aber, daß die Fremdbestimmung in der Ideenerzeugung notwendig ist, was nicht zur Definition der komparativen Freiheit paßt, da dieser zufolge ein freies Handeln dann und nur dann komparativ frei ist, »wenn nur eine gewisse Art von fremden Ursachen die Handlung *nicht nothwendig* bestimmt« (kursiv von mir, A. L.). Reinhold wird so durch die Einführung der komparativen Freiheit in eine Lage gesetzt, in welcher einer Handlung der Vernunft eine noch geringere Freiheit als die bloß komparative, wenn nicht gar *keine* Freiheit zugeschrieben werden müßte – Konsequenzen, die Reinhold freilich nicht zieht.

Die Lage, in die sich Reinhold durch die Einführung der komparativen Freiheit als Reaktion auf die Schwierigkeit der Theorie der Grade der Spontaneität manövriert, ist aber noch prekärer. Es kommt nämlich zu einer Diskrepanz zwischen der Absolutheit der Selbsttätigkeit bzw. der Ursache und dem bloß komparativen Charakter ihrer Freiheit, eine Diskrepanz, die in der Theorie der Grade der Spontaneität noch vermieden werden konnte. Hier war die Vernunfteinheit noch »die einzig denkbare absolute Wirkung des vorstellenden Subjektes« (S. 537), und die Handlung der Vernunft beim Erzeugen der Ideen die einzige absolute Selbsttätigkeit einer absoluten Ursache (ebd.). Dieses Handeln war deshalb das einzige denkbare freie Handeln. Reinhold spricht von dieser Handlung der Vernunft zwar nicht offen als absolut freier Selbsttätigkeit, doch der Sinn ist dieser, wie die Rede von »diese Freyheit, dieses absolute Wirken der Vernunft [...]« (ebd.) zeigt. Durch die Einführung der komparativen Freiheit in § LXXXVI wird diese Kohärenz gestört. Denn der natürliche Zusammenhang zwischen der Absolutheit der Selbsttätigkeit und der ihrer Freiheit wird nun aufgehoben. Es entsteht die Frage, wie die Selbsttätigkeit der Vernunft beim Denken noch absolut genannt werden kann, wenn ihr Handeln nur komparativ frei, d.h. an von ihr Fremdes gebunden ist, da die Absolutheit der Selbsttätigkeit gerade von ihrem Ungezwungen- und Ungebundensein gegenüber Fremdem abhängt (S. 558).

Reinholds Äußerungen zum Schluß des § LXXXVI lassen sich als eine erste – etwas verlegene – Reaktion auf diese Einsicht deuten. Reinhold betont hier lediglich, die komparativ freie Tätigkeit des vorstellenden Subjekts sei dennoch eine absolute Selbsttätigkeit, da die in ihr zustandekommende Vorstellung »ungezwungen durchs Afficiertseyn, und ungebunden an die der Spontaneität *fremde* Form der Sinnlichkeit erzeugt wird« (S. 559), und fällt damit in die Position der Theorie der Grade der Spontaneität zurück, ohne das Problem der Annahme einer absoluten Selbsttätigkeit bzw. Ursache, die auf nur komparativ freie Art handelt, auch nur annähernd zu lösen. Die Auffassung, wonach das Denken auf einen Stoff angewiesen ist, der seinen Ursprung in einem von der Vernunft fremden Vermögen hat – deshalb handelt die Vernunft beim Denken nur komparativ frei – steht nämlich in direktem Widerspruch zu der anderen Auffassung, nach der das Denken eine absolute Selbsttätigkeit und letztlich auf keinen Stoff angewiesen ist, der seinen Ursprung in einem von der Vernunft fremden Vermögen hat.

Noch problematischer wird aber Reinholds Auffassung des Denkens als einer bloß komparativ freien Tätigkeit der Vernunft für den Versuch, die zweite Handlungsweise der Vernunft – durch sie soll das Begehrungsvermögen a priori bestimmt werden – als eine absolut freie darzutun. Denn wenn die Vernunfttätigkeit als solche Ideenerzeugung ist (S. 500, S. 536f.) und die »Vernunft *denkt*, in wieferne sie eine Idee *erzeugt*« (S. 558f.), dann ist die Vernunfttätigkeit als solche nichts als

Denken und somit komparativ frei. Schlimmer noch wird nun deutlich, daß überhaupt keine Handlung des *vorstellenden* Subjekts als absolut frei betrachtet werden kann, da nicht nur den Ideen, sondern überhaupt allen Vorstellungen der Stoff gegeben ist.

Wir können uns nun wieder der Frage zuwenden, die sich uns im Zusammenhang mit der seltsamen Stellung der »Grundlinien« am Schluß des Abschnitts 2.2. gestellt hatte: Warum wird die Idee der absolut freien absoluten Ursache nicht nach Plan, sondern auf einem Umweg, nämlich durch Rekurs auf Grundlinien einer Theorie, die eigentlich nicht zur »Theorie der Vernunft« gehört, eingeführt? Ein erster Teil der Antwort auf diese Frage steht nun fest. Wie wir im Abschnitt 2.2. vermutet hatten, hängt die Unterbrechung der planmäßigen Erörterung der Freiheit in § LXXXVI von Gründen ab, die in Reinholds Theorie des Vorstellungsvermögens selbst verankert sind. Es ist die Unmöglichkeit, innerhalb des Handlungskonzepts der Theorie des Vorstellungsvermögens den Begriff eines absolut freien Handelns zu entwikkeln. Reinhold befindet sich auf einmal in einer Situation der Sprachlosigkeit. Aufgrund der fundamentalen Schwierigkeit der Theorie der Grade der Spontaneität fehlen ihm zunächst einmal die Worte, um in diesem Rahmen den Gedanken eines absolut freien Handelns zu formulieren.

Daß Reinhold in § LXXXVI mit dieser Schwierigkeit konfrontiert wird und den planmäßigen Gang der Argumentation unterbricht, gibt aber auch Gründe an die Hand, weshalb es in diesem Zusammenhang naheliegend ist, den Gedanken einer absolut freien Handlung der Vernunft gerade über die »Grundlinien« einzuführen. Der nicht offen sichtbare »Link« zwischen der in 2.3. erörterten Schwierigkeit, Reinholds Untersuchung des Denkens als komparativ freie Tätigkeit in § LXXXVI, dem Unterlassen einer analogen Untersuchung der absolut freien Tätigkeit der Vernunft und dem Nachliefern derselben in »Grundlinien der Theorie des Begehrungsvermögens« besteht in der Abwesenheit einer Vernunfttätigkeit, die Erzeugung von Ideen ist, ohne zugleich Denken zu sein. Im Lehrsatz zu § LXXXVI drückt sich diese Schwierigkeit in der schon erwähnten Verlegenheit aus, analog zum Denken die Tätigkeit, bei der die Vernunft das Begehrungsvermögen a priori bestimmt, beim Namen zu nennen (S. 558).[40]

Weil es im Rahmen von Reinholds Theorie, wie es scheint, keine solche Tätigkeit geben kann, und weil das Unzureichende der früheren Aufteilung des Vorstellungsvermögens in ein theoretisches und ein praktisches selbst schon nach einer näheren Betrachtung des Begehrungsvermögens verlangt, liegt es nahe, die Suche der fehlenden Tätigkeit bei einer grundsätzlichen Erörterung dieses einzig noch übrigen Anhaltspunkts zu beginnen, der Eigenschaft, die ursprünglich nur als eine abgeleitete Bestimmung dieser Vernunfttätigkeit gedacht war, die Fähigkeit der Vernunft, durch ihre Ideen das Begehrungsvermögen (vor allem: a priori) zu bestimmen.

Damit wird verständlich, warum Reinhold die weitere, ordnungsgemäße Weiterführung von § LXXXVI durch das Einschalten von »Grundlinien der Theorie des Begehrungsvermögens« unterbricht. Er hofft vor allem, durch die Untersuchung der Art und Weise, wie das Begehrungsvermögen bestimmt werden kann, einen anderen Weg zu finden, auf dem eine absolut freie Tätigkeit der Vernunft eingeführt werden kann. Ob und inwiefern Reinhold dieser Versuch gelingt, müssen wir nun anhand einer Analyse der »Grundlinien« herauszufinden versuchen. Bereits an dieser Stelle ist aber klar, daß Reinhold vor zwei Alternativen steht, die ihm gleich unwillkommen sein müssen: Entweder an den bisherigen Bestimmungen der Theorie des Vorstellungsvermögens festzuhalten und damit auf den Begriff eines absolut freien Handelns und des damit verbundenen Beweises der Nichtunmöglichkeit von Freiheit (S. 93) Verzicht zu tun. Oder an diesem »vornehmsten Zweck der Philosophie« (S. 74) festzuhalten und den Begriff des vorstellenden Subjekts als *absolut* freie Ursache aus einem Rahmen heraus zu entwickeln, der nicht mehr der der Theorie des Vorstellungsvermögens ist.

40 Eine frühe Entsprechung dieser Verlegenheit findet sich zu Beginn des »Zweiten Buchs« (§ VIII, X). Vgl. Anm. 3 in diesem Kap.

3. Die »Grundlinien der Theorie des Begehrungsvermögens«

Reinholds »Grundlinien« stellen vielleicht mehr als alle anderen Teile des *Versuchs* eine Zumutung für die Geduld des Lesers dar. J. E. Erdmann trifft den Punkt, wenn er von diesem Abschnitt behauptet, er gebe »mehr Definitionen von Trieb, Begehren, u.s.w. [...] als daß er sie wirklich deducirte« ((1834/1931), S. 467).[1] Denn zumindest auf den ersten Blick sind die »Grundlinien« kaum mehr als ein in Eile zusammengefügter Katalog von oft unklar bestimmten Begriffen, in welchem eine Argumentation im eigentlichen Sinne nicht zu erkennen ist. Es überrascht deshalb nicht, daß dieses Kapitel in der Erörterung von Reinholds Periode der »Elementarphilosophie« meist übergangen wird, und dort, wo dies nicht der Fall ist und man sich nicht auf eine paraphrasierende Wiedergabe beschränkt, die Interpretationen nur wenige Zeilen umfassen. Um so wichtiger ist es hier, aus diesen Definitionen und ihrer Anordnung heraus den Gedanken zu rekonstruieren, der nach Reinhold zu dem führen soll, was seiner bisherigen Untersuchung nicht möglich war: die Ableitung der Idee einer absolut freien Ursache. Denn daß es einen solchen wie immer auch skizzenhaften und dunklen Gedanken geben muß, folgt aus dem Umstand, daß – wie wir vorgreifend in Kap. 2 gesehen haben – in den »Grundlinien« die in § LXXXVI fehlende »Ableitung«[2] zumindest faktisch nachgeliefert wird.

1 Zu Reinholds »Grundlinien« vgl. neben der in Kap. 2, Anm. 27 angeführten Literatur auch Zeller (1873), S. 580; Bergmann (1892), S. 158f.; Léon (1922/24), I, S. 224f.; Wundt (1932), S. 174f.; van Spanje (1988), S. 134ff.; Horkheimer (1990), S. 73f.; Rivelaygue (1990), S. 132f.; Cesa (1993), S. 172f.; Röhr (1995a), S. 138; von Wallwitz (1998), S. 151f.; Fabbianelli (1998/99).

2 Es ist im folgenden von »Ableitung« und nicht von Ableitung die Rede, weil kein eigentlicher argumentativer, geschweige denn gültiger argumentativer Weg zur Einführung des Gedankens einer absolut freien Ursache im Text sichtbar ist. In einem weiten Sinne des Worts kann man aber zumindest von »Ableitung« sprechen, insofern nach Reinhold jeder Gedanke, der durch die Begrifflichkeit der Theorie des Vorstellungsvermögens rekonstruiert werden kann und im System einen eindeutigen

Zu diesem Zweck soll im folgenden zunächst eine zusammenfassende Übersicht der »Grundlinien« gegeben werden (3.1.). Die hier aufgestellten Definitionen sind nämlich das einzige Material, woran der von Reinhold eingeschlagene Weg rekonstruiert werden kann. Wir werden dabei sehen, daß sich dieser in zwei Schritte gliedert. In einem *ersten Schritt* versucht Reinhold den Zusammenhang zwischen Begehrungsvermögen, Vorstellungsvermögen und den entsprechenden Theorien so darzustellen, daß zugleich das theoretische Umfeld einer Erörterung der Weisen, wie das Begehrungsvermögen überhaupt bestimmt werden kann, geliefert wird. In einem *zweiten Schritt* soll es dann zur »Ableitung« des reinen und empirischen Willens als zwei Weisen der Vernunftbestimmung des Begehrungsvermögens kommen.

Neben dem ersten Schritt des »Arguments« untersucht Abschnitt 3.2. Reinholds Bestimmung des reinen Willens, der als die gesuchte absolut freie Ursache abgeleitet werden soll. Als zentral in der Verfolgung von Reinholds Ziel wird sich eine gegenüber der Theorie des Vorstellungsvermögens zunehmend abweichende Deutung der Unterscheidung von Vorstellungsvermögen und vorstellender Kraft erweisen, welche schließlich mit der Unterscheidung der Bereiche des Theoretischen und des Praktischen zusammenfällt.

Die Einführung der Ideen des Willens überhaupt und des empirischen Willens, die parallel zur »Ableitung« des reinen Willens erfolgt, wird in einem eigenen Abschnitt untersucht (3.3.). Wie sich zeigen wird, ist Reinhold hier mit einer Schwierigkeit konfrontiert, die noch fundamentaler ist, als die der »Theorie der Grade der Spontaneität«, insofern sie mit der von Reinhold übernommenen Kantischen Auffassung von Freiheit als Autonomie zusammenhängt und auch dann gegeben ist, wenn das Problem der »Theorie der Grade der Spontaneität« gelöst werden könnte.

Platz erhält, als gerechtfertigt gelten darf. Daß das Fehlen einer eigentlichen Argumentation für Reinhold selbst aus diesem Grund keinen Mangel darstellt, werden wir in Kap. 4 sehen.

In einem letzten Abschnitt (3.4.) soll schließlich versucht werden, aus dem bisher Gesagten die Gründe der besonderen Dunkelheit der »Grundlinien« etwas näher zu bestimmen.

3.1. Aufbau der »Grundlinien«

Reinhold beginnt die »Grundlinien« mit einer Erörterung des Begriffs der *vorstellenden Kraft*. Diese ist »der eigentliche *Grund der Wirklichkeit der Vorstellung*, in so weit derselbe im vorstellenden Subjekt vorhanden seyn muß« (S. 560).[3] Wichtig ist für Reinhold hier, daß diese Auffassung der vorstellenden Kraft, die wir im Hinblick auf unsere spätere Diskussion *Deutung A* nennen wollen, von zwei anderen möglichen, aber unangemessenen Deutungen unterschieden wird: diejenige, wonach vorstellende Kraft die Spontaneität ist, durch welche das vorstellende Subjekt bloß die Form an dem Stoff einer Vorstellung hervorbringt (*Deutung B*), und diejenige, welche unter vorstellender Kraft das im Gemüt gegebene Vorstellungsvermögen überhaupt (Spontaneität + Rezeptivität) versteht, welches lediglich Grund der Möglichkeit der Vorstellung ist (*Deutung C*). Diese Unterschei-

3 Einfache Seitenangaben in Klammern (ohne weitere Spezifikation) beziehen sich in diesem Kapitel immer auf Reinholds *Versuch*. Wie in der Literatur schon öfter richtig bemerkt wurde (Pupi (1966), S. 220f.; Beiser (1987), S. 265f., 368; neuerdings in bezug auf Platner vor allem Fabbianelli (1998)), greift Reinhold mit seiner Kraft- und Triebbegrifflichkeit auf Wolff (*Psychologia rationalis* (1734), *Psychologia empirica* (1732), *Vernünfftige Gedanken* (1720), hier z. B. hinsichtlich des Begriffs der vorstellenden Kraft (§ 753f.)), Crusius (*Anweisung vernünftig zu leben* (1744), wo sich auch Ausdrücke wie »Begierde nach der deutlichen Vorstellung des Objectes« (§ 97, 117) und »Trieb nach Glückseligkeit« (§ 106, 127) finden), vor allem aber auf Platner zurück (*Aphorismen I*, wo von »Vorstellkraft« (§ 32, § 67), *Aphorismen II*, wo von »eigennützigen Trieben« (§ 129f.) die Rede ist und der Wille als Teil der Vorstellkraft betrachtet wird (§ 368)).

dungen besagen für Reinhold nicht, daß zwischen dem Vorstellungsvermögen und der wohlverstandenen vorstellenden Kraft kein Zusammenhang besteht, wie es zunächst den Anschein haben könnte. Im Gegenteil ist das Vorstellungsvermögen als Grund der Möglichkeit der Vorstellung zugleich das Vermögen der vorstellenden Kraft, welche sich nur ihrem Vermögen gemäß äußern kann (S. 560).

Aus diesem Verhältnis zwischen der vorstellenden Kraft und dem Vorstellungsvermögen leitet Reinhold die Begriffe des *Triebs*, des *Begehrens* und des *Begehrungsvermögens* her:

> Das Verhältniß der vorstellenden Kraft zu der in ihrem Vermögen *à priori* bestimmten Möglichkeit der Vorstellung, das Verhältniß der Kraft zu ihrem Vermögen, des Grundes der Wirklichkeit zum Grunde der Möglichkeit der Vorstellung, oder zur Vorstellbarkeit, nenne ich den *Trieb* des vorstellenden Subjektes, der aus der Verknüpfung der Kraft mit dem Vermögen besteht, und in jedem endlichen Vorstellenden, bey dem die Kraft vom Vermögen unterschieden ist, vorhanden seyn muß. Durch den Trieb zur Erzeugung einer Vorstellung bestimmt werden, heißt *Begehren*, und das Vermögen durch den Trieb bestimmt zu werden, das *Begehrungsvermögen* in weiterer Bedeutung«. (S. 561)

Insofern sich nach der Theorie des Vorstellungsvermögens die Vorstellung überhaupt aus den »wesentlich verschiedenen und wesentlich verknüpften Bestandtheilen« (S. 561) des Stoffs und der Form zusammensetzt, ist nach Reinhold auch im Trieb nach Vorstellung überhaupt zwischen zwei wesentlich verschiedenen und zugleich verknüpften Bestandteilen zu unterscheiden: der *Trieb nach Stoff* und der *Trieb nach Form der Vorstellung*. Ersterer entsteht aus dem Verhältnis zwischen dem »im vorstellenden Subjekte gegründeten *Bedürfnisse* eines *Stoffes* [...] verbunden mit der in seinem Vermögen bestimmten *Form* der *Receptivität*« (ebd.). Dieser Trieb strebt nach einem »Afficiertwerden der Receptivität«, das nur durch ein Gegebenwerden geleistet werden kann, und ist demnach sowohl *sinnlich* (»in weiterer Bedeutung«) als *eigennützig* (S. 562). Der Trieb nach Form der Vorstellung entsteht hingegen aus dem Verhältnis zwischen »der im vorstellenden Subjekte vorhandenen *positiven Kraft*« und der »in seinem Vermögen bestimmten Form seiner *Spontaneität*« (S. 561f.), strebt nach Äußerung der Spontaneität, die nur durch Handeln geleistet werden kann, und ist damit *intellektuell* (»in weiterer Bedeutung«) und *uneigennützig* (S. 562).[4]

Nach dieser allgemeinen Unterscheidung zwischen zwei Trieben innerhalb des Triebs nach Vorstellung überhaupt werden die Triebe im einzelnen und die ihnen entsprechenden Arten des Wollens im Zusammenhang mit ihrem jeweiligen Freiheitsgrad untersucht. Reinhold gliedert dabei seine Ausführungen nach folgendem Schema:

a. sinnlicher Trieb in engster Bedeutung, empirischer Trieb	
b1. sinnlicher Trieb in engerer Bedeutung, vernünftig-sinnlicher Trieb	b2. empirischer Wille
c1. sittlicher Trieb, rein-vernünftiger Trieb	c2. reiner Wille

Reinhold beginnt seine Untersuchung der Triebe im einzelnen mit einer Unterscheidung von zwei Bedeutungen der Rede von einem sinnlichen Trieb. Der Trieb nach Stoff bzw. der sinnliche Trieb kann in engster und in bloß engerer Bedeutung sinnlich heißen. In *engster* Bedeutung heißt ein Trieb sinnlich, insofern er bloß durch die Formen der Sinnlichkeit bestimmt ist und nach »rohen«, durch keine Intervention des Verstandes mitgestalteten Empfindungen strebt (a.). Der Unterscheidung von äußerer und innerer Empfindung entsprechend[5] ist dann zwischen einem grobsinnlichen und einem feinsinnlichen Trieb zu unterscheiden (S. 563) (b1.). In bloß *engerer* Bedeutung heißt hingegen ein Trieb sinnlich, »in wieferne er durch *Sinnlichkeit in Verbindung mit dem Verstande* bestimmt ist« (ebd.). Der in dieser Hinsicht sinnliche Trieb wird unter dem Gesichtspunkt der durch die Kategorien der Quantität, Qualität, Relation und Modalität erfolgenden Bestimmung der Empfindung betrachtet (S. 564).[6]

4 Vgl. hierzu KpV, A 41f. Zur Unterscheidung zwischen sinnlichem und intellektuellem Trieb vgl. auch Jacobis *Spinozabuch*, S. 178 (XLIX).

5 Vgl. *Versuch*, § L und LI, S. 365-377.

6 Reinhold nimmt auch hier Gedanken aus seinem Aufsatz UNV auf, wo der nach den Kategorien der Qualität bestimmte Trieb nach Empfindung Trieb »nach starker und leichter Beschäftigung« ist (UNV, S. 63f.).

Inwiefern nun der sinnliche, durch den Verstand bestimmte Trieb zusätzlich mittelbar durch die Vernunft modifiziert wird, indem diese »den durch Sinnlichkeit bedingten und durch Verstand bestimmten eigennützigen Trieb zum unbedingten erweitert« (ebd.), heißt der Trieb *vernünftig-sinnlich* (b1.). Er ist Trieb nach Glückseligkeit (S. 565f.), insofern dieses Unbedingte die Idee eines Zustands des Genusses ist, welcher aus der Befriedigung aller Triebe nach Empfindung entstehen würde. Die Bestimmung durch Vernunft geschieht hier a posteriori, d.h.: die von ihr durchgeführte Erweiterung vom Bedingten zum Unbedingten geschieht unter dem Gesichtspunkt des Vergnügens, »im Dienste der sinnlichen Neigung« (S. 567). Die Vernunft handelt dabei frei, insofern »die Form des unbedingten, welche sie dem Triebe ertheilt, die Wirkung der absoluten Selbstthätigkeit ist« (S. 566), doch nur komparativ frei, weil sie den Trieb eben nur a posteriori bestimmt, d.h. nicht ihrem eigenen Gesetz, sondern der Sinnlichkeit unterworfen ist.

An dieser Stelle führt Reinhold den Begriff des Willens ein und bestimmt dann näher den empirischen, auf Befriedigung des Triebs nach Glückseligkeit gerichteten Willen (b2.):

> Das Vermögen des vorstellenden Subjektes durch die Selbstthätigkeit des Triebes bestimmt zu werden, oder sich selbst zu einer Handlung des Triebes zu bestimmen, heißt der *Willen*; und die wirkliche, und mit Bewußtseyn, vorgenommene Selbstbestimmung zu einer Handlung des Triebes, heißt das *Wollen*. Das *Wollen* unterscheidet sich also von dem *Begehren* in engerer Bedeutung, oder von dem Bestimmtwerden durch den sinnlichen Trieb dadurch, daß dasselbe ein Bestimmtwerden durch Vernunft, eine Handlung der Selbstthätigkeit ist. Der Willen heißt *empirisch*, in wieferne er das Vermögen des Subjektes ist, sich selbst zu einer Handlung zu bestimmen, die von der Vernunft als *Mittel* den Trieb nach Glückseligkeit zu befriedigen gedacht, und dieser Befriedigung als ihrem *Zwecke* untergeordnet wird. (S. 567f.)

Aus demselben Grund, weshalb die Vernunft bei der Bestimmung des sinnlichen Triebs nur komparativ frei handelt, wirkt sie auch beim empirischen Willen bloß komparativ frei: sie wirkt überhaupt frei, insofern sie dabei selbsttätig ist, aber nur komparativ frei, insofern sie sich selbst einer Regel unterwirft, die nicht ihre eigene ist.

Nach der Erörterung des Triebs nach Stoff der Vorstellung als sinnlicher bzw. vernünftig-sinnlicher Trieb und des entsprechenden Willens, des empirischen, wendet sich Reinhold dem Trieb nach Form der Vorstellung bzw. dem intellektuellen, sittlichen, rein-vernünftigen Trieb und dem auf seine Befriedigung gerichteten reinen Willen zu.

Rein-vernünftig ist der Trieb, »in wieferne er durch nichts als die Selbstthätigkeit der Vernunft bestimmt wird, und folglich nichts als die Ausübung der Selbstthätigkeit, die blosse Handlung der Vernunft zum Gegenstande hat« (S. 569) (c1.). Im Unterschied zum vernünftig-sinnlichen Trieb ist also das Objekt des rein-vernünftigen Triebs kein genußvolles Empfinden, sondern ein Handeln: die »Handlungsweise der Vernunft« oder die »Vernunftform, welche nur ihrer Möglichkeit nach im Subjekte gegeben, ihrer Wirklichkeit nach aber ausser dem Subjekte nur durch Handlung des Subjektes hervorgebracht werden kann« (ebd.). Diese Handlungsweise wird nicht um eines Vergnügens willen erstrebt, sondern allein um ihrer selbst willen: Die Vernunft bestimmt den rein-vernünftigen Trieb a priori, indem sie unabhängig von aller Empfindung sowohl den Stoff wie die Form ihres Gegenstandes, das »blosse Realisieren der Handlungsweise der Vernunft« (S. 570) hervorbringt und nach den Momenten der Quantität, Qualität, Relation und Modalität bestimmt. Der so bestimmte Gegenstand des rein-vernünftigen Triebs heißt dann auch Moralität oder Sittlichkeit und der rein-vernünftige Trieb, insofern dies der Gegenstand seines Strebens ist, *moralischer* oder *sittlicher* Trieb (ebd.).[7]

Der Bestimmung des rein-vernünftigen Triebs läßt Reinhold eine zweite grundsätzliche Überlegung über den Willen folgen. Reinhold bestimmt hier den Willen überhaupt als Selbstbestimmung zu einer Handlung. Es wird sich aber um einen *empirischen* Willen handeln, wenn sich die Vernunft zur Befriedigung des Triebs nach Glückseligkeit bestimmt und sich diesem als Mittel unterordnet, hingegen um einen *reinen* Willen, wenn sich die Vernunft zur Realisierung ihrer eigenen Vernunftform bestimmt und nur ihre eigene Gesetzgebung be-

7 J. Bergmann sieht in Reinholds Annahme eines »rein-vernünftigen Triebes« eine »bemerkenswerte Abweichung von Kant« ((1892), S. 158).

folgt (c2.). Allein als reiner Wille ist die Vernunft praktisch, denn die Vernunft heißt gerade insofern praktisch, als in ihr das Vermögen ist, sich selbst zur Realisierung ihrer eigenen a priori im Vorstellungsvermögen angelegten Handlungsweise zu bestimmen, d.h. das Vermögen, *rein* zu wollen (S. 571).[8] Dies bedeutet für Reinhold aber nicht, daß nur der reine Wille frei ist. Der Wille überhaupt ist als Selbstbestimmung frei, doch auf unterschiedliche Weise, je nachdem ob er rein oder empirisch ist:

> Der menschliche Wille ist also *frey*, I) in wieferne er als Vermögen der Spontaneität der Vernunft durch kein Afficiertwerden *gezwungen* werden kann; als Vermögen eines Subjektes, das ausser der Vernunft auch noch Sinnlichkeit besitzt, sich selbst sowohl *à priori* als *à posteriori* zu bestimmen vermag, und daher keineswegs ausschliessend weder an das Gesetz des[9] uneigennützigen noch an das Gesetz des eigennützigen Triebes *gebunden* ist. Er *handelt* aber nur *komparativ* frey, wenn er sich selbst dem Gesetze des eigennützigen // Triebes, einem *ihm fremden* Gesetze unterwirft; er handelt hingegen *absolut frey* und ist absolut frey, in wieferne er das Gesetz des uneigennützigen Triebes befolgt; ein Gesetz, das von der theoretischen Vernunft nur verfaßt wird, seine Sanktion aber als wirkliches Gesetz nur durch die blosse Selbstthätigkeit der praktischen erhält, welche sich dasselbe selbst auflegt. (S. 571f.)

8 Reinholds Terminologie weicht hier offenbar von den Stellen der Kantischen Schriften ab, in denen implizit zwischen praktischer und reiner praktischer Vernunft unterschieden wird (z. B. GMS, BA 36ff.). Nach ihnen ist der Wille mit praktischer Vernunft, der reine Wille aber mit reiner praktischer Vernunft identisch (KpV, A 96). Reinholds Identifikation von reinem Willen und praktischer Vernunft paßt aber zu der Kantischen Auffassung, wonach nur ein autonomer, d.h. ein reiner, durch die Kausalität des Sittengesetzes bestimmter Wille frei ist (GMS, BA 98f.) – eine Auffassung, die darauf hinausläuft, den reinen Willen als einzige Form des Willens zuzulassen. Denn nach dieser Deutung gibt es keine praktische Vernunft, die nicht zugleich reine praktische Vernunft wäre, so daß sich die Spezifizierung »rein« erübrigt. Vgl. Schulz (1975), S. 183 (Anm. 12); Prauss (1983), S. 62-115; Landucci (1994), S. 213-250; Fabbianelli (1998/99) und unsere Diskussion in Abs. 3.3.

9 Im Text irrtümlicherweise »der« (S. 571).

Hier angelangt, wendet sich Reinhold wieder den beiden Trieben zu, insoferne sie in Verhältnis zueinander stehen und Teile eines »ganzen Triebs des menschlichen Gemüthes« (S. 574) sind. Nach einer gedrängten Wiederholung der bisherigen Ergebnisse hinsichtlich beider Triebe erörtert Reinhold drei Formen, die das Verhältnis zwischen ihnen annehmen kann: Die Triebe nach Glückseligkeit und nach Sittlichkeit können als koordiniert gedacht werden, was eine widersprüchliche Situation entstehen läßt. Sie können aber auch als subordiniert gedacht werden. Der Trieb nach Sittlichkeit kann dem Trieb nach Glückseligkeit untergeordnet werden. In diesem Fall wird nach Reinhold der sittliche Trieb »ganz vernichtet« (S. 573). Umgekehrt kann aber auch der Trieb nach Glückseligkeit dem Trieb nach Sittlichkeit untergeordnet werden, was für ersteren eine Einschränkung aufs Gesetzmäßige bedeutet.[10] Aus diesem Unterordnungsverhältnis ergeben sich für Reinhold – der in diesem Punkt dem »Kanon« der ersten *Kritik* und insbesondere § 7 der zweiten *Kritik* folgt[11] – die Begriffe des Gebots, der Nötigung, der Pflicht und des ganzen höchsten Guts als Objekt des

10 Es ist nicht ganz klar, ob Reinhold mit der Widersprüchlichkeit der beiden Triebe im Fall, daß sie als koordiniert gedacht werden, meint, die Annahme einer solchen Koordination sei widersprüchlich oder die Situation selbst sei im Sinne einer starken Spannung widersprüchlich. Unter Berücksichtigung des Kontexts dieser Behauptung betrachte ich hier die zweite Deutung als die angemessenere. Ebenso unklar ist, was Reinhold unter »ganz vernichtet« meint. Reinhold will vermutlich nicht sagen, man könne sich eine Unterordnung des sittlichen Triebs unter den Trieb nach Glückseligkeit nicht denken, weil dies die Aufhebung des Gedankens eines sittlichen Triebs zur Folge hätte. Denn der empirische Wille, d. h. der Wille, in welchem eine solche Unterordnung geleistet wird, ist für Reinhold durchaus möglich. Reinhold will aber vermutlich auch nicht sagen, der untergeordnete sittliche Trieb werde in dem Sinne »ganz vernichtet«, daß er in diesem Subjekt nie mehr entstehen kann. Die Rede von einer gänzlichen Vernichtung würde dann lediglich bedeuten, daß der sittliche Trieb vorübergehend – eben nur so lange, wie sich der Wille für die Befriedigung des Triebs nach Glückseligkeit entscheidet – unterdrückt wird.

11 Vgl. insbesondere KrV, A 800/B 828ff., und den ganzen zweiten Abschnitt des »Kanons der reinen Vernunft« (»Von dem Ideal des höchsten Guts, als einem Bestimmungsgrunde des letzten Zwecks der reinen Vernunft«), ebd., A 804-819/B 832-847, und die zweite Anmerkung zu § 7 der KpV (»Grundgesetz der reinen praktischen Vernunft«), A 56-58.

ganzen Triebs des menschlichen Gemüts, wobei in letzterem der Gedanke einer durch Würdigkeit bedingten Glückseligkeit ihren Ausdruck findet (S. 573ff.).

Reinhold unterbricht an dieser Stelle seinen Gedankengang und schließt mit folgender programmatischen Bemerkung:

> Wie sich aus der näheren Bestimmung und weiteren Ausführung dieser Prämissen der *Glaubensgrund* für das *Daseyn einer intelligiblen Welt* (in welcher das höchste Gute nur durch eine ins Unendliche fortdaurende Existenz und Personalität des endlichen vernünftigen Wesens erreichbar ist) und für das *Daseyn einer von der Natur unterschiedenen und der moralischen Gesinnung gemäß wirkenden Ursache der gesamten Natur* ergebe: läßt sich nur in der eigentlichen *Theorie der praktischen Vernunft*, und nach einer völlig entwickelten *Theorie des Begehrungsvermögens* *) [*) Welche ich auf die gegenwärtige *Theorie des Vorstellungsvermögens* folgen zu lassen gedenke.] einleuchtend genug darthun. Die Theorie der Vernunft *überhaupt*, in wieferne sie ein Theil der blossen Theorie des *Erkenntnißvermögens überhaupt* ist, muß sich begnügen, die blossen Ideen der *intelligiblen Welt*, und jenes *Urwesens*, in wieferne dieselben in der Form des Vernunftvermögens gegründet sind, aufzustellen. (S. 575)

Dieser programmatische Hinweis bildet nicht den Schluß des *Versuchs*, sondern nur der »Grundlinien«. Ihm folgen noch die §§ LXXXVII und LXXXVIII, in welchen die Idee der absoluten Gemeinschaft, auf die Subjekte der Erscheinungen des inneren und des äußeren Sinnes bezogen, die Ideen der physischen, der moralischen und der intelligiblen Welt ergibt, und auf »blosse durch reine Vernunft bestimmte *Prädikate*, (denkbare *absolute Realitäten*) bezogen« (S. 578), zur Idee des allerrealsten Wesens führt. Wie schon erwähnt, können aber diese beiden Paragraphen nicht als Teile der »Grundlinien« angesehen werden. Denn mit ihnen folgt Reinhold wieder dem planmäßigen Ablauf der »Theorie der Vernunft«: So wie § LXXXIV der Erörterung der Idee des absoluten Subjektes und die §§ LXXXV und LXXXVI der Idee der absoluten Ursache bzw. absoluten Grundes gewidmet waren, so beschäftigen sich die §§ LXXXVII und LXXXVIII mit der noch fehlenden Idee der absoluten Gemeinschaft. Damit gehören aber beide Paragraphen zu dem, was auch ohne das Auftreten der mit der Ableitung der Idee der absoluten Ursache verbundenen Komplikationen, d.h. auch ohne die »Grundlinien«, fester Bestandteil der »Theorie der Vernunft« gewesen wäre.[12]

3.2. Die »Ableitung« des reinen Willens als absolut freie Ursache

Aus den bisherigen Betrachtungen geht hervor: Wenn auch die Theorie des Vorstellungsvermögens von vornherein als eine Theorie konzipiert ist, die in einem engen Zusammenhang zu einer Theorie des Begehrens, des Wollens und der Sittlichkeit steht – darauf deutet z.B. Reinholds Rede von einem »praktischen Vorstellungsvermögen« (Versuch, S. 537) –, so liefert erst das Ausbleiben der geplanten Ableitung einer absolut freien Tätigkeit der Vernunft in § LXXXVI den hinreichenden Grund für eine fundamentale Besinnung über das Begehrungsvermögen *innerhalb* der Theorie des Vorstellungsvermögens. Es ist deshalb anzunehmen, der Inhalt der »Grundlinien« sei ganz wesentlich durch dieses Ableitungsunternehmen mitbestimmt worden.

Indem wir nun nach dem Grad und der Beschaffenheit dieser Mitbestimmung fragen, fragen wir aber zugleich nach dem Gedanken, der Reinhold durch seine Begriffsbestimmungen hindurch zu dieser »Ableitung« geführt hat. Was für ein Argument oder zumindest: was für eine Intuition steht hinter Reinholds Versuch der »Grundlinien«, die Idee einer absolut freien Ursache abzuleiten?

Um dies herauszufinden, müssen wir uns zunächst den ersten drei Seiten der »Grundlinien« zuwenden. Die in ihnen enthaltene Bestimmung der Begriffe des Triebs und des Begehrungsvermögens aus dem Ver-

12 Die »Grundlinien« umfassen somit die Seiten 560 bis 575, wie Klemmt (1958), S. 121; Schulz (1975), S. 181, und Pupi (1966), S. 191f., richtig gesehen haben (vgl. oben Kap. 2, Anm. 27).

hältnis von Vorstellungsvermögen und vorstellender Kraft stellen den ersten und wichtigsten Schritt eines eindrucksvollen Versuchs dar, trotz der in § LXXXVI begegneten Schwierigkeiten zu einer Ableitung der Idee einer absolut freien Ursache zu gelangen. Es handelt sich vor allem deswegen um einen bemerkenswerten Ansatz, weil in ihm ein zentrales Theorem der Theorie des Vorstellungsvermögens offenbar gerade im Hinblick auf die zu leistende Ableitung differenziert werden soll.

Diese Differenzierung wird in Reinholds Rede von vorstellender Kraft sichtbar. An mehreren Stellen des »Zweiten Buchs« hatte Reinhold betont, die vorstellende Kraft sei nur als die außerhalb der Vorstellung befindliche Ursache der *Form* der Vorstellung zu verstehen (*Deutung B*). So heißt es in der Fußnote auf S. 263 besonders deutlich:

> In wieferne keine endliche Kraft völlig unabhängig von äussern Bedingungen handeln, keine sich den Stoff ihrer Wirksamkeit erschaffen kann, *in soferne* hängt die *Wirklichkeit* ihrer Produkte keineswegs von ihr selbst ab. So ist auch die Wirklichkeit der Vorstellung in wieferne zu derselben Stoff gehört, der dem Gemüthe gegeben seyn muß, und den es sich nicht geben kann, ganz vom Vorstellungsvermögen unabhängig.

Und noch deutlicher sagt Reinhold auf S. 268:

> Allein gleichwie diese Thätigkeit [die »Thätigkeit des Vorstellungsvermögens«, A. L.] in wieferne sie Eigenschaft des Subjektes ist, blos unter dem Vorstellungsvermögen in weiterer Bedeutung begriffen seyn kann, so macht sie hingegen einen Bestandtheil des Vorstellungsvermögens im strengsten Sinne aus, in wieferne sie Ursache der blossen Vorstellung, *oder vielmehr der Form derselben* ist« [kursiv von mir, A. L.][13]

Reinhold scheint aber im »Zweiten Buch« nicht durchgehend diese Auffassung zu vertreten. So widerspiegeln Reinholds Äußerungen an

13 Vgl. auch S. 290: »Die blosse Form der Vorstellung, die Einheit des Mannigfaltigen ist in wieferne sie *Hervorgebracht*, zur Wirklichkeit gelangt ist, *Wirkung* des vorstellenden *Subjektes*; und folglich von der Kraft, dem Subjekte des thätigen Vermögens, hervorgebracht.«

anderer Stelle eher die Ansicht, die vorstellende Kraft verkörpere die zur wirklichen Ausübung übergegangenen Formen des Vorstellungsvermögens (nennen wir sie *Deutung D*):

> Die vorstellende Kraft ist nur durch ihre Wirkung, die *Vorstellung*, erkennbar [...] Nicht *sie selbst* [die vorstellende Kraft, A. L.], das wirkende Subjekt, sondern nur ihr Vermögen, oder vielmehr Merkmale ihres Vermögens, können in ihrer Wirkung, der Vorstellung, vorkommen (S. 203f.)

Reinholds Rede von vorstellender Kraft zu Beginn der »Grundlinien« unterscheidet sich nun von allen drei Deutungen: nicht nur von den beiden in den »Grundlinien« (S. 560) genannten (*Deutungen B* und *C*), sondern auch von dieser letzten (*Deutung D*). Nicht nur ist vorstellende Kraft nicht mit Spontaneität und Rezeptivität zusammengenommen, insofern sie bloß das Vorstellungs*vermögen* bilden, zu verwechseln. Auch ist sie nicht mit Spontaneität allein identisch, insofern letztere eine Instanz ist, »durch deren *Wirkung*[14] allein nur die blosse Form der Vorstellungen« (ebd.) hervorgebracht wird. Der angeführte Grund dafür deutet aber an, daß hier auch die dritte mögliche Identifikation auszuschließen ist, diejenige von vorstellender Kraft und dem Ganzen von Spontaneität und Rezeptivität, insofern beide am Erzeugen der *wirklichen* Vorstellung beteiligt sind. Unmittelbar nach der Behauptung, unter vorstellender Kraft könne keineswegs »die blosse Spontaneität gedacht werden« (ebd.), fügt nämlich Reinhold mit Bezug auf diese Spontaneität hinzu:

> durch welche ohne Receptivität keine Vorstellung zur Wirklichkeit käme, und durch deren Wirkung allein nur die blosse Form der Vorstellungen, und nur das Afficiertwerden, das zur Anschauung *à priori* nöthig ist, nach den gegebenen Formen der Sinnlichkeit hervorgebracht wird. (Ebd.)

Dieser Satzteil gibt zum Ausdruck, was für Reinhold unter Spontaneität zu verstehen ist. Er liefert aber zugleich einen Grund, weshalb die so

14 Kursiv von mir, A. L.

verstandene Spontaneität nicht mit vorstellender Kraft identifiziert werden darf – ein Grund, der offenbar mit den in diesem Zitat angeführten bestimmenden Merkmalen der Spontaneität zusammenhängt.

Zwei Besonderheiten in Reinholds Wortwahl zeigen, daß der gesuchte Grund etwas betrifft, das beiden Merkmalen gemeinsam ist, und daß es sich dabei um einen Mangel gegenüber dem handelt, was durch vorstellende Kraft geleistet werden muß. Es sind diese das jeweils zweifache Vorkommen der Wörtchen »und« und »nur«: Durch ersteres wird das Gemeinsame, durch letzteres das Mangelhafte ausgedrückt. Im einzelnen sieht das wie folgt aus. Die Wirkung der Spontaneität bringt zweierlei hervor: die Form der Vorstellungen *und* »das Afficiertwerden, das zur Anschauung *à priori* nöthig ist«. Doch bringt sie *nur* die Form der Vorstellungen und *nur* dieses Afficiertwerden hervor. Mangelhaft gegenüber der vorstellenden Kraft ist die Spontaneität also in dieser zweifachen Wirkung. Warum dies der Fall ist, wird durch den Beginn des zitierten Satzteils deutlich: weil ohne Rezeptivität keine Vorstellung zur Wirklichkeit käme, d.h.: weil Spontaneität zur Erzeugung wirklicher Vorstellungen immer auf ein ihr fremdes und an »Formen der Sinnlichkeit« gebundenes Vermögen angewiesen ist.

Dieser Umstand stellt aber nur dann einen Mangel gegenüber der vorstellenden Kraft dar, wenn diese so verstanden wird, daß gerade die Leistung von ihr erbracht wird, zu der es mittels der zweifachen Wirkung der Spontaneität nicht kommen kann. Vorstellende Kraft muß dann jedoch auf eine Weise verstanden werden, die nicht nur von den beiden Auffassungen derselben im »Zweiten Buch«, d.h. von den *Deutungen B* und *C*, unterschieden ist, sondern auch von der, welche in ihr das Ganze von Spontaneität und Rezeptivität sieht, insofern beide am Erzeugen der *wirklichen* Vorstellung beteiligt sind (*Deutung D*). Denn vorstellende Kraft ist nun eine Kraft, auf deren Wirkung die Wirklichkeit der gesamten Vorstellung zurückgeführt werden muß. Nur in dieser Bedeutung von vorstellender Kraft kann die zweifache Wirkung der Spontaneität ihr gegenüber als Mangel erscheinen, da nur in dieser Bedeutung vorstellende Kraft als etwas verstanden wird, das zugleich Grund der Wirklichkeit der Vorstellung und auf sich allein gestellte, an nichts Fremdes gebundene Spontaneität ist. Als solche ist aber vorstellende Kraft weder mit Spontaneität allein identisch, die nur die Form, nicht aber die Vorstellung als ganze zur Wirklichkeit bringt, noch mit Spontaneität samt Rezeptivität, insofern beide zusammengenommen nur Grund der Möglichkeit der Vorstellung sind, noch schließlich mit Spontaneität samt Rezeptivität, insofern beide am Erzeugen der wirklichen Vorstellung nur teilhaben.

Was aus diesen wenigen Zeilen zu Beginn der »Grundlinien« hervorgeht, ist also eine gegenüber dem »Zweiten Buch« veränderte Auffassung von vorstellender Kraft. Der Sinn, die Richtung, in welche diese Veränderung deutet, sind aufgrund der oben rekonstruierten Schwierigkeiten Reinholds nicht schwer zu durchschauen. Indem vorstellende Kraft als eine Kraft des Subjekts verstanden wird, die den gesamten Grund der Wirklichkeit einer Vorstellung enthält, ohne auf von ihr Fremdes angewiesen zu sein, soll offenbar der Weg zur Ableitung einer Tätigkeit freigelegt werden, anhand derer das vorstellende Subjekt als absolut freie Ursache verstanden werden kann. Es sind aber nichts mehr als Spuren, die aus Reinholds Text in diese Richtung weisen, Spuren, die nicht deutlich sichtbar sind, sondern nur dann und wann aus dem Text hervorschimmern, wenn sie nicht durch anderes verwischt sind.

Wie sehr dies der Fall ist, und wie sehr Reinhold erst langsam schlüssig wird über den einzuschlagenden Weg, geht aus dem kurzen, aber dichten Textabschnitt hervor, der die Seite S. 561 und den Anfang der darauffolgenden Seite umfaßt. Reinhold schließt unmittelbar an die Unterscheidung von Vorstellungsvermögen und vorstellender Kraft und an die »Ableitung« des Triebs sowie des Begehrungsvermögens in weiterer Bedeutung mit einer Argumentation an, die zu einer zutiefst zweideutigen Spezifizierung der Trieblehre führt.

Nach Reinholds allgemeiner Definition ist der Trieb nach Vorstellung bzw. des vorstellenden Subjekts als solcher ein Verhältnis von vorstellender Kraft und Vorstellungsvermögen. Alle Triebe, nicht lediglich eine ganz bestimmte Art von Trieb, sind Ausdruck eines solchen Verhältnisses. Dabei wird der Trieb nach Vorstellung gerade nicht mit der vorstellenden Kraft identifiziert, sondern als das *Verhältnis* zwischen vorstellender Kraft und Vorstellungsvermögen betrachtet. Beides deutet auf eine vorstellende Kraft hin, die nicht einfach als eine Verlängerung des Triebs oder gar als mit ihm identisch verstanden werden kann, sondern auf ein eigenes Vermögen, das in einer wichtigen Hinsicht vom Trieb nach Vorstellung unabhängig ist und ihm gegenüber Stellung beziehen kann.

Während diese allgemeine Definition des Triebs sowohl mit *Deutung A* wie mit *Deutung C* kompatibel ist, macht Reinhold bereits in der darauffolgenden näheren Bestimmung des Triebs einen ersten Schritt in Richtung einer Bevorzugung von *Deutung A*. Der Trieb nach Vorstellung überhaupt wird nämlich nicht klar in Komponenten zergliedert, die selbst keine ganzen Triebe sind und erst zusammengenommen den Trieb nach Vorstellung ausmachen. Vielmehr sind diese »Komponenten« nun selbst Triebe (Reinhold sagt »Grundtriebe«): der Trieb nach Stoff und der Trieb nach Form der Vorstellung. Indem aber der Trieb nach Vorstellung überhaupt auf diese Weise zergliedert wird, ergibt sich für Reinhold eine Möglichkeit, die sonst nicht gegeben wäre: Unter der Bezeichnung »Trieb nach Form« kann nun ein »reiner«, zur *Deutung A* der vorstellenden Kraft passender Trieb isoliert werden.

Daß Reinhold bei der Zuordnung der Kräfte beider Triebe in Verlegenheit gerät, bestätigt die Bevorzugung von *Deutung A*. Reinhold läßt hier nämlich dem Trieb nach Form auf der Seite der Kraft die »positive Kraft« entsprechen, ohne analog dazu dem Trieb nach Stoff eine »negative Kraft« zuzuordnen – ein Vorgehen, das gerade unter Voraussetzung von *Deutung A* naheliegend ist. Denn ein »reiner« Trieb wie der »Trieb nach Form« kann als selbständiger Trieb nur durch eine vorstellende Kraft befriedigt werden, bei der die Vorstellung in ihrer Ganzheit ohne jede Partizipation der Rezeptivität erzeugt wird. Ist *dies* aber die vorstellende Kraft, dann kann es für den Trieb nach Stoff gar keine entsprechende vorstellende Kraft geben. Dies hat Reinhold offenbar dazu veranlaßt, im Fall des Triebs nach Form nur von einer *positiven* Kraft zu sprechen, was zumindest nahelegt, es könne für den Trieb nach Stoff auch eine Kraft geben, eine Art »negative Kraft«. Doch da nicht klar ist, wie eine solche negative Kraft etwas anderes sein könnte als reine Rezeptivität, insofern sie an der Erzeugung einer wirklichen Vorstellung partizipiert, hat Reinhold es wohl vorgezogen, nicht explizit von einer »negativen Kraft« zu sprechen.

Die im Hinblick auf *Deutung A* durch die Bestimmung des Triebs nach Stoff und des Triebs nach Form eingeleitete Unterscheidung zweierlei Triebe in vollem Umfang wird aber noch verstärkt durch die nähere Bestimmung beider als sinnlicher »in weiterer Bedeutung«, eigennütziger und intellektueller »in weiterer Bedeutung« sowie als uneigennütziger Trieb. Ist nämlich in der Gegenüberstellung von Trieb nach Form und Trieb nach Stoff neben dem Gedanken, es handle sich um zwei selbständige Triebe, auch noch der eines eigentümlichen Zusammenhangs zwischen beiden enthalten, der auf Komponenten eines übergeordneten Triebs nach Vorstellung deutet, so ist dieser letzte Aspekt in den folgenden Unterscheidungen gänzlich abwesend. Denn wenn schon nicht sehr klar ist, ob man von einem Trieb nach Vorstellung als Ganzes sagen könnte, er sei zugleich sinnlich und zugleich intellektuell – das müßte man aber sagen können, wären der Trieb nach Stoff und der Trieb nach Form nur Teile eines einzigen Triebs nach Vorstellung –, so ist es geradezu seltsam, von einem Trieb nach Vorstellung zu sagen, er sei zugleich eigennützig und uneigennützig. Worin nämlich könnte hier ein Nutzen bestehen? Und wem könnte er zukommen? Reinhold spricht hier ganz deutlich nicht mehr von zwei Komponenten eines Triebs nach Vorstellung, sondern von zwei verschiedenen Arten von Trieb: a) der uneigennützige, der – analog zum Kantischen oberen Begehrungsvermögen (KpV, A 41, 44f.) – auf eine Befriedigung aus ist, die allein durch eine Handlung des Subjekts ohne jede Partizipation der Rezeptivität geleistet werden kann, durch das also, was Reinhold etwas verlegen »positive Kraft« des vorstellenden Subjekts nennt (S. 561), und b) der eigennützige, dem eine Kraft zukommen müßte, die ganz aus Rezeptivität besteht und eigentlich keine Kraft mehr ist.

Die darauffolgende, analog zur Theorie der Grade der Spontaneität gegliederte Erörterung des sinnlichen (empirischen), vernünftig-sinnlichen und rein-vernünftigen Triebs spitzt die Zweideutigkeit der Situation noch zu, indem nun die den *Deutungen A* und *D* entsprechenden und einander ausschließenden Triebmodelle in einer umfassenden Typologie der Triebe nebeneinandergestellt werden. Zugleich wird hier aber *Deutung A* noch in einer zusätzlichen Hinsicht von *Deutung D* unterschieden.

Die erste Art eigennütziger Trieb, der sinnliche Trieb, verkörpert in seinen Varianten des grobsinnlichen und feinsinnlichen Triebs, analog zur Apprehension, gewissermaßen einen Grad Null von Spontaneität. Spontaneität ist hier zwar anwesend, doch nicht von einem Affiziertsein unabhängig (S. 563), da das Objekt des Triebs allein aus Empfindungen besteht und nur durch die Wirklichkeit derselben befriedigt wird. Es ist das, was auf der Seite des Triebs nach Stoff übrig bleibt, wenn vorstellende Kraft in der *Deutung A* genommen wird.

Die zweite Art des eigennützigen Triebs, der vernünftig-sinnliche Trieb, setzt hingegen eine Übernahme der *Deutung D* der vorstellenden Kraft voraus. Reinhold liefert hier die im Lehrsatz zu § LXXXVI angekündigte, dann aber ausgebliebene Erörterung der Vernunfttätigkeit, durch welche das Begehrungsvermögen a posteriori bestimmt wird (das Denken). Das Objekt des Triebs wird hier erstens durch den Verstand nach den Kategorien bestimmt, dann durch Vernunft, indem der »Trieb zum *unbedingten* erweitert« wird (S. 564). Das so zustande gekommene Objekt des Triebs ist die Idee der Glückseligkeit als eines »*Zustand[s]* [,] der aus der Befriedigung *aller* durch den Verstand bestimmter und durch Vernunft aufs Absolute ausgedehnter Triebe entstehen würde« (S. 565), eine Idee, zu deren Erzeugung empirisches Material notwendig ist, und durch welche Vernunft als ein zweiter Grad der Spontaneität das Begehrungsvermögen a posteriori, durch eine bloß komparativ freie Tätigkeit bestimmt (S. 563-567). Vorstellende Kraft ist hier die Instanz, durch die das Objekt des Begehrens, insofern es für ein Begehren überhaupt konstitutiv ist, d.h. die Vorstellung der begehrten Sache, zur Wirklichkeit gebracht werden soll, wobei die Wirklichkeit der zu realisierenden Vorstellung – den Grundannahmen der Theorie des Vorstellungsvermögens entsprechend – die Wirklichkeit der Vorstellung im Gemüt ist.

Dies verhält sich anders beim einzigen uneigennützigen, dem reinvernünftigen Trieb:

> *Rein-vernünftig* nenne ich den Trieb, in wieferne er durch nichts als die Selbstthätigkeit der Vernunft bestimmt wird, und folglich nichts als die Ausübung der Selbstthätigkeit, die blosse Handlung der Vernunft zum Gegenstande hat. Dieses Handeln der Vernunft, in wieferne es Objekt des *rein-vernünftigen Triebes* ist, besteht in dem *Realisieren* der *Handlungsweise der Vernunft*, der *Vernunftform*, welche nur ihrer Möglichkeit nach im Subjekte gegeben, ihrer Wirklichkeit nach aber ausser dem Subjekte nur durch Handlung des Subjektes hervorgebracht werden kann. Die im Vermögen *à priori* bestimmte Form der Vernunft ist dem Subjekte gegeben, und hängt folglich nicht von seiner Kraft ab; aber das *Realisieren* derselben als Form einer Wirklichen Handlung, die keinen anderen Zweck hat, als dieses *Realisieren* selbst, die Wirklichkeit der Vernunftform als Gegenstand des Triebes, ist etwas[,] das von der Kraft des Subjektes, und zwar von der blossen Selbstthätigkeit dieser Kraft allein abhängt. (S. 569)

Wie schon im Fall des vernünftig-sinnlichen Triebs bestimmt auch hier die Vernunft das Objekt desselben nach »den vier Momenten des mittelbaren Urtheilens« (Quantität, Qualität, Relation, Modalität) (S. 570), doch diesmal ohne jegliche Bezugnahme auf Empirisches, als dritter Grad der Spontaneität. Das so bestimmte Objekt des rein-vernünftigen Triebs heißt dann Moralität oder Sittlichkeit und der Trieb selbst auch der moralische oder sittliche (ebd.).

Die in dem so gefaßten Begriff des rein-vernünftigen Triebs verkörperte Auffassung vorstellender Kraft ist schon deshalb nicht mit der des vernünftig-sinnlichen Triebs identisch, weil vorstellende Kraft hier die Ursache der wirklichen Vorstellung in ihrer Gesamtheit ist (*Deutung A*). Ein weiterer Unterschied zum vernünftig-sinnlichen Trieb besteht aber darin, daß nunmehr eine andere Weise, die Wirklichkeit des Objekts des Triebs zu verstehen, im Spiel ist. Reinhold läßt zwar auch hier in der kategorialen Bestimmung des Objekts offen, ob es sich um die Bestimmung einer Idee im Gemüt handelt, insofern ihre Wirklichkeit für das Zustandekommen des rein-vernünftigen Triebs überhaupt – und unabhängig von seiner Erfüllung oder Nicht-Erfüllung – konstitutiv ist, oder um die mit der Erfüllung des Triebs verbundene Bestimmung einer Idee außerhalb des Gemüts. Wie schon im Fall des vernünftig-sinnlichen und überhaupt des sinnlichen Triebs scheint es auch hier eine solche Unterscheidung zunächst nicht zu geben. In Richtung gerade dieser Unterscheidung geht aber dann Reinholds wiederholte Behauptung, die Idee der Sittlichkeit bzw. die Vernunftform sei »nur ihrer Möglichkeit nach im Subjekte gegeben« (S. 569, 572), müsse aber »ausser dem Subjekte« hervorgebracht werden.[15]

Mit dieser Bestimmung des rein-vernünftigen Triebs und seines Objekts, der Sittlichkeit, vollzieht Reinhold den ersten, vorbereitenden Schritt seines zentralen Vorhabens der »Grundlinien«. Die Prämissen zur »Ableitung« der absolut freien Ursache sind damit gelegt und es kann zum zweiten Schritt, zur eigentlichen »Ableitung« übergegangen werden. Als eine solche Ursache kommt nun allein der reine Wille in Frage, insofern nur er die Befriedigung des sittlichen Triebs, d.h. die Realisierung der Handlungsweise der Vernunft außerhalb des Subjekts herbeiführen kann:

> Die Vernunft heißt *praktisch*, in wieferne in ihrer Selbstthätigkeit das Vermögen liegt, das Objekt des rein-vernünftigen Triebes zu realisieren, oder welches eben so viel heißt, sich selbst *à priori* zu einer Handlung zu bestimmen, die keinen anderen Zweck als die Wirklichkeit der Handlungsweise der Vernunft hat, und das Vermögen des vorstellenden Subjektes sich durch die Selbstthätigkeit des rein-vernünftigen Triebes zum Handeln zu bestimmen, heißt der *reine Wille*. (S. 571)
>
> [...] ist aber diese Handlung [die Handlung, zu der sich der Wille überhaupt selbst bestimmt, A. L.] durch das Objekt des rein-vernünftigen Triebes bestimmt, und besteht sie daher in der einzig beabsichtigten Realisierung der Handlungsweise der Vernunft, so wirkt der Wille *rein*, *à priori* unabhängig von dem sinnlichen Triebe, nach keinem anderen Gesetze, als das es sich selbst giebt, indem er die blos ihrer Möglichkeit nach bestimmte Vernunftform durch seine Selbstthätigkeit realisiert. (Ebd.)

15 Mit Bezug auf Reinholds »Ableitung« der Triebe klagte schon F. Schleiermacher: »Herr Reinhold hat sehr recht, daß man das, was in dem Subjekt Vorstellungsvermögen ist[,] nicht verwechseln müße mit dem, was in ihm *Kraft* ist, aber die Art[,] wie er aus Kraft und Vermögen den Begrif des Triebes ableitet[,] scheint mir nicht klar genug.« (Schleiermacher (1790/92), S. 223)

Dieser reine Wille ist aber deshalb die gesuchte absolut freie Ursache, weil

> [...] er handelt [...] *absolut frey* und ist absolut frey, in wieferne er das Gesetz des uneigennützigen Triebes befolgt; ein Gesetz, das von der theoretischen Vernunft nur verfaßt wird, seine Sanktion aber als wirkliches Gesetz nur durch die blosse Selbstthätigkeit der praktischen erhält, welche sich dasselbe selbst auflegt. (S. 571f.)

Es ist somit möglich, aus dem Dickicht der Begriffsbestimmungen der »Grundlinien« einen Gedanken zu isolieren, der Reinhold zu dieser »Ableitung« der Idee einer absolut freien Ursache führt. Es ist der Versuch, eine sinnvolle Weise ausfindig zu machen, von einer aus Form und Stoff bestehenden Vorstellung zu behaupten, sie sei *als ganze* ein Erzeugnis der Spontaneität des vorstellenden Subjekts.

Ein erster Vorstoß in diese Richtung wird bereits zu Beginn der »Grundlinien« sichtbar, in der vom »Zweiten Buch« abweichenden *Deutung A* der vorstellenden Kraft. Doch sind auch die zusätzlichen Differenzierungen und Veränderungen in Reinholds Begrifflichkeit nur unter der Voraussetzung verständlich, daß es sich um Versuche eines Durchbruchs in Richtung einer Ableitung einer absolut freien Ursache handelt. Reinholds Unternehmen kann nämlich nur gelingen, wenn sich eine Vorstellung finden läßt, die ihrer wirklichen Form und ihrem wirklichen Stoff nach auf eine Tätigkeit der Spontaneität zurückgeht, ohne zugleich gegen die Grundannahmen der »Theorie des Vorstellungsvermögens überhaupt« zu verstoßen. Gesucht wird also eine Vorstellung, die *in einer Hinsicht* ganz durch Spontaneität hervorgebracht ist, in einer *anderen Hinsicht* aus einer hervorgebrachten Form und einem gegebenen Stoff besteht. Und gerade in diese Richtung tendieren die Mehrdeutigkeiten im Zusammenhang mit der Idee der Sittlichkeit.

Reinhold führt zunächst eine zusätzliche Bedeutung der Rede von der Wirklichkeit und dem Wirklichmachen einer Vorstellung ein, nach welcher eine Vorstellung auch außerhalb des Gemüts wirklich bzw. verwirklicht werden kann. Dadurch wird dem Begriff einer vorstellenden Kraft, die eine Vorstellung in all ihren Bestandteilen verwirklicht, ein eigener Bereich zugeordnet – der der Handlungen außerhalb des Gemüts –, ein Schritt, der in Richtung einer Vorbereitung der Unterscheidung zweier Hinsichten, in denen eine wirkliche Vorstellung betrachtet werden kann, tendiert.

Sodann identifiziert Reinhold beide Bereiche mit denen der theoretischen und der praktischen Vernunft. Die Vernunftform, das Gesetz des uneigennützigen Triebs, wird darin von der theoretischen Vernunft nur verfaßt,[16] erhält aber seine Sanktion als wirkliches Gesetz nur durch die Selbsttätigkeit der praktischen (S. 572). Durch diesen Schritt soll sichergestellt werden, daß beide Redeweisen von vorstellender Kraft und Wirklichkeit der Vorstellung nicht zwei für sich genommen mögliche, aber einander ausschließende Sichtweisen der Vorstellung darstellen, sondern zwei verschiedene, aber kompatible Weisen, dieselbe Vorstellung zu betrachten.

Damit kann die Wirklichkeit der Idee der Sittlichkeit in zweierlei Bedeutung gefaßt werden. Sie kann einmal im Gemüt als Objekt des uneigennützigen Triebs wirklich sein, insofern dieses Objekt für das bloße Dasein des Triebs, unabhängig von seinem Erfüllt- oder Nicht-Erfülltsein, konstitutiv ist. In diesem Sinne ist die Idee der Sittlichkeit als Gesetz bzw. Vernunftform von theoretischer Vernunft verfaßt, und die vorstellende Kraft, durch welche diese Idee zur Wirklichkeit kommt, ist selbst eine theoretische, in der, ganz dem Vorstellungsvermögen entsprechend, Spontaneität und Rezeptivität am Werk sind. Sie kann aber auch außerhalb des Gemüts wirklich sein. In diesem Sinne wirklich wird die Idee der Sittlichkeit erst in der Befriedigung des uneigennützigen Triebs, und dies durch eine vorstellende Kraft, die nichts als Spontaneität und mit praktischer Vernunft identisch ist. Man müßte hier also nicht nur sagen: Die theoretische vorstellende Kraft verhält sich zum theoretischen Vorstellungsvermögen wie die praktische zum praktischen Vorstellungsvermögen. Sondern auch: Das, was theoretisch wirklich ist, ist zugleich dasjenige, was praktisch nur möglich ist.

16 Vgl. zu diesem Punkt die kritischen Bemerkungen von Guéroult (1930/1982), S. 64.

Schließlich erscheint Reinholds Ringen mit den Ausdrücken Form und Stoff, Wirklichkeit und Möglichkeit, Innen und Außen im Zusammenhang mit der Bestimmung des reinen Willens als letzter Schritt in diesem Unternehmen. Reinhold steuert hier den Nachweis an, daß die Idee der Sittlichkeit, insofern sie durch den reinen Willen in einer Handlung verwirklicht wird, als eine aus Stoff und Form bestehende Vorstellung verstanden werden kann, und daß der reine Wille als absolut freie Ursache der Wirklichkeit dieser Idee sowohl die Form wie den Stoff derselben realisiert. Dies läuft im einzelnen auf folgenden Gedankengang hinaus: Die a priori im Vernunftvermögen bestimmte Handlungsweise der Vernunft, das Sittengesetz, hängt nicht von der Kraft des vorstellenden Subjekts ab, sondern wird von diesem als ein von der theoretischen Vernunft Verfaßtes vorgefunden und ist insofern *gegeben*. Sie ist aber im Vernunftvermögen *nur der Möglichkeit nach gegeben*, insofern sie nur die Seinsweise, das Sosein des sittlichen Handelns verkörpert. Der Wirklichkeit nach ist sie durch die Kraft des vorstellenden Subjekts *hervorgebracht*. Das heißt: Es ist eine Form im Gemüt gegeben, die von der theoretischen Vernunft verfaßt ist, wobei dies nicht schon ihr Zustand als ein *Verwirklichtes* ist. Weil aber die Verwirklichung dieser Form erst auf einer anderen Ebene als der theoretischen stattfindet, nämlich auf der praktischen, ist die Vernunftform *nicht wirklich*, sondern nur im Vernunft*vermögen*, der Möglichkeit nach gegeben, auf eine Weise also, die für die Darstellung einer absolut freien Tätigkeit des vorstellenden Subjekts nicht mehr hinderlich ist. Der reine Wille ist dabei die Tätigkeit, wodurch eine Vorstellung, die Idee der Sittlichkeit, zur Wirklichkeit gebracht wird, deren Form in der Handlungsweise der Vernunft, deren Stoff aber in der Realisierung dieser Handlungsweise außerhalb des Gemüts besteht – eine Vorstellung also, welche hinsichtlich ihrer Wirklichkeit sowohl der Form wie dem Stoff nach hervorgebracht ist.

Nun findet sich diese Argumentation an keiner Stelle der »Grundlinien«. Was wir hier geliefert haben, ist der Rekonstruktionsversuch eines Gedankengangs, der nur durch Spuren, durch Tendenzen im Text sichtbar ist, der aber Reinhold offenbar zumindest vorgeschwebt hat.

Was durch ihn deutlich wird, ist der Anschluß an § LXXXVI und an die Schwierigkeit der Theorie der Grade der Spontaneität, insbesondere die Art der Lösung, die Reinhold im Hinblick auf letztere ansteuert. Durch ihn erst recht deutlich wird aber, wie hoffnungslos das Scheitern dieses Lösungsversuchs ist.

Denn – wie Holzer richtig sieht (Holzer (1921), S. 37 und 39f.) – gerade die Auffassung von vorstellender Kraft, die zur Ableitung der absolut freien Ursache führen soll, steht in Widerspruch zu den Grundannahmen des »Zweiten Buchs«, der »Theorie des Vorstellungsvermögens überhaupt«. Es wird in ihr angenommen, was dort ausdrücklich ausgeschlossen wurde: die Möglichkeit, daß auch der Stoff einer Vorstellung durch Spontaneität hervorgebracht sein könnte. Soll es aber nur *eine* vorstellende Kraft des vorstellenden Subjekts geben, kann es sich deshalb nur um die mit den Grundannahmen der Theorie kompatible wirkliche Tätigkeit von Spontaneität und Rezeptivität zusammengenommen handeln, aus der es – wegen des gegebenen Stoffes – niemals zur Ableitung einer absolut freien Ursache kommen kann. Es ist aber wesentlich für Reinholds Unternehmen, daß es nur *eine* Art vorstellender Kraft gibt. Nicht in dem Sinne, daß Reinhold nicht eine andere Vorstellungstheorie hätte entwickeln können, die mit der Annahme mehrerer vorstellender Kräfte kompatibel wäre. Sondern in dem Sinne, daß Reinholds Theorie des Vorstellungsvermögens, wie sie uns im »Zweiten Buch« vorliegt, nur *eine* Art von vorstellender Kraft verträgt. Mehrere Arten derselben anzunehmen, würde hier heißen, das Grundgerüst der Theorie mindestens für unvollständig, wenn nicht für falsch zu erklären, da eine solche Annahme immer auf der Inkaufnahme nachträglicher unzulässiger Veränderungen in den Grundtheoremen beruhte.

Läßt nun Reinholds Theorie nur eine vorstellende Kraft zu, dann *kann* es sich bei der »Ableitung« der absolut freien Ursache, insofern sie auf einer anderen Auffassung von vorstellender Kraft als die des »Zweiten Buchs« beruht, nur um eine Erschleichung handeln. Und tatsächlich ist es so. Das Endprodukt der Tätigkeit des reinen Willens müßte nämlich eine wirkliche Vorstellung sein, und zwar eine Idee, da nach der Theorie des Vorstellungsvermögens alle Tätigkeit der Vernunft ein Erzeugen von Ideen ist. Reinholds reiner Wille hat aber keine wirkliche Vorstellung oder Idee als Endprodukt, sondern eine Handlung. Diese aber als eine Vorstellung zu verstehen, ist nur möglich durch eine Äquivokation in der Rede vom Verwirklichen einer Vorstellung. Denn in einer Hinsicht ist dies immer der Fall: Eine Handlung außerhalb des Gemüts, die aufgrund der Vorstellung derselben Handlung geschieht, ist die Verwirklichung dieser Vorstellung. Durch diese Handlung erst wird ihre zugrundeliegende Vorstellung verwirklicht, d.h. *wirklich*. Doch nicht in diesem Sinne verlangt hier das, was durch vorstellende Kraft bzw. durch den reinen Willen wirklich wird, nach einem Nachweis, es handle sich dabei um eine Vorstellung. Vielmehr geht es darum, zu wissen, ob auch das Endresultat dieses Verwirklichungsprozesses als Vorstellung aufgefaßt werden kann, und dies ist hier offenbar nicht der Fall.[17]

Daß und *wie* es allerdings naheliegend ist, dieser Äquivokation zum Opfer zu fallen, dafür liefert das Willensbestimmungsmodell, das Reinhold vor Augen hat, nämlich das Kantische, ein Beispiel. Denn Kant selbst spricht nicht nur vom Begehrungsvermögen als dem Vermögen eines lebendigen Wesens, »durch seine Vorstellungen Ursache von der Wirklichkeit der Gegenstände dieser Vorstellungen zu sein« (KpV, A 16),[18] und vom Willen als dem Vermögen, »der Vorstellung gewisser Gesetze gemäß sich selbst zum Handeln zu bestimmen« (GMS, BA 63).[19] Es ist auch Kant, der hier den Willensbestimmungsprozeß durch das Begriffspaar Form-Stoff beschreibt, indem er von »Materie des Wollens« (KpV, A 59f.), von »Form« und »Materie des Gesetzes« (ebd., A 55f., A 58 u. ö.) und vom moralischen Gesetz als unmittelbarem, sowohl formalem als auch materialem Bestimmungsgrund der Willenshandlung spricht (ebd., A 133), so daß es geradezu als die Grundintuition der »Grundlinien« gelten muß, zur Ableitung der

17 Angemessener erscheint hier Kants Ausdrucksweise der Verwirklichung des Gegenstandes der Vorstellung. Kritiken hierzu finden sich schon bei Herbart (1890/1964), S. 248.

18 Vgl. hierzu auch KpV, A 29f.

19 Vgl. auch GMS, BA 36.

Idee einer absolut freien Ursache die Kantische Form-Stoff Konfiguration des Willensbestimmungprozesses im Begriffsrahmen seiner Theorie des Vorstellungsvermögens unterzubringen.[20]

20 N. Hartmann sieht eine etwas andere Intuition als Fundament der »Grundlinien«. Da praktische Vernunft »aus dem Vorstellungsvermögen als solchem nicht herzuleiten« sei, »weil dieses durchweg theoretisch ist« (Hartmann (1923), S. 13), wähle Reinhold – in einem »kühnen Wurf« (ebd., S. 12) – einen anderen Weg, um diesen Übergang darzutun: den aufsteigenden Weg vom Bedingten zur Bedingung, vom Abhängigen zum Unabhängigen, welcher schließlich von der theoretischen zur praktischen Vernunft führt. Reinholds Deduktion bleibe dabei »ganz streng in ihrem Fahrwasser, indem sie zeigt, daß praktische Vernunft bereits Bedingung der theoretischen ist, und folglich schon zu Recht bestehen muß, wo Erkenntnis stattfindet« (ebd. S. 13). Diese fichteanisierende, allzu positive Deutung übersieht aber einerseits die zahlreichen Widersprüche und Mehrdeutigkeiten in Reinholds Gedankengang, insbesondere hinsichtlich der Rede von vorstellender Kraft und vom »Verwirklichen« einer Vorstellung. Andererseits dürften einzelne Behauptungen Reinholds nur schwer mit ihr zu vereinbaren sein, wie z. B. – in bezug auf das Verhältnis theoretische-praktische Vernunft – die, wonach das Gesetz des uneigennützigen Triebs, »das von der theoretischen Vernunft nur verfaßt wird, seine Sanktion [...] als wirkliches Gesetz nur durch die blosse Selbstthätigkeit der praktischen erhält« (S. 572). Auch Beiser (1987), S. 263-265, sieht, daß der Anlaß für Reinholds Abfassung der »Grundlinien« ein bestimmtes Problem ist. Klarer als Hartmann hebt aber Beiser den dilemmatischen Charakter desselben hervor. Reinhold befinde sich in der Lage, auf der einen Seite an einer allumfassenden monistischen Theorie, auf der anderen Seite an der Autonomie der praktischen Vernunft festhalten zu wollen. Dies führe ihn dazu, das Begehrungsvermögen an Stelle des Vorstellungsvermögens als Grundbegriff des Systems zu setzen und dasselbe nachträglich von einem Monismus des Vorstellens zu einem Monismus des Begehrens umzubauen (ebd., S. 264), eine gleich unangemessene Lösung, da nun die Frage entstehe: Warum nicht gleich mit einer Theorie des Begehrungsvermögens statt einer des Vorstellungsvermögens beginnen und auf ersterer die »Elementarphilosophie« gründen? (ebd., S. 264f.) Doch auch diese Deutung befriedigt nicht ganz. Denn Beisers Rede vom Begehren bzw. Begehrungsvermögen als »single faculty of the mind«, welche an Stelle des Vorstellens bzw. des Vorstellungsvermögens gesetzt wird, erweckt den falschen Eindruck, Reinhold sei nunmehr der Meinung, der Vorstellungsbegriff sei als eine Funktion des Begehrens bzw. durch das Begehren zu definieren, wo aber tatsächlich das Gegenteil geschieht, indem einerseits Begehren, Trieb und Wollen durch Rekurs aufs Vorstellen definiert werden, andererseits die Kraft, durch welche Vorstellungen wirklich werden, die *vorstellende* Kraft ist, und ihr Vermögen nicht das Begehrungsvermögen, sondern das Vorstellungsvermögen. Zum Verhältnis von

Eine zweite, vielleicht noch verheerendere Seite des Scheiterns der »Grundlinien« zeigt sich aber darin, daß selbst eine geglückte Ableitung des reinen Willens als absolut freie Ursache hinsichtlich Reinholds Zielsetzung ein Scheitern bedeuten würde. Wie aus der Freiheitstheorie zu Beginn des »Ersten Buchs« (S. 89-94) hervorgeht, ist nämlich Reinholds Unternehmen von vornherein auf die Rechtfertigung einer Freiheit aus, die gleichermaßen die Grundlage des reinen und des empirischen Willens liefert. Gerade eine Freiheit, die dem reinen und dem empirischen Willen in gleichem Grade zukommt, kann es aber – wie wir nun sehen werden – dann nicht geben, wenn die Ableitung des reinen Willens als absolut freie Ursache glückt. Denn während es sich hier bei der gesuchten gemeinsamen Freiheit nur um die *absolute* Freiheit einer Vernunfttätigkeit handeln kann, schließen die Gründe, den reinen Willen als absolut freie Ursache bzw. Tätigkeit der Vernunft zu betrachten, nicht nur aus, daß ein nicht-reiner Wille als eine solche Ursache verstanden werden könnte. Sie lassen den reinen Willen mit dem Willen überhaupt zusammenfallen.

Diese Schwierigkeit wird vor allem deutlich in Reinholds Versuchen einer »Ableitung« des Willens überhaupt und eines nicht-reinen, empirischen Willens, die wir nun näher betrachten müssen.

3.3. Die »Ableitung« des Willens überhaupt und des empirischen Willens

Reinhold ist in den »Grundlinien« nicht nur darum bemüht, zu einer Ableitung einer absolut freien Ursache in Form eines reinen Willens zu gelangen. Es geht ihm auch darum, den Willen überhaupt als freie Ursache, und den nicht-reinen Willen als eine besondere Art *dieses* Willens abzuleiten. Die Weise, wie sich diese Versuche gestalten, zeigen

Begehrungsvermögen und Vorstellungsvermögen in den »Grundlinien« vgl. auch E. Frank (1904), S. 41; Holzheimer (1936), S. 142; Randall (1965), S. 209; Fabbianelli (1998/99), S. 42ff.

aber, daß Reinhold auf einmal die Worte fehlen, um das auszudrükken, was er ausdrücken möchte; eine Sprachlosigkeit, die an jene des § LXXXVI – der eigentliche Anlaß für die Einfügung der »Grundlinien« – erinnert.

Daß Reinhold den Willen überhaupt für ein Vermögen der Selbsttätigkeit hält, geht aus dem Text klar hervor: »Der *Wille* besteht also überhaupt in der Selbstbestimmung zu einer Handlung« (S. 571). Ganz im Einklang mit der im »Ersten Buch« enthaltenen Auffassung der Freiheit als freie Wahl (S. 90), ist hier vom Willen auch als einem Vermögen die Rede, »sich selbst sowohl *à priori* als *à posteriori* zu bestimmen« (S. 571), ohne ausschließlich an das Gesetz des eigennützigen noch an das des uneigennützigen Triebs gebunden zu sein (ebd.). Dies verhindert nicht, daß es schon im Versuch, den Willen als solchen zu bestimmen, zu Verlegenheiten kommt, wie die Stelle zeigt, an der Reinhold den Willen überhaupt als das Vermögen des vorstellenden Subjekts bezeichnet, »durch die Selbstthätigkeit des Triebes bestimmt zu werden, oder sich selbst zu einer Handlung des Triebes zu bestimmen« (S. 567).[21]

Ebenso selbstverständlich ist auch der nicht-reine, empirische Wille für Reinhold ein Vermögen, sich selbst zu einem Handeln zu bestimmen, eine besondere Art des Willens überhaupt. Er heißt empirisch, »in wieferne er das Vermögen des Subjektes ist, sich selbst zu einer Handlung zu bestimmen, die von der Vernunft als *Mittel* den Trieb nach Glückseligkeit zu befriedigen gedacht, und dieser Befriedigung als ihrem *Zwecke* untergeordnet wird«. (S. 567f.)[22]

Nach diesen Begriffsbestimmungen impliziert für Reinhold der Umstand, daß der Wille überhaupt ein Vermögen ist, sich selbst zum Hervorbringen einer Handlung zu bestimmen, gerade nicht, daß er ein Vermögen ist, sich selbst lediglich zum Hervorbringen einer *sittlichen* Handlung zu bestimmen. Es gibt für Reinhold vielmehr eine *Selbstbestimmung* zur Hervorbringung einer unsittlichen Handlung. Das vor-

21 Vgl. zu dieser Stelle und den darin aufgeworfenen Schwierigkeiten Fabbianelli (1998/99), S. 51.

22 Vgl. auch *Versuch*, S. 571.

stellende Subjekt kann sich selbst zur Befriedigung des eigennützigen oder des uneigennützigen Triebs bestimmen, weil es von keinem der beiden Triebe gezwungen werden kann. Das heißt im einzelnen: Es kann sich selbst zur Befriedigung des eigennützigen Triebs bestimmen, weil es *weder* vom einen *noch* vom anderen Trieb determiniert werden kann; und ebenso kann es sich selbst zur Befriedigung des uneigennützigen Triebs bestimmen, weil es von keinem der beiden gezwungen werden kann.

Gerade an der Stelle, wo es darum geht, die natürlichste Folgerung aus der geschilderten Willensauffassung zu explizieren – daß es offenbar einen fundamentalen Sinn von Freiheit gibt, der dem Willen überhaupt zukommt, egal, ob er sich selbst a priori oder a posteriori bestimmt –, kommt Reinhold jedoch ins Stocken:

> Der menschliche Wille ist also *frey*, I) in wieferne er als Vermögen der Spontaneität der Vernunft durch kein Afficiertwerden *gezwungen* werden kann; als Vermögen eines Subjektes, das ausser der Vernunft auch noch Sinnlichkeit besitzt, sich selbst sowohl *à priori* als *à posteriori* zu bestimmen vermag, und daher keineswegs ausschliessend weder an das Gesetz des[23] uneigennützigen noch an das Gesetz des eigennützigen Triebes *gebunden* ist. Er *handelt* aber nur *komparativ* frey, wenn er sich selbst dem Gesetze des eigennützigen // Triebes, einem *ihm fremden* Gesetze unterwirft; er handelt hingegen *absolut frey* und ist absolut frey, in wieferne er das Gesetz des uneigennützigen Triebes befolgt [...]. (S. 571f.)

Reinhold läßt hier auf die Worte »Der menschliche Wille ist also frey« die römischen Zahl »I)« folgen, worauf aber – entgegen der daraus entstehenden Erwartung – keine »II)« folgt. Betrachtet man den Text etwas näher, dann sieht man, daß es sich hier nicht lediglich um eine Vergessenheit handelt. Es ist vielmehr unklar, um welchen zusätzlichen Aspekt es gehen sollte. Die Zahl »I)« scheint zunächst anzukündigen, daß es im folgenden um die Unterscheidung von mindestens zwei Hinsichten geht, in denen vom Willen gesagt werden kann, er *sei* frei. Der Textverlauf zeigt aber sogleich, daß es Reinhold eher um die Unterscheidung zwischen einem grundlegenden Frei*sein* des Willens und ver-

23 Im Text irrtümlicherweise »der« (ebd.).

schiedenen Weisen, wie der Wille frei *handeln* kann, geht: Der Wille ist überhaupt frei, er kann aber auf eine komparativ oder absolut freie Weise handeln. Gerade dieser Punkt wird aber wieder relativiert mit der Bemerkung, der Wille *handle und sei* absolut frei, in wieferne er das Gesetz des uneigennützigen Triebs befolgt (S. 572). Müßte man also annehmen, der komparativ frei handelnde Wille *sei* ebenfalls absolut frei? Und wenn dies der Fall ist: Warum kommt es zu keiner entsprechenden Behauptung?

In Wirklichkeit sucht Reinhold an beidem festzuhalten, und das führt zu Schwierigkeiten. Reinhold will einen Willen, der überhaupt, als Wille, frei, d.h. in allen seinen Äußerungen gleich frei ist. Er will aber auch einen Unterschied zwischen dem Tätigkeitsgrad der Spontaneität in beiden Willensäußerungen. Beide sind notwendige Forderungen des Reinholdschen Unternehmens und als solche bereits in der frühen Freiheitsauffassung des »Ersten Buchs« sichtbar (S. 90). Zum einen muß die Freiheit des vorstellenden Subjekts als Freiheit der Wahl verstanden werden, sich für oder gegen das Sittengesetz entscheiden zu können, da nur auf diese Weise die Zufälligkeit moralischer Handlungen und damit die Aufhebung aller Moralität vermieden wird (S. 91). Eine solche Freiheit der Wahl muß aber deshalb auch dem Willen überhaupt, als solchem, zukommen, und dieselbe sein in der Entscheidung für oder wider das Sittengesetz. Zum anderen kann nur die Entscheidung zugunsten des Sittengesetzes als eine Selbstbestimmung der Vernunft verstanden werden, die dann einem Sich-Bestimmen-Lassen »durch die Objecte der Sinnlichkeit« (S. 90) gegenübersteht, ein Theorem, das aus der Kantischen Gleichsetzung von Freiheit und Autonomie in der GMS und in der zweiten *Kritik* folgt und von Reinhold übernommen wird.[24] Ist nämlich Freiheit und Selbstgesetzgebung einer reinen praktischen Vernunft einerlei, dann ist der empirische Wille nie – und deshalb *a fortiori* nie im selben Grad – Selbstbestimmung und frei wie der reine Wille.

Da nun beides auf derselben Ebene offenbar nicht sein kann – der reine und der empirische Wille haben entweder denselben *oder* einen verschiedenen Grad der Selbsttätigkeit bzw. der Freiheit –, unterschei-

24 Vgl. vor allem Kants Argumentation zu Beginn des Dritten Abschnitts der GMS.

det Reinhold zwischen zwei Ebenen, der des Frei*seins*, auf welcher beide Willensäußerungen auf genau dieselbe Weise frei sind, und der des freien *Handelns*, auf der beide Willensäußerungen in einem verschiedenen Grade frei handeln.

Doch es ist klar, daß Reinhold durch diese Unterscheidung das Problem nur verschiebt und keinesfalls löst. *Ist* nämlich der Wille überhaupt frei, als Vermögen, das weder durch die Spontaneität der Vernunft noch durch ein Affiziertwerden gezwungen werden kann, weder ausschließlich an das Gesetz des eigennützigen noch an das des uneigennützigen Triebs gebunden, dann ist der empirische Wille eine Äußerung *dieses* freien Vermögens, eines Vermögens, auf uneingeschränkte, d.h. absolute Weise frei zu handeln. Als wirkliche Handlung eines Vermögens, sich auf absolut freie Weise zwischen dieser und anderen Handlungen zu entscheiden, kann aber diese Handlung selbst nicht anders als absolut frei sein, so daß Reinholds fehlende Erwähnung der Art und Weise des Freiseins des empirischen Willens nicht Wunder nimmt.[25]

So unverständlich der Gedanke eines bloß komparativ freien Willens als Äußerung eines Vermögens, auf absolut freie Weise zu wollen, ist, so wenig nachvollziehbar ist aber die Rede eines Willens, der absolut frei *ist* und absolut frei *handelt*. Denn diese Redeweise hat nur dann eine Pointe, wenn die Möglichkeit existiert, daß ein Willen, der absolut frei *ist*, auch anders als absolut frei *handelt*. Doch diese Möglichkeit ist – wie wir gerade gesehen haben – nicht gegeben. Die wirkliche Äußerung eines Vermögens, zu wollen, das in keiner Weise fremdbestimmt werden kann, kann nur eine absolut freie Willenshandlung sein. Reinholds Unterscheidung von Freisein und frei Handeln im Fall des reinen Willens ist deshalb zum einen trivial, da ein absolut freiseiender Wille *natürlich* nur frei handelt, andererseits aber unnütz, da der einen Be-

25 S. Landucci übergeht die Zweideutigkeiten dieser Textpassage, indem er in seiner Wiedergabe derselben gerade die Stellen ausläßt, die in Richtung der Annahme eines einzigen, frei *seienden* Willensvermögens gehen ((1994), S. 304f. (Anm.)). Gerade diese fehlenden Stellen würden aber Landuccis Gegenüberstellung zwischen den »Grundlinien« und *Briefe II* ein Stück weit relativieren. Nuancierter und zutreffend hingegen die Beobachtungen Fabbianellis ((1998/99), S. 47f.) zu dieser Textstelle.

hauptung, ein reiner Wille (oder ein Wille, der sich dem Sittengesetz unterwirft) sei absolut frei, durch die andere, er handle auch absolut frei, nichts hinzugefügt wird.

Reinholds Versuch, neben einem reinen Willen auch einen nicht-reinen Willen abzuleiten, der zugleich Selbstbestimmung ist, aber nicht in demselben Grad wie der reine Wille, steht hier vor einer Schwierigkeit, die auch dann auftritt, wenn es möglich ist, von einem reinen Willen als einer Tätigkeit zu sprechen, durch welche eine wirkliche Vorstellung in ihrer Ganzheit erzeugt wird. Denn diese Schwierigkeit folgt schon aus der Kantischen Identifizierung von Freiheit und Autonomie, unabhängig davon, ob man Kants Willensbestimmungsmodell durch die Mittel der Reinholdschen Theorie des Vorstellungsvermögens rekonstruieren kann oder nicht.

Nun sagt Kant ausführlich, der Wille müsse als ein Vermögen gedacht werden, »*der Vorstellung gewisser Gesetze gemäß* sich selbst zum Handeln zu bestimmen« (GMS, BA 63). Auch ist für Kant klar, daß dem so gefaßten Willen Freiheit zukommt: »*Freiheit* würde diejenige Eigenschaft dieser Kausalität sein, da sie unabhängig von fremden sie *bestimmenden* Ursachen wirkend sein kann (ebd., BA 97). Freiheit ist hier eine Eigenschaft, die dem Willen überhaupt zukommt. Für den Willen gibt es zwar nur zwei mögliche Gesetzgebungen: entweder Heteronomie bzw. Fremdgesetzgebung – »der Wille gibt sich nicht selbst, sondern ein fremder Antrieb gibt ihm, vermittelst einer auf die Empfänglichkeit desselben gestimmten Natur des Subjekts, das Gesetz« (ebd., BA 94f.) – oder aber Autonomie bzw. Selbstgesetzgebung, dann nämlich, wenn der Wille das Gesetz, das ihn bestimmen soll, in der »Tauglichkeit seiner Maximen zu seiner eigenen allgemeinen Gesetzgebung« sucht (GMS, BA 88). In beiden Fällen handelt es sich aber für Kant um Fälle von Selbstbestimmung, indem der Unterschied zwischen Heteronomie und Autonomie lediglich darin besteht, daß letztere eine unmittelbare, erstere aber eine durch Triebfedern vermittelte Selbstbestimmung ist (GMS, BA 94).

Doch nur wenige Seiten später, an der Stelle, wo Kant sich anschickt, den Begriff der Sittlichkeit aus dem der Freiheit zu deduzieren, steht man plötzlich vor einem ganz anderen Freiheitsbegriff. Kant vertritt auf einmal die These, Freiheit des Willens könne nichts anderes sein als Autonomie, und daß deshalb »ein freier Wille und ein Wille unter sittlichen Gesetzen einerlei« sei (GMS, BA 98), eine These, die jener einer grundlegenden Freiheit des Willens überhaupt zumindest *prima facie* widerspricht.[26]

G. Prauss hat in seiner Studie *Kant über Freiheit als Autonomie* (1983) die Schwierigkeiten, die sich aus dieser zweiten Freiheitskonzeption insbesondere für die Möglichkeit nicht- bzw. unmoralischen Handelns ergeben, klar auf den Punkt gebracht:[27]

26 H. Allison hat den Versuch unternommen, Kants Begrifflichkeit des letzten Teils des zweiten Abschnitts der GMS so zu rekonstruieren, daß von Heteronomie und Autonomie im Unterschied zu einer grundlegenden praktischen Handlungsfreiheit sinnvoll die Rede sein kann. Dieser Versuch führt ihn jedoch in Kap. 5 seines Buchs zu Annahmen, die mit Kants Text nicht gut zu vereinbaren sind. Denn Allison versteht hier die Kantische Autonomie als Fähigkeit oder Vermögen (»capacity«), »sich unabhängig und sogar gegen diese Bedürfnisse [die Bedürfnisse und Interessen eines Handelnden als sinnlichem Wesen, A. L.] selbst zu bestimmen« (Allison (1990), S. 97f.). Heteronom ist nach dieser Lesart ein Wille, bei dem diese Fähigkeit fehlt und der deshalb *nur* nach Maximen handeln kann, die sich auf Interessen und Bedürfnisse gründen (ebd., S. 97). Dies läuft aber letztlich auf die Annahme hinaus, ein jedes vernünftiges Wesen habe einen autonomen Willen als Fähigkeit, moralisch zu handeln, was keinen Raum mehr für Heteronomie übrig läßt. Denn alles vernünftige Handeln, egal ob moralisch oder nicht, wäre hier Äußerung eines Willens mit dieser Fähigkeit und somit autonom, und kein Handeln heteronom als Äußerung eines Willens, der diese Fähigkeit nicht besitzt. Vgl. hierzu auch Röhr (1995a), S. 53f. Zu den Schwierigkeiten in den Ableitungsversuchen der GMS vgl. Henrich (1975), Bittner (1983), S. 130ff., und neuerdings Schönecker (1999).

27 Prauss erörtert das Problem des nicht-moralischen Handelns bei Kant auch unter dem Gesichtspunkt einer bei Kant fehlenden Darstellung desselben als Selbstbestimmung zur Fremdbestimmung. Er sagt diesbezüglich zu Recht und unter Vorlage von Textevidenz (vgl. GMS, BA 88), daß im nichtmoralischen Handeln »es keineswegs das Objekt [ist], das sein Gesetz dem Willen einfach ›gibt‹, sondern der Wille […], welcher selbst in dem ›Objekte das Gesetz *sucht*‹, welches ›ihn bestimmen soll‹« (Prauss (1983), S. 59). Er fügt dann aber hinzu, daß sich »solche Fälle von Glückseligkeitsstreben […] also durchaus nicht, wie Kant es versucht, als Fälle von *Fremd*bestimmung verstehen [lassen] […] Sie können vielmehr ausschließlich als *Selbstbestimmung* verständlich werden, nämlich als Fälle der Selbstbestimmung

Was Kant mit solchen Aussagen indessen ständig wiederholt, läuft letztlich auf nichts anderes als darauf hinaus: Alles Handeln, welches nicht moralisch gut ist, also nur legal oder moralisch böse sein könnte, wäre dies ›nur‹ durch naturale Neigungen und Antriebe, also eigentlich gar nicht aus Freiheit und somit als Handeln, dann aber auch nicht als legales oder moralisch böses. Denn genau so weit, wie man es trotzdem grundsätzlich noch als Handeln zulassen wollte, könnte es auch nur noch als moralisch gutes gelten, welches lediglich durch Naturales wie Neigungen oder Triebe daran gehindert wird, sich als solches auch auszuwirken. Dies aber würde dann bedeuten, daß es Handeln in der Tat entweder als moralisch gutes oder überhaupt nicht gäbe, also keineswegs auch als legales oder gar moralisch böses. Praktische Vernunft, als freies Wollen oder Handeln aus Freiheit, ist als solches schon moralisch-praktische Vernunft [...] Sogenanntes legales oder moralisch böses Handeln kann danach aber bloß als Wirkung von Natur und damit keineswegs als Handeln zustande kommen [...] (Prauss (1983), S. 81)[28]

*zur Fremd*bestimmung.« (Ebd., S. 59) Die Formel »Selbstbestimmung zur Fremdbestimmung« ist aber verwirrend, weil der von Prauss angeführte Grund, weshalb sich Fälle von Glückseligkeitsstreben nicht als Fremdbestimmung verstehen lassen – weil sie eigentlich Selbstbestimmung sind –, auf beiden Seiten eine kausale Bedeutung von Bestimmung voraussetzt, die auch Kant zugeschrieben wird. Weil der Wille sich überhaupt und immer selbst kausal determiniert, kann er nicht und d.h. nie durch seine Objekte kausal determiniert werden. In diesem Sinn von Bestimmen kann es dann aber auch Prauss' »Selbstbestimmung zur Fremdbestimmung« nicht geben, eine Redeweise, die nur dann sinnvoll ist, wenn das Wort »Bestimmung« in »Fremdbestimmung« nicht kausal verstanden wird. Indirekt in diesem Punkt auch gegen Prauss gerichtet, betont Allison zu Recht, daß viele Äußerungen Kants gegen eine kausale Deutung der Bestimmung des Willens durch die Objekte desselben sprechen (Allison (1990), S. 97).

28 S. Röhr kritisiert G. Prauss' Behauptung, Reinhold gebe mit seiner neuen Willensauffassung den Kantischen Autonomiebegriff preis, mit dem Argument, Reinhold trenne praktische Vernunft und Freiheit nicht vollständig. Damit bewahre er einen Autonomiebegriff, der im moralischen Handeln Selbstgesetzgebung der Vernunft und Selbstbestimmung des Willens umfasse (Röhr (1995a), S. 58). Doch diese Kritik trifft Prauss' Pointe nicht. Denn tatsächlich ist Kants Autonomiegedanke nur dann sinnvoll, wenn praktische Vernunft – die Geberin des Gesetzes – und Wille – der Empfänger des Gesetzes – identisch sind. Nur in diesem Fall haben wir es mit einer *Selbst*gesetzgebung zu tun. Sind praktische Vernunft und Wille nicht identisch, dann empfängt der Wille das Gesetz der praktischen Vernunft von einer ihm fremden Instanz, was diese Willensbestimmung zu einem Fall »höherer Hete-

So deutlich diese Schwierigkeit aus Kants Identifizierung von Freiheit und Autonomie hervorgeht, so verständlich ist aber auch, warum Kant an dieser Identität festhalten will. Denn nur unter dieser Voraussetzung scheint Hoffnung zu bestehen, aus dem Begriff der Willensfreiheit den eines Sittengesetzes zu deduzieren, das für jeden Handelnden gültig ist.[29]

Genau diese Hoffnung ist auch für Reinhold leitend, der aus diesem Grund von Kant nicht nur den Gedanken einer Willensfreiheit, die dem moralischen und dem nicht- bzw. unmoralischen Handeln gemeinsam ist, übernimmt, sondern auch den einer Freiheit, die mit Autonomie identisch ist. Die Schwierigkeiten, die sich in Reinholds Versuch einstellen, den Willen überhaupt und den empirischen Willen abzuleiten, sind eine natürliche Folge dieser Anlehnung an Kant: Ist einmal angenommen, daß Vernunft nur als reine, in einem reinen Willen praktisch ist bzw. daß praktische Vernunft und ein reiner Wille identisch sind (S. 571), dann ist reiner Wille die einzig mögliche Willensäußerung. Und dies bedeutet einerseits das Fehlen einer Begrifflichkeit, um den Willen als solchen, als von einem reinen Willen unterschieden, zu beschreiben. Andererseits hat dies das Auflösen des nicht-reinen Willens in Begehren zur Folge. Denn insofern die apriorische Bestimmung des Begehrungsvermögens durch Vernunft allein zu einem *reinen* Willen führt, kann die Tätigkeit der Vernunft im empirischen Willen nur eine aposteriorische Bestimmung des Begehrungsvermögens sein. Eine solche Bestimmung bringt aber überhaupt keinen Willen zustande, sondern lediglich die Beschaffenheit eines Begehrens.[30]

ronomie« machen würde (vgl. Prauss (1983), S. 89). Wie S. Landucci zu Recht bemerkt (1994), S. 231f. und 352ff., sind diese Schwierigkeiten schon zu Kants Lebzeiten von Benedikt Stattler und von Schelling gerügt worden. Vgl. Stattler (1788), S. 269 und 311f., aber auch S. 138 und 236-239; Schelling (1797/1988), S. 160. Siehe dazu auch Garve (1798), S. 547f., und neuerdings von Wallwitz (1998), S. 35ff.

29 Zu Kants Anläufen zu einer Deduktion des Sittengesetzes aus dem Gedanken der Willensfreiheit vgl. die in diesem Kap., Anm. 26 erwähnte Literatur.

30 Reinholds Tendenz, empirischen Willen und Begehren bzw. eigennützigen Trieb ineinanderfallen zu lassen, zeigt sich in der Art und Weise, wie er die jeweilige Bestimmung a posteriori durch Vernunft beschreibt. Die Vernunft bestimmt den sinnlichen Trieb so, daß sie a posteriori (S. 569) »die Forderungen des sinnlichen Triebes

3.4. Über die Gründe der Dunkelheit der »Grundlinien«

In der hier gelieferten Interpretation der »Grundlinien« habe ich zu zeigen versucht, daß es möglich ist, anhand der in diesem Abschnitt enthaltenen Sukzession von Definitionen das Motiv hinter Reinholds Bemühung zu rekonstruieren, die in § LXXXVI ausgebliebene Einführung der absolut freien Ursache nachzuliefern. Es ist der Gedanke, statt von der im Rahmen der Theorie des Vorstellungsvermögens rekonstruierten absolut freien Ursache zur Theorie des Begehrungsvermögens und zur Theorie der praktischen Vernunft fortzuschreiten, den umgekehrten Weg einzuschlagen: durch einen Vorgriff auf die Theorie des Begehrungsvermögens und insbesondere auf die Kantischen Modelle der Willensbestimmung und der Autonomie zu einer nachträglichen Ableitung der absolut freien Ursache zu gelangen, die mit den Grundannahmen der Theorie des Vorstellungsvermögens kompatibel ist.

Ist es aber – wie ich hoffe – durch diese Interpretation gelungen, einige Klarheit über die Motive des letzten Teils von Reinholds Hauptwerk zu bringen, so ist es an dieser Stelle auch möglich, eine letzte Frage hinsichtlich der Dunkelheit der »Grundlinien« zu beantworten: Warum hat Reinhold seine »Ableitung« einer absolut freien Ursache und überhaupt eines Willens, der sich als reiner oder empirischer aus-

ins Unendliche« erweitert (S. 573). Durch diese Bestimmung, die Reinhold in § LXXXVI der Vernunft, in wieferne sie »beym *Denken* geschäftig ist« zuordnet, ist erst der sinnliche Trieb ein vernünftig-sinnlicher Trieb bzw. ein Trieb nach Glückseligkeit. Die Vernunft handelt hier »nur *komparativ*, nur in soferne *frey*«, »als die Form des unbedingten, welche sie dem Triebe ertheilt, die Wirkung der absoluten Selbstthätigkeit ist«. Reinhold gebraucht aber genau dieselben Worte, um die Handlung zu beschreiben, durch welche die Vernunft den empirischen Willen zustandekommen läßt: »Beym *Wollen*, einer auf die Glückseligkeit abzweckenden Handlung, wird das Begehren durch Vernunft lediglich *empirisch* bestimmt, nämlich unter der Voraussetzung des Triebes nach Vergnügen, dem die Vernunft durch die Willenshandlung diejenige Richtung giebt, die in der Idee der Glückseligkeit bestimmt ist« (S. 568). Die Vernunft wirkt hier ebenfalls »nur *komparativ frey*, d.h. nur in wieferne sie den sinnlichen Trieb empirisch bestimmt, und der Handlungsweise desselben eine Regel vorschreibt, die nur durch Vergnügen, vermittelst eines von der Vernunft wesentlich verschiedenen Triebes, Sanktion erhält.« (Ebd.)

drückt, nicht in eindeutigen, klaren Definitionen vorgetragen? Warum stattdessen eine Sukzession von Begriffsbestimmungen, die auf eine geradezu unerträgliche Weise mehrdeutig sind?

Die erste und wichtigste Antwort auf diese Fragen schließt unmittelbar an unsere Interpretation an. Sie lautet: Reinhold hat in den »Grundlinien« keine durchgehend eindeutige Begriffsbestimmungen vorgelegt, weil es keinen Weg gibt, der das von Reinhold gesetzte Ziel zu erreichen erlaubt. Reinholds Ziel ist nämlich ein doppeltes, und seine beiden Komponenten widersprechen sich. Reinhold will nicht einfach eine Ableitung der Idee einer absolut freien Ursache. Er will diese Ableitung in dem von der Theorie des Vorstellungsvermögens vorgegebenen Rahmen. Denn – wie wir im nächsten Kapitel noch genauer sehen werden –: Es ist gerade die Möglichkeit, die Idee einer absolut freien Ursache in diesem Rahmen unterzubringen, oder sie mit der Stoff-Form-Begrifflichkeit der Theorie des Vorstellungsvermögens auszudrücken, welche für Reinhold die Ableitung dieser Idee und zugleich die Rechtfertigung ihrer logischen Möglichkeit (»Nichtunmöglichkeit«) ausmacht. Doch ganz entfernt davon, durch diesen Rahmen zu einer solchen Ableitung zu gelangen, verhindert dieser vielmehr endgültig ihr Zustandekommen, insofern Reinholds Vorstellung nie allein durch Selbsttätigkeit des vorstellenden Subjekts wirklich wird, sondern dazu immer auch ein gegebener Stoff nötigt ist, an den die Selbsttätigkeit gebunden ist, und der auch nur nach gewissen ursprünglich festgelegten Regeln von ihr bearbeitet werden kann.

Zahlreiche Mehrdeutigkeiten in Reinholds Begriffsbestimmungen der »Grundlinien« sind eine Folge dieser widersprüchlichen Situation, wie die einheitliche Struktur dieser Mehrdeutigkeiten zeigt. So entsprechen sowohl die beiden wichtigsten Bedeutungen von »vorstellender Kraft« (*Deutung A* und *D*) wie auch die Zweideutigkeiten in der Rede von Trieb nach Stoff und Trieb nach Form (handelt es sich um zwei Komponenten des Triebs nach Vorstellung oder um zwei Triebe?) und vom Verwirklichen einer Vorstellung (im Gemüt, außerhalb des Gemüts) den beiden Termini dieses Widerspruchs: *Deutung A*, die Auffassung der zwei Triebe und die Verwirklichung der Vorstellung außerhalb des Gemüts orientieren sich an der Ableitung der absolut freien Ursache, während sich *Deutung D*, die Auffassung der zwei Komponenten des Triebs nach Vorstellung und die Verwirklichung der Vorstellung im Gemüt an den Rahmen der Theorie des Vorstellungsvermögens halten. Andere Mehrdeutigkeiten der »Grundlinien«, wie das Ineinanderfallen der Bestimmung des eigennützigen Triebs und des empirischen Willens einerseits, der Bestimmung des uneigennützigen Triebs und des reinen Willens andererseits, sind hingegen eine Folge der von Reinhold übernommenen Kantischen Auffassung der Freiheit als Autonomie.

Neben dieser Antwort gibt es aber noch eine zweite, die sich nicht aus den Schwierigkeiten der Reinholdschen Theorie, sondern aus äußeren Umständen ergibt. Wie von einigen Interpreten zu Recht bemerkt (Henrich (1989), S. 156; Frank (1997), S. 304), weist Reinholds »Theorie der Vernunft« insgesamt Spuren einer überstürzten Niederschrift auf. Dies gilt für die »Grundlinien« in besonderem Maße. Wir wissen diesbezüglich aus Reinholds eigener Feder, daß die ersten Bogen des *Versuchs* – der aber erst zur Michaelismesse, Mitte Oktober ganz vorliegt – »gleich nach Ostern« 1789 in den Druck gegangen sind (an Kant, 9. April 1789, AA XI, Nr. 353, S. 18). Wenn man sich an Reinholds Angaben über den Druckverlauf hält (an Kant, 14. Junius 1789, AA XI, Nr. 366, S. 58), kann man ausrechnen, daß bis ca. Ende September die »Theorie des Verstandes« (S. 422-497) gedruckt sein mußte. Reinhold hat aber offenbar noch bis zuletzt so intensiv an den Manuskripten gearbeitet,[31] daß er in zweierlei Hinsicht gehindert wurde, anderes zu tun. So ist im Unterschied zum »Ersten« und »Zweiten Buch« keine Vorfassung auch nur eines Teils des »Dritten Buchs« separat als Aufsatz veröffentlicht worden. Vor allem ist aber Reinhold offensichtlich nicht mehr zu einem Korrekturlesen der letzten 3 Bogen (Mm, Nn, Oo, S. 545-579) gekommen, wie aus dem Druckfehlerverzeichnis und aus einem ominösen Fehler auf S. 571 (Z. 8, wo »vorstellenden Objektes«

31 Vgl. hierzu Wielands Brief an Reinhold vom 26. August 1789: »Mich freut sehr, daß Sie dem Ende Ihrer schweren Geistesarbeit doch nun wenigstens nahe sind, und ich danke Ihnen voraus für das angenehme Versprechen, einige Tage nach Vollendung derselben bey mir auszuruhen« (WB 10.1, Nr. 295, S. 250).

statt »vorstellenden Subjektes« steht) hervorgeht. Dies zeigt, daß gerade in den letzten Wochen vor Erscheinen des *Versuchs*, in der Zeit, in welcher sehr wahrscheinlich die »Grundlinien« entstanden sind, Reinhold in Eile und unter starkem Druck gearbeitet hat – ein Druck, der durch die Anhäufung öffentlicher Stellungnahmen zum Freiheitsproblem und zu Kants *Kritik der praktischen Vernunft* womöglich noch vergrößert worden ist.[32]

32 Um, neben den schon erwähnten Arbeiten von Rehberg (1788) und Ulrich (1788), einige der wichtigeren Arbeiten zu diesem Thema zu nennen, vgl. Kraus' Besprechung der *Eleutheriologie* in der ALZ (1788), L. H. Jakobs *Über das moralische Gefühl* (1788), dessen Aufsatz »Über die Freyheit « in J. G. C. Kiesewetters Schrift *Ueber den ersten Grundsatz der Moralphilosophie* (1788), J. H. Abichts *Versuch einer krittischen Untersuchung über das Willensgeschäfte* (1788), dessen Aufsatz »Ueber die Freyheit des Willens« (1789), J. A. Eberhards »Ueber den moralischen Sinn« (1788), F. W. D. Snells *Menon* (1789), J. F. Flatts *Fragmentarische Beyträge* (1788; von Reinhold besprochen in der ALZ Nr. 3 vom 3. Januar 1789) und dessen *Briefe über den moralischen Erkenntnisgrund der Religion* (1789) sowie F. H. Jacobis »Über die Freyheit des Menschen«, das in der zweiten Auflage seiner Schrift *Über die Lehre des Spinoza* zur Ostermesse 1789 veröffentlicht wird, zu einer Zeit also, als Reinholds »Grundlinien« mit großer Wahrscheinlichkeit noch gar nicht niedergeschrieben sind. Daß Reinhold Jacobis Thesen über die Freiheit für sehr wichtig gehalten hat, geht aus seinem Brief an Jacobi vom 13. März 1790 hervor: »Das, was Sie von der *Freyheit* in der neuen Ausgabe Ihrer Briefe über Spinoza sagen, macht mich auf eine weitere Auswicklung Ihres Gedankensystemes im allerhöchsten Grade nicht neugierig [...] sondern erwartungs- und sehnsuchtsvoll« (Zoeppritz, S. 136). Wie wichtig Rehbergs Besprechung der *Kritik der praktischen Vernunft* für Reinhold gewesen ist, zeigt sich in einer Bemerkung der Vorrede zum zweiten Band seiner *Briefe II*: »Vorzüglich möchte ich [...] den Verfasser der merkwürdigen Recension der Kritik der praktischen Vernunft in der Allgem. Litt. Zeit. Nr. 188 a. b. 1788 dazu [zu einer Belehrung, A. L.] auffordern, dessen Einwendungen [...] mir bey meinen Untersuchungen über die Freyheit fruchtbare Winke geworden sind« (Briefe II, S. IX).

4. Einheit und Freiheit in Reinholds *Versuch*

Wie in der Sekundärliteratur schon oft zu Recht bemerkt wurde, ist Reinholds *Versuch* nicht eine populäre Fassung der *Kritik der reinen Vernunft*. Ebensowenig trifft das Bild, das Reinhold selbst von seinem Hauptwerk gibt. Der *Versuch* ist auch nicht einfach eine Neubegründung der Kantischen Resultate aus Prämissen, die in der ersten *Kritik* lediglich »vorausgesetzt« waren und nun explizit gemacht werden. Denn, wie gesehen, deutet nicht nur das Unternehmen überhaupt einer Neubegründung der Kantischen Resultate auf versteckte Schwierigkeiten Reinholds mit ganzen Abschnitten der Kantischen *Kritik*. Auch zeigt die wirkliche Durchführung des Unternehmens, daß die Resultate, um deren Rechtfertigung es geht, nicht mehr ohne Einschränkung mit den Kantischen übereinstimmen, wie nicht nur am Weglassen zahlreicher Theoreme der ersten *Kritik*, die als derartige Resultate gelten könnten, sondern vor allem an dem im »Ersten Buch« des *Versuchs* aufgestellten Freiheitsbegriff deutlich wird. Reinholds Unternehmen steht damit von vornherein in einem komplexen Verhältnis zur Kantischen *Kritik*, indem es einerseits ihre kritische Ausrichtung sowie ihr Grundinteresse an der Rechtfertigung der drei Ideen von Gott, Freiheit und Unsterblichkeit teilt und den Ansatz eines moralischen Fundaments derselben übernimmt, andererseits im Verständnis einiger ihrer Hauptresultate – wie im Fall der Freiheit – Schwierigkeiten mit der Kantischen Position sichtbar werden läßt.

Die Aspekte, anhand derer sich Reinholds Unternehmen von Kants erster *Kritik* unterscheidet – die Neubegründung der Kantischen Resultate und das modifizierte Verständnis einiger dieser Resultate –, liefern nun die beiden Anhaltspunkte, die am besten geeignet sind, den Reinholdschen *Versuch* als Ganzes zu beleuchten und, vor allem, die Lage zu bestimmen, in der sich Reinhold am Schluß seines Werks befindet. Die Neubegründung der Kantischen Resultate läßt sich unter dem Stichwort »Einheit« als ein mehrdimensionales Vereinheitlichungsunternehmen erfassen. Mit dem Stichwort »Freiheit« kann hingegen eine erste bedeutende Abweichung gegenüber den Kantischen Resultaten zugleich als das wichtigste Ziel in Reinholds Projekt erwiesen werden. Beide Gesichtspunkte zusammengenommen erlauben unter der Formel »Einheit und Freiheit« nicht nur denjenigen Aspekt hervorzuheben, der wohl das Rückgrat des »Skelet[s] des menschlichen Geistes« bildet, den Reinhold im *Versuch* aufzustellen beansprucht,[1] sondern auch die Schwierigkeit zu rekonstruieren, an welcher Reinholds Theorie letztlich scheitern muß. Damit wird es möglich sein, die Dringlichkeit der Lage einzuschätzen, in der sich Reinhold am Schluß des *Versuchs* befindet.

Reinholds Projekt einer Neubegründung der Kantischen Resultate ist als ein Unternehmen gestaltet, in dem mehrere Einheits- bzw. Vereinheitlichungsdimensionen zu unterscheiden sind.[2]

Eine erste, wohl die älteste im *Versuch* enthaltene Einheitsdimension ist der im Begriff des »Allgemeingeltenden« enthaltene Gedanke eines »Einverständnisses unter den Aufgeklärten« über die Hauptpunkte philosophischen Denkens (Bondeli (1995), S. 104).[3] Mit ihr eng verbunden ist der im »Zweiten Buch« ausgeführte Ansatz einer philosophischen Basis, die auf einer nicht sinnvoll zu bezweifelnden Tatsache beruht: die Wirklichkeit von Vorstellungen oder von Bewußtsein, worüber sich alle Philosophen einig sind (Versuch, S. 190).

Neben diesen Einheitsaspekten des Reinholdschen Unternehmens ist aber vor allem auf die doppelte Einheitsdimension zu verweisen, die durch die innere Struktur der Vorstellung ins Spiel gebracht wird. Die Vorstellung ist zum einen selbst eine Einheitsleistung, welche die Synthesis, die Einheit einer Form und eines Stoffs verkörpert und – indem alles, was im Gemüt vorgeht, Vorstellung ist – allem, was im Gemüt vorgeht, gemeinsam ist. Zum anderen geht es Reinhold nicht nur um die Gattung Vorstellung, die mehrere Arten unter sich enthält. Ihm schwebt der Leibnizsche Gedanke einer einzigen, grundlegenden Vor-

1 Vgl. Reinholds Brief an Jacobi vom 13. März 1790, in: Zoeppritz, Nr. 40, S. 138.
2 Vgl. Bondeli (1995), S. 20, 62, bes. 72-107.
3 Vgl. hierzu schon die *Herzenserleichterung* von 1785, bes. die in Kap. 1, Anm. 28. zitierte Stelle. Vgl. hierzu auch *Versuch*, S. 71ff.

stellungstätigkeit vor, die sich in verschiedenen Graden der Spontaneität äußert, je nachdem auf welche Art von Stoff sie sich bezieht. Dieser zusätzliche, fundamentale Einheitsfaktor schlägt sich wie gesehen vor allem in der Idee einer Theorie der Grade der Spontaneität nieder.

Diese doppelte, mit der inneren Struktur der Vorstellung verbundene Einheitsleistung und der damit zusammenhängende hierarchische Aufbau[4] erlauben eine erste Gesamtbetrachtung des Reinholdschen Projekts. Indem sie innerhalb der Gattung Vorstellung verschiedene Klassen derselben (Anschauungen, Begriffe und Ideen) auf eine erschöpfende und eindeutige Weise zu unterscheiden erlauben, werfen sie zugleich ein Licht auf Reinholds zugrundeliegenden Rechtfertigungsgedanken. Es geht Reinhold, zumindest was das »Dritte Buch« des *Versuchs* betrifft, nicht um eine Ableitung von Theoremen aus einem obersten Grundsatz, sondern um eine Rechtfertigung durch Klassifikation: Erst wenn sich eine Vorstellung oder Vorstellungsart in diesem System darstellen bzw. unterbringen und von anderen eindeutig unterscheiden läßt, kann sie als objektive, zumindest aber widerspruchsfreie Vorstellung bzw. Vorstellungsart gelten.[5] Reinholds Hauptinteresse an diesen einheitlichen Strukturen ist nicht das Auffinden eines intellektuellen Kuriosums, dasjenige, was Kant im Dunkeln gelassen hatte, die »allgemeine Wurzel unserer Erkenntniskraft« (KrV, B 863) oder das »gemeinschaftliche Prinzip«, auf das letztlich spekulative und praktische Vernunft zurückgeführt werden müssen (GMS, BA XIV), für sich genommen, sondern das mit dem Gedanken der Einheit verbundene Rechtfertigungskonzept.

Unter den mannigfaltigen Gedanken, die im Rahmen dieses Konzepts gerechtfertigt werden sollen, nimmt die Idee der Freiheit eine Vorrangstellung ein. Wir haben gesehen, daß – entgegen der mehr oder weniger expliziten Annahme zahlreicher Reinhold-Forscher, und anders als ein

4 Er basiert offenbar auf Kants Stufenleiter der Vorstellungsarten – vgl. KrV, B 376f.; auch KrV, B 383 und GMS, BA 107f.

5 Auf diesen Aspekt hat vor allem Bondeli (1995), S. 108f., hingewiesen. Vgl. auch Henrich (1991), S. 240f.

flüchtiger Blick auf die Themengliederung des *Versuchs* nahelegt – die Frage der Begründbarkeit *praktisch-moralischer* Grundsätze zentral ist in Reinholds Hauptwerk. Der *Versuch* setzt sich von vornherein als Ziel, den »vornehmsten Zweck der Philosophie« zu erfüllen, *»der Menschheit über die Gründe ihrer Pflichten und Rechte in diesem, und ihrer Erwartung für das zukünftige Leben allgemeingiltige Aufschlüsse zu geben«* (S. 74). Dieses Ziel ist leitend gewesen für den Aufbau des *Versuchs*, wie man vor allem am »Dritten Buch« und an der »Theorie der Vernunft« sieht. Reinhold gestaltet diesen gesamten zweiten Teil des Werks so, daß er nur durch eine Rechtfertigung der drei Ideen des absoluten Subjekts, der absoluten Ursache und der absoluten Gemeinschaft als abgeschlossen gelten kann.

Obwohl es sich nun in allen drei Fällen gleichermaßen um Ideen handelt, hat für Reinhold die Begründung der Idee einer absoluten Ursache und ihrer Freiheit eine fundamentalere Bedeutung als die Begründung der Ideen eines absoluten Subjekts und einer absoluten Gemeinschaft. Dies ergibt sich schon der Sache nach aus der Vorrangstellung der Freiheitsidee in der Kantischen »Moraltheologie«[6] der ersten *Kritik*, die von Reinhold übernommen wird.[7] Läßt sich nicht zeigen, daß (absolute) Freiheit zumindest denkbar, ein widerspruchsfreier Begriff ist, wäre man dem Determinismus ausgeliefert, was Moralität, Pflicht und den kategorischen Imperativ als fromme Wunschträume zurückließe und den Annahmen der Existenz Gottes und der Unsterblichkeit der Seele die einzig mögliche Grundlage nehmen würde.[8]

Dieser Vorrang der Freiheitsidee schlägt sich aber auch im Text des *Versuchs* nieder. Er zeigt sich hier in der Sonderstellung der Idee der absoluten Ursache in Reinholds Theorie der Grade der Spontaneität und in der Rolle, die diese Theorie in der Gestaltung des »Dritten Buchs« spielt. In der Theorie der Grade der Spontaneität besteht ihr

6 Vgl. KrV, B 842.

7 Vgl. hierzu Reinholds Bekenntnis zur »Moraltheologie« der KrV in *Versuch*, S. 82 (Anm.) und auf S. 575.

8 Kant betont die Sonderstellung der Idee der Freiheit vor allem in der KpV (vgl. ihre Vorrede, KpV, A 4ff.). Vgl. aber auch KrV, B XXVIIIf.

Vorrang darin, daß die Idee der absoluten Ursache den höchsten Grad der Spontaneität und so die hierarchische Spitze der Theorie ausdrückt. Im »Dritten Buch« zeigt er sich hingegen allgemein darin, daß Reinhold seine Theorie der Grade der Spontaneität gerade dort explizit formuliert, wo es zur ersten allgemeinen Erörterung des absoluten Grundes, insofern er auf das vorstellende Subjekt bezogen wird, kommt (S. 534-538). Indem diese Theorie zugleich den Leitfaden bildet, an dem sich das gesamte »Dritte Buch« gestaltet, wird den Gedanken der absoluten Ursache und der absoluten Freiheit innerhalb des gesamten Unternehmens einer Neubegründung der Kantischen Resultate eine Vorrangstellung zugewiesen. Reinholds Theorie des Vorstellungsvermögens erweist sich so ganz wesentlich als ein unter der Idee einer Vermittlung von Einheit und Freiheit durchgeführter Versuch, zu einer Rechtfertigung der drei Vernunftideen, und vor allem der Idee einer absoluten Freiheit zu gelangen.

Die Schwierigkeit, die sich Reinhold bei der Durchführung dieses Projekts in den Weg stellt, ist nur die andere Seite der darin verfolgten Vermittlung von Einheit und Freiheit. Reinholds Unternehmen scheitert, weil das wesentlichste Merkmal des durch die Theorie des Vorstellungsvermögens verkörperten Rechtfertigungsrahmens der zu rechtfertigenden Idee einer absolut freien Ursache widerspricht. Der Gedanke einer absolut freien Tätigkeit, einer Tätigkeit, die, in Reinholds Worten, von ihr selbst fremden Instanzen weder gebunden noch gezwungen werden kann, läßt sich unmöglich als synthetische, einheitsstiftende Tätigkeit eines vorstellenden Subjekts fassen – eine Tätigkeit, die ihrem Wesen nach an einen fremden, gegebenen Stoff und an apriorische, dem Selbstbewußtsein nicht zugängliche und deshalb ebenso fremde Bedingungen gebunden ist.[9]

9 Dies hat Fichte durchaus richtig gesehen. Vgl. den Entwurf eines Briefs an Stephani (?) von Mitte Dezember 1793, in dem es Fichte »drollig« erscheint, »wenn Reinhold die Vorstellung zum Generischen desjenigen machen will, was in der menschlichen Seele vorgeht. Wer das thut, kann nichts von Freiheit, von praktischem Imperativ wissen, wenn er consequent ist; er muß empirischer Fatalist werden!« (GA III,2, Nr. 171, S. 28).

Wie sehr es sich hier um eine Schwierigkeit in der Vermittlung von Einheit und Freiheit handelt, wird anhand des Begriffspaars absoluter / komparativer Freiheit deutlich. Dieses mußte Reinhold interessant erscheinen, weil es auf den ersten Blick nicht nur auf die Theorie der Grade der Spontaneität anwendbar ist, sondern auch einen Ausweg aus der Schwierigkeit andeutet, die Reinhold mit dem Kantischen Freiheitsbegriff hat. Doch aus demselben Grund, weshalb es in dem vom *Versuch* aufgestellten Rahmen unmöglich ist, eine Tätigkeit des vorstellenden Subjekts zu isolieren, die den Stoff der Vorstellung hervorbringt, läßt sich absolute Freiheit nicht als höchster Grad einer Spontaneität verstehen, die auch weniger als absolut frei sein kann. Entweder handelt es sich um *eine* Spontaneität, die ihrem Tätigkeitsgrad nach variiert, je nachdem, ob sie sich auf rohes sinnliches Material, Anschauungen oder Begriffsformen bezieht. Dann ist es vielleicht möglich, zwischen zwei Äußerungen dieser Spontaneität einen Unterschied im Freiheitsgrad festzustellen. Doch wird es sich auch im Falle des höchsten Tätigkeitsgrads – das Erzeugen der Ideen durch Vernunft – nur um eine in einem komparativen Sinne von Freiheit freie Äußerung der Spontaneität handeln können, da auch diese an einen gegebenen Stoff gebunden ist und so höchstens *vergleichsweise* – eben *komparativ* – frei*er* als eine andere, von ihr verschiedene Äußerung der Spontaneität sein kann. Nicht aber wird es sich um eine im eigentlichen Sinne freie Tätigkeit handeln können. Nur eine solche schickt sich aber als Fundament der »Pflichten und Rechte« der Menschen »in diesem, und ihrer Erwartung für das zukünftige Leben«. Oder aber es handelt sich um unterschiedliche Spontaneitäten. Dann ist es zwar prinzipiell möglich, eine absolut freie Tätigkeit der Vernunft neben bloß komparativ freien Tätigkeiten der Sinnlichkeit und des Verstandes anzunehmen, doch höchstens so, daß die Tätigkeit der Vernunft nicht mehr als Äußerung der Spontaneität eines *vorstellenden* Subjekts verstanden wird, womit zugleich auf den Rechtfertigungsrahmen der Theorie des Vorstellungsvermögens verzichtet wird.

Entweder an einer einheitlichen Theorie des Vorstellungsvermögens festhalten und auf die Rechtfertigung der Freiheitsidee verzichten. Oder an der Rechtfertigung der Freiheitsidee festhalten und einen neuen Rahmen für dieselbe suchen. Entweder diese Einheit, aber ohne Freiheit, oder Freiheit, aber ohne diese Einheit. Dies ist die Lage, in der sich Reinhold am Schluß des *Versuchs* befindet. Daß es sich dabei um eine mißliche Lage handelt, ist leicht zu sehen: Das, was Reinhold als den wichtigsten Zweck der Philosophie betrachtet, ist nicht nur nicht erreicht; die Theorie, die zu diesem Zweck entwickelt wurde, läßt denselben sogar als unerreichbar erscheinen. Ein Ausweg aus dieser Situation ist notwendig. Doch kann es sich dabei nur um eine der beiden Alternativen handeln. Welche wird Reinhold vorziehen?

Wie wir im zweiten Teil unserer Arbeit sehen werden, ist Reinholds philosophische Tätigkeit zwischen 1789 und 1792 immer auch als ein Ringen um einen Ausweg aus diesem Entweder-Oder zu verstehen. Die im Laufe der Theorie des Vorstellungsvermögens entstandene Schwierigkeit bildet sogar – so möchte ich im folgenden argumentieren – den wichtigsten Anhaltspunkt, um Reinholds philosophische Entwicklung bis Ende 1792 zu verstehen. Um die Antwort auf die vorhin gestellte Frage vorwegzunehmen: Reinhold wird sich für die Freiheit entscheiden, und das heißt eigentlich: Er wird das Primat der Freiheit nicht aufgeben. Damit soll nicht gesagt sein, daß Reinhold gleich nach Abschluß des *Versuchs* sein System verwirft. Erst drei Jahre später wird er *à-contre-cœur* akzeptieren, daß das Festhalten und die Rechtfertigung der Freiheitsidee die Preisgabe seines bisherigen Systems erfordert. Der Weg, den unser Autor bis zu dieser Schlußfolgerung geht, ist ein Weg allmählicher und oft mühsamer Annäherung. Wir wollen ihn anhand einer Analyse der zwei Schritte nachvollziehen, die für Reinhold bestimmend gewesen sind: die Trennung von praktischer Vernunft und Willen als Trennung des Willens vom Rechtfertigungsrahmen der Theorie des Vorstellungsvermögens, und die Aufwertung des gesunden Verstandes als neuer Rahmen, in dem eine Rechtfertigung der Freiheitsidee geleistet werden soll.

II. Praktische Philosophie und »Elementarphilosophie« (1790-1792)

5. Praktische Vernunft versus Willen: Von der Ausarbeitung der »Elementarphilosophie« bis zum »Beytrag« von 1792

Die unmittelbar auf das Erscheinen des *Versuchs* folgende Zeit ist für Reinhold eine Zeit intensiver publizistischer Tätigkeit. Reinhold ist damit beschäftigt, seine Theorie gegen erste Reaktionen[1] zu verteidigen und deren Standfestigkeit im Vergleich zu anderen Theorien zu testen. Dies schlägt sich in einer Reihe von kurzen, mehr oder weniger polemischen Berichtigungen, insbesondere aber in einigen größeren Aufsätzen nieder, in denen die Theorie des Vorstellungsvermögens einen verbesserten Ausdruck finden soll, und die zusammen den ersten Band einer neuen von Reinhold geplanten philosophischen Zeitschrift ausmachen, die schon erwähnten *Beyträge zur Berichtigung bisheriger Mißverständnisse der Philosophen* (1790).[2] Parallel dazu wird der mit den *Brie-*

1 Unter den zahlreichen Rezensionen des *Versuchs* sind für Reinhold besonders wichtig die von A. W. Rehberg (ALZ, Nr. 357/358, 19.-20. November 1789), J. G. H. Feder (*Göttingische Anzeigen von gelehrten Sachen*, 23.1.1790, und insbesondere: *Philosophische Bibliothek*, vol. III, 1790), K. H. Heydenreich (*Neue Leipziger gelehrte Anzeigen*, 7. Jun. 1790) und J. F. Flatt (*Tübingische gelehrte Anzeigen* Nr. 39, 1790). Ebenso von Gewicht dürften für Reinhold die ständigen kritischen Stellungnahmen des *Philosophischen Magazins* aus dem Jahr 1790 (J. A. Eberhard, J. C. Schwab) gewesen sein (vgl. »Ueber ein neues merkwürdiges Resultat der philosophischen Geschichte [...]«, in: PM, 2er Bd., 4 St.; »Ueber Herr Reinholds Resultate der Geschichte der philosophischen Lehre von Gott«, in: PM, 2er Bd., 4 St.; »Ueber den Begriff des Vorstellungsvermögens«, in: PM, 3er Bd., 1 St.; »Ueber den Reinholdischen Versuch einer neuen Theorie des menschlichen Vorstellungsvermögens«, in: PM, 3er Bd., 2 St.). Für eine ausführliche Behandlung dieser und noch anderer Besprechungen vgl. Pupi (1966), S. 223-283, Frank (1997), und neuerdings Fabbianelli (2003).

2 Auf die »hie und da« vertretene Ansicht, bei der Theorie des Vorstellungsvermögens handle es sich lediglich um eine »Paraphrase des Kantischen Systems«, reagiert Reinhold bereits in den im Oktober 1789 publizierten »Fragmenten TM« und verteidigt dann ausführlich diesen Punkt gegen Rehberg in einer öffentlichen *Erklärung* (ALZ, IB Nr. 137, 2. December 1789). Es folgen vier Anzeigen des ersten Bands der *Beyträge* (*Journal des Luxus und der Moden*, Intelligenzblatt Nr. 12, Dezember 1789; ALZ, IB Nr. 33, 13. März 1790; ALZ, IB Nr. 91, 17. Juli 1790; ALZ, IB Nr. 93, 24. Juli

fen über die Kantische Philosophie im *Teutschen Merkur* begonnene Vortrag für ein breiteres philosophisches Publikum fortgesetzt: Die Aufsätze des *Merkurs* werden erweitert, stilistisch und z.T. auch inhaltlich umgearbeitet und erscheinen bereits zur Ostermesse 1790 (Ende April) in Buchform.[3]

Reinhold schreibt in einem Brief an Jacobi, wie stark ihn die öffentliche Aufnahme seines *Versuchs* enttäuscht (Reinhold an Jacobi, 13. März 1790, in: Zoeppritz, S. 138-140). Die »fürchterliche Arbeit«, »ein solches *Skelet* des menschlichen Geistes anzufertigen« erscheint ihm, verglichen mit dem Beifall »auch der besten Köpfe« unter den Zeitgenossen, im Nachhinein als ein »sehr undankbare[s]« Unternehmen (ebd., S. 138). Daß diese Enttäuschung für die weitere inhaltliche Entwicklung der »Elementarphilosophie« aber auch eine positive Rolle gespielt hat, wird von Reinhold an anderer Stelle in diesem Brief nahegelegt. Mit Bezug auf die im Entstehen begriffenen *Beyträge I* schreibt er, es solle darin vor allem »eine wo möglich völlige Entwicklung meiner Gedanken über ein *allgemeingeltendes Princip* aller Philosophie« (ebd., S. 137) versucht werden, um wenigstens unter »dem bessern Theil der Selbstdenker«, und »auch nur über Hauptmomente«, ein Einverständnis zu ermöglichen.

Der Versuch, Mißverständnisse im Zusammenhang mit der Theorie des Vorstellungsvermögens zu tilgen, wird damit selbst zu einem wichtigen Terrain für die weitere inhaltliche Ausgestaltung der »Elementar-

1790) und eine *Erklärung* gegen die Besprechung Heydenreichs (ALZ, IB Nr. 80, 26. Juni 1790), die später in den ersten Band der *Beyträge* aufgenommen wird (S. 430-434). Der weitaus größte Teil der *Beyträge I* wird von folgenden sechs Abhandlungen eingenommen: »Ueber den Begriff der Philosophie« (S. 1-90); »Ueber das Bedürfniss die Möglichkeit und die Eigenschaften eines allgemeingeltenden ersten Grundsatzes der Philosophie« (S. 91-164); »Neue Darstellung der Hauptmomente der Elementarphilosophie« (S. 165-254); »Ueber das Verhältniss der Theorie des Vorstellungsvermögens, zur Kritik der reinen Vernunft« (S. 255-338); »Ueber die Möglichkeit der Philosophie als strenge Wissenschaft« (S. 339-372); »Erörterungen über den Versuch einer neuen Theorie des Vorstellungsvermögens« (S. 373-404). Zu Einzelheiten hierzu vgl. von Schönborn (1991), S. 77.

3 Zum Verhältnis der im *Merkur* erschienenen Aufsätze zu der späteren Buchausgabe der *Briefe* von 1790, vgl. von Schönborn (1991), S. 70f.

philosophie«. Weil Mißverständnisse in der Rezeption von Reinholds eigener Theorie nur vor dem Hintergrund eines allgemeinen Einverständnisses über Grundbegriffe umgangen werden können, gewinnt in ihr der Gedanke eines ersten allgemeingeltenden Prinzips zunehmend an Gewicht.[4] Reinholds Bemühungen um eine Neufassung seiner Theorie des Vorstellungsvermögens – eine Theorie, in welcher der Gedanke eines solchen Grund*satzes* noch nicht entwickelt ist – gehen deshalb nicht einfach in Richtung einer begrifflichen Klärung des *Versuchs*, sondern vor allem einer Ausarbeitung des Fundaments derselben. Der Gedanke des ersten allgemeingeltenden Prinzips der gesamten Philosophie, der *Satz des Bewußtseins*[5], seine Notwendigkeit, Beschaffenheit, Funktion und sein Verhältnis zu den übrigen Sätzen des philosophischen Systems bilden nun das Zentrum eines neuen »Versuchs über die Elementarphilosophie« (Beyträge I, S. IV). Unter diesen Umständen nimmt es nicht Wunder, daß Reinhold seiner Ankündigung, auf den *Versuch* eine Theorie des Begehrungsvermögens folgen zu lassen (Versuch, S. 575), in den darauffolgenden Monaten nicht nachkommt. Reinhold konzentriert seine Bemühungen auf den Kern seiner Theorie und die dagegen gerichteten Einwände. Die Neubearbeitung und Entwicklung der »Grundlinien«, die in den zeitgenössischen Rezensionen zum *Versuch* gänzlich übergangen werden, muß zunächst in den Hintergrund treten.

Daß Reinhold dennoch mit Stellung und Inhalten der »Grundlinien« unzufrieden ist, läßt sich aber schon aus einigen Stellen aus *Beyträge I* und dem ersten Band der *Briefe über die Kantische Philosophie* schließen, in denen das Verhältnis zwischen vorstellender Kraft und Vorstellungsvermögen[6] bzw. zwischen Begehrungs- und Erkenntnis-

4 Vgl. zu diesem Punkt insgesamt die Vorrede zum ersten Band der *Beyträge*.

5 Zum Satz des Bewußtseins vgl. unsere Anm. 2 in Kap. 2.

6 In diesen Texten schwankt Reinhold in seiner Auffassung von vorstellender Kraft. Während im ersten Band der *Briefe* unter »vorstellender Kraft« der *vollständige* Grund der Wirklichkeit der Vorstellung verstanden wird – ein Grund, der erst durch Zusammenwirkung des vorstellenden Subjektes und der Außendinge konstituiert wird (Briefe I, Neunter Brief, S. 249) –, wird in den *Beyträgen I* explizit behauptet (Neue Darstellung, S. 194), im Fall endlicher Wesen sei die einzig sinnvolle Bedeu-

vermögen mehr nebenbei zur Sprache kommt.[7] Auch geht aus einigen Briefen aus der Zeit zwischen 1790 und 1793 wiederholt die Sorge hervor, die Reinhold seine dem Publikum versprochene Theorie des Begehrungsvermögens bereitet.[8] Wie in diesem Kapitel gezeigt werden

tung des Ausdrucks die von »Vorstellungsvermögen (d.h. Rezeptivität und Spontaneität), inwiefern es in der Natur des Subjekts gegründet ist«. In den *Briefen hat* das vorstellende Subjekt nur Anteil an der vorstellenden Kraft bzw. an der Wirklichkeit der Vorstellung; in den *Beyträgen ist* der Anteil des Subjekts an der Wirklichkeit der Vorstellung die vorstellende Kraft: der Vorstellende ist hier das Subjekt der Kraft selbst. Beide Deutungen weichen offenbar von den »Grundlinien« ab, insofern hier die vorstellende Kraft als »der eigentliche Grund der Wirklichkeit der Vorstellung, in so weit derselbe *im vorstellenden Subjekt* vorhanden seyn muß« (Versuch, S. 560, hervorgehoben von mir, A. L.), und gerade nicht als »die blos ihrer Möglichkeit nach *à priori* bestimmten Formen der Receptivität und der Spontaneität« (die *Deutung C* von Abs. 3.1.) zu verstehen ist (ebd.).

7 In einer selbstkritischen, gegen den *Versuch* gerichteten Bemerkung behauptet Reinhold in *Beyträge I* (Ueber das Verhältniss, S. 277), die als Teile des »Dritten Buchs« enthaltenen Theorien der Sinnlichkeit, des Verstandes und der Vernunft stünden unter einem unangemessenen Titel, weil in diesen Theorien Sinnlichkeit, Verstand und Vernunft nicht als Vermögen bestimmter Erkenntnisformen (oder gar Formen des Begehrens), sondern lediglich als sinnliches, verständiges und vernünftiges Vorstellungsvermögen behandelt seien. Die Theorien des »sinnliche[n], verständige[n], vernünftige[n] Begehrungs- und Erkenntnißvermögen« seien stattdessen nicht *in*, sondern *unter* den entsprechenden drei Theorien des Vorstellungsvermögens enthalten (ebd.). Unter diesen Umständen ist nun die Eingliederung der »Grundlinien« in den *Versuch* erst recht problematisch. Denn sie müßten nun als Teil dieses aus den Theorien des sinnlichen, verständigen und vernünftigen Vorstellungsvermögens zusammengesetzten Ganzen und insbesondere als Teil der Theorie des vernünftigen Vorstellungsvermögens verstanden werden. Dies kann aber nicht sein, da in den »Grundlinien« eine Zusammenfassung der wichtigsten Punkte einer umfassenden Theorie des Begehrungsvermögen geliefert wird, eine Theorie, die nach Reinhold nicht mehr *zur* Theorie des Vorstellungsvermögens (d.h. auch nicht zur Theorie des vernünftigen Vorstellungsvermögens), sondern *unter* diese gehört.

8 So schreibt z.B. Reinhold im Zusammenhang mit seiner möglichen Berufung nach Kopenhagen an Baggesen (15. April 1791) seine Freude darüber, daß der ihm zugedachte Posten »keine Professur sein soll« (Bag I, S. 18), und über die »Muße, die Sie mich hoffen lassen, und die meiner *Theorie des Begehrungsvermögens* sehr gedeihlich sein wird [...]« (ebd.). An Kant tritt Reinhold mehr als anderthalb Jahre später (21. Januar 1793) – kurz nach Erscheinen des zweiten Bands der *Briefe über die Kantische Philosophie* und mit Bezug auf denselben – mit der Bitte heran, besonders den »Siebenten« und »Achten Brief« zu beurteilen, was »zum Behuf meines *Versuches*

soll, ist aber vor allem die 1792 vollendete begriffliche Trennung von Willen und praktischer Vernunft vor dem Hintergrund der Schwierigkeiten zu deuten, die für Stellung und Beschaffenheit der »Grundlinien« verantwortlich sind, und deren Aufklärung wir im ersten Teil unserer Arbeit versucht haben.

Wir werden uns im folgenden zunächst (5.1.) dem ersten öffentlichen Vollzug der Trennung von Willen und praktischer Vernunft in Reinholds Rezension von C. C. E. Schmids *Empirischer Psychologie* (ALZ Nr. 86 und 87, 2.-3. April 1792) zuwenden. Dieser von der Reinhold-Forschung erst kürzlich entdeckte Text[9] ist für eine Rekonstruktion der Folgen aus den Schwierigkeiten der »Grundlinien« und zugleich der Umstände, unter welchen diese begriffliche Trennung entstanden ist, von besonderem Interesse. Denn nicht nur handelt es sich hier für eine Buchbesprechung um einen philosophisch ungewöhnlich dichten Text. Ein Teil der philosophisch interessanten Bemerkungen nehmen Stellung zu einer Kritik, die Schmid gerade gegen die Theorie des Begehrungsvermögens der »Grundlinien« äußert, und die Reinhold dazu veranlaßt, in dieser Besprechung das Fundament einer neuen Theorie des Begehrens und des Willens zu skizzieren, innerhalb derer die Trennung von Willen und praktischer Vernunft vollzogen wird. Vor allem ist es hier möglich, ausgehend von Schmids Kritik und Reinholds Anerkennung derselben, eine erste Hypothese zur Rekonstruktion dieser begrifflichen Trennung als Reaktion auf die Schwierigkeiten der »Grundlinien« zu liefern. Weil es aber aus der Besprechung der *Empirischen Psychologie* letztlich nicht möglich ist, die komplexe Interdependenz der übrigen mit jener zusammenhängenden begrifflichen Änderungen aufzuklären, und weil die aufgestellte Hypothese letztlich nur anhand der wirklichen und vollständigen Genese derselben bestätigt werden kann, werden wir in 5.2. diese Genese weiter verfolgen. Als Ergebnis wird sich festhalten las-

einer Theorie des Begehrungsvermögens, den ich schon seit einigen Jahren in meiner Seele herum trage die größte Wohlthat seyn« würde, zumindest aber »Herzstärkung zur Überwindung der grossen Schwierigkeiten [...], die ich bereits aus Erfahrung kenne, und die mir noch [...] bevorstehen« (AA XI, Nr. 525, S. 396).

9 Vgl. Lazzari (1995), S. 417f.; Bondeli (1995a), S. 49; Bondeli (1997), S. 253; Berger (1998), S. 185ff. u. ö.; von Wallwitz (1998), S. 96, 148.

sen, daß sich Reinholds neue Willensauffassung während der Entstehungszeit des »Beytrags« von 1792, also zwischen Anfang November 1791 und März 1792 formiert. Dies wird auf der einen Seite erlauben, die These zu relativieren, wonach die Trennung von Willen und praktischer Vernunft als Reaktion Reinholds auf die Einsicht in Schwierigkeiten von Schmids sogenanntem »intelligiblem Fatalismus« zu verstehen sei (5.3.). Andererseits wird es aufgrund dieser philosophiehistorischen Befunde möglich sein, den genauen argumentativen Rahmen von Reinholds begrifflicher Trennung zu rekonstruieren (5.4.). Im einzelnen wird sich dabei zeigen, daß es Schwierigkeiten rechtsphilosophischer Natur sind, welche Reinhold letztlich zur Preisgabe der Kantischen Identität von Willen und praktischer Vernunft bewegen – Schwierigkeiten, die in einem Aufsatz, der gewissermaßen als Vorfassung des »Beytrags« von 1792 gelten muß, in der »Ehrenrettung des positiven Rechtes« (NTM, September / November 1791), enthalten sind. Diese Befunde werden zum Schluß gestatten, Reinholds Trennung beider Begriffe in ihrer gegenüber den weiteren begrifflichen Verschiebungen dieser Zeitspanne fundamentalen Bedeutung vor dem Hintergrund der Schwierigkeiten der »Grundlinien« zu rekonstruieren und die im Zusammenhang der »Rezension Schmid« gelieferte Hypothese zu bestätigen (5.5.).

5.1. Wille und praktische Vernunft in der Rezension von C. C. E. Schmids *Empirischer Psychologie*

Die Trennung von Willen und praktischer Vernunft wird an einer Stelle sichtbar, die unmittelbar an eine Kritik der Schmidschen Auffassung des Begehrens anschließt. Reinhold gesteht zunächst ein, »daß er [der Rezensent, d.h. Reinhold, A. L.] bisher auch bey keinem anderen Philosophen [als Schmid, A. L.] einen durch Bestimmtheit befriedigenderen Begriff vom *Begehren* gefunden habe«, fügt dann hinzu, »daß ihm die Ursache davon in den dabey vorausgesetzten Grundbegriffen zu liegen scheine, deren gänzliche Undeutlichkeit selbst durch ihre jedermann geläufige Klarheit begünstiget wird«, und unterbreitet schließlich einige Gedanken in dieser Sache »der Prüfung des Hn. Prof. *S.*« (Rezension Schmid, Sp. 11). Die nun folgenden Gedanken beginnen mit einer Aufteilung der Gemütsvermögen in Vorstellungs-, Erkenntnis- und Begehrungsvermögen in weitester Bedeutung (ebd.), konzentrieren sich aber immer stärker auf eine Gegenüberstellung von Begehren und Wollen. Im Hinblick auf die Bedeutung dieser Ausführungen für unsere Diskussion, wollen wir sie im folgenden ganz wiedergeben:

> Wann und in wie ferne das *Daseyn* und die *Beschaffenheit* einer Vorstellung nicht von der bloßen Selbstthätigkeit des Subjectes, sondern von einem *gegebenen Stoffe* abhängt; in so ferne muß der Trieb in Rücksicht auf eine solche Vorstellung durch *Afficirtwerden* gereizt seyn, und die *subjective* Uebereinstimmung oder der Widerspruch *dieser* Vorstellung [...] kann sich nur durch *Lust* und *Unlust* ankündigen [...] In so ferne ist der Begehrungstrieb in engerer Bedeutung Trieb nach Vergnügen, und eigennütziger Trieb. Wann und in wieferne hingegen eine Vorstellung, ihrem Daseyn und ihrer Beschaffenheit nach, lediglich von der Selbstthätigkeit des Subjects abhängt, dann und in so fern ist die Lust weder Bestimmungsgrund, noch Gegenstand des Triebes, erfolgt aber im Subjecte durch das Bewußtseyn seiner eigenen Handlung. Dieß ist der Fall beym *reinen Wollen*, wo das Subject sich selbst zur Befriedigung oder Nichtbefriedigung einer Foderung des Triebes nach Vergnügen durch die bloße Vorschrift bestimmt, die es sich lediglich durch Vernunft und also nur um der Vorschrift selbst willen giebt, während sich dasselbe beym *empirischen Wollen* zwar auch durch eine Vorschrift, die es sich aber um des Vergnügens willen giebt, selbst bestimmt. *Begehren in engerer Bed.* wäre so nach die Aeusserung des Triebes, der durch Vergnügen oder Mißvergnügen zur Verstärkung oder Aufhebung einer Empfindung gereizt wird, *Wollen* hingegen die Handlung des Subjectes, durch welche sich dasselbe zur Befriedigung oder Nichtbefriedigung einer Foderung des begehrenden Triebes selbst bestimmt. (Rezension Schmid, Sp. 12)

Die hier vertretenen Ansichten zu Wollen und Begehren unterscheiden sich auf den ersten Blick nicht von der bereits in den »Grundlinien« enthaltenen Auffassung. So ist schon dort das Moment der durch Bewußtsein begleiteten Selbsttätigkeit zentral in der Unterscheidung beider Vermögen, genau so wie die Gegenüberstellung von reinem und empirischem Willen. Die in den »Grundlinien« enthaltenen und im dritten Kapitel behandelten Schwierigkeiten sind allesamt auch in dieser kurzen Passage sichtbar und treten in ihr sogar noch deutlicher hervor. Wie schon in den »Grundlinien« bleibt auch hier offen und problematisch, wie der Gedanke einer ganz von der Selbsttätigkeit des Subjekts abhängigen Vorstellung – eine Vorstellung also, in welcher Form *und* Stoff auf die Selbsttätigkeit des Subjekts zurückgehen – mit den Grundannahmen der Theorie des Vorstellungsvermögens bzw. der »Elementarphilosophie« in Einklang zu bringen sei. Und wie schon in den »Grundlinien« ist es unklar, wie der empirische Wille als ein Erzeugen von Vorstellungen verstanden werden könne, das zugleich vom reinen Willen und vom bloßen Begehren zu unterscheiden wäre.

Doch zeigen sich hier bei näherem Hinsehen Veränderungen in Reinholds Handhabung seiner Begrifflichkeit. Gegenüber den Bestimmungen der »Grundlinien« ist *erstens* auf die vorrangige Stellung des eigennützigen Triebs als Bezugspunkt des Willens und auf die entsprechend modifizierte Willensdefinition hinzuweisen. Nicht nur der empirische Wille, wie in den »Grundlinien«, auch der reine Wille wird nun in bezug auf den eigennützigen Trieb definiert. Der Unterschied zwischen reinem und empirischem Willen scheint nicht mehr in der jeweiligen Bezugnahme auf den uneigennützigen und auf den eigennützigen Trieb zu bestehen, sondern in der Art und Weise, wie sich beide auf den eigennützigen Trieb beziehen. Der Wille als solcher wird nun nicht mehr in bezug auf Trieb überhaupt, sondern auf eigennützigen oder »begehrenden« Trieb definiert, als »Handlung des Subjectes, durch welche sich dasselbe zur Befriedigung oder Nichtbefriedigung einer Foderung des begehrenden Triebes selbst bestimmt«. Eine zweite Veränderung in Reinholds Begrifflichkeit ist unmittelbar mit dieser neuen Willensdefinition verbunden. Es ist die Rede von »Vorschriften« als das Mittel, durch welches sich der Wille selbst als reiner oder empirischer Wille bestimmt.

Im Rahmen dieser insgesamt veränderten Begriffskonfiguration kommt es nun zur ersten öffentlichen Formulierung der Trennung von Willen und praktischer Vernunft:

> Vielleicht wäre auf diesem Wege auch der *bestimmte* Begriff von *Willen* zu finden, den man bisher selbst in der *kritischen* Philosophie mit Recht vermißt hat. *Causalität der Vernunft in Ansehung ihrer Handlungen, Vermögen nach Principien oder nach der Vorstellung von Gesetzen zu handeln,*

oder etwas gemäß einer Idee hervorzubringen, findet auch bey solchen Operationen des Gemüthes statt, die von allen Willenshandlungen wesentlich verschieden sind. Die Vorschrift der Vernunft ist nur in so ferne *praktisch*, als sie die Befriedigung oder Nichtbefriedigung des begehrenden Triebes betrifft. Das wollende Subject giebt sich entweder eine solche Vorschrift als bloßes Mittel zu jener Befriedigung, oder es beschließt die Befriedigung oder Nichtbefriedigung als bloßes Mittel, um die Vorschrift auszuführen. In beiden Fällen handelt das Subject durch Vernunft, oder durch das Vermögen, Vorschriften zu geben; aber auch in beiden ist der *begehrende* Trieb in demselben geschäftig. *Wille* ist also das Vermögen (nicht der Vernunft, sondern) des *Subjectes*, sich selbst in Rücksicht auf die Foderungen des begehrenden, oder eigennützigen, Triebes zu bestimmen; und der *Begriff vom Willen* wird eben so sehr verfehlt, wenn er in der bloßen Vernunft, als wenn er im bloßen eigennützigen Triebe aufgesucht wird«. (Rezension Schmid, Sp. 12)

Reinhold setzt hier gegen Kants wichtigste Willensdefinitionen eine Kritik an, die Hand in Hand mit seiner Neufassung der Begriffe von Vernunft, Begehren und Wollen geht. Nach ihr ist es nicht nur ein Fehler, den Willen einfach als Kausalität der Vernunft zu definieren – eine Auffassung, die Reinhold schon zu Beginn des *Versuchs* kritisiert (Versuch, S. 91). Ebenso fehlerhaft ist eine Definition des Willens als Vermögen, nach der Vorstellung von Gesetzen zu handeln oder etwas gemäß einer Idee hervorzubringen. Alle diese Merkmale kommen zwar auch dem Willen zu, erlauben aber für sich genommen – weil sie sich auch bei anderen »Operationen des Gemüts« finden – keine *hinreichende* Bestimmung des Willens. Mit anderen Worten: Es gehören zu einer befriedigenden Definition des Willens neben diesen auch andere Merkmale oder Kombinationen von Merkmalen, die es erlauben, ihn von allen übrigen »Operationen des Gemüts« eindeutig zu unterscheiden.

Reinholds implizite Kritik gegen Kants Identifizierung von praktischer Vernunft und Willen[10] erscheint hier als Erläuterung dieser The-

10 Vgl. z.B. KpV, A 57, S. 105, 160, 225 und GMS, BA 36: »Da zur Ableitung der Handlungen von Gesetzen Vernunft erfodert wird, so ist der Wille nichts anders, als praktische Vernunft«. Reinhold wird aber auch später (vgl. z.B. *Briefe II*, S. 267ff., 293) nie Kant selbst, sondern immer nur die sogenannten »Freunde der

sen. Praktische Vernunft und Wille könnten nicht einfach identifiziert werden, weil erstere, als das Vermögen, Vorschriften hinsichtlich der Befriedigung oder Nichtbefriedigung des begehrenden Triebs zu geben, in allen Handlungen des Wollens auf genau dieselbe Weise tätig ist, die Handlungen des Wollens in Beziehung auf diese Vorschriften aber ganz verschieden ausfallen können. Jede Willenshandlung geschieht gewissermaßen »durch praktische Vernunft«, in dem Sinne, daß in ihr auch praktische Vernunft wirksam ist. Doch gibt es neben praktischer Vernunft noch andere konstitutive Momente derselben: *Jede* Äußerung des Willens zeichnet sich auch durch die Wirksamkeit des eigennützigen, begehrenden Triebs aus und durch die Fähigkeit, sich zu beiden Trieben zu verhalten, so daß sowohl die Erfüllung der Vorschrift der praktischen Vernunft der Befriedigung des begehrenden Triebs, als letztere der Vernunftvorschrift willentlich untergeordnet werden kann.

Diese Zurückweisung der Identifizierung von Willen und praktischer Vernunft stellt eine deutliche Veränderung gegenüber Reinholds Position der »Grundlinien« dar, wo beide zwar nicht explizit als identisch behauptet, doch aber – noch im Geist der Kantischen »Resultate« – als solche vorausgesetzt werden.[11] Im Unterschied zu den »Grundlinien«, wo vom Willen als »Selbsttätigkeit des Triebs« (Versuch, S. 567) und als »Vermögen der Spontaneität der Vernunft« (ebd., S. 571) die Rede ist, wird der Wille nun eindeutig als eigenes *Grundvermögen* neben Begehrungsvermögen und praktischem Vernunftvermögen hingestellt.

Doch auch andere Begriffe in diesem Textabschnitt zeigen, wie weit sich Reinhold inzwischen von seiner früheren Position distanziert hat. Diese deuten zugleich auf eine grundlegende Interdependenz aller Veränderungen im unmittelbaren Umkreis von Willen und praktischer

Kantischen Philosophie« öffentlich der fehlerhaften Identifizierung von Willen und praktischer Vernunft beschuldigen. Diese hätten – so eine bei Reinhold später öfter vorkommende Wendung – dasjenige, was bei Kant bloß als *Erörterung* des Willensbegriffs intendiert gewesen sei, in Definitionen des Willens umgewandelt. Wie aber z. B. an einer Stelle eines Briefs an Baggesen deutlich wird, hat Reinhold in Wirklichkeit auch Kant selbst diesen Fehler zugeschrieben (vgl. Reinhold an Baggesen, 28. März 1792, Bag I, S. 168). Vgl. hierzu unsere Diskussion in Abs. 7.4.

11 Vgl. Fabbianelli (1998/99), S. 47.

Vernunft hin. Reinhold operiert hier nicht nur mit einem gegenüber den »Grundlinien« modifizierten Verständnis von Vernunft, Begehren und Willen. Auch ist Vernunft nicht mehr in demselben Sinne praktisch. Indem nun ihre Vorschrift »nur in so ferne *praktisch* [ist], als sie die Befriedigung oder Nichtbefriedigung des begehrenden Triebes betrifft«, sind die Vorschrift des Sittengesetzes und eine beliebige technische Regel zur Erreichung bestimmter Zwecke – im Unterschied zu den »Grundlinien«[12] – zwei gleichermaßen praktische Äußerungen der Vernunft. Zugleich weist der kursiv hervorgehobene und der Vernunft explizit gegenübergestellte Begriff des Subjekts auf Reinholds Suche nach einem Subjektbegriff, welcher der neuen begrifflichen Entwicklung Rechnung trägt und somit umfassender ist als der des Subjekts des Vorstellungsvermögens.

Offen bleiben nach der Lektüre dieser Ausschnitte die tieferen Gründe hinter den Bedeutungsveränderungen. Reinhold scheint auf der einen Seite sagen zu wollen, die Trennung von Willen und praktischer Vernunft ergebe sich aus der Einsicht in die wahre Natur der praktischen Vernunft und insbesondere ihrer Rolle im Willensbestimmungsprozeß. Weil praktische Vernunft in Wirklichkeit nur das Vermögen ist, bestimmte Vorschriften aufzustellen, solche nämlich, welche die Befriedigung oder Nichtbefriedigung des begehrenden Triebs betreffen, und nicht mehr als dies, könne praktische Vernunft nicht zugleich das Kausalitätsmoment im Wollen ausmachen, da dieses immer auch ein besonderes Sich-Verhalten zu den Vorschriften beinhaltet, das nicht selbst auf letztere zurückgeführt werden kann. Doch wenn es auch aus diesen Gründen einleuchtet, daß bei der Annahme, praktische Vernunft sei in jedem Wollen als ein Vermögen, bestimmte Vorschriften aufzustellen, tätig, der Wille nicht mit praktischer Vernunft identifiziert werden dürfe; es bleibt die Frage: Warum muß man praktische Vernunft *so* verstehen?

Der Ausschnitt aus Reinholds Besprechung der *Empirischen Psychologie* legt aber zugleich eine andere Begründung der Trennung von Willen und praktischer Vernunft nahe – eine Begründung, die gerade

12 Vgl. *Versuch*, S. 571.

umgekehrt verläuft. Nach ihr ist das eingeschränkte Verständnis praktischer Vernunft als Vermögen bestimmter Vorschriften nicht als Ursache, sondern als Folge der Einsicht zu verstehen, die im Wollen vorhandene Kausalität könne nicht insgesamt als Kausalität praktischer Vernunft verstanden werden: Weil letzteres der Fall ist, müsse man sozusagen die Rolle praktischer Vernunft im Willensbestimmungsprozeß einschränken, und d.h. auf das *Aufstellen* von Vorschriften reduzieren. Der Grund für die Unangemessenheit der Identifikation von Willen und praktischer Vernunft liege seinerseits darin, daß Kausalität der Vernunft usw. »auch bey solchen Operationen des Gemüthes statt[findet], die von allen Willenshandlungen wesentlich verschieden sind« (Rezension Schmid, Sp. 12). Dies bedeutet im einzelnen: Der Wille kann nicht lediglich als Kausalität der Vernunft usw. *definiert* werden, weil Kausalität der Vernunft auch in anderen Operationen des Gemüts vorkommt, von denen klar ist, daß der Wille an ihnen keinen Anteil hat.

So bleibt es auch und gerade *nach* diesen Begründungsansätzen bei der Frage: Welche Gründe stehen letztlich hinter Reinholds gänzlicher Trennung von Willen und praktischer Vernunft – eine Trennung, die trotz der Dunkelheit dieser Textpassagen als vom Autor auf hinreichend klare Weise angenommen erscheint? Und wie hängen diese Gründe mit den im ersten Teil unserer Arbeit behandelten Schwierigkeiten des *Versuchs* zusammen?

Reinholds Besprechung von Schmids *Empirischer Psychologie* ist auch deshalb bemerkenswert, weil aus ihr eine erste Beantwortung dieser Fragen hervorgeht. Um zu ihr zu gelangen, müssen wir das Umfeld der Trennung von Willen und praktischer Vernunft, so wie es sich uns in dieser Rezension darstellt, etwas näher betrachten. Insbesondere müssen wir uns der schon erwähnten Kritik zuwenden, die Schmid – ohne Reinholds Namen zu nennen – gegen die in den »Grundlinien« enthaltene Bestimmung des Triebs und des Begehrens formuliert, da Reinholds Trennung von Willen und praktischer Vernunft sowie die übrigen Begriffsänderungen im Rahmen grundsätzlicher Überlegungen sichtbar werden, die als Reaktion auf diese Kritik zu verstehen sind.

Schmids Kritik befindet sich im Paragraphen Nr. LIX der *Empirischen Psychologie*, der die Überschrift »Von der Vorstellungskraft. *Begriff*« trägt. Im Lehrsatz dieses Paragraphen heißt es unter anderem:

> Derjenige innere Bestimmungsgrund einer Thätigkeit, wodurch erst eine Vorstellung überhaupt würklich wird, kann nicht selbst wieder in einer Vorstellung, mithin auch in keinem vorgestellten Zwecke, in so fern er vorgestellt wird, gesucht und angetroffen werden. (EP, S. 218f.)

Als Erörterung hierzu fährt dann Schmid wie folgt weiter:

> Es ist nicht richtig gesprochen, und macht alle Abtheilung der Gemüthskräfte schwankend, wenn man alles Bestreben, jeden Trieb oder Instinkt zum Begehrungsvermögen oder gar zum Willen rechnet. Man sollte den letztern Begriff auf diejenigen Bestrebungen einschränken, die von schon vorhandenen Vorstellungen abhängen und durch dieselben mit oder ohne Bewußtseyn bestimmt werden. Die übrigen Triebe gehören zur Vorstellungskraft, in engerer Bedeutung [...] Der Trieb nach Vorstellungen überhaupt und nach solchen Arten derselben, als durch das Vorstellungsvermögen möglich sind, unabhängig von der Voraussicht der davon abhängenden Gefühle, ist eine unmittelbare Folge der Vorstellungskraft. Der Trieb nach Vorstellungen, wegen gewisser erfahrner und nun voraus gesehener Gefühle, die mit ihnen verbunden sind, gründet sich zunächst auf das Gefühlvermögen und das Daseyn einer Kraft, dieß Vermögen in Anwendung zu bringen, ob er gleich mittelbarerweise mit der Vorstellungskraft zusammenhängt. Der Trieb endlich Vorstellungen zu realisiren, d. i. durch die Vorstellung von gewissen Handlungen [...] und Handlungsweisen oder von gewissen (innern oder äußern) Objekten bestimmt, sich zu einer solchen Handlung zu bestimmen oder bestimmen zu lassen, mit solchen Objekten zu vereinigen, sich ihnen auf irgend eine Art zu nähern und die Vorstellung dadurch lebendiger und vollständiger zu machen – dieser Trieb macht die Äußerung des Begehrungsvermögens oder des Willens aus. Sie setzt voraus, daß das Gemüth vorher blindlings auf gewisse Art gehandelt, gewisse Objekte (der Sinne oder des Verstandes, oder der Vernunft) sich vorgestellt habe, ehe ein bewußtes Bestreben darnach entstand [...] Es muß also nothwendig Thätigkeiten des Gemüthes geben, vor dem Begehren und Wollen, und man hat sie, jedoch zum Nachtheil einer genauen Methode, darum mit Äußerungen des Willens verwechselt [...] (EP, S. 218ff.).

Gerade zu dieser Kritik nimmt nun Reinhold in seiner Besprechung auf eine ungewöhnliche Weise Stellung. In bezug auf den zweiten Abschnitt des zweiten Teils der *Empirischen Psychologie* (»Psychologische Untersuchung über das Vorstellungsvermögen und die Vorstellungskraft der Seele«), und insbesondere auf § LIX, der diesen Abschnitt eröffnet, schreibt er:

> Die folgende Abhandlung *über die vorstellende Kraft* unterscheidet den Trieb der *Vorstellenden* von dem Triebe der *Begehrenden* Kraft, und tadelt sehr gründlich das Verfahren derjenigen, welche jeden Trieb zum Begehrungsvermögen zählen. Dieses hat sich auch Hr. *Reinhold* in seiner Theorie zu schulden kommen lassen, in dem er zwar, wie Hr. *S.*, den Trieb als das Verhältniß der Kraft zum Vermögen definirt, allein gleich darauf das Bestimmtwerden durch den Trieb zum Hervorbringen einer Vorstellung *das Begehren* nennet. Die von diesem Schriftsteller zuerst angegebene, aber mit Unrecht auf das Begehrungsvermögen eingeschränkte, Eintheilung des Triebes in den Trieb nach Stoff und nach Form der Vorstellung, wird von Hn. *S.* auf die vorstellende Kraft angewendet, und in dieser Eigenschaft trefflich ausgeführt. (Rezension Schmid, Sp. 7f.)

Reinhold gibt in dieser Bemerkung gegenüber Schmids Kritik zu, daß nicht jeder Trieb als Form des Begehrens zu verstehen ist – und damit implizit auch, daß seine Definitionen des Begehrens und Begehrungsvermögens der »Grundlinien« inadäquat sind[13] –, insbesondere aber, daß das Bestimmtwerden durch den Trieb zum Hervorbringen einer Vorstellung nicht als Begehren zu verstehen ist. Interessant an diesen Äußerungen ist aber nicht so sehr das, was Reinhold Schmid explizit zugibt, sondern die Gründe hinter diesem Eingeständnis. Warum kann das Bestimmtwerden durch den Trieb zum Hervorbringen einer

13 Vgl. *Versuch*, S. 561: »Durch den Trieb zur Erzeugung einer Vorstellung bestimmt werden, heißt *Begehren*, und das Vermögen durch den Trieb bestimmt zu werden, das *Begehrungsvermögen* in weiterer Bedeutung«. Wenn Reinhold zugibt, daß nicht alle Triebe dem Begehrungsvermögen angehören, müssen ihm diese Definitionen nun als unzureichend erscheinen, weil damit das Bestimmtwerden durch den Trieb auch anderen Vermögen zukommt, so daß dieses Merkmal nicht mehr hinreichend ist, um das Begehrungsvermögen von anderen Vermögen zu unterscheiden. Vgl. hierzu auch Heydenreich (1793), S. 145.

Vorstellung nicht als Begehren verstanden werden? Der Verzicht auf eine eigene Angabe von Gründen und der Verweis auf die »sehr gründlich[en]« und »trefflichen« Ausführungen Schmids legen nahe, Reinhold erkenne hier implizit die Gründe an, die für Schmid selbst Veranlassung dazu sind, die Identifizierung von Begehren und Bestimmtwerden durch den Trieb zum Erzeugen einer Vorstellung zurückzuweisen.

Schmids Grund für diese Zurückweisung ist aber an prominenter Stelle gerade in den wenigen eben zitierten Zeilen aus dem Lehrsatz zu § LIX enthalten: »Derjenige innere Bestimmungsgrund einer Thätigkeit, wodurch erst eine Vorstellung überhaupt würklich wird, kann nicht selbst wieder in einer Vorstellung, mithin auch in keinem vorgestellten Zwecke, in so fern er vorgestellt wird, gesucht und angetroffen werden.« (EP, S. 218f.) Schmid will hiermit im wesentlichen sagen: Das ursprüngliche Erzeugen von Vorstellungen, die Tätigkeit, wodurch eine Vorstellung erst zustande kommt bzw. wirklich wird, ist nicht richtig definiert, wenn in seiner Bestimmung auf schon vorhandene Vorstellungen rekurriert wird, denn dies ergibt einen Regressus. Es geht hier nämlich um die Definition der Tätigkeit, »wodurch *erst* eine Vorstellung *überhaupt*« wirklich wird (Kursiva von mir, A. L.), das eigentliche Vorstellen in engerem Sinn.

Dieser letzte Punkt hat nun eine *zweifache Konsequenz* für die Bestimmung der übrigen Tätigkeiten des Gemüts. *Erstens* folgt daraus, daß nur diejenigen Tätigkeiten, die in diesem ursprünglichen Sinne Vorstellungen zur Wirklichkeit bringen, Fälle oder Arten des Vorstellens sind, und daß nur im Zusammenhang dieser Tätigkeiten von Vorstellungsvermögen, Trieb nach Vorstellungen und Vorstellungskraft im engeren Sinn die Rede sein kann. Schmid unterscheidet deshalb streng zwischen dem Vermögen, »wodurch Vorstellungen möglich sind« (ebd., S. 172) – das Vorstellungsvermögen mit seiner vorstellenden Kraft – und den Vermögen, die erst »durch Vorstellungen möglich« sind (ebd., S. 172) – das Gefühlsvermögen mit seiner Gefühlskraft und das Begehrungsvermögen mit seiner Begehrungskraft (ebd., S. 173). Das Vorstellungsvermögen ist – wie sich Schmid auch ausdrückt – kein absolutes Grundvermögen in dem Sinne, daß »die übrigen Vermögen

[...] schon durch dasselbe gegeben« oder »in demselben enthalten« wären (ebd., S. 173).[14]

Zum anderen folgt aus Schmids Auffassung einer Definition des Vorstellens, daß von solchen Tätigkeiten des Gemüts, die ihrem Wesen nach auf schon vorhandene Vorstellungen rekurrieren, nicht in demselben Sinne gesagt werden kann, sie realisierten diese Vorstellungen, wie dies für das Vorstellen der Fall ist. Beim Realisieren der schon gegebenen Vorstellung eines bestimmten Objekts kann es sich nur um ein Wirklichmachen einer Vorstellung in einer anderen Bedeutung handeln, etwa um eine »Vereinigung mit diesem Objekt« oder um eine Annäherung an dasselbe, welche »die Vorstellung dadurch lebendiger und vollständiger« machen würde (ebd., S. 220), nicht aber um das ursprüngliche Wirklichmachen der vorgegebenen Vorstellung, da letztere in jenem eigentlichen und ursprünglichen Sinne von »wirklich« bereits wirklich ist.

Durch seine Aneignung des Schmidschen Einwands in seiner Rezension erkennt Reinhold im wesentlichen die erste der beiden Konsequenzen an. Reinhold sieht, daß das Vorstellen und damit das Erzeugen einer Vorstellung auf eine Weise konstitutiv für das Begehren ist, daß sich letzteres nicht einfach als ein Bestimmtwerden durch den Trieb zum Erzeugen einer Vorstellung bestimmen läßt. Das Bestimmtwerden durch den Trieb zum Erzeugen einer Vorstellung kann nicht selbst schon als Begehren verstanden werden, weil damit das schon konstituierte Begehren notwendige Voraussetzung der Vorstellung wäre, und

14 Schmids Begründung seiner Auffassung des Begehrens verweist auf einen intuitiv einleuchtenden Punkt: Begehren ist immer ein Begehren von etwas, oder: Jedes Begehren hat ein Objekt, das begehrt wird. Dieses Objekt aber »muß schon dem Gemüthe, aber nicht eben als Begehrungs- sondern nur als Vorstellungsvermögen angehören; es muß als *Stoff des Vorstellungsvermögens* schon vorhanden seyn, insofern es Stoff des Begehrens werden soll. Ohne dem ist kein Begehren möglich, weil sonst nichts begehrt würde.« (EP, S. 337) Oder, wie es an anderer Stelle heißt: »Es ist doch immer eine Vorstellung vorausgegangen, die als Ursache des Begehrens anzusehen ist.« (Ebd., S. 220) Allerdings relativiert Schmid etwas später im Text seine Meinung über diesen Punkt. Begierde sei zwar ohne Vorstellung möglich (EP, S. 342), doch nicht ohne Stoff des Vorstellungsvermögens: »Der Stoff einer Begierde muß Stoff des Vorstellungsvermögens seyn; ausserdem wäre keine Beziehung des Objekts auf das Gemüth möglich [...]« (ebd., S. 341 u. ö.).

letztere nicht mehr selbst notwendige Voraussetzung des Begehrens sein könnte. Der Akt, durch welchen eine Vorstellung erzeugt wird, ist der Akt einer Grundkraft, der *vorstellenden* Kraft, und der Trieb dazu Trieb der vorstellenden Kraft, während das Begehren die Tätigkeit einer anderen Grundkraft, der *begehrenden* Kraft, ist, und der entsprechende Trieb Trieb der Begehrungskraft.[15]

Durch die explizite Anerkennung der ersten Konsequenz aus Schmids Einwand und durch die implizite Anerkennung des Hauptgrunds desselben (ebd., Lehrsatz zu § LIX) ist aber auch ein Schlüssel

15 Dennoch unterzieht Reinhold in seiner Besprechung Schmids Verständnis von *Gefühl* und *Begehren* einer eingehenden Kritik. Die Tatsache, daß man sich bei manchen Gefühlen gar keiner besonderen Vorstellung oder keines Gegenstandes bewußt ist, könne nicht Grund sein, um zu schließen, daß ein Gefühl keine Vorstellung sei, sondern verleite vielmehr zur Schlußfolgerung, daß es »*dunkle* Gefühle gebe« (Rezension Schmid, Sp. 9; vgl. EP, S. 258, 269f.). Und ebenso lasse sich Schmids Definition des Begehrens als Vermögen, Vorstellungen zu realisieren bzw. die Gegenstände von Vorstellungen wirklich zu machen, selbst dann nicht mit der Annahme von Begehrungen, die nicht vom Bewußtsein eines vorgestellten Gegenstandes abhängen (vgl. ebd., S. 342), vereinbaren, wenn unter »Vorstellung« jeder Akt des Vorstellungsvermögen überhaupt verstanden würde. Denn in diesem Fall sind die Begehrungen, die nicht von einem solchen Bewußtsein abhängen, eben Begehrungen, die von keinem Akt des Vorstellungsvermögens überhaupt abhängen, so daß die Inkompatibiltät mit Schmids Definition des Begehrens bleibt. Diese Kritiken an Schmid gehen alle in dieselbe Richtung, nämlich die einer Relativierung der Konsequenzen von Schmids Lehre der Grundvermögen und der Grundkräfte für die »Elementarphilosophie«. Man könnte die Substanz dieser Kritiken auch so ausdrücken, daß Schmids Unterscheidung von verschiedenen, gleich ursprünglichen und neben einander bestehenden Vermögen (Vorstellungs-, Gefühls-, und Begehrungsvermögen) und Kräften keine Gefahr darstellt für eine auf dem Primat des Vorstellungsvermögens überhaupt aufgebauten »Elementarphilosophie«, weil Schmid nicht zeigen kann, daß es Gefühle und Begehrungen geben kann, die sich nicht als Vorstellungen oder zumindest als Vorkommnisse des Bewußtseins verstehen lassen, welche ein Vorstellen enthalten. Die gemeinsame Verteidigungslinie hinter diesen Kritiken an Schmid zeigt aber, daß Reinhold die Gefahr sieht, die von einer Anerkennung der Schmidschen Aufteilung der Grundvermögen für seine »Elementarphilosophie« ausgeht: der intuitiv einleuchtende Gedanke nämlich, daß je ursprünglicher die Vermögen des Gefühls, Begehrens und Vorstellens angesetzt werden, desto schwieriger es wird, sie allesamt *unter* einem übergeordneten und umfassenden Vorstellungsvermögen zu klassifizieren, eine Gefahr, die durch die problematische Annahme »dunkler Vorstellungen« nur noch deutlicher wird.

an die Hand gegeben, um zu verstehen, wie Reinhold zur Trennung von Willen und praktischer Vernunft kommen konnte und wie dies mit den Schwierigkeiten der »Grundlinien« zusammenhängt. Denn dort, wo Reinhold den Schmidschen Einwand und seine Gründe anerkennt, befindet er sich auch in unmittelbarer Nähe zur zweiten Konsequenz. Diese stellt aber einen nicht zu übersehenden Einwand gerade gegen Reinholds Versuch der »Grundlinien« dar, trotz der begegneten Schwierigkeiten doch noch zu einer Ableitung der Idee einer absolut freien absoluten Ursache zu gelangen. Denn wenn die Tätigkeit, wodurch eine Vorstellung erst ursprünglich zustande kommt bzw. wirklich wird, das Vorstellen, wesentlich verschieden ist von einer Tätigkeit, wodurch eine schon vorgegebene Vorstellung »realisiert« wird, dann gilt dies gerade auch für die Vernunfttätigkeit, durch die Reinhold in den »Grundlinien« zur Ableitung der Idee einer absolut freien absoluten Ursache gelangen will. Wir haben in Abs. 3.2. gesehen, wie dies nach Reinhold geschehen soll: durch eine Realisierung der Idee des Sittengesetzes bzw. durch eine Handlung der vorstellenden Kraft, mittels derer diese a priori bestimmte, aber bloß ihrer Möglichkeit nach im Vernunftvermögen gegebene Handlungsweise der Vernunft der Wirklichkeit nach hervorgebracht wird. Die zweite Konsequenz aus Schmids kritischer Bemerkung in § LIX scheint gerade auf diesen Lösungsansatz Reinholds zugeschnitten zu sein und stimmt genau mit den in Abs. 3.2. formulierten Kritikpunkten überein: Beim Realisieren der schon gegebenen Idee der ursprünglichen Handlungsweise der Vernunft bzw. des Sittengesetzes – so könnte Schmid sagen – kann es sich unmöglich um dieselbe Tätigkeit handeln, durch welche diese Idee im Vernunftvermögen ursprünglich erzeugt und wirklich wird. Denn nur wenn zwei verschiedene Bedeutungen von »wirklich« und »realisieren« und zwei unterschiedliche Vermögen im Spiel sind, hat es Sinn zu sagen, die Idee des Sittengesetzes sei vor ihrer Realisierung a priori im Vernunftvermögen vorhanden.[16] Ist dies aber der Fall, und will man an

16 Auf diese Kritik könnte Reinhold zwar entgegnen, es ginge ihm nicht um die Annahme zweier, sondern nur einer Weise des Realisierens von Vorstellungen, denn er unterscheide zwischen dem Vorhandensein der Handlungsweise der Vernunft ihrer

einem einheitlichen Begriff von Vernunft als Erzeugen von Ideen festhalten, dann kann nur eine der beiden Weisen des Realisierens von Vorstellungen als eigentliche Vernunfttätigkeit verstanden werden, und es wird sich dabei offenbar um die Tätigkeit handeln müssen, durch welche Ideen im Gemüt ursprünglich erzeugt werden, was für die zweite Weise des Realisierens der Idee nur einen Willen übrig läßt, der nicht mehr als Tätigkeit *der* Vernunft aufgefaßt werden kann.

Schmids Kritik gegen die in den »Grundlinien« enthaltene Bestimmung des Triebs und des Begehrens, ihre Gründe im § LIX der *Empirischen Psychologie*, Reinholds Anerkennung dieser Kritik und ihrer Gründe in seiner Besprechung und schließlich die unmittelbare Anwendbarkeit einer Konsequenz der Schmidschen Kritik gerade auf das Stück der Argumentation der »Grundlinien«, in welchem es zur »Ableitung« der Idee einer absolut freien absoluten Ursache kommt, führen somit zusammengenommen zu einer ersten Erklärung für Reinholds begriffliche Trennung von Willen und praktischer Vernunft. Es ist eine Erklärung, die zu den Stellen seiner Rezension paßt, die in der Trennung von Willen und praktischer Vernunft nicht die Ursache, sondern die Folge einer Einsicht über das Wesen der Vernunft und der praktischen Vernunft sehen. Ganz knapp gefaßt, besagt diese Erklärung folgendes: Reinhold trennt Willen und praktische Vernunft dann, als er durch Schmids Kritik einsieht, daß die Leistung, die in den »Grundlinien« der Vernunft gerade in der »Ableitung« der absoluten Freiheit zugeschrieben wird, in Wirklichkeit nicht durch ein und dasselbe Vermögen erbracht werden kann. Das Interesse an einem einheitlichen Vernunftbegriff hat Reinhold daraufhin bewogen, nur die eigentliche Ideenerzeugung als Erzeugung einer Vorstellung im Gemüt der Vernunft zuzuschreiben, was auf der einen Seite Ver-

Möglichkeit und ihrer Wirklichkeit nach (vgl. *Versuch*, S. 571). Doch haben wir bereits gesehen, daß es sich hier um eine Äquivokation handelt. Denn es muß angenommen werden, die gegenüber ihrer Verwirklichung außerhalb des Gemüts nur im Bereich des Möglichen befindliche Idee der Handlungsweise der Vernunft sei in einem anderen Sinne bereits wirklich, nämlich als Idee im Gemüt.

nunft auf ein Vermögen, Vorschriften aufzustellen, einschränkt, auf der anderen Seite den Willen als ein eigenständiges, nicht mehr auf Vernunft reduzierbares Vermögen übrig läßt.

Damit erhalten wir eine erste Bestätigung unserer These, wonach Reinholds Preisgabe der Kantischen Identität von Willen und praktischer Vernunft letztlich auf die im ersten Teil unserer Arbeit erörterten Schwierigkeiten im Zusammenhang der »Grundlinien« zurückgeht. Es ist aber zugleich eine Erklärung, mit der wir uns noch nicht zufrieden geben können. Denn *einerseits* stimmen zahlreiche Stellen der Besprechung nicht gut mit einer Anerkennung des Hauptkritikpunkts Schmids zusammen.[17] *Andererseits* ist diese Erklärung noch nicht ausführlich genug im Hinblick auf die übrigen Begriffsverschiebungen, die offenbar mit der von Willen und praktischer Vernunft in einem Abhängigkeitsverhältnis stehen. *Schließlich* aber sind die in der Rezension enthaltenen Spuren und die Elemente einer Selbstdeutung Reinholds, die den Grund dieser Erklärung liefern, nicht einfach hinzunehmen, sondern vor dem Hintergrund der tatsächlich durchlaufenen Entwicklung zu hinterfragen.

Der Ansatz einer Neubestimmung der Bereiche des Theoretischen und des Praktischen, die Hervorhebung der Gesetzesidee und des Vorschriftgedankens, die vorrangige Bezugnahme auf den eigennützigen Trieb und seine Befriedigung sowie der Gedanke eines das vorstellende Subjekt einschließenden wollenden Subjekts deuten insgesamt darauf hin, daß Reinhold in seiner Besprechung einen Katalog von Resultaten ausführlicher Vorüberlegungen präsentiert, die der Niederschrift dieses Texts vorausgegangen sind. Über die Begründungsordnung dieser Veränderungen erhält man aber in Reinholds Besprechung keine nähere Auskunft. Erst durch eine genaue historisch-chronologische Rekonstruktion ihrer Enstehung wird es möglich sein, diese Erklärungslücke zu schließen und zugleich nicht nur Reinholds mehrdeutige Hinweise zur Begründung seiner Neube-

17 Vgl. oben Anm. 16.

stimmung gewisser Grundbegriffe zu verstehen, sondern auch eine alternative Deutung derselben zu beurteilen, die ihren Grund in einer Reaktion Reinholds auf Schmids intelligiblen Fatalismus sieht.

5.2. Historisch-chronologische Rekonstruktion der begrifflichen Trennung von Willen und praktischer Vernunft

In der Besprechung von Schmids *Empirischer Psychologie* vollzieht Reinhold zum ersten Mal öffentlich die Trennung von Willen und praktischer Vernunft. Diese Schrift liefert aber nicht das erste Zeugnis überhaupt dieser Veränderung. Das erste genau datierte Zeugnis derselben ist uns in einem Brief an Baggesen vom 28. März 1792 überliefert. Hier stellt Reinhold diesen Punkt wie folgt dar:

> Du wirst in dem Aufsatze, den ich für die berl. Monatsschrift eingesendet habe, finden, daß ich mich sogar über den Begriff von Sittlichkeit von Kant entferne, indem ich mir ohne *Sinnlichkeit* keine Sittlichkeit denken kann. Ich finde den Unterschied zwischen theoretischen und praktischen Vorschriften der Vernunft nur darin, daß die Letztern die Befriedigung oder Nichtbefriedigung einer Foderung des eigennützigen Triebes betreffen; wo keine solche Foderungen sind, da ist keine praktische Vernunft [...] Gänzlich entferne ich mich von Kant und den Kantianern im Begriffe vom Willen, den ich weder für Causalität der Vernunft, noch Vermögen, nach vorgestellten Gesetzen u. s. w. zu handeln, sondern als ein von der Vernunft und Sinnlichkeit gleich verschiedenes Vermögen *der Person* halte, sich selbst zur Befriedigung oder Nichtbefriedigung eines Begehrens (Foderung des eigennützigen Triebes) zu bestimmen. Diese Selbstbestimmung geschieht freilich durch Vorschriften, folglich in sofern durch Vernunft; aber die Vernunft verhält sich dabei als bloßes Vermögen, welches noch dazu vom Subjekte beim Wollen auf zweierlei Art gebraucht werden kann, indem es auf das Subjekt ankömmt, die Vorschrift entweder zum bloßen Mittel der Befriedigung des eigennützigen Triebes, oder zum Zweck, und die Befriedigung zum bloßen Mittel, die Vorschrift zu reali-

sieren, zu machen [...] Doch das sollst Du deutlicher in erwähnter Abhandlung, und noch in einer zweiten[18] finden, die ich ausdrücklich dem *Willen* bestimmt habe. (Bag I, S. 168f.)

Diese kompakte Briefpassage ist während der Niederschrift der Rezension der *Empirischen Psychologie* entstanden. Reinhold vertritt in ihr ganz dieselbe Position, doch mit der Freiheit desjenigen, der sich vor den Augen der Öffentlichkeit geschützt weiß. Sie ist für uns nicht nur deshalb interessant, weil sie das erste seiner Entstehungszeit nach genau abgesicherte Zeugnis von Reinholds veränderter Auffassung von Willen und praktischer Vernunft darstellt, sondern insbesondere auch, weil in ihr auf ein weiteres Dokument verwiesen wird, aus dessen Inhalt diese Briefzeilen lediglich ein kleines Exzerpt wiederzugeben scheinen. Reinhold erwähnt ohne nähere Angaben einen der *Berlinischen Monatsschrift* zur Veröffentlichung angebotenen Aufsatz. Um welchen Aufsatz es sich dabei handelt, geht aus einer Stelle eines späteren Briefs an Baggesen hervor, in dem Reinhold über den Mißerfolg des Unternehmens berichtet:

Mein Aufsatz über die Grundbegriffe der Moral und des Naturrechts, an dem mir der Ausdruck allein eine viermonatige Arbeit und sechsmalige Umarbeitung gekostet hat, wird in der berliner Monatsschrift nicht aufgenommen, und ich werde ihn im Merkur [...] unterzubringen suchen. (Reinhold an Baggesen, Jena, den 8. oder 9. April 1792, Bag I, S. 176)

Reinhold bezieht sich hier auf den »Beytrag zur genaueren Bestimmung der Grundbegriffe der Moral und des Naturrechtes«, der »Als Beylage zu dem Dialog der Weltbürger« im Juniusstück des *Neuen Teutschen Merkurs* von 1792 erscheint.[19]

18 Mit großer Wahrscheinlichkeit handelt es sich hier um den zukünftigen »Siebenten« oder »Achten Brief« von *Briefe II*.

19 NTM, Junius 1792, Bd. II, S. 105-139. Im Gegensatz zu den früheren Aufsätzen der »Stände« und der »Weltbürger« (vgl. unten Anm. 20) ist der »Beytrag« nicht mehr als Dialog verfaßt. Reinhold eröffnet diesen Aufsatz lediglich mit einem Brief von Frank an Horst, in welchem die darauffolgenden Erörterungen der Grundbegriffe der Moral und des Naturrechts an die »letzte Unterredung« der »Weltbürger« angeschlossen werden (Beytrag, S. 105). Insofern Reinhold den »Beytrag« zunächst für die *Berlinische Monatsschrift* – und, entgegen dem späteren Untertitel, offenbar nicht

Betrachten wir zunächst Inhalt und Aufbau dieser dichten, reichhaltigen Abhandlung etwas näher. Reinhold eröffnet sie mit einer in Form eines Briefs (»Frank an Horst«) verfaßten Einleitung, in welcher ein Zusammenhang mit den kurz davor im *Merkur* erschienenen Aufsätzen »Die drey Stände« und »Die Weltbürger« hergestellt wird.[20] Dar-

ursprünglich als »Beylage zu dem Dialog der Weltbürger« – bestimmt hatte, ist es sehr wahrscheinlich, daß die als Einleitung fungierenden Seiten 105-109, welche die Überschrift »Frank an Horst« tragen, im ursprünglichen Manuskript nicht enthalten waren und erst dann hinzugefügt wurden, als klar war, daß der »Beytrag« kurzfristig nur im *Merkur* hätte erscheinen können. Gerade wegen der Eile, den »Beytrag« nach diesen Verzögerungen nun so rasch wie möglich zu veröffentlichen, muß aber Reinhold auf eine weitere Umarbeitung in Richtung einer Dialogform verzichtet haben. Auf Reinholds »Beytrag« und dessen Rolle im Hinblick auf die Entstehung des zweiten Bands der *Briefe über die Kantische Philosophie* ist in der Kant- und Reinhold-Forschung nur ganz flüchtig hingewiesen worden. Vgl. z.B. Olivier (1941), S. 23f.; Prauss (1983), S. 84; von Schönborn (1991), S. 82. Vgl. auch schon Creuzer (1793), S. 124-129. Ein näherer Vergleich zwischen diesem Aufsatz und dem zweiten Band der *Briefe* sowie eine Untersuchung von Reinholds Entwicklung zwischen beiden ist bis heute ausgeblieben. Vgl. einiges hierzu in Abs. 7.1.

20 NTM, März 1792, Bd. I, S. 217-241 (»Stände«); NTM, April 1792, Bd. I, S. 340-379 (»Weltbürger«). Beide Aufsätze sind in Form von Dialogen verfaßt. Zwei Gesprächspartner, Frank und Horst, unterhalten sich darin über Gründe und Folgen der revolutionären Umwälzungen in Frankreich. Im Hinblick auf unsere These, Reinhold habe die Trennung von Willen und praktischer Vernunft möglicherweise bereits im Januar 1792 vollzogen, ist eine falsche Datierung der Entstehungszeit dieser Texte zu korrigieren. Entgegen der Meinung von H. Schelle ((1971), S. 18) und T. Starnes ((1987), Bd. 2, S. 256 und 261) hat Reinhold nicht zunächst eine erste Hälfte der »Stände« im Januar, eine zweite Hälfte Ende Februar / Anfang März, sondern sofort das ganze Manuskript an Wieland geschickt. Dies geht eindeutig aus Reinholds Brief an Baggesen vom 23. Januar 1792 (Bag I, S. 152) hervor: »Jetzt habe ich einen Dialog: Die drei Stände, an Wieland gesendet, der im *März*, und arbeite an einem zweyten: Die Weltbürger, der im April des Merkurs erscheinen soll.« Sowohl Schelle wie auch Starnes haben sich vermutlich durch eine briefliche Äußerung Wielands irreführen lassen, in welcher dieser für die Zusendung der »Stände« dankt und »der versprochnen Fortsetzung mit Sehnsucht entgegen[sieht]« (Wieland an Reinhold, 18. Januar 1792, in: Keil (1885), S. 137; WB 11.1, Nr. 220, S. 198). Doch bezieht sich Wieland hier auf den Dialog der »Weltbürger«, welcher »Zur *Fortsetzung* des Dialogs, die drey Stände« erscheint (kursiv A. L.). Wielands Mitteilung vom 3. März 1792 (in: Schelle (1971), S. 17f.; WB 11.1, Nr. 242, S. 211), in welcher dieser »für den erwünschten Beytrag zum Merkur« (ebd., S. 17; WB 11.1, ebd.)

aufhin werden, der Themenabfolge des Titels gemäß, zunächst die Grundbegriffe der Moral, dann die des Naturrechts erörtert: die Begriffe des *Begehrungsvermögens*, des *Triebs* (*eigennütziger* und *uneigennütziger* Trieb), des *Willens*, der *Freiheit*, dann die von *Sittlichkeit*, *vollkommene* und *unvollkommene Pflicht*, *Recht*, *Güte* und *Gerechtigkeit*, *Pflichten* und *Rechte gegen sich selbst* und *gegen andere*, *Wohltätigkeit*, *Gerechtigkeit gegen andere*, *Zwang*, *Zwangsrecht* und *Zwangspflicht* und schließlich die Begriffe von *Gewissensrecht* und *Naturrecht*. Die Erörterung dieser Begriffe führt zur Formulierung des *Sittengesetzes* (»Bey allen deinen Willenshandlungen sey die Befriedigung oder Nichtbefriedigung deines eigennützigen Triebs der Forderung des uneigennützigen untergeordnet«, Beytrag, S. 116), des *Grundsatzes der Gerechtigkeit* (»Du sollst keinen Menschen willkührlich zur bloßen Befriedigung deines eigennützigen Triebes zwingen«, ebd., S. 131) und des *ersten Grundsatzes des Naturrechts* (»Du darfst denjenigen, der dich zur bloßen Befriedigung seines eigennützigen Triebes zwingt, durch Zwang abhalten«, ebd., S. 136).

Auch in diesem Aufsatz lassen einige Textstellen die Veränderung in Reinholds Auffassung von Willen und praktischer Vernunft deutlich erkennen:

dankt, bezieht sich dementsprechend nicht auf den zweiten Teil der »Stände«, wie Schelle meint (ebd., S. 18), sondern auf die »Weltbürger«. Schelle verweist zwar mit Recht auf Wielands im Brief an Reinhold vom 24. März 1792 enthaltene Diskussion der »Weltbürger« (Keil (1885), S. 140-142; WB 11.1, Nr. 247, S. 213-215), doch nimmt er fälschlicherweise an, Wieland reagiere damit unmittelbar auf die Zusendung dieses Aufsatzes. Ein näherer Blick auf den Wortlaut der Briefe vom 3. und vom 24. März zeigt aber, daß Wieland in letzterem nur dasjenige nachliefert, was er schon in ersterem ausgeführt haben würde, wäre ihm dies damals »aus Mangel der Zeit« nicht »unmöglich« gewesen (Keil (1885), S. 141; WB 11.1, Nr. 247, S. 214). Die Korrektur dieser Fehldatierung ist für unsere These nicht unerheblich, weil dadurch gewisse in diesen Aufsätzen enthaltene Spuren, die auf eine philosophische Auseinandersetzung mit den Begriffen der Freiheit und des Willens deuten (Stände, S. 239; Weltbürger, S. 361, 373), auf Gedanken zurückgeführt werden können, die Reinhold schon im Januar und Februar 1792 hatte.

> *Willen* heißt das Vermögen der Person, sich selbst zur Befriedigung oder Nichtbefriedigung einer Forderung des eigennützigen Triebes zu bestimmen. Ich sage das Vermögen der Person, und nicht der Vernunft. Diese ist das Vermögen Vorschriften zu geben (Regeln hervorzubringen). Sie gehört zum Willen, in wieferne die Person nur durch eine Vorschrift, die sie sich zur Befriedigung oder Nichtbefriedigung des eigennützigen Triebes giebt, sich selber bestimmen kann. Allein sie ist nicht der Wille selbst.*) Auch ist keineswegs jede Vorschrift, welche durch das vernünftige Subjekt gegeben und ausgeführt wird, eine Willenshandlung; sondern nur diejenige, durch welche sich dieses Subjekt zur Befriedigung oder Nichtbefriedigung einer Forderung des eigennützigen Triebs bestimmt. Man verfehlt daher den Begriff des Willens eben so sehr, wenn man ihn im bloßen Vermögen der Vernunft, als wenn man ihn im bloßen eigennützigen Triebe aufsucht. (Beytrag, S. 112)

Und in einer Fußnote ›*)‹ fährt Reinhold fort:

> Der *Wille* kann durchaus nicht als *Kausalität der Vernunft* definirt werden; wodurch er mit der *Denkkraft* verwechselt würde; auch nicht als *das Vermögen, etwas einer Idee gemäß hervorzubringen*, wodurch er von der produktiven Einbildungskraft, die auch oft nach Ideen handelt, nicht unterschieden wäre. (Ebd., S. 111)

Wenn wir uns auf Reinholds Mitteilung an Baggesen und auf eine fast gleichlautende Äußerung im »Beytrag« stützen können[21] – und nichts spricht dagegen – dann ist es sehr wahrscheinlich, daß Reinhold nicht

21 Vgl. die schon zitierte Bemerkung Reinholds aus seinem Brief an Baggesen vom 8. oder 9. April 1792, in welcher von einer »viermonatliche[n] Arbeit« und »sechsmalige[n] Umarbeitung« allein am »Ausdruck« (Bag I, S. 176) die Rede ist. Wenn man Reinhold hier vertrauen darf, dann hat die Arbeit »allein am Ausdruck« bereits im Dezember 1791, auf jeden Fall aber im Januar 1792 begonnen, was bedeutet, daß zu dieser Zeit der Inhalt des »Beytrags« im wesentlichen schon feststand. Vgl. auch die fast gleichlautende Bemerkung im »Beytrag« (»[...] ich hoffe, daß die ununterbrochene Arbeit von mehr als vier Monathen, die mir die bloße *Darstellung* meiner Gedanken in diesen wenigen Blättern gekostet hat, und die mehrmal wiederholte Umarbeitung derselben, nicht ganz vergeblich gewesen sind [...]«, Beytrag, S. 108). Daß Reinhold in diesen Angaben Vertrauen geschenkt werden kann, wird durch eine Stelle aus einem Brief an Baggesen vom 23. Januar 1792 nahegelegt: »Eine Abhandlung: Über die Grundsätze der Moral und des Naturrechts, erwartet die Feile, und geht alsdann nach *Berlin* für die Monatsschrift« (Bag I, S. 152).

erst im Juni, sondern schon im März, womöglich aber schon im Januar 1792 die Auflösung der Identität von Willen und praktischer Vernunft vollzogen hatte.

Daß aber diese Veränderung in Reinholds Konzeption erst während seiner Vorarbeiten an der im »Beytrag« angesetzten Neubestimmung der Grundbegriffe von Moral und Naturrecht geschehen ist und nicht schon vorher, ergibt sich daraus, daß sich einigermaßen genau rekonstruieren läßt, wann Reinhold begonnen hat, am »Beytrag« zu arbeiten, und daß bis zu diesem Zeitpunkt in seinen Schriften noch die alte Auffassung von Willen und praktischer Vernunft vertreten ist.

Der Zeitpunkt, in welchen der Beginn der Niederschrift des »Beytrags« fällt, läßt sich mit Hilfe eines anderen Aufsatzes festlegen, an dem Reinhold im letzten Drittel von 1791 arbeitet: die »Ehrenrettung des positiven Rechtes« (EPR). Dieser Aufsatz ist in zwei Teilen erschienen, der erste Teil im September- (S. 3-40), der zweite im Novemberstück von Wielands *Merkur* (S. 278-311). Während der erste Teil im bis dahin für Reinholds *Briefe* charakteristischen schönen, an einem leicht nachvollziehbaren Zugang zu schwierigen Themen orientierten Stil geschrieben ist und im Grunde nur die Frage nach der Notwendigkeit einer neuen Bestimmung der Grundbegriffe des Rechts überhaupt, des Naturrechts und positiven Rechts aus allgemeinen Kriterien erörtert, ist der zweite Teil schwieriger und kompakter und hat die Züge einer eigentlichen philosophischen Abhandlung, die nicht mehr an das große Publikum, sondern an »Philosophen von Profession« gerichtet ist. Betrachtet man diesen zweiten Teil der EPR etwas näher, so sieht man, sowohl dem Inhalt als dem Aufbau nach, einige auffällige Übereinstimmungen mit dem späteren »Beytrag«. Um die Frage nach dem Begriff des Rechts überhaupt und des Verhältnisses von positivem und natürlichem Recht zu beantworten, unterscheidet Reinhold zunächst zwischen eigennützigem und uneigennützigem Trieb und wendet sich dann, in einer Art Voruntersuchung, der Bestimmung des Unterschieds und Zusammenhangs von Moral und Naturrecht zu. Hier kommt es zur Bestimmung der *Pflicht* und des *Rechts überhaupt* mit Hilfe der Begriffe des eigennützigen und uneigennützigen Triebs (EPR, S. 285f.), dann zur Erörterung der Begriffe von *Gebot* und *Verbot* (ebd., S. 288), *vollkommenen* und *unvollkommenen Pflichten*, *Zwang*, *Zwangsrechten*, *Zwangspflichten*, *Gerechtigkeit* und daraufhin von *Naturrecht* und *positivem Recht*. Reinhold beschließt seine »Ehrenrettung« mit einigen Gedanken über Klugheit und Gemeinnützigkeit politischer Gesetze.

Neben den bei einem Vergleich der EPR mit dem »Beytrag« auffälligen Parallelen in der Gliederung der Themen,[22] ist insbesondere auch

22 Die Parallelen zwischen der Themengliederung der EPR und des »Beytrags« erstrecken sich nicht auf beide Aufätze in ihrem vollen Umfang, sondern betreffen die Seiten 109-139 des »Beytrags« und nur die Seiten 278-295 des zweiten Teils der »Ehrenrettung«. Von ihnen läßt sich folgender Überblick geben:

EPR	»Beytrag«
Erörterte Themen:	*Erörterte Themen:*
- eigennütziger und uneigennütziger Trieb: S. 278-280..	- eigennütziger und uneigennütziger Trieb: S. 109-111.
- Wille (wollende Vernunft): S. 281..........	- Wille: S. 111-113.
	- Freiheit: S. 112-115.
- Sittlichkeit, Rechtmäßigkeit und Klugheit, natürliches und positives Recht, Moral und Naturrecht: S. 281-285...........	- Sittlichkeit: S. 115-118.
	- Notwendigkeit der Grenzen der Beschränkung des eigennützigen Triebs durch den uneigennützigen: S. 117.
- Pflicht überhaupt, Recht überhaupt: S. 285-286..	- Pflicht: S. 118-119.
	- vollkommene, unvollkommene Pflicht: S. 119-120.
	- Recht: S. 120-124.
- Abwesenheit von Recht und Pflicht bei Gott und bei den Tieren: S. 286-287.........	- Abwesenheit von Recht und Pflicht bei Gott und bei den Tieren: S. 124.
	- das Gute, das Gerechte, Güte und Gerechtigkeit: S. 125-126.
	- Pflichten und Rechte gegen uns selbst, gegen andere, Verbote, Gebote: S. 126-127.
	- Wohltätigkeit: S. 127-129.
	- Gerechtigkeit gegen andere: S. 129-130.

auf einige Stellen mit nahezu identischem Wortlaut aufmerksam zu machen, wie z.B. die Formulierung des *ersten Grundsatzes des Naturrechts* in EPR, welcher (allerdings) dem *Grundsatz der Gerechtigkeit* des »Beytrags« genau entspricht, und die *fast* identischen Definitionen von »Recht überhaupt« und »Pflicht überhaupt«.[23] Diese Vergleiche deuten insgesamt darauf hin, daß der »Beytrag« aus der Weiterführung

- Notwendigkeit der Grenzen der Beschränkung des eigennützigen Triebs durch den uneigennützigen: S. 287-289.	
- vollkommene, unvollkommene Pflicht, Gewissenspflicht: S. 289-290.	
- Zwang, Unrecht, Zwangsrecht, Zwangspflicht, das Gerechte, Gerechtigkeit: S. 290-293	- Zwang, Unrecht, das Ungerechte, der Grundsatz der Gerechtigkeit (S. 131), Zwangsrecht, Zwangspflicht: S. 130-135.
	- Gewissensrecht und Naturrecht: S. 135-138.
- der Grundsatz des Naturrechts: S. 293 ..	- der Grundsatz des Naturrechts: S. 136.
- Naturrecht und positives Recht: S. 294-295	- Naturrecht und positives Recht: S. 138-139.

23 Der *Grundsatz des Naturrechts* lautet in EPR: »Zwinge keinen Menschen zur bloßen Befriedigung deines eigennützigen Triebes« (EPR, S. 293, Anm.). Er entspricht dem *Grundsatz der Gerechtigkeit* des »Beytrags«: »Du sollst keinen Menschen willkührlich zur bloßen Befriedigung deines eigennützigen Triebes zwingen« (Beytrag, S. 131). In EPR wird kein expliziter Grundsatz der Gerechtigkeit aufgestellt; es ist hier lediglich von einem »Gesetz der Gerechtigkeit« die Rede, dessen Forderung ist, daß »ich keinem Menschen Schaden zufügen darf« (EPR, S. 283). Der *Grundsatz des Naturrechts* des »Beytrags« lautet stattdessen: »Du darfst denjenigen, der dich zur bloßen Befriedigung seines eigennützigen Triebes zwingt, durch Zwang abhalten« (Beytrag, S. 136). Zur Übereinstimmung der Definitionen des *Rechts* und der *Pflicht*, vgl. EPR, S. 285 und »Beytrag«, S. 118 und 120. Ebenfalls nahezu wörtliche Übereinstimmung ergibt sich zwischen beiden Texten in der Behauptung der Notwendigkeit, bestimmtere Begriffe von Pflicht, Recht und Gerechtigkeit aus dem Verhältnis von eigennützigem und uneigennützigem Trieb abzuleiten (vgl. EPR, S. 279 und »Beytrag«, S. 124), der Notwendigkeit, der Einschränkung des eigennützigen Triebs durch den uneigennützigen moralische Grenzen zu setzen (EPR, S. 287 und »Beytrag«, S. 117), und der Abwesenheit von Rechten und Pflichten bei Gott und bei den Tieren (EPR, S. 286-287 und »Beytrag«, S. 124).

gewisser im zweiten Teil der EPR enthaltenen Überlegungen hervorgegangen ist, wobei einzelne Teile derselben sogar als Vorfassungen entsprechender Stellen des »Beytrags« gelten können. Dies ergibt für die Einschätzung der Entstehungszeit des »Beytrags« die Folgerung, daß Reinhold kaum vor Ende Oktober 1791 mit der Arbeit an diesem Text begonnen haben kann.[24] Aus einer brieflichen Mitteilung von Johann B. Erhard, der 1791 die ersten Novembertage bei Reinhold verbringt, wissen wir aber, daß Reinhold am 6. November 1791 zumindest einen Teil einer ersten Fassung des »Beytrags« nierdergeschrieben hatte,[25] so daß

24 Dieser Befund erhält eine Bestätigung durch die Stelle eines an Baggesen adressierten Briefs Reinholds vom 17. Oktober 1791: »Wie gefällt Ihnen der Satz: Zwinge keinen Menschen zur bloßen Befriedigung deines eigennützigen Triebes? Ich halte ihn für den ersten Grundsatz des Naturrechts. Das Verhältniß des uneigennützigen Triebes zum eigennützigen besteht in der *Beschränkung* des letztern. *Zwang* heißt diejenige Beschränkung meines eigennützigen Triebes, die mir durch etwas Anderes als durch das Gesetz des uneigennützigen nothwendig gemacht wird. Dieser Zwang widerspricht nicht immer der vernünftigen Natur, z. B. nicht, wenn er mir durch ein Wesen, das nach bloßer Naturnothwendigkeit wirkt, angethan wird. Er widerspricht ihr, wenn er mir durch ein Wesen zugefügt wird, das, wie ich, unter dem Gesetze des uneigennützigen Triebes steht. Doch das sollen Sie Alles ausführlicher in einem der nächsten Merkurstücke gedruckt finden« (Bag I, S. 101). Die in dieser Passage enthaltene Auffassung des Grundsatzes des Naturrechts und die große Ähnlichkeit mit entsprechenden Stellen in EPR, S. 285 und 290f., zeigen, daß Reinhold hier offenbar auf die im Entstehen befindliche EPR (2. Teil) anspielt und nicht auf den »Beytrag«, so daß mit einigem Grund geschlossen werden kann, daß Reinhold am 17. Oktober 1791 mit der Niederschrift des »Beytrags« noch nicht begonnen hatte. Zur etwas komplizierten Entstehungsgeschichte der EPR vgl. auch die in Wielands Briefen an Reinhold vom 7. April und 1. Juli 1791 enthaltenen Angaben (WB 11.1, Nr. 60, S. 71f.; Nr. 119, S. 119).

25 In seinem Brief an Kant vom 6. November 1791 stellt Erhard 13 Thesen über »Criminalrecht« auf und fügt dann hinzu, daß er »hier [d. h. in Jena, A. L.] schon den Anfang eines Aufsatzes meines Freundes über die Principien des Naturrechts las, worinnen ich manche[n] Begriff viel besser entwickelt und ausgedrückt fand, als sie bey mir waren da ich mit Klein sprach [...]« (AA XI, Nr. 497, S. 295). Während es sich bei dem erwähnten Freund offenbar um Reinhold handelt (Erhard spricht zu Beginn des Briefs von seinen Freunden Schiller und Reinhold, wobei nur Reinhold über Naturrecht schreibt), kann mit dem hier erwähnten Aufsatz nur der »Beytrag« gemeint sein, und nicht etwa EPR oder ENR, wie z. B. R. Reicke in seinem Kommentarband zu Kants Briefwechsel nahelegt (AA XIII, S. 311). Denn rückblickend auf diesen Besuch Erhards schreibt Reinhold seinem Freund am

mit einiger Sicherheit geschlossen werden kann, Reinhold habe erst zwischen Ende Oktober und Anfang November 1791 mit der Abfassung des »Beytrags« begonnen, eine Datierung, die auch gut mit Reinholds Angaben zur Genese desselben zusammenpaßt.[26]

Der zweite Teil der EPR ist aber noch aus einem weiteren Grund wichtig für die Bestimmung der Rolle des »Beytrags« in der Veränderung von Reinholds Auffassung von Willen und praktischer Vernunft. Bei aller sonstigen Ähnlichkeit der Grundbegriffe ist nämlich in der »Ehrenrettung« die Trennung zwischen Willen und praktischer Vernunft noch nicht vollzogen. Reinhold spricht hier lediglich von der Vernunft, die, im Fall der Forderung ihres eigenen, des uneigennützigen Triebs, »als die für und durch sich selbst wollende, folglich als handelnde (praktische) [...] Vernunft« (EPR, S. 281) wirkt.[27] Und entsprechend fehlen in ihr auch Erörterungen von Themen, die erst im Zusammenhang mit dieser Trennung unumgänglich werden, wie die Untersuchung der Frage, wie nun das Verhältnis der Freiheit zur praktischen Vernunft einerseits und zum Willen andererseits zu denken sei – eine Untersuchung, der Reinhold im »Beytrag« einigen Raum widmet (Beytrag, S. 113-115).[28]

Mit diesem Befund kommt es zu einer Bestätigung unserer Behauptung über die Genese von Reinholds veränderter Auffassung von Willen und praktischer Vernunft. Fassen wir zur besseren Übersicht die

18. Juni 1792: »Die Gedanken über die Principien der Moral und des Naturrechts, wo ich für beyde ganz neue Formeln aufstelle, und wo von ich Ihnen einiges bey Ihrem Hierseyn gezeigt habe, sind im Junius des Merkurs gedruckt[ ] und werden auch in den Briefen erscheinen« (vgl. Henrich (1997), S. 912).

26 Vgl. oben Anm. 21.

27 Was hier von der Vernunft ausgesagt wird, entspricht genau Reinholds Position in UGM (insbesondere S. 239 und 242-245) und in ENR (S. 361f.).

28 Im Zusammenhang mit der Trennung von Willen und praktischer Vernunft unterscheidet Reinhold im »Beytrag« zwischen zwei Freiheiten: die der Vernunft oder die »Unabhängigkeit von äussern Eindrücken und von der Einrichtung der Sinnlichkeit«, S. 114, und die Freiheit des Willens oder das Vermögen, »jenes Gesetz der Freyheit zu befolgen oder zu übertreten, die Vernunft entweder als Zweck oder als bloßes Mittel des eigennützigen Triebes zu gebrauchen, und durch den Willen diesem Triebe entweder zu gebiethen oder zu gehorchen« (Beytrag, S. 114).

hier relevanten Daten zusammen. *Erstens*: Die Trennung zwischen Willen und praktischer Vernunft war bereits in der Fassung des »Beytrags« enthalten, die Reinhold im März 1792 nach Berlin schickt.[29] *Zweitens* hat Reinhold unmittelbar nach Abschluß der EPR, Ende Oktober 1791, die Arbeit am »Beytrag« begonnen. *Drittens* sollte der »Beytrag« offenbar eine Weiterführung und Vertiefung der Themen der EPR darstellen.[30] *Viertens* schließlich ist die Trennung von Willen und praktischer Vernunft in der EPR und auch vorher noch nicht sichtbar. Diese Punkte führen insgesamt zum Schluß, daß Reinhold diese Veränderung in seiner Position mit großer Wahrscheinlichkeit im Rahmen eines zwischen November 1791 und März 1792[31] durchgeführten und im »Beytrag« dokumentierten Versuchs einer Neubestimmung der Grundbegriffe der Moral und des Naturrechts vollzogen hat. Das Mühsame in

29 Dies geht hervor aus Reinholds Brief an Baggesen vom 28. März 1792 (Bag I, S. 168f.), in dem er seinem Freund den Inhalt der Fassung des »Beytrags« skizziert, die er bereits der *Berlinischen Monatsschrift* zugeschickt hatte.

30 Einen interessanten Hinweis über einen möglichen Hintergrund der Entstehung des »Beytrags« liefert eine kurze Bemerkung Reinholds im ersten Teil der EPR. Im Zusammenhang mit der Frage, ob es darauf ankäme, *wie* man sich die vernünftige Natur, die Freiheit und Gleichheit des Menschen zu denken habe, wenn man den Begriff des Rechts aus den Begriffen der vernünftigen Natur und der persönlichen Freiheit des Menschen ableiten will, kritisiert Reinhold in einem Punkt einen »sonst vortreflichen Aufsatze des *Herrn Genz* über die Principien des Naturrechts in der Berliner Monatsschrift« (EPR, S. 36, Anm.). Dieser Aufsatz des noch prorevolutionären Friedrich von Gentz (»Ueber den Ursprung und die obersten Prinzipien des Rechts«, in: *Berlinische Monatsschrift* 17, April 1791, S. 370-396) stellt einen luziden und klar geschriebenen Versuch dar, natürliche Rechte des Menschen aus seiner Natur als freies Wesen abzuleiten, der, seiner Struktur nach, gewisse Ähnlichkeiten mit dem zweiten Teil der EPR aufweist. Es ist zu vermuten, daß Reinhold – dem Gentz' Ansatz nur willkommen sein konnte – den »Beytrag« zugleich als Festigung und Ausarbeitung von Gentz' Versuch verstanden hat und ihn deshalb ebenso der *Berlinischen Monatsschrift* zur Veröffentlichung angeboten hat. An der an diesem Ort erfolgten Ablehnung des »Beytrags« ist wohl eine von Reinhold gegen den Herausgeber der *Berlinischen Monatsschrift* Johann Erich Biester gerichtete Pointe nicht ganz unschuldig. Reinhold hatte nämlich im Aprilstück des *Merkurs* in seiner ENR Biester über dessen Auffassung des Naturrechts als Recht des Stärkeren kritisiert (ENR, S. 377f., Anm.), so daß dieser die Einsendung eines Aufsatzes Reinholds zu genau diesem Thema als Zumutung aufgefaßt haben könnte.

31 Vgl. hierzu neuerdings auch Berger (1998), S. 148f., 176f., 190f.

der Entstehung dieses Aufsatzes, von dem Reinhold wiederholt berichtet,[32] könnte dann gerade auf das Erschließen der neuen Auffassung von Willen und praktischer Vernunft zurückzuführen sein.

5.3. C. C. E. Schmids »intelligibler Fatalismus«

Während aus der »Rezension Schmid« und aus Reinholds wenigen Äußerungen über dessen *Empirische Psychologie*[33] die Motive hinter seiner veränderten Begrifflichkeit nicht hinreichend klar und vollständig hervorgehen, verspricht eine andere Schrift Schmids Aufklärung über diese Motive: der *Versuch einer Moralphilosophie* in seinen beiden Auflagen von 1790 und 1792.

Schmid vertritt bereits in der ersten Auflage seiner *Moralphilosophie* eine Position, die er selbst *intelligiblen Fatalismus* nennt. Diese Theorie besagt im wesentlichen, daß alle Handlungen eines vernünftigen Wesens unter einer Naturnotwendigkeit »nach Gesetzen der Caussalität der Dinge an sich selbst« (VM I, S. 211) stehen. Dies bedeutet für Schmid im einzelnen, daß unsere sinnlich wahrnehmbaren Handlungen zuletzt in einem nicht erkennbaren, aber denkbaren Übersinnlichen gründen, eine Welt intelligibler Handlungen, wovon die wahrnehmbaren Handlungen nur Erscheinungen sind (ebd., S. 157). Daraus ergebe sich die »unwidersprechliche« Folge,

> daß die wahrnehmbaren Gründe ieder Handlung eines sinnlich vernünftigen Wesens (des Menschen) zu der Zeit, da es handelt, *gänzlich ausser seiner Gewalt stehen*; daß folglich alle seine Handlungen *ietzt und immerdar* nach einer unhintertreiblichen Nothwendigkeit aus der Conkurrenz der Weltkräfte erfolgen, wo sich der Beytrag seiner eigenen Kraft wie das Unendlichkleine zu dem Unendlichgroßen der Summe aller übrigen würkenden Kräffte verhalte. (VM I, S. 192)

32 Vgl. Reinhold an Baggesen, 8. oder 9. April 1792, Bag I, S. 176, und »Beytrag«, S. 108.

33 In einem Brief an Baggesen vom Juni 1791 schreibt Reinhold: »Sonst möchte ich Ihnen unter den neuherausgekommenen Meßartikeln [...] unsers Schmidt's (des Verfassers von dem Wörterbuch und dem vortrefflichen Versuch einer Moralphilosophie) Empirische Psychologie empfehlen« (Bag I, S. 56).

Soll kein vernunftloser Zufall eingeräumt werden, bleibt nichts anderes übrig, als auch hinsichtlich der intelligiblen Gründe von Handlungen Notwendigkeit zu postulieren und die Existenz einer Instanz anzunehmen, welche den Grad der Wirksamkeit der Vernunft auf Erscheinungen bestimmt – eine Instanz, die nicht selbst Erscheinung ist, sondern »dasjenige, *was der Sinnlichkeit* und allen ihren Erscheinungen *an sich zum Grunde liegt*« (ebd., S. 209). Soll insbesondere der »Grundlosigkeit d. i. der theoretischen Vernunftlosigkeit bey Erklärung der Immoralität« (ebd.) entgangen werden, muß eine Vernunft angenommen werden, die frei ist »in Absicht auf alles, was in der Zeit geschieht; aber eingeschränkt durch dasjenige, was die Begebenheiten in der Zeit bestimmt« (ebd., S. 209f.). Diese Vernunft

> ist frey, und hat keinen Einfluß empfangen in Absicht auf alles, was sie würklich thut, so wie auf alle ihre Urtheile, der Form nach; aber abhängig und eingeschränkt in Absicht auf das, was sie nicht thut. *Sie konnte*, für diesen Fall *nicht würken*. (VM I, S. 210)

Der Wille als »Vermögen der eignen Würksamkeit nach Vorstellungen« (ebd., S. 4) ist also, insofern es sich um einen rein vernünftigen Willen handelt, durch reine praktische Vernunft, d.h. durch eine Vorstellung bestimmt, die selbst zugleich Gesetz ist (ebd., S. 103f.) und unbedingte Kausalität hat (ebd., S. 105). Diese Vorstellung ist für Schmid das Sittengesetz, welches als Kausalität der Vernunft die eigentliche Triebfeder des reinen moralischen Willens ist (ebd., S. 138f.). Daß aber sowohl sittliche als unsittliche Handlungen auf diese Weise als notwendige Folgen von in oder außerhalb der Sinnenwelt befindlichen Gründen verstanden werden (ebd., S. 218f.), stellt nach Schmid kein Problem für die Möglichkeit von Moralität dar. Denn wenn diese Handlungen letztlich auch durch intelligible Gründe bestimmt werden, die gänzlich außer unserer Gewalt liegen, so wird doch die Idee einer absoluten Freiheit, d.h. eines Vermögens »aus reiner Selbstbestimmung (also *ohne bestimmt zu werden*) zu handeln; [...] eine Handlung anzufangen« (ebd., S. 194f.), dadurch für uns kein Unding. Ich werde nämlich durch das Bewußtsein des Sittengesetzes dazu genötigt, »die Erscheinung [...] von mir selbst auf ein unbekanntes *Ich* zu beziehen, das ihr [...] zum Grunde liegt« (ebd., S. 198). Tue ich dies, dann sind und bleiben diese Handlungen zwar Wirkungen in der Zeit (ebd., S. 199),

> aber der Grund davon liegt doch nicht in der, der Zeit nach vorhergehenden, Erscheinung, sondern in Etwas, worinn kein Zeitunterschied mehr statt findet [...] Eine Handlung dieses Ich an sich selbst fängt also nicht an; sie bezieht sich aber gleichwohl auf eine erscheinende Wirkung, welche anfängt, d. i. zu einer gewissen Zeit, nach bestimmten vorausgehenden Umständen wahrgenommen wird. (VM I, S. 199)

Damit ist aber auch *absolute Freiheit*, wenn man sie als ein metaphysisches und transzendentales Vermögen des »denkbare[n], übersinnliche[n] Substrat[s] meines sinnlich wahrnehmbaren Charakters« oder des *Ich an sich* (VM I, S. 200) betrachtet, durchaus vernünftig denkbar, wenn auch nicht erkennbar (ebd., S. 212).[34]

Gegenüber dieser ersten Formulierung des intelligiblen Fatalismus in der *Moralphilosophie* von 1790 stellt die Neuauflage von 1792 eine erhebliche Erweiterung und Vertiefung einzelner Aspekte dar. Schmid vertritt hier im wesentlichen dieselbe Auffassung wie 1790, doch auf eine deutlichere Weise. Insbesondere zeigt nun Schmid ein stärkeres Bewußtsein der Konsequenzen seiner Theorie, wovon einige, wie diejenigen hinsichtlich Zurechnung und Schuld, dem moralischen Common sense nicht unmittelbar einleuchten.

Die genaue Lektüre entsprechender Passagen in der ersten Auflage der *Moralphilosophie* zeigt zwar, daß sich Schmid der Implikation seiner Theorie für das Verständnis von Zurechnung und Schuld wenigstens teilweise bewußt war: Wenn unsere moralischen Handlungen die Wirkung der Kausalität reiner praktischer Vernunft sind und alle unmoralischen Handlungen das Resultat einer Hinderung dieser Wirksamkeit durch uns unzugängliche intelligible Faktoren, dann werden

34 Zu Schmids intelligiblem Fatalismus vgl. Daub (1834), S. 147-164; Sennewald (1929); Wundt (1932), S. 182-193; Tomasi (1988), S. 310-313; Landucci (1994), S. 292-296 u. 325-329; Nuzzo (1994); Berger (1998); Fabbianelli (1998), S. 76-84; von Wallwitz (1998), bes. S. 47-54; von Wallwitz (1999); Lazzari (2003a). Zu Schmids Leben und Wirken vgl. neuerdings auch Schröpfer (1995a).

zumindest für den Fall unmoralischer Handlungen die Begriffe von Schuld und Zurechnung sinnlos. Schmid hat aber diese Implikation nicht deutlich ausgesprochen. So wird in dem der Zurechnung gewidmeten § 252 der ersten Auflage der Umstand, daß Vernunft *sich selbst* auch die unmoralischen Handlungen des Menschen zuschreibt, »obgleich die unmoralischen nicht von ihrer Würksamkeit sondern von der Thätigkeit anderer (nicht vernünftigen) Kräffte herrühren« (VM I, S. 206) zwar erklärt, dies aber durch zwei letztlich gleichermaßen *unvernünftige* Gründe. Schmid verweist einmal auf ein »unbegreifliche[s] Naturgesetz« (ebd.), durch welches in das »Bewußtseyn der Persönlichkeit [...] alles aufgenommen wird, was die Person that, wenn es auch nicht durch Vernunft, sondern durch andere Kräffte und nach andern Gesetzen geschahe« (ebd., S. 206f.). Andererseits betont er, daß sich in diesen Fällen die Vernunft »des Vermögens bewußt war, anstatt der erzwungenen Thätigkeit iener niedern sinnlichen Kräffte, sich selbstthätig zu äussern« (ebd., S. 207). Dieser Verweis stellt aber ebensowenig wie der erste eine Erklärung der Vernünftigkeit der Rede von einer Zurechnung unmoralischer Handlungen dar, weil das Bewußtsein der möglich gewesenen aber unterbliebenen Selbsttätigkeit unter den Bedingungen des intelligiblen Fatalismus nichts anderes sein kann, als das Bewußtsein davon, daß die wirklich geschehene Fremdbestimmung zufälligerweise hätte unterbleiben können – ein Unterbleiben, das aber nicht auf die Rechnung der Selbsttätigkeit, sondern fremder Instanzen ginge. Durch die Stellung, welche der § 252 innerhalb der Erörterung der Moralität einnimmt, erwartet man damit Gründe, die die Vernünftigkeit der Rede von Zurechnung rechtfertigen, erhält aber stattdessen Gründe, die auf die Unvernünftigkeit derselben deuten.

Diese noch unklare Stellungnahme Schmids zu einigen Folgen seines intelligiblen Fatalismus schwindet in der zweiten Auflage der *Moralphilosophie* zugunsten eines eindeutigen Bekenntnisses. So heißt es nun in bezug auf die Freiheit unsittlicher Handlungen:

> Einige rechnen zu der *moralischen Freyheit* auch das *Vermögen unsittlich zu handeln*. Dieß widerspricht aber dem Begriffe von einem sittlichen Vermögen, und eine solche Freyheit wäre ein Vermögen zu contradiktorisch entgegengesetzten Handlungen, welches auf einen Widerspruch hinausläuft. Ein

solches, in Absicht auf das, was es vermag, ganz und gar indifferentes Vermögen, dünkt mich, ein nonsensikalisches Vermögen zu seyn. Wir haben neben der moralischen Freyheit, d.h. neben dem Vermögen, sittlich zu handeln, auch ein anderes, aber sehr verschiedenes Vermögen, solche Handlungen auszuüben, und solche Gesinnungen zu hegen, die dem Sittengesetze der Vernunft zuwider sind. Dieß ist eine Folge der Einschränkung unsrer Freyheit [...] ich glaube behaupten zu müssen: der Mensch ist zu der Zeit, da er Unrecht verübt, *nie völlig bey Sinnen,* d.h. er hat den Gebrauch seiner moralischen Freyheit nicht [...] Hätte er moralische Freyheit brauchen können, hätte sich der Einfluß des reinen Willens auf seine Sinnlichkeit bis dahin erstreckt, so zweifle ich gar nicht, daß er auch sittlich würde gehandelt haben. (VM II, S. 335f.)

Schmid spricht nun deutlich aus, was in dieser Auffassung impliziert ist:

Wir bemerken also *nichtmoralische Handlungen* [...] Wir bemerken ferner *unmoralische* [...] Handlungen [...] Doch bemerken wir keine *boshaft unsittliche Handlungen*, die aus einer der moralischen real, durchaus und unmittelbar entgegengesetzten Gesinnung entsprungen [...] wären. (Ebd., S. 314f.)

Gerade hinsichtlich dieser Thematik erfolgt nun Reinholds erste explizite Stellungnahme zu Schmids intelligiblem Fatalismus. In demselben Brief, in dem Reinhold Baggesen mit Bezug auf den soeben abgeschlossenen »Beytrag« seine neue Auffassung von Willen und praktischer Vernunft mitteilt, wird auch das Erscheinen der neuen Auflage von Schmids *Moralphilosophie* angekündigt:

Es kommt Ostern eine neue, sehr vermehrte und verbesserte Ausgabe von Schmid's Moral heraus, die viel sehr Vortreffliches enthält. Seine Behauptung: daß der Mensch nur bei den sittlichen, aber nicht bei den unsittlichen Handlungen frei handle, daß er zu den Letztern unvermeidlich bestimmt werde, empört mich im höchsten Grade. Gleichwol muß ich den Scharfsinn bewundern, den er darauf verschwendet hat. Sein πρωτον ψευδος ist der kantische Begriff von *Willen* als Causalität der Vernunft; woraus sich freilich ergibt, daß, wenn die Sittlichkeit *die Handlung der Vernunft* ist, die Unsittlichkeit nicht die Handlung der Vernunft sein könne, und folglich, da nur die Handlung der Vernunft frei sein soll, auch nicht frei sein könne. (Bag I, S. 169)

Der Umstand, daß diese Stellungnahme Reinholds sich in demselben Brief an Baggesen befindet, in welchem zum ersten Mal auch die Trennung der Begriffe von Willen und praktischer Vernunft angekündigt wird, läßt zunächst den Schluß auf einen Kausalzusammenhang zwischen beiden Vorkommnissen plausibel erscheinen. Reinhold habe – so die wohl sinnvollste Deutung dieses Zusammenhangs – die Veränderung in seiner praktischen Begrifflichkeit erst spät in der Niederschrift des »Beytrags« vollzogen und zwar erst nach der Einsicht, daß man ohne diese Trennung unweigerlich in einen intelligiblen Fatalismus gerate, eine Erkenntnis, die mit der Lektüre der Neuauflage von Schmids *Moralphilosophie* zusammenfalle.

Diese Deutung ist aber, trotz ihrer Attraktivität, in Wirklichkeit unbefriedigend. Ihre Plausibilität kommt von dem Zusammenhang, der in ihr zwischen der Veröffentlichung der zweiten Auflage der *Moralphilosophie*, Reinholds Empörung, dem intelligiblen Fatalismus und seiner Konsequenzen sowie der Bezugnahme dieser Konsequenzen auf Reinholds eigene Ansichten stillschweigend hergestellt wird. Erst mit der zweiten Auflage der *Moralphilosophie* sei sich Reinhold der Konsequenzen des intelligiblen Fatalismus bewußt geworden. Daraufhin habe er eingesehen, daß auch die eigene Position auf einen intelligiblen Fatalismus reduziert werden müßte, würde die Identität von Willen und praktischer Vernunft nicht aufgegeben.

Doch es trifft nicht zu, daß sich Reinhold erst mit der zweiten Auflage der *Moralphilosophie* der Konsequenzen des intelligiblen Fatalismus bewußt wird. Selbst wenn nicht eindeutig feststeht, ob sich Reinhold an der Stelle des *Versuchs*, in welcher er das Gezwungensein durch Vernunftgesetze als mit Moralität inkompatibel erklärt (Versuch, S. 91), schon gegen Schmid oder nicht vielmehr gegen Ulrichs *Eleutheriologie* richtet,[35] so läßt sich doch zeigen, daß sich Reinhold spätestens seit

35 Es ist nicht ganz ausgeschlossen, daß sich Reinhold mit der schon mehrmals erwähnten Bemerkung aus *Versuch*, S. 91, schon auf Schmids *Wörterbuch* von 1788 bezieht, in dem bereits Spuren seiner deterministischen Position enthalten sind. Doch eine Bezugnahme auf Ulrich erscheint unter Berücksichtigung der Diskussionen der Zeit wahrscheinlicher. Denn Reinhold äußert sich bis 1792 nur uneingeschränkt positiv zu Schmids *Wörterbuch*, was die spätere kritische Bezugnahme in *Briefe II* als nachträgliche Neueinschätzung im Lichte einer insgesamt kritischen Stellung gegenüber Schmids Moralphilosophie erscheinen läßt. Eine der Stellen des

April 1791 dieser Konsequenzen bewußt gewesen sein muß. Denn am 8. April dieses Jahres erscheint in der *Allgemeinen Literatur-Zeitung* (Nr. 108, S. 57-64), d.h. in der Zeitschrift, die Reinhold zu ihren wichtigsten Mitarbeitern zählt, eine Besprechung der ersten Auflage von Schmids *Moralphilosophie*, in welcher gerade auf einige der problematischsten Aspekte des intelligiblen Fatalismus hingewiesen wird. In ihr kritisiert der Rezensent – offenbar K. H. Heydenreich[36] – Schmids Eliminierung der moralischen Freiheit als Vermögen des vernünftig-sinnlichen Wesens, den vollständigen Grund von Handlungen zu enthalten – einen Irrtum, den er auf eine fehlerhafte Aufteilung der Sphäre des Möglichen unter den Begriffen des Zufalls und der Notwendigkeit zurückführt –, und bemerkt an einer Stelle, daß

> Nach des Vf. Vorstellungsart fällt eben sowohl alle Moralität weg, als nach dem gewöhnlichen sogenannten Fatalismus. Wenn *die Vernunft* in allen den Fällen, wo sie nicht wirkte und vernunftwidrige Handlungen erfolgten, nicht *wirken konnte*, wer mag dem Thäter solcher Handlungen Schuld beymessen? (Rezension VM I, Sp. 61)

Schließlich äußert der Rezensent seine Einstimmung mit »fast [...] allen Theilen« der *Metaphysik der Sitten* (des zweiten Teils von Schmids *Moralphilosophie*), »nur nicht« mit »seinen Grundsätzen über *Schuld*, *Zurechnung zu Schuld* und *Bestrafung*, bey deren Bestimmung derselbe [der Verfasser, A. L.] unstreitig seinem *Naturfatalismus* etwas zu viel Einfluss verstattete« (ebd., Sp. 62).[37]

Wörterbuchs, die am stärksten auf eine deterministische Position deuten, die Passage im Artikel »Autonomie«, in welcher von »automatischem Handeln« die Rede ist, ist übrigens mit großer Wahrscheinlichkeit auf einen Fehler in der Drucklegung zurückzuführen, wie von Prauss suggeriert wird ((1983), S. 85, Anm. 5), so daß sie nicht ohne Vorbehalt als Beleg eines intelligiblen Fatalismus gedeutet werden kann (in diese Richtung geht z.B. Fabbianelli (1998), S. 79, Anm. 86).

36 Vgl. unten Anm. 37.

37 Neben diesen Kritiken des Rezensenten an den Folgen von Schmids intelligiblem Fatalismus, die im wesentlichen die späteren Kritikpunkte Reinholds vorwegnehmen, ist hier noch auf eine besonders interessante Stelle zu verweisen, an welcher der Rezensent die eigene, offenbar in Auseinandersetzung mit Schmids Theorie weiterentwickelte Freiheitsauffassung kurz skizziert: »Rec. findet in der ganzen Sache für sich weiter keine Schwierigkeit, seitdem er über folgende Begriffe mit sich

Es muß angenommen werden, daß Reinhold spätestens seit April 1791 mit den Hauptschwierigkeiten des intelligiblen Fatalismus bekannt war. Aus diesem Umstand aber und daraus, daß Reinhold noch bis Oktober-November 1791 an der Identität von Willen und praktischer Vernunft festhält, folgt, daß der intelligible Fatalismus und dessen Konsequenzen für sich genommen Reinhold keinen hinreichenden Grund geliefert haben, die Identität von Willen und praktischer Vernunft aufzugeben. Und dies bedeutet, daß weder die erste noch die zweite Auflage von Schmids *Moralphilosophie* als unmittelbarer Anlaß für Reinholds Preisgabe der Identität von Willen und praktischer Vernunft in Frage kommt. Die erste Auflage der *Moralphilosophie* kommt deshalb als unmittelbarer Anlaß nicht in Frage, weil bis zum Erscheinen der EPR kein Anzeichen einer Begriffsänderung sichtbar ist. Hätte aber Reinhold aufgrund der Kenntnis der Folgen von Schmids Theorie die Trennung von Willen und praktischer Vernunft bereits vor April 1791 vollzogen, hätte sich dies in seinen einschlägigen Schriften aus dieser Zeit, in der »Ehrenrettung des Naturrechts«, vor allem aber in der »Ehrenrettung des positiven Rechtes« niederschlagen müssen, was aber nicht geschehen ist, auch nicht unmittelbar nach der ALZ-Besprechung der ersten Auflage der *Moralphilosophie*. Die zweite Auflage von Schmids *Moralphilosophie* kommt aber als unmittelbarer Anlaß dieser

eins geworden ist: *Freyheit* im kosmologischen Verstande ist ihm das Vermögen, den vollständigen Grund der Wirklichkeit neuer Zustände zu enthalten und wirksam zu machen, ohne weder von äussern Kräften, noch von seinen eigenen Zuständen, nothwendig bestimmt werden zu können.« (Rezension VM I, S. 61) Der Rezensent der ersten Auflage von Schmids *Moralphilosophie* – offenbar K. H. Heydenreich, da die eben zitierte Freiheitsdefinition sowie die der moralischen Freiheit (ebd.) wörtlich genau übereinstimmen mit den im zweiten Band von Heydenreichs *Betrachtungen* angeführten Definitionen (Betrachtungen II, S. 58f., 63) – antizipiert damit nicht lediglich Reinholds zukünftige Einwände gegen die Folgen des intelligiblen Fatalismus; er skizziert selbst eine Konzeption von Freiheit, wonach diese als *eigenes Vermögen* neben dem der Vernunft zu verstehen ist und – wie von Wallwitz richtig bemerkt ((1999), S. 129) – mit der späteren Reinholdschen auffällige Übereinstimmungen zeigt. Vgl. hierzu die »Dreyzehnte Betrachtung« aus Heydenreichs *Betrachtungen II*, S. 56-69. Wie bekannt diese Besprechung in philosophischen Kreisen war, zeigt die Diskussion in Creuzer (1793), S. 230-235.

Begriffsänderung ebensowenig in Frage.[38] Denn in ihr ist zwar tatsächlich der Grund für Reinholds Empörung gegen Schmid enthalten, doch handelt es sich dabei nicht um die plötzliche Einsicht in die Konsequenzen des intelligiblen Fatalismus, die Reinhold schon vorher kannte. Was Reinhold empört, ist stattdessen die Offenheit, mit welcher sich Schmid nun zu diesen Konsequenzen bekennt. Um in der *Moralphilosophie* von 1792 den Grund der Veränderung von Reinholds praktischer Begrifflichkeit sehen zu können, müßte sich in ihr ein Element aufzeigen lassen, welches in der ersten Auflage der *Moralphilosophie* noch nicht enthalten ist und einen besonderen Grund liefert, die Identität von Willen und praktischer Vernunft aufzugeben. Ein solches Element ist aber in dieser Schrift nicht sichtbar und von Reinhold auch nicht gesehen worden.

Bei allem Einfluß, den Schmids moralphilosophische Schriften und die von ihnen ausgelösten Diskussionen auf Reinholds Denken dieser Zeit gehabt haben mögen: sie haben Reinhold offenbar nicht unmittelbar zu einer Preisgabe der Identität von Willen und praktischer Vernunft bewegt. Andere, zusätzliche Motive scheinen hier im Spiel zu sein. Doch welche? Um diese Frage zu beantworten, müssen wir uns nun der spezifischen Problematik der »Ehrenrettung des positiven Rechtes« zuwenden, und der Entwicklung, die einige Grundbegriffe derselben auf dem Weg zum »Beitrag« von 1792 durchmachen.

5.4. Von der »Ehrenrettung des positiven Rechtes« zum »Beytrag« von 1792: Die rechtsphilosophische Problematik und die Einheit der Vernunft

Ziel der EPR ist das Aufstellen eines »allgemeine[n] Kriterium[s] der positiven Rechtmäßigkeit überhaupt« (EPR, S. 30). Damit greift Reinhold ein Thema wieder auf, das er bereits im *Versuch* kurz ange-

38 Diese These wird z.B. vertreten von Schulz (1975), S. 194ff., und von Fabbianelli (2000), S. 432f.

schnitten (Versuch, S. 117-120) und erst in der ENR von 1791 einer eingehenderen Bearbeitung unterzogen hatte. Wie schon in beiden letztgenannten Texten, besonders aber in der ENR, ist Reinhold auch hier von vornherein bemüht, einen Satz zu finden, der sich in eine konsistente und zugleich differenzierte Vernunftauffassung (theoretische, praktische Vernunft) einbetten und dadurch als Grundsatz der Vernunft erweisen läßt.[39]

Um dieses Kriterium formulieren zu können, setzt Reinhold bei einer Bestimmung der Begriffe des Rechts und der Pflicht überhaupt an, um dann zur Erörterung des Unterschieds zwischen natürlichem und positivem Recht zu gelangen. Reinholds zentrale Idee ist, den Rechtsgedanken aus dem Verhältnis von eigennützigem und uneigennützigem Trieb herzuleiten:

> Der bestimmtere Begriff von *Recht* und *Gerechtigkeit* [...] läßt sich nur aus dem uneigennützigen Triebe und dem Verhältnisse desselben zum Eigennützigen ableiten. (EPR, S. 279)

In der Bestimmung des eigennützigen und uneigennützigen Triebs hält sich hier Reinhold noch ziemlich genau an die Darstellung der »Grundlinien«. Der eigennützige Trieb hängt »als Instinkt von den[40] Bedürfnissen und den Eindrücken« ab (EPR, S. 280) und wird nur »durch etwas Gegebenes befriediget« (ebd.). Der uneigennützige Trieb ist hingegen sowohl von Bedürfnissen wie Eindrücken unabhängig und insofern frei, und kann nur durch die Gesetzmäßigkeit seiner eigenen Handlung befriedigt werden (ebd.). Im letzten Fall wirkt die Vernunft »als die *für und durch sich selbst wollende*, folglich als handelnde (praktische)«, im

39 Vgl. ENR, S. 380: »Das *moralische Gefühl*, wodurch sich Recht und Unrecht bisher allein unverkennbar ankündigt, und welches bis itzt den einzigen wahren Erkenntnißgrund des Objektes der Moral und des Naturrechtes ausmacht, wird zwar als Produkt der praktischen Vernunft immer untrüglich, aber auch zugleich so lange *unbegreiflich* bleiben müssen, als nicht der eigenthümliche Charakter der Vernunft, dasjenige was sie vom Verstande sowohl als von der Sinnlichkeit unterscheidet, und was ihr, als denkender und handelnder Vernunft, sowohl gemeinschaftlich, als in beyden Rücksichten ausschliessend zukommt, völlig entdeckt, entwickelt, und auf allgemeingeltende Grundsätze zurückgeführt ist.« Vgl. aber auch schon UGM, S. 241f.

40 Im Text (EPR, S. 280, Z. 5) irrtümlicherweise: »dem«.

ersten »hingegen nur als die für und durch den eigennützigen Trieb wollende, folglich an sich nur als *denkende* (theoretische) Vernunft« (ebd., S. 281). Das Verhältnis zwischen uneigennützigem und eigennützigem Trieb besteht nun für Reinhold »in der Beschränkung des letztern zum Behuf des erstern« (ebd., S. 285), was ihm erlaubt, »Pflicht überhaupt« zu definieren als »die durch das Gesetz des uneigennützigen Triebes bestimmte *Nothwendigkeit* einer Beschränkung des Eigennützigen« (ebd.), und »Recht überhaupt« als »die im Gesetze des uneigennützigen Triebes gegründete *bloße Möglichkeit* der Beschränkung des Eigennützigen« (ebd.), oder als »sittliche Freyheit, den eigennützigen Trieb nach Belieben entweder zu beschränken oder zu befriedigen« (ebd., S. 286).

Als Rechtfertigung dieser Begriffsbestimmungen fügt Reinhold dann unmittelbar hinzu:

> Wo keine Beschränkung des eigennützigen Triebes durch das Gesetz des Uneigennützigen möglich ist; da ist keine Pflicht und kein Recht denkbar: wie dieses bey allen bloß instinktartigen Aeusserungen des Begehrungsvermögens im Menschen, und bey allen Handlungen der vernunftlosen Thiere der Fall ist, wo der eigennützige Trieb nur von aussen her durchs Gesetz der Naturnothwendigkeit, nicht von innen heraus durchs Gesetz der Freyheit beschränkt wird. Eben so wenig lassen sich Pflichten und Rechte in einem Wesen denken, das bloße Vernunft ohne alle Sinnlichkeit und folglich keinen eigennützigen Trieb hätte. Es ist daher eben so unmöglich, aus dem Begriffe der bloßen vernünftigen Natur allein, als aus dem Begriffe des eigennützigen Triebes [...] einen richtigen Begriff von Pflicht und Recht abzuleiten. (Ebd.)

Während aber ihrem Inhalt nach diese Begriffsbestimmungen im wesentlichen mit den »Grundlinien« übereinstimmen, zeigen gewisse Umgewichtungen im Gebrauch dieser Begriffe auf einen gegenüber den »Grundlinien« abweichenden Ansatz. Reinhold ist nun nicht mehr so sehr an zwei parallel zueinander verlaufenden Bestimmungen beider Triebe in ihrem jeweiligen Verhältnis zu ihren Objekten interessiert: der eigennützige Trieb in bezug auf den Stoff, durch den er befriedigt wird, der uneigennützige in bezug auf die zu verwirklichende Form des Vernunftvermögens. Was nun im Mittelpunkt von Reinholds Interesse steht, ist das *Verhältnis* beider Triebe zueinander, welches im *Versuch* nicht in der Bestimmung der Triebe selbst, sondern erst in der Erörterung des höchsten Guts zur Sprache kommt (Versuch, S. 573f.). Reinhold betont nun auf eine Weise die Zentralität dieses Verhältnisses, daß dasselbe als wesentlicher Bestandteil einer Neudefinition des uneigennützigen Triebs erscheint.

Neben diesen Akzentverschiebungen im Gebrauch gewisser Triebbegriffe ist Reinholds verstärktes Interesse an einer Begriffsbestimmung innerhalb eines einheitlichen Vernunftrahmens sichtbar. Recht und Pflicht werden in bezug auf eine einzige Grundlage definiert, das Verhältnis des uneigennützigen zum eigennützigen Trieb, wie es sich im uneigennützigen Trieb, und d. h. letztlich: in praktischer Vernunft darstellt, nämlich als Beschränkung des eigennützigen, wobei sich der Unterschied zwischen beiden Trieben nur aus der unterschiedlichen Modalität ergibt. Reinhold spricht deshalb von der Möglichkeit und der Notwendigkeit der Beschränkung des eigennützigen Triebs durch den uneigennützigen als von etwas, das »im« oder »durch das Gesetz des uneigennützigen Triebs« bestimmt bzw. begründet wird, d. h. durch praktische Vernunft bzw. durch das Sittengesetz.

Gerade vor dem Hintergrund dieses einheitlichen Vernunftrahmens fällt aber auf, daß Reinhold nicht mit einer, sondern mit zwei Bedeutungen der Rede einer Beschränkung des eigennützigen Triebs *durch* das Gesetz der Freiheit operiert. Reinhold behauptet zunächst etwas über den Menschen als partiales Instinktwesen. Es ist nicht möglich, einen richtigen Begriff von Recht und Pflicht abzuleiten bei einem Wesen, dem nur instinktartige Äußerungen des Begehrungsvermögens möglich sind. Denn es könnte hier weder ein Sollen noch eine *beliebige* Befriedigung oder Beschränkung des eigennützigen Triebs geben. Nur bei einem *partialen* Instinktwesen, ein Wesen, dessen eigennütziger Trieb immer schon »von innen heraus durchs Gesetz der Freyheit« beschränkt wird oder ist, kann es sinnvoll sein, von Recht und Pflicht zu sprechen.[41]

41 Ähnlich äußert sich F. H. Jacobi: »XIX. Hätte der Mensch nur Eine Begierde, so würde er gar keinen Begriff von Recht und Unrecht haben« (Spinozabuch, S. 169).

Reinholds Rede einer Beschränkung des eigennützigen Triebs durch das Gesetz der Freiheit legt aber auch eine andere Deutung nahe: daß dort keine Pflicht und kein Recht denkbar ist, wo der eigennützige Trieb nicht durch das Gesetz der Freiheit eingeschränkt *werden kann*: Es muß eine vom Gesetz der Freiheit *autorisierte* Beschränkung des eigennützigen Triebs möglich sein, soll eine Pflicht und ein Recht im Menschen denkbar sein. Diese Bedingung der Denkbarkeit der Begriffe des Rechts und der Pflicht drückt einen wesentlichen Bestandteil des (Reinholdschen) Rechtsgedankens selbst aus: die Idee einer Autorität, einer Instanz, die sozusagen von Gesetzes wegen dazu befugt ist, eine Beschränkung des eigennützigen Triebs zu fordern, und aufgrund deren Existenz es erst sinnvoll wird, zu sagen, es sei Recht oder Pflicht, auf eine bestimmte Weise zu handeln.

Beide Äußerungen leuchten ein. Tatsächlich ist es unsinnig, im reinholdschen Sinne von Pflicht oder Recht zu sprechen im Fall von Wesen, die ganz aus Sinnlichkeit oder ganz aus Vernunft bestehen. Ebenfalls unsinnig ist es, anzunehmen, es könne ein Recht oder eine Pflicht im reinholdschen Sinne geben beim Nichtvorhandensein einer von Gesetzes Wegen her begründeten Befugnis, die Forderung des eigennützigen Triebs einzuschränken. Es leuchtet aber auch ein, daß hier eine zweifache Rede von einer »Beschränkung des eigennützigen Triebs *durch* das Gesetz der Freiheit« im Spiel ist. Denn zu sagen, wie hier geschieht, daß eine Ableitung eines angemessenen Begriffs von Pflicht und Recht bei solchen Wesen unmöglich ist, in denen der eigennützige Trieb nicht von innen durch das Gesetz der Freiheit beschränkt wird – bei Wesen also, die notwendigerweise durch den eigennützigen Trieb bestimmt werden –, bedeutet eigentlich: Es ist *eine* Beschränkung des eigennützigen Triebs durch das Gesetz der Freiheit notwendig, damit eine *andere* Beschränkung des eigennützigen Triebs durch das Gesetz der Freiheit möglich wird. Nur bei Wesen, in denen der vom eigennützigen Trieb ausgehende Drang nach umfassender, instinktmäßiger Bestimmung durch die Anwesenheit der Forderung des Sittengesetzes ein erstes Mal beschränkt wird, ist eine zweite Beschränkung des eigennützigen Triebs als Entscheidung möglich, den eigennützigen Trieb aus Achtung fürs Gesetz dem uneigennützigen unterzuordnen.

Diese Unterscheidung zweier Weisen der Beschränkung des eigennützigen Triebs zeigt aber zugleich die Notwendigkeit einer Differenzierung in bezug auf dasjenige, was in der Rede von der Möglichkeit einer Beschränkung des eigennützigen Triebs durch das Gesetz der Freiheit als die *durch* dieses Gesetz erfolgende Leistung angenommen wird. Denn es kann sich in beiden Fällen nicht um dieselbe Leistung handeln. Im ersten Fall einer Beschränkung des eigennützigen Triebs durch das Gesetz der Freiheit, derjenige, welcher die Eigenheit des Menschen als nur partiales Instinktwesen begründet, kann nämlich nur eine vom Gesetz der Freiheit ausgehende Beschränkung gemeint sein – das Gesetz ist hier die die Beschränkung ausführende Instanz. Im zweiten Fall, wo durch das Gesetz der Freiheit eine Beschränkung des eigennützigen Triebs aus Achtung für dasselbe lediglich gefordert wird, ist hingegen das Gesetz der Freiheit offenbar nicht zugleich die die Beschränkung ausführende Instanz, sondern es richtet sich vielmehr an eine von ihm verschiedene Instanz, der die Ausübung der Beschränkung zukommt, und *für welche* es die Beschränkung erst ermöglicht. Doch nicht der Umstand, daß dem Gesetz der Freiheit eine doppelte Leistung zugeschrieben wird, ist hier problematisch, sondern der Umstand, daß diese doppelte Leistung nicht die anvisierte simultane Begründung von Recht und Pflicht aus Vernunft erlaubt.

Wenn die Begriffe des Rechts und der Pflicht die zwei Gestalten sind, die das Verhältnis des uneigennützigen Triebs zum eigennützigen annehmen kann,[42] zwei Gestalten, die sich nur durch die Modalität, in welcher die Beschränkung des eigennützigen Triebs durch den uneigennützigen betrachtet wird, unterscheiden – »Pflicht überhaupt« ist die Notwendigkeit, »Recht überhaupt« die Möglichkeit dieser Beschränkung (EPR, S. 285) –, dann scheint es zunächst, als ob die simultane Anwendung beider Modalitäten auf die Beschränkung zu keinen Schwierigkeiten führen sollte. Doch genau dies ist nicht der Fall: Wird angenommen, Pflicht sei die Notwendigkeit der Beschränkung des eigennützigen Triebs durch den uneigennützigen, dann kann Recht gerade nicht die Möglichkeit *derselben* Beschränkung sein.

42 Vgl. EPR, S. 285.

Denn im Fall, wo Pflicht die Notwendigkeit der Beschränkung des eigennützigen Triebs durch den uneigennützigen ist und wo diese Pflicht zugleich Achtung vor der Autorität des Gesetzes fordert, da entspringt die sittliche Handlung derselben Notwendigkeit wie das Gesetz selbst. Die Erfüllung des Gesetzes rein aus Achtung ist hier nur die Fortsetzung der Handlung, wodurch die Vernunft das Sittengesetz aufstellt, denn nur diese Kontinuität der Vernunfthandlung garantiert die Unmittelbarkeit der Erfüllung des Sittengesetzes. Nähme man zwei Handlungen der Vernunft an, müßte – nur um diese Annahme aufrechterhalten zu können – zugleich eine Vermittlung zwischen dem Aufstellen des Sittengesetzes und dessen Erfüllung angenommen werden, was aber letztere gerade zu einer *mittelbaren* machen würde.[43] Es ist eine und dieselbe Handlung der Vernunft, welche das Gesetz der Freiheit aufstellt und den eigennützigen Trieb aus Achtung vor diesem Gesetz beschränkt, d.h.: Es ist eine und dieselbe Handlung der Vernunft, der Wille als praktische Vernunft, welche *in Einem* die Notwendigkeit der Beschränkung begründet und letztere ausführt, was auch ganz zur Idee der die Eigenheit des Menschen als partiales Instinktwesen begründenden Beschränkung des eigennützigen Triebs paßt.

Anders verhält es sich im Fall der Anwendung der Modalität der Möglichkeit auf Reinholds Rede von der Beschränkung des eigennützigen Triebs durch das Gesetz der Freiheit. Es ist hier nicht möglich, analog zum Pflichtbegriff und dem damit verbundenen Notwendigkeitsgedanken, die im Gesetz begründete Möglichkeit der Beschränkung und die durch das Gesetz selbst auszuführende Beschränkung in Reinholds Rechtsbegriff zu verbinden. Denn ist es auch sinnvoll, von einer im Gesetz der Freiheit gegründeten (sittlichen) Ermöglichung einer Beschränkung des eigennützigen Triebs zu sprechen, so kann doch

43 Explizit kommt dieser Gedanke in der schon erwähnten Stelle der ENR vor: »Die praktische Vernunft handelt als reiner (moralischer) Willen, in wiefern sie die Gesetzmäßigkeit des Begehrens bloß um der Gesetzmäßigkeit willen realisiert; und folglich ihr eigenes Gesetz aus einer und derselben Fülle ihrer Kraft sich selbst giebt, und befolgt« (ENR, S. 362).

nicht zugleich angenommen werden, das Gesetz sei selbst die Instanz, die die erlaubte Beschränkung gegebenenfalls ausführt. Es ist nämlich sinnlos zu sagen, das Gesetz erkläre auf der einen Seite verschiedene Handlungen innerhalb des erlaubten Rahmens als *beliebig* durchführbar, während auf der anderen Seite die wirklich erfolgende Handlung der Beschränkung dem Vermögen des Sittengesetzes zugeschrieben wird. Daß das Sittengesetz die Wahl zwischen verschiedenen entgegengesetzten Handlungen freigibt und diese Handlungen als beliebig erklärt, heißt gerade, daß aus ihm selbst, dem Sittengesetz, *nichts weiter hervorgeht oder bestimmt* wird hinsichtlich derselben, so daß nicht zugleich sinnvollerweise angenommen werden kann, es ginge in dieser Hinsicht etwas aus dem Vermögen des Sittengesetzes hervor. Letzteres zu sagen käme der Behauptung gleich, es sei dem Sittengesetz nicht gleichgültig, auf welche Weise hier gehandelt wird, was aber einer Forderung und einer Aufhebung der Erlaubnis und des Rechts im reinholdschen Sinne gleichkäme. Nur eine andere Instanz als das Vermögen, welches das Gesetz der Freiheit aufstellt, kann deshalb hinter der Ausführung der erlaubten Beschränkung des eigennützigen Triebs stehen, und dies bedeutet letztlich: Recht und Pflicht lassen sich nicht, wie Reinhold in der EPR versucht, als Möglichkeit bzw. Notwendigkeit einer und derselben Beschränkung des eigennützigen Triebs *durch* den uneigennützigen bestimmen, da in beiden Fällen zwei verschiedene Beschränkungen des eigennützigen Triebs im Spiel sind: im Fall des Rechts eine Beschränkung, die von einer anderen Instanz als das Gesetz der Freiheit, im Fall der Pflicht eine Beschränkung, die vom Gesetz selbst bzw. dem ihm entsprechenden Vernunftvermögen ausgeführt werden muß.

Es ist dennoch verständlich, wie Reinhold an dieser undifferenzierten Rede vom Beschränken des eigennützigen Triebs durch das Gesetz der Freiheit festhalten konnte. Entscheidend ist hier erstens Reinholds übergeordnetes Interesse an Einheit, das ihn dazu führt, im uneigennützigen Trieb selbst bzw. in praktischer Vernunft eine gemeinsame Grundlage für Recht und Pflicht zu suchen; zweitens das Festhalten an der Kantischen Identität von Willen und praktischer Vernunft. Beides zusammengenommen führt zur Notwendigkeit, nicht nur den Pflichtgedanken, sondern auch den Rechtsgedanken als besondere Modalität der Handlungsweise des uneigennützigen Triebs anzusehen, die ja gerade in der Beschränkung des eigennützigen aus Achtung fürs Gesetz besteht. Sowie aber die Schwierigkeiten, in die Reinholds Versuch gerät, Pflicht und Recht innerhalb eines einheitlichen Vernunftrahmens zu bestimmen, letztlich auf die angenommene Identität von Willen und praktischer Vernunft zurückgehen, so ist auch der naheliegendste Ausweg die Preisgabe dieser Identität. Denn behauptet man von dem Vermögen, durch welches das Gesetz der Freiheit oder das Sittengesetz aufgestellt wird, es könne sich dabei nicht zugleich um dasjenige handeln, welches erlaubte Beschränkungen des eigennützigen Triebs ausführt, sagt man, daß ein anderes Vermögen an Stelle der praktischen Vernunft diese Beschränkungen ausführen müsse. Als ein solches Vermögen, den eigennützigen Trieb nach Belieben zu beschränken, kommt aber dennoch nur der Wille in Frage, so daß sich nicht so sehr die Suche nach einer Instanz anbietet, die dem als praktische Vernunft verstandenen Willen gegenüberstünde, als vielmehr die Preisgabe dieser Identität selbst.

Diese Deutung wird durch Textbelege aus dem »Beytrag« bestätigt. Es handelt sich um Stellen, die fast den gesamten Punkt 15 dieses Aufsatzes bzw. drei der vier ersten Paragraphen der Erörterung des Rechtsbegriffs ausmachen (Beytrag, S. 120f.). Reinhold definiert hier das Recht als

> [d]ie durch das Gesetz des uneigennützigen Triebes bestimmte Möglichkeit der Befriedigung des eigennützigen Triebes (ebd., S. 120).

Der hier gegenüber der Definition der EPR auffällige Verzicht auf die Rede vom »Beschränken des eigennützigen Triebs« wird wenige Zeilen später erklärt:

> Da alles, was aus dem Sittengesetz als *wirklich* erfolgt, *Beschränkung* (positive oder negative) des eigennützigen Triebes ist: so kann dasjenige, dessen *bloße Möglichkeit* aus demselben erfolgt, nichts als *Befriedigung* des eigennützigen Triebes um seiner selbst willen seyn. (Ebd., S. 121)

Dies heißt mit anderen Worten: Da alles, was aus dem Sittengesetz als wirklich erfolgt, entweder Verbot oder Gebot einer Befriedigung des eigennützigen Triebs *um des Gesetzes willen* ist,[44] kann dasjenige, dessen bloße Möglichkeit aus dem Gesetz erfolgt, nicht ebenfalls um des Gesetzes willen erfolgen. Weil das Gesetz diesbezüglich schweigt, liegt das Worumwillen der wirklichen, erlaubten Handlung beim eigennützigen Trieb. Und weil in diesem Fall keinerlei Beschränkung des eigennützigen Triebs durch den uneigennützigen stattfindet, hat es auch keinen Sinn mehr, hinsichtlich eines Rechts überhaupt noch von einer Beschränkung des eigennützigen Triebs zu sprechen: Wo das Worumwillen der wirklichen, erlaubten Handlung beim eigennützigen Trieb liegt, da geht es letztlich um die Befriedigung, nicht die Beschränkung desselben, geschehe erstere nun mittelbar oder unmittelbar.

Dieser Textstelle folgt aber unmittelbar eine andere, in welcher Reinholds Einsicht in die Notwendigkeit einer Unterscheidung zwischen der fordernden und einer zusätzlichen, ausführenden Instanz zumindest für das Recht deutlich wird. Während im Fall der Befriedigung des eigennützigen Triebs um des Gesetzes willen – das, was Reinhold im »Beytrag« »negative Beschränkung des eigennützigen Triebs« nennt[45] – noch angenommen werden kann, sie geschehe, »wo sie statt findet, *wirklich* aus dem Sittengesetze« (Beytrag, S. 121), ist dies bei der Befriedigung des eigennützigen Triebs um seiner selbst willen nicht mehr möglich:

> Eine Handlung, die durch den uneigenn. Trieb entweder *bloß möglich* (recht) oder unmöglich (unrecht) ist, kann aber darum keineswegs durch *diesen* Trieb, folglich nur durch den Eigennützigen *wirklich* werden. Das Recht bestehet daher im Nichtverbothenseyn (in der Nichtunmöglichkeit) und zugleich im Nichtgebothenseyn (in der bloßen Möglichkeit) einer Befriedigung des eigenn. Triebes in Rücksicht auf das Sittengesetz, welches dem Willen Freyheit läßt, dem Reiz dieses Triebes zu folgen. Diese Freyheit ist jedem Rechte wesentlich, und ohne dieselbe könnte man niemals von seinem Rechte nachlassen. (Beytrag, S. 121)

44 Vgl. *Beytrag*, S. 118: »Die moralische Beschränkung des eigenn. Triebes heißt *positiv*, wenn sie in einer vorgeschriebenen Enthaltung, *negativ*, wenn sie in einer vorgeschriebenen Befriedigung besteht.« Siehe auch EPR, S. 288.

45 Vgl. oben Anm. 44.

Trotz Unklarheiten in bezug darauf, ob der Wille oder der eigennützige Trieb die gesuchte Instanz ist – das unmittelbare Aufeinanderfolgen beider Textausschnitte zeigt: Es besteht für Reinhold ein Zusammenhang zwischen der Notwendigkeit, für den Fall des Rechts eine vom Vermögen des Sittengesetzes verschiedene Instanz[46] anzunehmen, die die erlaubte Handlung ausführt, und dem Umstand, daß aus der sittlichen Ermöglichung einer Handlung nichts hinsichtlich ihrer wirklichen Ausführung folgt. Die Tatsache aber, daß dieser Zusammenhang gerade in dem Text festgestellt werden kann, in welchem die Trennung von Willen und praktischer Vernunft zum ersten Mal auftritt, erlaubt – aufgrund der nachgewiesenen engen inhaltlichen Verbindung zwischen beiden – diese Stellen des »Beytrags« als Bestätigung unserer These zu betrachten: daß sich die Unterscheidung zwischen Willen und praktischer Vernunft Reinhold zuerst als Lösung der im Rahmen der EPR entstandenen Schwierigkeiten um den Begriff des Rechts anbietet.

46 Die Tatsache, daß Reinhold im Fall eines Rechts die Notwendigkeit sieht, zwischen einer erlaubenden und einer die Erlaubnis ausführenden Instanz zu unterscheiden, nicht aber entsprechend im Fall der Pflicht zwischen einer fordernden und einer die Forderung ausführenden Instanz, liefert einen zusätzlichen Beleg für unsere These, daß Reinhold die Trennung von Willen und praktischer Vernunft nicht einfach deshalb vollzieht, weil er plötzlich einsieht, daß die Identität beider zu einem problematischen Determinismus in bezug auf moralische Handlungen führt. Es sind stattdessen ganz spezifische Schwierigkeiten, die Reinhold zur Preisgabe dieser Identität verleiten, so daß diese zunächst auch nur dort vollzogen wird, wo Reinhold die Schwierigkeiten sieht: im Zusammenhang mit dem Rechtsbegriff der EPR. Im Vergleich zum späteren zweiten Band der *Briefe über die Kantische Philosophie* (1792) hat Reinhold im »Beytrag« noch keinen guten Überblick über Ausmaß und Folgen seiner begrifflichen Veränderungen. Reinhold sieht hier z. B. noch nicht mit Klarheit, daß die Annahme einer von der praktischen Vernunft unterschiedenen Willensinstanz, die im Falle des Rechts erlaubte Handlungen ausführt, eigentlich auf die Annahme eines Willens hinausläuft, der sich überhaupt zum Sittengesetz auf verschiedene Weisen, beliebig verhalten kann. Und hinsichtlich mehrerer Begriffe findet noch ein Schwanken zwischen der alten und der neuen Auffassung statt. Vgl. z. B. Reinholds Behauptung in »Beytrag«, S. 112, »[m]an verfehle daher den Begrif des Willens eben so sehr, wenn man ihn im bloßen Vermögen der Vernunft, als wenn man ihn im bloßen eigennützigen Triebe aufsucht« mit der weiter oben (ebd., S. 108) zitierten Behauptung, erlaubte oder unerlaubte Handlungen könnten nur durch den eigennützigen Trieb wirklich werden (ebd., S. 121).

5.5. Praktische Vernunft versus Willen: Überblick, Hintergründe und Kontext einer Trennung

Wir sind nun in der Lage, eine zusammenfassende argumentative Rekonstruktion der begrifflichen Trennung von Willen und praktischer Vernunft zu liefern, die sie einerseits als Konsequenz der im Kontext der »Grundlinien« entstandenen Schwierigkeiten, andererseits als fundamental gegenüber den übrigen Bedeutungsänderungen erweist.

Reinholds Trennung von Willen und praktischer Vernunft ist nicht in dem Sinne Konsequenz der in Kap. 3 behandelten Schwierigkeiten, daß sie sich in den auf den *Versuch* folgenden philosophischen Arbeiten unmittelbar niedergeschlagen hat. Vielmehr vergehen nach Erscheinen des *Versuchs* zwei ganze Jahre, in denen Reinhold noch an der Kantischen Identität von Willen und praktischer Vernunft festhält. Sie ist in dem Sinne Konsequenz dieser Schwierigkeiten, daß sich Reinhold auf einmal in einer ausweglosen Situation befindet, die der des *Versuchs* analog ist, nunmehr aber aufgrund inzwischen erfolgter Kritiken am Lösungsansatz der »Grundlinien« Konsequenzen zieht, die, in Richtung einer neuen Lösung dieser Schwierigkeiten, zu einer Sprengung des bisherigen begrifflichen Rahmens führen.

Reinhold ist sich schon im April 1791 bewußt, daß eine befriedigende Erörterung des moralischen Gefühls und der Begriffe von Recht und Unrecht so lange ausbleiben muß,

> als nicht: der eigenthümliche Charakter der Vernunft, dasjenige was sie vom Verstande sowohl als von der Sinnlichkeit unterscheidet, und was ihr, als denkender und handelnder Vernunft, sowohl gemeinschaftlich, als in beyden Rücksichten ausschliessend zukommt, völlig entdeckt, entwickelt, und auf allgemeingeltende Grundsätze zurückgeführt ist. (ENR, S. 380)[47]

Die Notwendigkeit, erstens zu einer allgemeinen Vernunftbestimmung, dann aber zu einer eindeutigen Aufgabenteilung zwischen theoretischer und praktischer Vernunft innerhalb dieser allgemeinen Bestimmung zu

47 Vgl. zur Unterscheidung von theoretischer und praktischer Vernunft auch schon UGM, S. 241f. und 255.

gelangen, wird aber erst recht dringend nach Schmids »Grundlinien«-Kritik in der *Empirischen Psychologie*, wonach es sich beim Realisieren der schon gegebenen Idee der ursprünglichen Handlungsweise der Vernunft bzw. des Sittengesetzes *nicht um dieselbe Tätigkeit* handeln kann, durch welche diese Idee im Vernunftvermögen ursprünglich erzeugt und wirklich wird. Wir wissen, daß diese Kritik, die sich unmittelbar gegen das Vernunftkonzept der »Grundlinien« richtet und das Thema des einheitlichen und zugleich in sich differenzierten Vernunftvermögens erneut aufwirft, von Reinhold nicht erst 1792, sondern schon zur Erscheinungszeit der *Empirischen Psychologie* (Ostermesse, Ende April 1791) wahrgenommen[48] und mit großer Wahrscheinlichkeit schon zu dieser Zeit als berechtigt anerkannt wurde. Auch deuten gewisse seit März 1791 sichtbare Veränderungen in Reinholds Begrifflichkeit, wie das Auftreten des Personenbegriffs, auf ein wachsendes Interesse an der Frage, wie Vernunfteinheit aufzufassen sei.[49]

Wie sehr sich dieses Interesse im Laufe des Jahres 1791 verstärkt, läßt sich gut anhand der drei Aufsätze UGM (März 1791), ENR (April 1791) und EPR (September, November 1791) nachzeichnen. Während schon in der UGM Reinholds Interesse an einer näheren Bestimmung des Unterschieds von theoretischer und praktischer Vernunft sowie des Personenbegriffs sichtbar ist (UGM, S. 230ff., 241f., 255), diese Begriffe aber noch ganz im Umfeld der »Grundlinien« stehen, wird in der ENR zum ersten Mal deutlich, daß Reinhold sich von einer näheren Erörterung des Gesetzesbegriffs Aufschluß in dieser Sache erhofft (ENR, S. 361f.).

48 Dies geht hervor aus dem schon erwähnten (vgl. oben Anm. 33) Brief Reinholds an Baggesen vom Juni 1791.

49 So ist in UGM ein längerer Abschnitt eigens dem Personenbegriff gewidmet (UGM, S. 230f.), worin bereits von der »Unabhängigkeit, die uns zu Personen macht« (ebd., S. 230) und vom durch Vernunft bestimmten Wollen als die »eigentliche Selbstthätigkeit« (ebd.) der Person die Rede ist. Im März 1791 ist aber diese Selbsttätigkeit zugleich noch diejenige, »die wir mit dem Nahmen Vernunft im strengsten Sinne dieses Wortes [...] bezeichnen« (ebd., S. 229).

Gegenüber diesen beiden Texten stellt der zweite Teil der EPR einen sichtbaren Fortschritt dar. Es wird in ihm deutlich, daß inzwischen Überlegungen zum Gesetzesbegriff im Zusammenhang mit Vernunft überhaupt sowie theoretischer und praktischer Vernunft stattgefunden haben. Die in der ENR enthaltene Auffassung der Vernunft als »Vermögen der Gesetze überhaupt« (ENR, S. 361) wird nun dahin differenziert, daß nur noch in bezug auf praktische Vernunft von Gesetzen, in bezug auf theoretische Vernunft aber von Regeln die Rede ist (EPR, S. 281) – ein erster Schritt in Richtung der späteren Auffassung von Vernunft als »Vermögen der Vorschriften«.[50] Zugleich kommt es zu einer expliziten Gegenüberstellung zwischen Gesetzen des physischen (»Gesetze der Naturnothwendigkeit«) und des moralischen Bereichs (»Gesetz der Freyheit«) (ebd., S. 285). Vor allem aber zeigt sich in EPR Reinholds Bemühung, die Begriffe von Recht und Pflicht im Zusammenhang seiner Überlegungen zum Gesetzesbegriff und zur Vernunfteinheit zu bestimmen – eine Bemühung, die sich darin gestaltet, diese Begriffe als zwei Modalitäten einer und derselben »im Gesetze des uneigennützigen Triebes gegründete[n]« Beschränkung des eigennützigen Triebs (ebd., S. 285) anzusehen.

Wenn nun angenommen werden muß, schon in dieser Akzentverschiebung innerhalb seiner Begrifflichkeit sei Reinhold Schmids Einwand gegen die »Grundlinien« präsent gewesen, so gilt dies erst recht für die Schwierigkeit in Verbindung mit der in der EPR unternommenen Bestimmung der Begriffe des Rechts und der Pflicht. Denn diese Schwierigkeit reproduziert eine Situation, die derjenigen, gegen welche sich Schmids Kritik richtet, genau analog ist. So unangemessen es in den »Grundlinien« war, das Realisieren einer Vorstellung innerhalb und außerhalb des Gemüts als zwei nur durch die jeweilige Modalität unterschiedene Formen ein und desselben Realisierens zu betrachten, so wenig adäquat muß Reinhold nun – nach Einsicht in die Berechtigung der entsprechenden Kritik Schmids – das Beschränken des eigennützigen Triebs im Fall des Rechts und der Pflicht als zwei nur durch die jeweili-

50 Vgl. z. B. *Beytrag*, S. 111.

ge Modalität unterschiedene Formen ein und desselben Beschränkens erscheinen. Gerade vor dem Hintergrund dieser Kritik und seines Interesses an einer konsistenten, einheitlichen Vernunftauffassung, die zugleich zwischen theoretischer und praktischer Vernunft zu unterscheiden erlaubt, schlägt Reinhold Ende 1791 einen Weg ein, der ihm 1789 noch nicht offenstand: den der begrifflichen Trennung von Willen und praktischer Vernunft.

Dieser Weg ist nun nicht lediglich der des Vollzugs dieser Trennung selbst, sondern der einer allmählichen Transformation der gesamten Begriffskonfiguration, die mit den Begriffen des Willens und der praktischen Vernunft zusammenhängen, und in der die Neubestimmung der letzteren eine fundamentale Stellung erhält. Ist nämlich einmal eingesehen, daß das notwendige und das bloß erlaubte Beschränken des eigennützigen Triebs nicht in demselben Sinn in Vernunft gründen und nicht beide Äußerungen einer und derselben Vernunfttätigkeit sein können, dann hat dies zunächst Konsequenzen für das Verständnis des Vernunftbegriffs selbst. Es stellt sich nun die Frage, was dann die einheitliche, beiden Formen des Beschränkens gemeinsame Vernunftleistung ist bzw. in welchem *anderen* Sinne beide in Vernunft gründen, und welche zusätzliche Instanz hier im Spiel ist. Wir haben gesehen, daß aufgrund des Reinholdschen Interesses an Einheit die Antwort auf der Hand liegt: Da die bloß erlaubte Beschränkung des eigennützigen Triebs nicht selbst, wie im Fall der Pflicht, durch Vernunft ausgeführt werden kann, Pflicht und Recht aber offenbar in ein und derselben Vernunft gründen, bleibt nur eine Redimensionierung der Rolle der Vernunft hinsichtlich der Ausführung der durch das Sittengesetz gebotenen Beschränkung übrig. Die Vernunfttätigkeit wird hier reduziert auf das Aufstellen des Gesetzes, was einerseits Recht und Pflicht gleichermaßen in einem einheitlichen Begriff einer Vernunft als Vermögen, Vorschriften aufzustellen, gegründet erscheinen läßt – Pflicht ist das, worüber eine Vernunftvorschrift existiert, Recht ist alles das, worüber keine solche Vorschrift existiert –, andererseits den nun nicht mehr mit praktischer Vernunft identischen Willen als die Instanz bestimmt, welche sowohl die vom Gesetz der Freiheit geforderte wie auch die bloß erlaubte Handlung ausführt.

Die unmittelbaren Konsequenzen dieser Neuvermessung der Vernunfttätigkeit liegen nahe.[51] Sie zeigen sich *erstens* in der Notwendigkeit, den in der EPR noch vorhandenen einheitlichen Rahmen einer Definition des Rechts und der Pflicht zu sprengen. Diese Notwendigkeit wird sich im »Beytrag« von 1792 in eine neue Rechtsdefinition niederschlagen, in welcher nicht mehr wie in der EPR von Beschränkung, sondern von Befriedigung des eigennützigen Triebs die Rede ist. *Zweitens* kommt es zu weiteren Veränderungen im Zusammenhang des Vernunftbegriffs. Reinhold spricht nun nicht nur explizit von Vernunft als dem Vermögen, Vorschriften (und nicht mehr: Gesetze) zu geben (Beytrag, S. 111); es kommt darüber hinaus zu einer verständlichen Neubestimmung der Bereiche des Theoretischen und des Praktischen. Die Annahme einer Vernunft, die als solche nur Vermögen der Vorschriften ist, erlaubt nämlich nicht mehr, den Unterschied zwischen beiden Bereichen in der Form der Realisierung von Vorstellungen zu sehen, wo eine Vorstellung innerhalb des Gemüts durch theoretische, außerhalb des Gemüts durch praktische Vernunft realisiert wird. Als Aufstellen von Vorschriften kann Vernunft als solche Vorstellungen nur innerhalb des Gemüts realisieren, was zur Folge hat, daß sich theoretische und praktische Vernunft nur noch durch *die Art* der im Gemüt verwirklichten Vorstellungen unterscheiden können.[52] *Drittens* schließlich folgt aus der begrifflichen Trennung von Willen und praktischer Vernunft die Notwendigkeit einer neuen Willensdefinition und einer entsprechenden Differenzierung des Freiheitsbegriffs. Indem dem Wollen nun der Teil der Tätigkeit zugeschrieben wird, der vormals der Vernunft gehörte, steht dieses nun da als eigenes Vermögen, welches dasjenige ausführt, was von den Vernunftvorschriften gefordert oder erlaubt wird, als »Vermögen der Person, sich selbst zur Befriedigung oder Nichtbefriedigung einer Forderung des eigennützigen Triebes« mit einer Freiheit zu bestimmen, die mit der Freiheit praktischer Vernunft nicht mehr identisch sein kann (ebd., S. 111, 113f.).

51 Zu einer weiteren wichtigen Konsequenz dieser Auffassung, der Verlust des Kantischen Autonomiegedankens, vgl. unsere Diskussion in Abs. 7.4.

52 Vgl. den oben (S. 187f.) zitierten Brief Reinholds an Baggesen vom 28. März 1792.

Indem auf diese Weise deutlich wird, wie zwischen November 1791 und März 1792 die wichtigsten Änderungen in Reinholds Begrifflichkeit nicht nur zur gleichen Zeit, sondern *aufgrund* einer Neueinschätzung des Vernunftvermögens und der darauf aufbauenden Trennung von Willen und praktischer Vernunft erfolgen, letztere sich aber vor dem zweifachen Hintergrund eines fundamentalen Interesses an einem einheitlichen Vernunftkonzept und einer fundamentalen Kritik Schmids an Reinholds Vernunftkonzept der »Grundlinien« vollzieht, werden aber auch zwei zusätzliche Punkte klar. Zum einen zeigt sich jetzt, daß die aus der »Rezension Schmid« rekonstruierte Erklärung der wichtigsten Modifikation in Reinholds Begrifflichkeit – Reinhold trennt Willen und praktische Vernunft dann, als er durch Schmids Kritik einsieht, daß die Leistung, die schon in den »Grundlinien« der Vernunft zugeschrieben wird, in Wirklichkeit nicht durch ein und dasselbe Vermögen erbracht werden kann – genau zu den Schwierigkeiten der EPR mit einer Ableitung der Begriffe der Pflicht und des Rechts paßt. Und zum anderen wird nun klar, wie die in der Schmid-Rezension enthaltenen mißverständlichen Äußerungen zu den Gründen hinter Reinholds neuer Willensauffassung und die diesbezügliche Erklärung des »Beytrags« (S. 111, Anm.) letztlich zu verstehen sind. Der Wille ist nicht deshalb nicht als »Causalität der Vernunft in Ansehung ihrer Handlungen«, als »Vermögen nach Principien oder nach der Vorstellung von Gesetzen zu handeln, oder etwas gemäß einer Idee hervorzubringen« (Rezension Schmid, Sp. 12) zu verstehen, weil er diese Eigenheiten mit anderen Vermögen des Gemüts gemeinsam hätte, sondern weil er gar nicht als ein bestimmtes Vermögen der Vernunft oder als Vermögen, Vorstellungen zu realisieren, verstanden werden kann, da das eigentliche Realisieren von Vorstellungen ein Realisieren von Vorstellungen im Gemüt ist.

6. Gemeiner Verstand und philosophierende Vernunft

Reinholds Versuch, auf dem Weg einer Neubegründung der Hauptresultate der ersten *Kritik* den Menschen allgemeingültige Aufschlüsse zu liefern »*über die Gründe ihrer Pflichten und Rechte in diesem, und ihrer Erwartung für das zukünftige Leben*« (Versuch, S. 74), steht schon früh vor bemerkenswerten Schwierigkeiten. Das Grundgerüst der dazu aufgebotenen Theorie des Vorstellungsvermögens erweist sich gerade durch den Gedanken der Vorstellung als Haupthindernis für die Rechtfertigung der Denkmöglichkeit der wichtigsten unter den Vernunftideen, die Willensfreiheit. Diese Schwierigkeit ist nicht ohne Folgen geblieben für Reinholds weitere Denkentwicklung. Aufgrund eines Einwands seines Kollegen C. C. E. Schmid, der genau bei dieser Schwierigkeit ansetzt, sieht Reinhold schon bald ein, daß es zu keiner adäquaten, in einem einheitlichen Vernunftkonzept gegründeten Bestimmung der Begriffe des Rechts und der Pflicht kommen kann ohne die Preisgabe der Kantischen Identität von Willen und praktischer Vernunft – eine Trennung, die dann in einem neuen Anlauf zu einer Bestimmung von Recht und Pflicht vollzogen wird. Dies ist aber nicht die einzige Folge, die sich aus jener Schwierigkeit für Reinholds Denkentwicklung ergibt. Indem Reinhold nach wie vor in der Begründung der Denkmöglichkeit der Willensfreiheit und der übrigen Vernunftideen den letzten und erhabensten Zweck der Philosophie sieht, der zu dieser Rechtfertigung aufgebotene theoretische Rahmen sich aber als unzureichend erweist, stellt sich mit Dringlichkeit die Frage nach einer anderen Rechtfertigungsinstanz, durch welche diese Leistung erbracht werden kann. Reinhold ist aber zugleich von der Richtigkeit der Grundannahmen und -ausstattung seiner »Elementarphilosophie« überzeugt, so daß es zu einem spannungsvollen Antagonismus kommt zwischen dem Versuch einer Umarbeitung derselben und der Versuchung, die benötigte Rechtfertigungsinstanz überhaupt außerhalb der philosophischen Theorie zu suchen.

Wie sich aus den Erörterungen dieses Kapitels ergeben wird, äußert sich Reinholds Suche nach einer neuen Rechtfertigungsinstanz in der Veränderung der Art und Weise, wie zwischen 1789 und 1792 die Gegenüberstellung von »philosophierender Vernunft« und »gemeinem« bzw. »gesundem Verstand« dargestellt wird, sowie in der Rolle, die diese Gegenüberstellung in Reinholds Denken einnimmt. In einem ersten Abschnitt (6.1.) werden wir das Verhältnis von philosophierender Vernunft und gemeinem Verstand im *Versuch* und in den Schriften vor der Trennung von Willen und praktischer Vernunft betrachten. Wir werden sehen, daß schon in Reinholds Hauptwerk – trotz eindeutiger Übernahme des Rechtfertigungsmodells der *Kritik der reinen Vernunft*, wonach die Annahmen des gemeinen Verstandes immer durch philosophierende Vernunft auf ihre Nicht-Widersprüchlichkeit hin überprüft werden müssen – Spannungen zwischen beiden epistemischen Bereichen sichtbar sind. Diese Spannungen bleiben bis gegen Ende 1791 im wesentlichen dieselben, wenn auch ihre Gegenüberstellung immer mehr Raum einnimmt und einzelne zunächst unscheinbare, in Wirklichkeit aber wichtige Verschiebungen in Reinholds Begrifflichkeit eine Veränderung im epistemischen Status des Freiheitsbewußtseins erkennen lassen.

Die Notwendigkeit einer theorieunabhängigen Rechtfertigungsinstanz für die Kantischen Vernunftideen wird durch die im Oktober-November 1791 einsetzende Trennung von Willen und praktischer Vernunft noch verstärkt. Indem nun das Wollen nicht mehr als eine besondere Äußerung der Vernunft betrachtet wird, vielmehr als eigenes Grundvermögen *neben* dem Vernunftvermögen, *kann* die Denkmöglichkeit der Willensfreiheit gar nicht mehr dadurch begründet werden, daß das freie Wollen als besondere Äußerung der Vernunfttätigkeit eine bestimmte Stellung innerhalb einer Theorie der Grade der Spontaneität erhält. Was durch die begriffliche Trennung von Willen und praktischer Vernunft fraglich wird, ist die Rechtfertigungskompetenz der Vernunft und damit das gesamte, an Kants *Kritik der reinen Vernunft* anschließende Unternehmen einer Theorie des Vorstellungsvermögens. Zeugnis dieser zugespitzten Lage ist ein Text Reinholds, der von der bisherigen einschlägigen Forschung so gut wie gänzlich übersehen wurde, der

Aufsatz »Ueber Popularität und gesunden Menschenverstand. Fragment eines Briefwechsels« (NTM III, Dezember 1791, S. 419-429). Dieser einfach geschriebene und nicht streng philosophische Text – mit ihm beschäftigt sich der zweite Abschnitt (6.2.) dieses Kapitels – ist nicht zufällig gerade in der Zeit entstanden, als Reinhold an der Absonderung von Willen und praktischer Vernunft arbeitet. In ihm wird zum ersten Mal Reinholds Bedürfnis sichtbar, den gemeinen Verstand vom gesunden zu unterscheiden und letzteren als eine gegenüber der philosophierenden Vernunft selbständige Rechtfertigungsinstanz zu profilieren, was zugleich einen ersten vorbereitenden Schritt in Richtung einer Preisgabe der »Elementarphilosophie« darstellt.

In einem dritten Abschnitt (6.3.) soll schließlich Reinholds (letzter) Versuch vor der endgültigen Preisgabe der »Elementarphilosophie« betrachtet werden, das Verhältnis von gemeinem, gesundem Verstand und philosophierender Vernunft innerhalb eines teilweise modifizierten Systemansatzes neu zu bestimmen. Dabei werden wir uns zwei Texten zuwenden, die zum großen Teil im Sommer 1792 niedergeschrieben wurden und seit kurzem im Zentrum der Reinhold-Forschung stehen: der philosophisch gehaltvolle Brief Reinholds an seinen Freund J. B. Erhard vom 18. Juni 1792 und der erst 1794 im zweiten Band der *Beyträge* erschienene Aufsatz »Ueber den Unterschied zwischen dem gesunden Verstande und der philosophierenden Vernunft in Rücksicht auf die Fundamente des durch beyde möglichen Wissens« (Beyträge II, S. 1-72).[1] Beide Texte stellen einen Höhepunkt dar in Reinholds Beschäftigung mit diesem Thema. Durch besonders einschneidende Kritiken veranlaßt, denkt Reinhold an eine Reorganisation der »Elementarphilosophie«, die dem gemeinen Verstand nun ganz offen eine fundamentale Stellung im System zusichert. Dieser nur skizzenhaft überlieferte Reorganisationsversuch führt aber gerade durch seine Neuvermessung der Rolle des gemeinen Verstandes zugleich auf eindrückliche Weise das Scheitern der »Elementarphilosophie« vor Augen.

1 Vgl. Bondeli (1995), S. 128ff.; Stamm (1995); Stamm (1997), S. 215ff.; Henrich (1989), S. 118ff. und 139ff.; Henrich (1991), S. 240ff.; Henrich (1992), S. 113ff.; Stamm in Henrich (1997), S. 898ff.; Frank (1996), S. 403ff.; Frank (1997), S. 485ff.

Denn das neubestimmte Rechtfertigungsunternehmen erweist sich nun im Hinblick auf seinen wichtigsten Zweck, das Liefern von letzten allgemeingeltenden Gründen »unserer Pflichten und Rechte in diesem und unserer Erwartung für das künftige Leben« (Fundament, S. XV) auf eine Art unnütz, daß nicht nur das Fehlen einer Verwirklichung dieses Programms, sondern sogar das Ausbleiben eines jeden ernsthaften Versuchs in diese Richtung bei Reinhold keine Überraschung darstellt. Im Gegenzug zur derzeit vorherrschenden Meinung werden sich diese Texte dabei nicht als das Resultat einer plötzlichen, im Mai oder Juni 1792 erfolgten Einsicht in Grundschwierigkeiten der Theorie des Vorstellungsvermögens erweisen, sondern als der vorläufig letzte – und erfolglose – Schritt einer Auseinandersetzung, die als Konsequenz der schon im *Versuch* enthaltenen Schwierigkeiten und ihrer Folgen – insbesondere der Trennung von Willen und praktischer Vernunft – zu deuten ist.

6.1. Gemeiner Verstand und philosophierende Vernunft 1789-1791

Äußerungen über »gesunden« und »gemeinen Verstand«, die eine Gegenüberstellung zu einer »philosophierenden Vernunft« erkennen lassen, finden sich nicht erst in Reinholds Phase der »Reorganisation der Elementarphilosophie« (Juni-Juli 1792)[2] und auch nicht erst im Zusammenhang der Texte, in denen die Neubestimmung der Begriffe des Willens und der praktischen Vernunft stattfindet. Schon im »Siebenten« der *Merkur*-Briefe von 1787 wird die Unterscheidung von Seele und

2 Der Ausdruck »Reorganisation der Elementarphilosophie« stammt aus Henrich (1997), S. 898. Daß eine »Theorie des gemeinen und gesunden Menschenverstandes« von Reinhold erst im Anschluß an Einwände entwickelt wurde, die im Juni 1792 gegen das Ableitungsverfahren der »Elementarphilosophie« erhoben wurden, behauptet z.B. Henrich (1989), S. 244.

Körper als eine »Entscheidung des allgemeinen Menschenverstandes« bezeichnet, der dank ihrer »uralten[n] und fortwährende[n] Uebereinstimmung« unter den übrigen Aussprüchen desselben ein »unverlierbare[r] Rang« zukommt (Siebenter Brief, S. 147).[3] Vor allem aber gibt es im »Ersten Buch« des *Versuchs* von 1789 einige Stellen, die insgesamt ein recht ausführliches Bild dieser Gegenüberstellung liefern. Während Reinhold in der Vorrede zum *Versuch* auch von »gesundem Verstand« bzw. »gesundem Menschensinne« spricht (Versuch, S. 6, 7, 10, 26) und an einer Stelle sogar eine Unterscheidung zwischen gemeinem und gesundem Verstand andeutet,[4] findet die Gegenüberstellung fast ausschließlich zwischen *gemeinem* Verstand und philosophierender Vernunft statt. In derselben Bedeutung gebraucht aber Reinhold auch die Ausdrücke »gesunder Menschenverstand« (ebd., S. 138), »allgemeiner Menschensinn« (ebd., S. 25), »gesunder Menschensinn« (ebd., S. 26) und »sensus communis« (ebd., S. 77) auf der einen, »räsonnierende Vernunft« auf der anderen Seite (ebd., S. 77).

Besonders zwei Stellen des »Ersten Buchs« sind für die Rekonstruktion dieser Gegenüberstellung wichtig. Es handelt sich um den ersten Teil des Abschnitts »Ueber den Erkenntnißgrund der vornehmsten Grundwahrheit der Religion« (ebd., S. 76-80) und um den ersten Teil des darauffolgenden Abschnitts »Ueber den Erkenntnißgrund der Grundwahrheit der Moralität« (ebd., S. 89-94). Der gemeine Verstand zeichnet sich darin als Vermögen aus, eigene Aussprüche bzw. Überzeugungen zu entwickeln, die im »bloßen Gefühl« oder im »Selbstgefühl« ihren Ursprung haben (ebd., S. 77, 93f.). Zentraler Bestandteil solcher Überzeugungen – Reinhold führt hier als Beispiele die Annah-

3 Auf diesen Punkt verweist zu Recht Verra (1951), S. 24. Mit Bezug nicht auf Philosophie, sondern auf ein zu errichtendes »System der christlichen Lehrbegriffe«, heißt es schon in der *Herzenserleichterung* von 1785, es sei sehr zu hoffen, »daß endlich ein *System* aufgestellt werde, welches weder auf Thatsachen noch auf Sätzen beruht, die Menschen mit gesundem Kopf und Herzen unmöglich annehmen können« (Herzenserleichterung, S. 100f.).

4 Vgl. *Versuch*, S. 3f.: »[...] daß das Studium der Erfahrung keineswegs dem gemeinen auch noch so gesunden Verstande [...] gelingen konnte«.

me der Existenz Gottes und der menschlichen Freiheit an (ebd., S. 77, 91f.) – sind klare, aber undeutliche Vorstellungen, d.h. Vorstellungen, die uns in unserer »inneren Erfahrung« (ebd., S. 92) jenseits allen Zweifels gegeben sind, die aber nicht begrifflich in ihre letzten Bestandteile zergliedert wurden. Reinhold spricht in diesem Zusammenhang auch von Tatsachen, deren man sich »aus seiner inneren Erfahrung« (ebd., S. 91) bzw. »durch das Selbstgefühl bewußt ist« (ebd., S. 92). Das Zeugnis des Selbstgefühls kann und muß (ebd., S. 93) in seiner Evidenz dem gemeinen Verstand ein »vollgiltiger Erkenntnißgrund« für die Annahme der Existenz Gottes und der menschlichen Freiheit sein. Nicht die Denkmöglichkeit der entsprechenden Begriffe sichert die Gültigkeit seiner Überzeugungen, es ist umgekehrt die Evidenz der letzteren, welche dem gemeinen Verstand erlaubt, auf ihre Denkmöglichkeit zu schließen.

Nach dem im *Versuch* vorherrschenden Standpunkt sagt Reinhold nicht, das Selbstgefühl des gemeinen Verstandes verkörpere die Wahrheit hinsichtlich der Fragen nach der Existenz Gottes und der menschlichen Freiheit. Es geht hier vielmehr um Gründe, etwas für wahr zu halten. Der gemeine Verstand hat solange keinen Grund, sich durch das Unbegreifliche irritieren zu lassen, das die Philosophen an seinen Annahmen finden, bis nicht das Bedürfnis eingetreten ist, Klarheit zu erlangen über die Gründe hinter diesen Annahmen. In diesem Sinne ist Reinholds Äußerung zu verstehen, wonach die Zweifel des Philosophen den gemeinen Verstand so wenig kümmern, »als das Unbegreifliche bey tausend andern Fällen, wo er sich mit Recht durch die Evidenz des Daseyns alles Grübelns über die Möglichkeit überhoben glaubt« (Versuch, S. 92). Es entspricht für Reinhold der »unaufhaltsam fortschreitenden Entwicklung des menschlichen Geistes, die klaren aber undeutlichen [...] Vorstellungen, nothwendig in mehr oder weniger deutliche Begriffe« (ebd., S. 78) aufzulösen. Solange aber dieses Bedürfnis nicht eingetreten ist, ist es nur vernünftig, an der Evidenz des Selbstgefühls festzuhalten und dagegen gerichtete philosophische Zweifel a priori zurückzuweisen, *obwohl* die Vorstellungen des gemeinen Verstandes »durch heterogene Merkmale zum Theil verfälscht[e]« (ebd.) sein können. Ist dieses Bedürfnis einmal eingetreten, reicht der

Verweis auf die Evidenz des Selbstgefühls nicht mehr aus, um die Überzeugungen des gemeinen Verstandes als wahr anzunehmen. Es entsteht nun die Notwendigkeit, Klarheit über die Erkenntnisgründe dieser Überzeugungen zu erlangen. Mit ihr tritt neben dem gemeinen Verstand die philosophierende Vernunft auf den Plan.

Folgt man den im *Versuch* enthaltenen Hinweisen, dann entsteht das Bedürfnis, den Standpunkt des gemeinen Verstandes um eine philosophische Dimension zu erweitern, mit der Frage nach den Gründen, etwas für wahr oder für evident zu halten. Aufgabe der philosophierenden Vernunft ist deshalb, einen Erkenntnisgrund zu liefern, »von dessen Wahrheit oder Falschheit, Stärke oder Schwäche, Reinigkeit oder Unlauterkeit die Beschaffenheit der Ueberzeugung selbst abhängt, und der über kurz oder lang aus der philosophischen Welt, wo er eigentlich zu Hause ist, ins gemeine Leben hinübergehen muß« (ebd.). Die philosophierende Vernunft kann sich dazu nicht der »eigentlichen Gründe« (ebd., S. 77) bedienen, die sie hinter den Aussprüchen des gemeinen Verstandes entdeckt und diesem verborgen sind. Worum es ihr geht, ist das Aufsuchen *philosophischer* Erkenntnisgründe für diese Überzeugungen.

Ein solcher Erkenntnisgrund ist dann gefunden, wenn der im gemeinen Verstande gegebene Grund der zu rechtfertigenden Überzeugung »durch eine vollendete Zergliederung in seine letzten vorstellbaren Bestandtheile aufgelöset, und auf seine eigentliche Quelle zurückgeführt ist« (Versuch, S. 124), d.h. wenn aus ihm ein deutlicher Begriff geworden ist, der sich in einer »allgemeinverständlichen Formel« ausdrücken und »jedem denkenden Kopfe mittheilen läßt« (ebd.). Ist eine solche Formel bzw. ein solcher Erkenntnisgrund vorhanden, ist der Anspruch des gemeinen Verstandes nicht in seiner Wahrheit, sondern in seiner Widerspruchsfreiheit bzw. Nichtunmöglichkeit begründet. Im Fall der Freiheitsüberzeugung haben wir dann zwar kein philosophisch begründetes Wissen, daß unser Willen frei ist; wir sind aber berechtigt, der Evidenz unseres Selbstgefühls zu folgen. Auch dann, wenn es sich um unbegreifliche Tatsachen handelt, um Tatsachen also, die begrifflich nicht weiter analysiert werden können, muß, wie hier am Falle der Freiheit expliziert wird,

> wenigstens diese Unbegreiflichkeit allgemeingiltig erörtert werden, wenn sie nicht mit der Unmöglichkeit verwechselt; wenn aus ihr keine Unmöglichkeit gefolgert werden soll [...] Nur durch einen allgemeingiltigen Beweis dieser Nichtunmöglichkeit kann das Zeugnis des Selbstgefühls (auf welches sich zwar die Wirklichkeit der Freyheit annehmen, aber aus welchem sich keineswegs die Möglichkeit derselben begreifen läßt) gegen alle Grübeleyen und Zweifel der Spekulation gesichert, und zum *philosophischen Erkenntnißgrunde* für die Grundwahrheit der Moralität erhoben werden. (Versuch, S. 93)

Diese im *Versuch* enthaltenen Äußerungen über gemeinen Verstand, philosophierende Vernunft und das Verhältnis beider liefern ein Bild, das insgesamt dem Rechtfertigungsmodell der *Kritik der reinen Vernunft* und der *Prolegomena* verpflichtet ist. Die Annahmen des gemeinen Verstandes müssen dann, aber auch nur dann denjenigen der philosophierenden Vernunft weichen, wenn aus letzterer die Inkonsistenz jener Annahmen folgt.[5]

Ist aber der allgemeine Rahmen der Reinholdschen Untersuchung durch die Anlehnung an die *Kritik der reinen Vernunft* und die Übernahme einer übergeordneten Stellung der philosophierenden Vernunft gegeben, so deuten einige der zitierten Stellen auf ein komplexeres und nicht spannungsfreies Verhältnis von gemeinem Verstand und philosophierender Vernunft. So ist die Behauptung, aus dem Zeugnis des Selbstgefühls lasse sich die Wirklichkeit der Freiheit annehmen (ebd.), und es sei »mit Recht« über dasjenige, was dem Philosophen unbegreiflich ist, hinwegzusehen (ebd., S. 92), durchaus nicht inkompatibel mit der These, das Selbstgefühl des gemeinen Verstandes verkörpere in der Tat nichts Geringeres als *die Wahrheit* hinsichtlich der Fragen nach der

5 Vgl. KrV, Vorrede zur zweiten Auflage: »Gesetzt nun, die Moral setze notwendig Freiheit (im strengsten Sinne) als Eigenschaft unseres Willens voraus, indem sie praktische in unserer Vernunft liegende ursprüngliche Grundsätze als Data derselben a priori anführt, die ohne Voraussetzung der Freiheit schlechterdings unmöglich wären, die spekulative Vernunft aber hätte bewiesen, daß diese sich gar nicht denken lasse, so muß notwendig jene Voraussetzung, nämlich die moralische, derjenigen weichen, deren Gegenteil einen offenbaren Widerspruch enthält, folglich Freiheit und mit ihr Sittlichkeit [...] dem Naturmechanism den Platz einräumen« (B XXVIIIf.).

Existenz Gottes und der menschlichen Freiheit. Der gemeine Verstand könne aber durch die »Grübeleien und Zweifel« der Philosophen so verwirrt werden, daß ein Beweis der Nichtunmöglichkeit als einziger Weg übrig bleibt, die erst durch philosophierende Vernunft verdeckte Einsicht in die Wahrheit wieder zu gewinnen.

Diese letzte Auffassung paßt aber auch gut zu der Behauptung, der gemeine Verstand habe solange keinen Grund, sich durch das Unbegreifliche irritieren zu lassen, das die Philosophen an seinen Annahmen finden, bis nicht das Bedürfnis eingetreten ist, Klarheit zu erlangen über die Gründe hinter diesen Annahmen. Sie würde dann besagen, der gemeine Verstand habe eigentlich nie Grund, sich durch Zweifel der philosophierenden Vernunft beunruhigen zu lassen. Denn er ist im Besitz der Wahrheit und braucht sich also nie auf die Einwürfe der philosophierenden Vernunft einzulassen. Ist er aber dennoch beunruhigt durch seine Unfähigkeit, diese Wahrheit gegenüber Zweifeln und Grübeleien der philosophierenden Vernunft zu behaupten, so ist ein Nachweis der Denkbarkeit oder »Nichtunmöglichkeit« zu erbringen, der zumindest den wichtigsten Einwand, den der Unmöglichkeit bzw. Undenkbarkeit, entkräftet.

Dieses zweideutige Bild der Gegenüberstellung eines gemeinen Verstandes und einer philosophierenden Vernunft bei gleichzeitiger Dominanz des Rechtfertigungsmodells der ersten *Kritik* erfährt keine wesentliche Veränderung im ersten Band der *Beyträge* von 1790. Es ist von beiden an ganz wenigen Stellen die Rede, vor allem im fünften (»Ueber die Möglichkeit«) und im sechsten Beitrag (»Erörterungen«). An ihnen lassen sich leichte Akzentverschiebungen in Reinholds Behandlung des Themas feststellen, die auf die nunmehr zentrale Stellung des Satzes des Bewußtseins und des Deduktionsprogramms der »Elementarphilosophie« hindeuten. Es kommt zu einer deutlicheren Betonung der Art und Weise, wie philosophierende Vernunft die Aussprüche des gemeinen Verstandes verarbeitet. Reinhold spricht in diesem Zusammenhang verstärkt von »Entwicklung« und »Zergliederung«: Ein Ausspruch des gemeinen Verstandes ist dann und nur dann gegen alle Mißverständnisse gesichert, wenn er in seinem Sinne durchgängig bestimmt ist, und letzteres ist er nur, »wenn man die Begriffe, welche in demselben verbunden sind, [...] vorher durch eine *vollendete* und *richtige* Zergliederung erschöpft hat« (Beyträge I, S. 351). Ist aber die durchgängige Bestimmtheit erst das Resultat einer Zergliederung, die selbst bestimmte Prinzipien voraussetzt, muß ein oberster Grundsatz angenommen werden, zu dessen durchgängiger Bestimmtheit keine weiteren Prinzipien benötigt werden, ein durchgängig durch sich selbst bestimmter Grundsatz.

Daß zwischen der Gegenüberstellung von gemeinem Verstand und philosophierender Vernunft einerseits, der Grundsatz- und Ableitungsthematik andererseits ein enger Zusammenhang besteht, wird aber vor allem dort sichtbar, wo Reinhold den »Satz des Bewusstseins überhaupt« und die »darunter« enthaltene Mehrzahl von »Sätze[n] des besonderen Bewußtseyns« (Beyträge I, S. 363) näher bestimmt.[6] Denn sowohl der eine wie die anderen drücken nach Reinhold Tatsachen oder Fakta aus, deren man sich nicht durch »Raisonnements« oder, wie Reinhold auch sagt, durch eine Tätigkeit der »raisonnierenden Vernunft«, sondern durch bloße »Reflexion über die Bedeutung der Worte«, durch welche die in den Grundsätzen enthaltenen Begriffe ausgedrückt sind, vollständig bewußt wird (ebd., S. 357f., 363). Der Satz des Bewußtseins überhaupt drückt das allgemeine »Faktum des Bewußtseyns« aus, die vielen Sätze des besonderen Bewußtseins besondere Fakta desselben.[7] Die bloße Reflexion über Wortbedeutungen ist damit

6 Die Rede von einem »Satz des Bewußtseins überhaupt« findet sich also schon in *Beyträge I*, und nicht erst in *Beyträge II*, wie Berger (1998), S. 202, irrtümlicherweise annimmt.

7 Reinhold gebraucht in *Beyträge I* zwar an keiner Stelle die später bei ihm üblichen Ausdrücke »Tatsache*n*« oder »Fakt*a* des Bewusstseins«, doch geht bereits in diesem Werk die Annahme solcher besonderen Tatsachen des Bewußtseins klar hervor. So sagt Reinhold, die Sätze des besonderen Bewußtseins seien »in Rücksicht der jedem derselben eigenthümlichen, und die Art des Bewußtseyns, die er ausdrückt, [...] nicht weniger als der Satz des Bewußtseyns überhaupt, wieder durch sich selbst bestimmt; *wie jener, aus der blossen Thatsache, die er ausdrückt [...] einleuchtend*« (Beyträge I, S. 362f.; kursiv von mir, A. L.). Im *Fundament* von 1791 ist dann nicht nur explizit von Sätzen des Bewußtseins im Plural (Fundament, S. 102, 106), sondern – und gerade im Zusammenhang mit diesen besonderen Sätzen – auch von Tatsachen des Be-

eine Reflexion, die nicht erst von einem Standpunkt philosophierender Vernunft, sondern vom gemeinen Verstand aus geschieht; die in ihr erreichte Evidenz ist nicht eine spezifisch philosophische, d.h. an Gründe gebundene, sondern eine in einem vorphilosophischen Evidenzraum des gemeinen, natürlichen Verstandes verankerte, insofern sie Fakta eines Bewußtseins überhaupt betrifft.[8]

Im Gegensatz zu dem ersten Band der *Beyträge* und dem *Versuch* steht in der *Fundamentschrift* von 1791 die Gegenüberstellung von gemeinem Verstand und philosophierender Vernunft im Vordergrund, wo sie auch in einigen Aspekten weiter ausgearbeitet und in zugespitzter Form erscheint. Offenbar als Resultat einer erneuten intensiven Beschäftigung mit Kants *Prolegomena*, in denen die Gegenüberstellung von gemeinem Verstand und philosophierender Vernunft ebenfalls zentral ist,[9] stellt hier Reinhold zum ersten Mal den eigenen Gebrauch des Ausdrucks »gemeiner Verstand« explizit in Verbindung mit der angelsächsischen Common sense-Philosophie (Reinhold nennt Reid, Oswald und Beattie[10]). Vor allem aber vertritt nun Reinhold entschieden

wußtseins im Plural die Rede (ebd., S. 79, 106), so daß – wie zu Recht von Berger (1998), S. 201f., moniert wird – diese Redeweisen nicht erst als Produkt einer Ende April 1792 einsetzenden »Reorganisation der Elementarphilosophie« verstanden werden können (vgl. z.B. Henrich (1992), S. 797, und Bondeli (1995), S. 130).

8 Daß sich hier die Frage aufdrängt, ob der Satz des Bewußtseins deshalb überhaupt ein philosophischer Satz sei oder ein Ausspruch des gemeinen Verstandes, ist früh gesehen worden. So hat schon J. F. Flatt in seiner Besprechung des *Versuchs* mit Bezugnahme auf § VII. – d.h. auf den Lehrsatz, der das Bewußtsein als Grundlage der Reinholdschen Theorie erläutert – Reinhold vorgeworfen, er habe hier »einen Ausspruch des gemeinen Menschenverstandes mit einer für die *philosophische* Welt allgemeingeltenden Wahrheit verwechselt« (Beyträge I, S. 411), ein Vorwurf, auf den Reinhold nur mit der dürftigen ironischen Bemerkung eingeht, jeder andere als Flatt »müßte wissen, daß der *erste Grundsatz aller Philosophie* kein durch Philosophische Gründe erweislicher Satz seyn könne und dürfe [...] *Weil er der Erste ist*« (ebd., S. 421).

9 Vgl. *Prolegomena* A 10f., 139, vor allem aber A 195-200.

10 Vgl. *Fundament*, S. 51. Die Reihenfolge, in welcher die Namen »Reid, Oswald, Beattie« angeführt werden (an Stelle des von Kant noch erwähnten Priestley setzt Reinhold »u. A.«), erinnert an die entsprechende Stelle der *Prolegomena* (vgl. *Pro-*

die Ansicht, der gemeine Verstand habe auch eine positive, orientierende Funktion gegenüber der philosophierenden Vernunft. Wie bereits im *Versuch*, sind die Urteile des gemeinen Verstandes auch in der *Fundamentschrift* »mehr durch das Wollen, als durchs Denken; mehr durch Neigungen, als durch Einsichten; mehr durch gefühlte, als durch gedachte Gründe bestimmt« (Fundament, S. 52). Im Unterschied zum *Versuch* sind sie aber nicht nur dort eine Quelle von Erkenntnisgründen, wo philosophische Erkenntnisgründe fehlen. Sie sind nun ebenfalls »nicht selten ein unfehlbares Mittel gegen die Verirrungen des Denkens«, d.h. eine Orientierungsinstanz für die Philosophie selbst. Gerade *wegen* ihrer Distanz zur philosophierenden Vernunft – Reinhold spricht von den Urteilen des gemeinen Verstandes als von einem »*Fremdling* auf dem Gebiete der Philosophie« (ebd.) – kommt dem gemeinen Verstand gegenüber der philosophierenden Vernunft eine orientierende Funktion zu.

Trotz einer sichtbaren Tendenz, den epistemischen Status des gemeinen Verstandes höher zu bewerten, ist aber Reinhold auch hier entfernt davon, die Entscheidung über die Richtigkeit der Urteile der philosophierenden Vernunft dem gemeinen Verstand zu überlassen. Die Urteile des gemeinen Verstandes können die Unrichtigkeit des Denkens nur »*ankündigen*, nie beweisen« (ebd., S. 53), während »ihre eigene Richtigkeit nur durchs Denken geprüft werden kann« (ebd.). Es sei vielmehr gerade der Hauptfehler der Popularphilosophie, den gemeinen Verstand als Richter über die philosophierende Vernunft zu erheben (ebd.) und damit »Popularität für das Kriterium der Wahrheit« gelten zu lassen (ebd., S. 55) – eine Einstellung, welche den gemeinen Verstand statt als »Arzney« »als eigentliche Nahrung der philosophierenden Vernunft gebraucht«, und ihn somit in ein »tödtendes Gift« umwandelt (ebd., S. 52f.).

legomena A 10). Vgl. aber auch Platners *Aphorismen I*, § 843. Nach M. Kühn ist aber die Reihenfolge, in der die drei schottischen Philosophen hier angeführt werden, ein Gemeinplatz in der Philosophie dieser Zeit (vgl. Kühn (1987), S. 7).

Der Grund hinter dieser Aufwertung des gemeinen Verstandes ist in einer besonderen Verstrickung von gemeinem Verstand und Vernunft enthalten, welche die Unfehlbarkeit gewisser Annahmen des ersteren begründet. Reinhold spricht davon, daß einige Gefühle des gemeinen Verstandes, nämlich die moralischen Gefühle, »als Aeußerungen der *praktischen Vernunft*, das einzige Mittel sind, durch welches sich die *theoretische* Vernunft bey den Uneinigkeiten mit sich selbst, die auf dem Wege *zur* (folglich *vor* der) Entdeckung der *letzten* Gründe unvermeidlich sind, zu orientieren vermag« (ebd., S. 51f.), und gerade als solche Äußerungen der praktischen Vernunft sind diese Gefühle unfehlbar. Was ist aber der Grund, um das moralische Gefühl als durch praktische Vernunft bewirkt und deshalb als unfehlbar zu betrachten? Haben sich Reinholds alte Vorbehalte gegen die *Kritik der praktischen Vernunft* aufgelöst, so daß einer Übernahme des »Faktums der Vernunft« nichts mehr im Wege steht?

Wie wir in Abs. 6.2. sehen werden, ist dies nicht der Fall. Was sich hier ausdrückt ist vielmehr die Verlegenheit gegenüber der Unfähigkeit der »Elementarphilosophie«, auf der Grundlage des Bewußtseins und des Vorstellungsbegriffs zu einer Rechtfertigung der Nichtunmöglichkeit der Vernunftideen zu gelangen bei gleichzeitiger Überzeugung, die (»Elementar«-)Philosophie müsse dennoch auf dem Satz des Bewußtseins als oberstem Grundsatz aufbauen, und ohne zugleich ein für sich evidentes Kantisches Faktum der Vernunft anzunehmen. Während die *Fundamentschrift* insgesamt die Stellung des Satzes des Bewußtseins als ersten Grundsatz der Philosophie festigt, wird die Notwendigkeit einer Rechtfertigung der Vernunftideen mit ähnlichen Worten wie im *Versuch* betont, doch auf eine ungleich intensivere Weise. Nicht weniger als dreimal ist im *Fundament* von dem erhabensten Zweck der Philosophie als von einem praktisch-moralischen die Rede. Gleich zu Anfang der Vorrede spricht Reinhold vom »Interesse der sittlichen Veredlung der Menschheit« als vom »Allerhöchste[n]«, um dessen willen die Einigkeit unter den Philosophen erst eigentlich notwendig ist (Fundament, S. V). Nur wenige Seiten später heißt es dann ausführlich: »Das *vornehmste* Problem, welches die Philosophie aufzulösen hat, besteht in der Entdekkung und Festsetzung der letzten und als solche allgemeingeltenden

Gründe unserer Pflichten und Rechte in diesem und unserer Erwartung für das künftige Leben« (ebd., S. XIVf.) – eine Aufgabe, die Reinhold auch etwas pathetisch den »letzte[n] Zweck der Philosophie« nennt bzw. das »*Eine, was der Menschheit noth ist*, und was der edle Mann, der es von jeher gewollt hat, durch ein bisher unbegreifliches *Gefühl* kennt« (ebd., S. XVI). Schließlich nennt Reinhold die »Pflichten und Rechte in diesem[11] und unsere[ ] Erwartung für das zukünftige Leben« gerade an der Stelle »das Palladium der Menschheit«, wo die moralischen Gefühle als Äußerungen der praktischen Vernunft als Orientierungsinstanz für die philosophierende Vernunft aufgestellt werden (ebd., S. 51).

Die graduelle Verschiebung, die Reinholds Gedanken hier erfahren, ist evident und zugleich verständlich. Je dringender die Rechtfertigung »letzter Aufschlüsse« über das dies- und jenseitige Leben des Menschen ist, und je stärker zugleich am Fundament der »Elementarphilosophie« trotz ihrer Unfähigkeit, gerade dies zu leisten, festgehalten wird, desto notwendiger wird es, eine *theorieunabhängige* Rechtfertigungsinstanz zu finden, die gerade diese Leistung erbringen kann. Dies führt Reinhold immer stärker dazu, in den Bereich des gemeinen Verstandes etwas hineinzudenken, was durch die Zergliederungsarbeit der philosophierenden Vernunft zur Rechtfertigung der Vernunftideen führen kann – etwas, das hinter den moralischen Gefühlen die unfehlbare Stimme der praktischen Vernunft anzunehmen erlaubt. Ein Vorgehen, das freilich nicht ohne Schwierigkeiten für das gesamte Unternehmen der »Elementarphilosophie« bleiben kann. Denn wozu noch eine philosophische Rechtfertigung der moralischen Aussprüche des gemeinen Verstandes, wenn diese unfehlbar sind? *Könnte* eine Untersuchung der philosophierenden Vernunft überhaupt noch die Falschheit dieser Aussprüche ergeben?

Der Text der *Fundamentschrift* zeigt auf eindrückliche Weise, wie sich Reinhold immer stärker in eine zirkuläre Rechtfertigungsstruktur hineindenkt. An einer Stelle der Vorrede behauptet Reinhold, ohne es zu merken, sogar das Gegenteil dessen, was bis dahin die grundlegende

11 Im Original fälschlicherweise »diesen«.

Doppelthese seines Philosophierens war: Allgemeingültigen, begründeten Aufschluß über die letzten Fragen des Menschen läßt sich nur durch eine wissenschaftliche Philosophie erlangen, diese selbst aber nur, wenn ein erster, oberster und allgemeingeltender Grundsatz gefunden ist. Es ist nun umgekehrt die – nur durch praktische Vernunft zu erreichende – Einheit über den letzten Zweck der Menschheit, welche eine Einigung über den obersten Grundsatz der Philosophie erlaubt:

> Wer durch die *praktische*, den Willen bestimmende Vernunft, die sich durchs sittliche Gefühl ankündiget, über den letzten und höchsten Zweck der Menschheit nicht mit sich selbst einig ist, dem dürfte es äußerst schwer, wo nicht gar unmöglich werden, über die ursprüngliche und allen *Menschen gemeinschaftliche Form des menschlichen Geistes*, die uns nur zum Behuf jenes Zweckes gegeben, und die allein die eigentliche Quelle der philosophischen Principien seyn kann, durch seine *theoretische* Vernunft mit sich selbst einig zu werden. (Fundament, S. XVf.)

Neben Stellen, die in diesem Zusammenhang auf eine offensichtliche Verlegenheit Reinholds deuten, enthält aber die *Fundamentschrift* auch Passagen, die auf den Versuch einer Überwindung dieser Schwierigkeiten durch eine theoretische Aufarbeitung des gemeinen Verstandes und dessen Verhältnis zur philosophierenden Vernunft deuten. In ihnen ist die Bemühung erkennbar, die Gegenüberstellung von gemeinem Verstand und philosophierender Vernunft mit Hilfe der Begrifflichkeit von Kants *Kritik der Urteilskraft* zu rekonstruieren. Diese Bemühung läßt sich darin erkennen, daß die Auseinandersetzung mit Kants Begrifflichkeit ausschließlich im Zusammenhang mit der Gegenüberstellung von gemeinem Verstand und philosophierender Vernunft stattfindet, und dies auf eine Weise, die womöglich Reinholds Schwierigkeiten insbesondere mit der Einleitung und dem zweiten Teil von Kants Werk widerspiegelt.[12] Doch wird zugleich nicht klar, auf welche Weise diese

12 Reinhold hatte von Kants Verleger de Lagarde bereits in der ersten Maihälfte 1790 ein Exemplar der *Kritik der Urteilskraft* erhalten (zur Datierung vgl. Kant an de la Garde, 25. März 1790, in: AA XI, Nr. 414, S. 145, und L. H. Jakob an Kant, 4. Mai 1790, in: AA XI, Nr. 426, S. 168, wo sich Jakob für die Zusendung des Werks bedankt). Wie wir aus dem Briefwechsel mit seinem Schüler F. C. Forberg wissen, hatte

Rekonstruktion geschehen soll. Reinhold spricht an einer Stelle von dem gemeinen Menschenverstand als von der »durch gefühlte allgemeine Bedürfnisse der menschlichen Natur geleitete[n] *Urtheilskraft*« (ebd., S. 50f.). Diese Bestimmung wird aber bereits zwei Seiten später wieder relativiert, indem Reinhold die einigen Philosophen unterlaufene Identifizierung von gemeinem Verstand und Urteilskraft tadelt, in welcher der gemeine Verstand *irrtümlicherweise* auf den Richterstuhl der letzteren gesetzt werde um »durch seine einseitigen Entscheidungen die philosophirende Vernunft« abzurichten (ebd., S. 53), wo ihm doch lediglich die Rolle des »Sachwalter[s] der Gefühle gegen die philosophirende Vernunft, als Sachwalterin der Denkkraft« »*vor* dem Gerichtshofe der Urtheilskraft« (ebd., kursiv von mir, A. L.) zukomme.

6.2. Die *Merkur*-Aufsätze von 1791-1792

Reinholds Auffassung von gemeinem Verstand und philosophierender Vernunft ändert sich bis gegen März/April 1791 gegenüber den im *Versuch* enthaltenen Bestimmungen kaum. Es ist aber zwischen 1789

Reinhold schon bald die Absicht kundgetan, Kants dritte *Kritik* für die ALZ zu rezensieren. So schreibt Forberg in einem noch unveröffentlichten Brief vom 16. Juni 1791 an Reinhold: »Nunmehr habe ich die Kritik der Urtheilskraft bis auf wenige Blätter durchgelesen: aber ich muß bekennen, daß ich kaum hier und da einige schwache[n] Lichtfunken aus einem undurchdringlichen Dunkel herausschimmern sehe, weswegen ich mit Sehnsucht Ihre versprochene Rez. in der A. L. Z. erwarte [...]« (Weimar, Goethe-Schiller-Archiv, Signatur 76/I, 3, 7, Transkription von mir, A. L.). Wie er seinem Freund Erhard zwei Jahre später mitteilt, hat Reinhold ebenfalls größere Schwierigkeiten gehabt, sich Kants Werk anzueignen: »Ich habe endlich die schon dritteinhalb Jahr rückständige Rezension der Kritik der Urtheilskraft, nach einer sechswöchentlichen Arbeit, fertig, und bin im Abschreiben derselben begriffen. Bei dieser Gelegenheit habe ich eingesehen, daß ich die Kantische Lehre von der Schönheit, so wie die *Einleitung* zum ganzen Werke zwei ganze Jahre hindurch nicht *verstanden* habe.« (Reinhold an Erhard, 10. Juni 1793, in: Denkwürdigkeiten, Nr. 165, S. 57). Reinholds Rezension erscheint schließlich in der ALZ vom 1., 2. und 3. Juli 1793, bespricht aber – vielleicht als Zeichen verbleibender Schwierigkeiten – nur den ersten Teil der KdU, die »Kritik der ästhetischen Urteilskraft«, ohne auf die Einleitung und die »Kritik der teleologischen Urteilskraft« einzugehen.

und 1791, und insbesondere im Jahr 1791, nicht nur eine zunehmende Betonung und Verstärkung des Orientierungscharakters des gemeinen Verstandes gegenüber der philosophierenden Vernunft zu beobachten. Der gemeine Verstand wird immer stärker als eine Instanz verstanden, die in ihren moralisch-praktischen Äußerungen unfehlbar und gerade deshalb in der Lage ist, als sichere Orientierungshilfe zu fungieren. Zugleich spitzt sich im *Fundament* die im *Versuch* nur latent vorhandene Spannung zwischen der Rechtfertigungsfunktion der philosophierenden Vernunft und den Bewußtseinstatsachen des gemeinen Verstandes zu. Auch einige der *Merkur*-Aufsätze zu Fragen der praktischen Philosophie von 1791 und 1792 widerspiegeln diese Situation. Reinhold betont in ihnen wiederholt sowohl die Untrüglichkeit des moralischen Gefühls, insofern dieses als Wirkung der praktischen Vernunft zu verstehen ist (ENR, S. 342, 344, 363 u. ö.), wie auch die Notwendigkeit, für eine definitive Rechtfertigung der eigentlichen Gründe hinter diesen Gefühlen dennoch auf eine umfassende »Elementarphilosophie« zu rekurrieren.[13]

Die gegenüber der gleichbleibenden Betonung der Notwendigkeit einer philosophischen Rechtfertigung immer deutlicher werdende Einbeziehung eines unfehlbaren moralischen Kerns des gemeinen Verstandes geschieht nun auffälligerweise nicht mit Rekurs auf ein in sich evidentes »Faktum der Vernunft«. Die im moralischen Gefühl wirksame praktische Vernunft befindet sich nämlich für Reinhold »völlig außerhalb des Gesichtskreises des gemeinen Mannes« (ENR, S. 342); sie ist also als wirkende Ursache des moralischen Gefühls nicht in Form einer unfehlbaren Tatsache gegeben. Reinhold interessiert sich stattdessen für eine Bestimmung der Freiheit als *ratio cognoscendi* der Sittlichkeit. Er spricht nun von der »Sittlichkeit, die wir entweder gar nicht oder nur

13 Vgl. ENR, S. 361, und folgende eindrückliche Stelle aus den *Weltbürgern* von 1792: »Unvermögend der philosophierenden Vernunft, [...], warf man sich dem *gemeinen* sogenannten Menschenverstand in die Arme, verwechselte ihn mit dem *gesunden* (dem Sensus communis) und sprach ihn, in dieser Eigenschaft, den Stiftern und Sachwaltern der metaphysischen Systeme ab, während man ihn, in der Eigenschaft des *gemeinen*, zum Richter über die philosophierende Vernunft aufstellte, die allein über seine *Gesundheit* zu urtheilen vermag.« (Ebd., S. 345)

durch das Bewußtseyn unsrer Freyheit kennen« (UGM, S. 248), und führt damit eine zunächst unscheinbare, in Wirklichkeit aber bedeutsame Veränderung ein. Es ist nun nicht mehr wie im *Versuch* von einem »Selbstgefühl« der Freiheit bzw. von dieser als etwas, das der gemeine Menschenverstand durch das »Zeugniß des Selbstgefühls« annimmt (Versuch, S. 91-94), die Rede, sondern – und zum ersten Mal in UGM, also im März 1791 – von Freiheit als von etwas, deren Wirklichkeit wir durch ein *Bewußtsein*, nämlich das Selbstbewußtsein, annehmen dürfen (UGM, S. 229, 237, 248, 255).

Gegenüber einerseits der Notwendigkeit einer unfehlbaren moralisch-praktischen Äußerung des gemeinen Verstandes, andererseits dem Unwillen Reinholds, ein für sich selbst einleuchtendes Faktum der Vernunft anzunehmen, bietet sich der Übergang vom Selbstgefühl zum Selbstbewußtsein der Freiheit als Lösung an. Denn unser moralisches Bewußtsein – so muß man wohl Reinholds alte Bedenken gegen das Faktum der Vernunft umschreiben – ist eben ein moralisches Gefühl und nicht ein *unmittelbarer* Ausdruck praktischer Vernunft.[14] Ein Gefühl für sich genommen sagt aber nichts aus über die Gründe bzw. die Ursachen hinter demselben. Deshalb muß die Untrüglichkeit des moralischen Gefühls von etwas anderem abhängen. An dieser Stelle wird nun – freilich durch einen philosophisch fraglichen Schritt – das Selbstgefühl der Freiheit in ein Selbstbewußtsein der Freiheit umgestaltet, das als solches den Rechtfertigungsgrund für das moralische Gefühl liefern kann, weil es selbst kein Gefühl mehr ist, zugleich aber Träger einer unmittelbaren Evidenz.

Diese Veränderung in Reinholds Begrifflichkeit ist aber noch in anderer Hinsicht von Bedeutung. Neben dem Umstand, daß Reinhold eine Redeweise von Freiheit einführt, die er in den nächsten Jahren beibehalten wird, ist vor allem auffällig, daß hier auf Begriffe rekurriert wird – die von Bewußtsein und Selbstbewußtsein –, welche einerseits

14 Wie wir genauer in Kap. 7 sehen werden, ist dies der Punkt, auf den Reinhold anspielt, wenn er im zweiten Band der *Briefe* (1792) in bezug auf Rehbergs Besprechung der *Kritik der praktischen Vernunft* (ALZ Nr. 188 a, b, 6. August 1788) von »fruchtbare[n] Winke[n]« spricht (Briefe II, S. IX).

unmittelbar auf den obersten Grundsatz der »Elementarphilosophie«, den Satz des Bewußtseins, und auf den untergeordneten »Satz des Selbstbewusstseins« verweisen, andererseits eine vorrangige Rolle in Reinholds gleichzeitiger Bearbeitung des Personenbegriffs spielen.[15] Beides deutet auf eine Tendenz Reinholds hin, dem Freiheitsbegriff nicht nur hinsichtlich des moralischen Gefühls, sondern hinsichtlich des gesamten Systems der »Elementarphilosophie« eine fundamentale Stellung zu verleihen.[16] Daß Reinhold ziemlich genau in der Abfassungszeit des zweiten Teils der EPR der Bestimmung des epistemischen Bereichs, in dem die Freiheit als Tatsache des Bewußtseins verankert ist, dem gemeinen Verstand, einen eigenen Aufsatz widmet, paßt daher vorzüglich in die hier skizzierte Entwicklung.

Der im Dezemberstück von Wielands *Merkur* anonym erschienene Aufsatz »Ueber Popularität und gesunden Menschenverstand« ist bis heute einzig in einem Artikel des Germanisten H. Schelle ((1971), S. 17) kurz behandelt worden, der ihn auch zu Recht Reinhold zuschreibt.[17]

15 Vgl. z.B. UGM, S. 230.

16 Dazu passen auch Reinholds Äußerungen im ersten Teil der EPR, in denen dem Freiheitsbegriff eine zentrale Stelle in der Bestimmung von Recht und Pflicht zugeteilt wird (vgl. vor allem EPR, S. 11ff. und 27, wo vom Recht als »bloße Eigenschaft des menschlichen Willens« die Rede ist).

17 Angaben über diesen Aufsatz sind auch von dem bis heute allerdings noch nicht erschienenen Kommentarband 11.2 der Gesamtausgabe von Wielands Briefwechsel (WB 11.2) zu erwarten. Schelle behandelt diesen Aufsatz im Zusammenhang der Edition einiger noch unveröffentlichten Briefe Wielands an Reinhold. Er folgert die Autorschaft Reinholds aus einem Brief Wielands vom 17. November 1791, in welchem dieser Reinhold bittet, ihm eine Abschrift von verloren gegangenen Seiten des Aufsatzes zuzuschicken: »So eben, Mein liebster *Reinhold*, da ich das kleine *Mscpt.* über Popularität etc. in die Druckerey geben will, welches Sie mir vor etlichen Wochen schickten [...] findet sich daß es verschwunden sey [...] das *Mscpt.* fand sich, aber leider! fehlten ein oder zwey Blätter daran [...] ist noch zu helfen, so muß es durch den Verfasser selbst seyn, der vielleicht noch eine Abschrift davon hat. Ich schicke Ihnen also, Mein Bester, was ich noch habe, mit Bitte, wo möglich, es ergäntzen zu lassen, und mir kommenden Sonnabend wieder zurückzuschicken.« (Schelle (1971), S. 16; vgl. neuerdings auch WB 11.1, S. 173f.). Daß Reinhold nicht nur derjenige ist, welcher Wieland den Aufsatz schickt und von diesem zurück erhält, sondern auch der Autor des Manuskripts, geht aus Wielands Eile, den Aufsatz

Diese geringe Aufmerksamkeit verwundert nicht. Es handelt sich um einen verhältnismäßig kleinen (10 Seiten) und auch nicht streng philosophischen Beitrag, der von Reinhold selbst nie erwähnt, geschweige denn neu abgedruckt wird. Dennoch kommt ihm eine bedeutsame Stellung innerhalb der Entwicklung von Reinholds Auffassung des gemeinen Verstandes in seinem Verhältnis zur philosophierenden Vernunft zu.

Reinholds Aufsatz liefert – wie teilweise schon der Untertitel andeutet – ein »Fragment eines Briefwechsels« zwischen zwei Freunden, Asmus und Andrees. Andrees berichtet seinem Freund von der Be-

zu publizieren, hervor. Da der 17. November 1791 ein Donnerstag war, war der angesprochene »kommende Sonnabend« bereits der 19. November, so daß aus Zeitgründen anzunehmen ist, Wieland habe Reinhold den Aufsatz nicht als einer Vermittlungsperson, sondern als dem Verfasser zugeschickt (das »Ihnen also« in »Ich schicke Ihnen also« ist demnach als wirkliche Folgerung aus dem Umstand zu verstehen, daß allein der Verfasser helfen kann, wobei Reinholds Autorschaft die unausgesprochene Zusatzprämisse ist). Mit Bezug auf den Aufsatz von Schelle vgl. auch Starnes (1987), S. 252. Der Aufsatz UP greift sehr wahrscheinlich auf Materialien zurück, die Gegenstand der Vorlesung zur Geschichte der Philosophie waren, die Reinhold seit Winter 1789/90 hält (vgl. Fuchs (1994), S. 172). In der ersten dieser Vorlesungen aus dem Zyklus des WS 1790/91, die als Eröffnungsaufsatz im ersten Stück von G. G. Fülleborns *Beyträge zur Geschichte der Philosophie* im Mai 1791 erscheint (»Über den Begrif der Geschichte der Philosophie. Eine akademische Vorlesung«) schreibt Reinhold, er ziehe als Leitfaden J. Gurlitts *Abriß der Geschichte der Philosophie* (1786) anderen Lehrbüchern auch deshalb vor, »weil er die *Epochen* des *Ganges* der philosophierenden Vernunft nach meiner Ueberzeugung allein im Geiste der wahren Philosophie characterisiret« (UBG, S. 10). In dieser Schrift teilt Gurlitt die Philosophiegeschichte in »Stufen der Menschenalter« auf (Gurlitt (1786), S. 7): »rohere« und »mildere« Kindheit, Knaben-, Jugendalter, dann männliches Alter, schließlich (eigentliches) Alter und Tod (ebd., S. 6ff.). Diese Entwicklung wird dargestellt als ein zunehmender Gang der Ausbildung und der Abstraktion weg von der Sinnlichkeit: »Diese Stufenfolge ist: Gebrauch der Sinnen – Gebrauch der Einbildungskraft; [...] Dichterepoke. – Gebrauch des reinen Verstandes; und nun Entstehung des sensus communis [...] – Abstrakzion der Gründe des Wahren, Gerechten, Guten und Schönen. – [...] Verfeinerung und Erhöhung der Abstrakzion beym Stillstand der Kenntnisse und Erfahrungen; [...] – Und endlich neben eintretendem Verfall des Geschmacks, Erkrankung und darauf folgender Tod und Grab der Philosophie; aus welchem sie dann erst durch eine allgemeine Umwälzung der Dinge zu ihrer ersten Simplizität und Natürlichkeit wieder erwacht.« (Ebd., S. 5ff.)

schämung und Enttäuschung, die er kürzlich erfahren mußte, als er während eines Universitätsbesuchs in die Vorlesung eines, »den sie da einen großen Philosophen hießen« (UP, S. 420), hineinsitzt.[18] Dieser sei auf eine Weise über die Popularität und den gesunden Menschenverstand hergezogen, »daß es mir durchs Herz ging« (ebd.),[19] worauf Andrees vor Angst, ausgelacht zu werden, die Augen niederschlagen mußte, habe er doch »unsern Hrn. Pfarrer« gerade wegen seiner Popularität und Verständlichkeit immer so gern gehabt (ebd.). Was solle er nun vom gesunden Menschenverstand halten, sei er doch gerade von seinem Freund Asmus immer wegen seines gesunden Menschenverstandes gelobt worden?

Asmus' Antwort auf den besorgten Brief seines Freunds erstreckt sich auf die restlichen 9 Textseiten und macht zugleich den philosophisch interessanteren Teil des Aufsatzes aus. Asmus versichert seinen Briefpartner zuerst, die vernommene Popularitätskritik richte sich nicht gegen den Pfarrer, sondern gegen diejenigen, die »in die Tiefen der Wahrheit« eindringen wollen, »aber dabey immer einfältig thun, wie ein Pfarrer, wenn er seine Hände faltet vor der Gemeinde«. Denn »von dem, was *Wahrheit*[20] ist, wird man dabey nicht mehr wissen als vorher« (UP, S. 422). Daraufhin wendet sich Asmus einer Betrachtung

18 Mit Andrees' Beschreibung des »großen Philosophen« als jemanden, dem »die Sanftmuth auf dem Munde« schwebte (UP, S. 420), rekurriert Reinhold auf ein allgemein bekanntes Charakteristikum seiner Person. Vgl. diesbezüglich z. B. die Äußerungen F. C. Forbergs in seinem *Lebenslauf eines Verschollenen* (1840), wo es rückblickend von Reinhold heißt: »Er war human in seiner schriftlichen Polemik und sanft im mündlichen Gespräch« (Lebenslauf, S. 31). Vgl. auch Forbergs *Fragmente*, wo es noch prägnanter heißt: »[Reinhol]ds Blick war Sanftmuth« (Fragmente, S. 72).

19 Vgl. hierzu z. B. Reinholds Popularitätskritik in der *Fundamentschrift*: »Nie befand sich die Philosophie in Rücksicht auf ihr Fundament [...] in einem mißlicheren Zustande; nie war sie hinter den übrigen Fächern der Wissenschaften [...] so weit zurückgeblieben, als während der Epoke, da auf ihrem Gebiete unter dem Namen des gemeinen Menschenverstandes die vollkommenste Anarchie herrschte, und Popularität für das Kriterium der Wahrheit galt.« (Fundament, S. 55) In UP spricht Reinhold nicht von »Epoke«, sondern von »Periode des gemeinen Menschenverstandes« (UP, S. 425). Vgl. aber auch schon *Versuch*, S. 122f.

20 Im Original: Fettdruck, nicht-kursiv.

des gesunden Verstandes zu. Was ihm »einen so bösen Leumund bey den neuesten Liebhabern der Weltweisheit gemacht hat, ist der schlimme Einfall einiger trägen Köpfe und faulen Bäuche, die sich die Mühe beym Nachdenken ersparen wollten, und wenn ihnen in ihrer Ruhe eine feine und tiefe Untersuchung den Angstschweiß drohte, hinterm Ofen hervorriefen, das gienge gegen den gesunden Menschenverstand an« (ebd., S. 423). Doch hier zeige sich gerade, daß es nicht der gesunde Menschenverstand selbst sei, der hinterm Ofen hervorrufe, und daß sich vielmehr eine Unterscheidung zwischen gemeinem und gesundem Menschenverstand aufdränge.[21] Der bloße gemeine Verstand ist der Verstand, wie er vor jeglicher Orientierung über die Art und Weise, wie er zu gebrauchen und wie am richtigsten zu gebrauchen sei, dem Menschen gegeben ist (ebd., S. 424). Dieser gemeine Verstand sei zwar gewissermaßen selbst ein gesunder, doch nur in dem Sinne, daß diejenigen, »die in dieser ecclesia obscura leben, dabey eben keine besondere[n] Leibesbeschwerden fühlen« (ebd., S. 425). Doch in einem anderen Sinne braucht der Verstand nicht ein gemeiner zu bleiben und kann sich als ein gesunder, im Denken geübter Verstand hoch über den gemeinen erheben. Denn »je mehr er seine Kräfte übt, desto besser wird er sie dabey kennen lernen« (ebd.). Asmus führt dann diesen Punkt wie folgt weiter aus:

> Der erste Menschensohn, der über sich und seine Fähigkeiten und seinen Verstand nachdachte, war auf gutem Wege den ausgetreten[en] Fußpfad des gemeinen Menschenverstandes zu verlassen, und mehr zu sehen. Er war der erste *Philosoph*[22]; denn du mußt wissen, man hat neulich die Philosophie in die Wissenschaft von dem gesetzt, was der Mensch in seinem Vermögen zu denken und // durch dasselbe bekam, da ihm der lebendige Odem in die Nase fuhr. Sie heissen es auch die Wissenschaft des vor aller Erfahrung im Vorstellungsvermögen vorhandenen[23] [...] Der also [...], der zuerst über sei-

21 Reinhold dürfte hier von der Unterscheidung zwischen gemeinem und gesundem Verstand in Kants *Prolegomena* (vgl. A 196f.) angeregt worden sein, mit denen er sich in dieser Zeit beschäftigte. Vgl. oben Anm. 10.

22 Im Original: Fettdruck, nicht-kursiv.

23 Reinholds Erwähnung dieser »neulich« gegebenen Bestimmung der Philosophie dürfte eine Anspielung auf eine Definition sein, die J. B. Erhard kurz zuvor in ei-

nen Verstand und den Gebrauch, den er davon machte, nachdachte, das war ein Mann[,] der philosophierenden, oder wenn du lieber willst, *philosophischen gesunden Menschenverstand*[24] hatte; mit dem kleinen Unterschied nämlich von dem gemeinen, daß er ihn geschickter handhabte und näher kannte, oder wie du auch sagen kannst, daß er *sich dessen bewußt war*[25]. Da siehst du, wie das Bewußtseyn und der gesunde Menschenverstand in einer schönen Gemeinschaft mit einander stehen. (UP, S. 425f.)

Neben dem so bestimmten gemeinen und dem davon zu unterscheidenden gesunden Menschenverstand führt Asmus noch eine dritte Verstandesäußerung an, den *verschrobenen* Menschenverstand (ebd., S. 427), den er kurz durch das Beispiel des fanatischen Despotismus erörtert, dem immer noch durch »Pedanterie, Pfaffensinn und schändliche[n] Eigennutz« (ebd., S. 428) hofiert werde.

Dies nun und nichts anderes – so schließt Asmus den Brief an seinen Freund – habe auch der Mann »mit der Sanftmuth auf dem Munde« sagen wollen, und genau dies stehe auch in seinen Büchern. Andrees solle sich deshalb seines gesunden Menschenverstandes erfreuen, zugleich aber sich nicht damit zufrieden geben, *daß* er ihn habe, sondern auch immer mehr zu erfahren suchen, *was* er daran habe (ebd., S. 429).

nem Brief an F. I. Niethammer vom 3. Juni 1791 gegeben und die auch Reinhold zu sehen bekommen hatte, welche besagte, Philosophie sei die Wissenschaft »des a priori im Vorstellungsvermögen bestimmten«. Nach Durchsicht einer Microfiche des Originalbriefs (Universitätsbibliothek Erlangen, Ms. 2054) folge ich im wesentlichen der in Henrich (1997), S. 490, gegebenen Transkription. Die in Baum (1995), S. 48f., ebenfalls abgedruckte »Eintheilung« der Wissenschaften, aus der diese Definition der Philosophie stammt, enthält demgegenüber einige Transkriptionsfehler. Durch das Weglassen eines im Manuskript enthaltenen Doppelpunkts nach »bestimmten« – das als »Bestimmten« zu verstehen ist –, und durch die Übernahme eines »der« statt eines »des« gibt Baums Transkription den Eindruck, es gehe Erhard um eine Wissenschaft »der a priori in Vorstellungsvermögen bestimmten Philosophie«, d. h. um eine Wissenschaft, welche eine a priori gegebene Philosophie untersucht bzw. als Objekt hat (Baum (1995), S. 48). Tatsächlich geht es Erhard um die Wissenschaft »des a priori im Vorstellungsvermögen Bestimmten: Philosophie«.

24 Im Original: Fettdruck, nicht-kursiv.

25 Im Original: Fettdruck, nicht-kursiv.

Drei Punkte verdienen es, an diesem kleinen Aufsatz hervorgehoben zu werden: *erstens*, die Unterscheidung, die Reinhold nunmehr *innerhalb* des Verstandesbereichs vornimmt, *zweitens* die sich dadurch anbahnende, zumindest partielle Auflösung der Gegenüberstellung von gesundem Verstand und philosophierender Vernunft, und *drittens* der besondere Zeitpunkt, in den die Abfassung dieses Texts fällt.

Die Unterscheidung innerhalb des Verstandesbereichs ist die zwischen gemeinem und gesundem Verstand. Neu an ihr ist nicht die Einführung des Ausdrucks »gemein« oder »gesund« in bezug auf den Verstand; Reinhold gebraucht beide Ausdrücke spätestens seit dem *Versuch*, wenn auch mit einer entschiedenen Vorliebe für ersteren. Wie aus der schon erwähnten[26] Stelle des Vorworts zum *Versuch* hervorgeht, wo Reinhold »einige[n] neueren Schriftsteller[n]« vorwirft, sie hätten nicht bedacht, »daß das Studium der Erfahrung keineswegs dem gemeinen auch noch so gesunden Verstande [...] gelingen konnte« (Versuch, S. 3f.), sind beide Ausdrücke für Reinhold schon 1789 keineswegs gleichbedeutend. Neu an Reinholds Wortgebrauch ist vielmehr die Gegenüberstellung selbst zwischen gemeinem und gesundem Verstand in ein und demselben Text. Abgesehen von der eben zitierten Stelle aus dem *Versuch* hatte Reinhold bis dahin in einem Text entweder von gesundem oder von gemeinem Verstand gesprochen, nie aber von beiden, und immer nur einen der beiden der philosophierenden Vernunft gegenübergestellt. Indem Reinhold nun von gesundem und von gemeinem Verstand spricht, orientiert er sich nicht nur an der medizinischen Begrifflichkeit von Gesundheit und Krankheit. Die Unterscheidung beider geht in Richtung einer Unterscheidung zweier Bereiche innerhalb des Verstandes, die sich durch den jeweiligen Reflexionsgrad unterscheiden. Reinhold spricht vom »Verlassen« des »Fußpfads des gemeinen Verstandes« um »mehr zu sehen« (UP, S. 425). Die Betrachtungsebene des gesunden Verstandes scheint hier eine Metaebene gegenüber der Gegenstandsebene des bloß gemeinen Verstandes zu

26 Vgl. oben Anm. 4.

sein, die sich durch das Nachdenken über sich, die Fähigkeiten und den Gebrauch des Verstandes und durch die geschicktere Handhabe und das Bewußtsein[27] derselben auszeichnet (ebd., S. 425f.).

Diese Unterscheidung innerhalb des Verstandesbereichs deutet zugleich auf eine zumindest partielle Auflösung der bisher anerkannten Gegenüberstellung von gesundem Verstand und philosophierender Vernunft. Denn der sich über den gemeinen Verstandesgebrauch erhebende gesunde Verstand ist philosophierender Menschenverstand oder philosophisch gesunder Menschenverstand (ebd., S. 426); der erste »Menschensohn«, der sich seiner bediente, der »erste Philosoph« (ebd., S. 425). Das Bewußtsein, die Eigenschaft, welche nunmehr den gesunden von dem bloß gemeinen Verstand auszeichnet, ist aber seit dem *Versuch* (S. 66) »der Grund, auf welchem die neue [philosophische] Theorie aufgeführt werden [...] mußte«. Zugleich ist er der Stoff des obersten philosophischen Grundsatzes, des Satzes des Bewußtseins – ein Umstand, der den gesunden Verstand zum ersten Ausgangspunkt der philosophischen Vernunfttätigkeit macht. Bei allem gleichzeitigen Unterbleiben einer näheren Thematisierung der Gegenüberstellung von gesundem Verstand und philosophierender Vernunft ist Reinhold jedoch auch hier nicht der Meinung, beide seien identisch; vielmehr könne sich der gesunde Verstand noch so sehr über den bloß gemeinen erheben: er bleibe dennoch »immer ein gesunder Menschenverstand« (UP, S. 425).

Schließlich ist auf die Abfassungszeit von UP zu verweisen. Sie läßt sich mit Hilfe von Wielands Brief an Reinhold vom 17. November 1791 einigermaßen genau festlegen. Wieland sagt hier, er habe das Manuskript bereits »vor etlichen Wochen« (Schelle (1971), S. 16; WB 11.1, Nr. 190, S. 173) erhalten und es gut sichtbar auf einem Tisch seiner Studierstube aufbewahrt, »weil in kurzem Gebrauch davon gemacht werden sollte« (ebd., S. 16; WB 11.1, ebd.). Weil einige Seiten davon verlo-

27 Reinhold gebraucht in diesem Zusammenhang mehrmals das Wort »Bewusstsein« und spricht von der »schönen Gemeinschaft« von Bewußtsein und gesundem Menschenverstand (UP, S. 426), was gut zur gleichzeitigen Ablösung des Selbstgefühls der Freiheit durch das Selbstbewußtsein derselben paßt.

ren gegangen seien, solle Reinhold das Manuskript mit den fehlenden Seiten den »kommenden Sonnabend« zurückschicken (ebd.). Die Rede von »etlichen Wochen« läßt auf eine Minimalzeitspanne von 3-4 Wochen schließen. Zugleich kann es sich aber höchstens um wenig mehr als einen Monat gehandelt haben. Denn eine größere Zeitspanne hätte wahrscheinlich die Aufnahme des Aufsatzes in das November-Stück des *Merkurs* erlaubt. Wie ferner aus dem Umstand hervorgeht, daß Wieland Reinhold nur zwei Tage zur Rücksendung des Manuskripts läßt,[28] mußte die Druckerei spätestens um den 20.-22. des Vormonats im Besitze der *Merkur*-Manuskripte sein, um eine Drucklegung für das folgende Monatsstück garantieren zu können.[29] Daß Wieland seit dem Erhalten des Manuskripts gesinnt war, »in kurzem« Gebrauch davon zu machen, läßt aber wahrscheinlich erscheinen, daß Reinhold ihn für das November-Stück des *Merkurs* vorgesehen hatte – ein Wunsch, dem aus Termin- bzw. Raumgründen nicht mehr zu entsprechen war.

Diese Überlegungen machen plausibel, daß der Popularitäts-Aufsatz UP frühestens wenige Tage vor dem zweiten Teil der EPR, spätestens aber ein paar Tage danach Wieland zugeschickt wurde, was den Oktober 1791 als wahrscheinlichste Entstehungszeit desselben nahelegt. Damit ist UP praktisch zur selben Zeit wie der zweite Teil der EPR geschrieben worden, der Text also, in dessen Bearbeitung Reinhold die Schwierigkeiten heranreift, die den Grund für die unmittelbar anschließende und mehrmals wiederholte Niederschrift des »Beytrags« und die in ihr vorkommende Trennung von Willen und praktischer Vernunft liefert. Dies scheint aber kein Zufall zu sein. Denn wenn sich eine Trennung von Willen und praktischer Vernunft anbahnt und die Denkmöglichkeit des ersteren als ein freier Wille deshalb nicht mehr dadurch gerechtfertigt werden kann, daß er als eine besondere Vernunfthandlung innerhalb einer Konfiguration von Vernunfthandlungen identifiziert werden kann, wird es besonders dringend, eine alternative

28 Vgl. oben Anm. 17.

29 Vgl. auch Starnes (1987), S. 252.

Rechtfertigungsinstanz zu finden und Aufschluß zu bekommen über den einzigen epistemischen Bereich, der dazu noch zur Verfügung steht, der des gemeinen Verstandes.

6.3. Die Texte der sogenannten »Reorganisation« von 1792

Wie schon im Fall der Trennung von Willen und praktischer Vernunft kommt auch im Zusammenhang dieser »Reorganisation« Reinholds Kollegen Carl Christian Erhard Schmid eine herausragende Rolle zu. In einer in der ALZ vom 9. und 10. April 1792 erschienenen Rezension des *Fundaments* hatte dieser in beeindruckender Weise die Hauptschwierigkeiten der »Elementarphilosophie« auf den Punkt gebracht. Schmid stimmt Reinhold zu, daß das Bewußtsein als Realfundament alles philosophischen Wissens anzusehen ist, daß dieses Fundament durch einen allgemeingeltenden Satz ausgedrückt werden muß und daß dieser Satz zugleich Grundsatz und Bestimmungsgrund aller übrigen Sätze des Systems sein muß. Gegen Reinhold behauptet er aber, es könne sich bei diesem Grundsatz nicht um den Satz des Bewußtseins handeln. Denn es gebe nur drei mögliche Weisen, einen Satz durch einen anderen zu bestimmen: entweder seiner Form oder seiner Materie oder schließlich seiner Stellung im System nach,[30] und in keinem dieser drei Fälle leiste der Satz des Bewußtseins das, was Reinhold sich dabei verspricht.

30 »Da alle Erkenntniß auf *Thatsachen*, alle Philosophie auf *Thatsachen des menschlichen Gemüthes*, und eine Philosophie, so fern sie die Basis der angewandten seyn soll, auf *nothwendigen und allgemeinen Thatsachen* des menschlichen Gemüthes oder dem Bewußtseyn beruhen muß: so ist offenbar das letztere das *Realfundament* alles philosophischen Wissens, und selbst alle übrigen Facta, die sich auf Gegenstände außer dem Bewußtseyn beziehen, haben dennoch ihre Aufnahme in die Wissenschaft lediglich den innern Factis im Bewußtseyn, womit sie verbunden sind, und ihre wissenschaftliche Anordnung eben solchen Thatsachen zu verdanken, die auf alle übrigen zufälligen Veränderungen des Gemüths einen bestimmenden Einfluß haben. – Fundament der Wissenschaft, als Wissenschaft, kann nur ein *Satz* seyn, der ein solches Factum durch eine bestimmte Formel bezeichnet, worüber als allgemeine Thatsache // des Bewußtseyns alle philosophirende und nicht philosophirende Menschen

Eine logisch-formale Bestimmung der Sätze des Systems durch den Satz des Bewußtseins könne von vornherein ausgeschlossen werden. Denn in diesem Fall wäre der Satz des Bewußtseins als Grundsatz klarerweise unzureichend, insofern er, wie der Satz des Widerspruchs, nur von negativem Gebrauch wäre, was für Reinhold offenbar nicht der Fall sei (Rezension Fundament, Sp. 52).

Der Satz des Bewußtseins könne aber auch kein materialer Bestimmungsgrund der übrigen Sätze sein. Denn ein derart materiales Fundament müßte alle besonderen ursprünglichen Fakta des menschlichen Gemüts *in sich* enthalten, könnte daher gar nicht in einem einzigen Satz, geschweige denn in einem Satz bestehen, der, wie der Satz des Bewußtseins, nur das Generische des Bewußtseins ausdrückt (ebd., Sp. 52f.).

Damit bleibt nur die dritte Möglichkeit übrig: der Satz des Bewußtseins ist ein *normaler* Grundsatz, »unter welchem« (ebd., Sp. 54) alle übrigen Sätze enthalten sind und ihre jeweilige Stelle im System erhalten, und vieles deutet bei Reinhold auf ein solches Verständnis seines Grundsatzes. Doch in diesem Fall könnte der oberste Grundsatz nicht das leisten, wozu er aufgestellt wurde: eine allgemeingültige Grundlage zu liefern für die Auflösung der philosophischen Streitigkeiten, da er – als Ausdruck eines Generischen, das jedermann zugibt – die Streitpunkte, die immer das Besondere betreffen, gar nicht tangiert (ebd., Sp. 54-56).

Es leuchte »augenblicklich« ein, der Satz des Bewußtseins sei »ein ursprünglicher, durch sich selbst bestimmter, nothwendiger und allgemeingültiger Satz« (Sp. 57). Zugleich zeige sich aber »die Untauglichkeit dieses Satzes [...], *durch ihn allein* die Philosophie zur feststehenden Wissenschaft zu erheben[ ] und sie von ihren bisherigen Mißverständnissen und Streitigkeiten zu befreyen« (Sp. 57):

unter sich übereinkommen, so fern sie nur das, was in ihrem Bewußtseyn vorgeht, ohne Zweydeutigkeit ausdrücken. Ein solcher Satz wäre in bezug auf die andern Sätze, welche durch ihn bestimmt werden, ein *Grundsatz*, *Fundamentalsatz*. Bestimmen kann aber ein Satz andre Sätze auf eine *dreyfache* Weise; entweder in Rücksicht auf ihre Form und formale Wahrheit, oder in Rücksicht auf ihre materiale und objective Wahrheit, oder in Rücksicht auf die Stelle, die ein jeder Satz im System der Wissenschaft einnimmt.« (Rezension Fundament, Sp. 51f.)

> Denn es ergiebt sich, daß nichts weiter durch ihn erwiesen werden kann, als was schon in ihm enthalten ist, und daß wir zur letzten Entscheidung dessen, was der Menschheit Noth ist, zur festen, unwandelbaren Gründung unsrer Rechte und Pflichten disseits, und unsrer Erwartungen jenseits des Grabes (Beytr. S. 359) durch ihn keinen Schritt weiter gelangen, als bisher. (Rezension Fundament, Sp. 57)[31]

Viele Sätze, die in der »Elementarphilosophie« aufgestellt sind, seien zwar philosophisch in der Tat von Bedeutung,

> allein bey genauerer Aufmerksamkeit ergiebt sich, daß der Satz des Bewußtseyns das wenigste dabey gethan hat, jene Sätze zu demonstriren, daß andere Sätze unvermerkt und stillschweigend zu Hülfe genommen wurden, und daß eben über diese der Streit und das Mißverständniß herrscht. (Ebd., Sp. 57f.)[32]

31 Zu Schmids Rezension der *Fundamentschrift* vgl. Pupi (1966), S. 386ff.; Frank (1996), S. 410f., und Frank (1997), S. 348f., der auch zu Recht gegen Henrich (vgl. Henrich (1991), S. 242) deren grundsätzlichen Charakter hervorhebt. Vgl. diesbezüglich auch Berger (1998).

32 Schmids Kritik in seiner Rezension der *Fundamentschrift* ist die bis dahin letzte und ausführlichste einer Reihe von Stellungnahmen, die seit 1789 gegen die Annahme erhoben wurden, man könne ausgehend vom Vorstellungsbegriff bzw. vom Satz des Bewußtseins alle übrigen Gemütsvermögen erklären bzw. ableiten. So hatte J. H. Abicht schon vor Erscheinen des *Versuchs* ohne Namennennung, aber mit Blick auf Platner, die Meinung »Verschiedene[r] Philosophen« kritisiert, wonach »man angenehme Gefühle, um nur ein Beyspiel zu geben, unter Vorstellungen rechnen könne« (VMV, S. 30). Wie dies möglich sei, »ohne die Gefühle selbst mit den Vorstellungen von ihnen zu verwechseln, läßt sich schwerlich einsehen. Denn schon daraus leuchtet, wie es scheint, der Unterschied zwischen beiden ein, daß Vorstellungen bewußte Merkmale eines Gegenstandes sind, welches doch angenehme Gefühle wohl niemals sind und werden können. Das Vermögen zu diesen Gefühlen würde also unmöglich unter jenes angenommene Princip der Seele: nämlich Vorstel-//lungskraft, gebracht werden können, das Princip schlöße es aus, es wäre zu enge.« (S. 30f.) Vgl. hierzu *Aphorismen I*, § 67. Ganz auf dieser Argumentationslinie, aber diesmal gegen Reinhold gerichtet, kommen der Reihe nach der Einwand von K. H. Heydenreich, »Herr *Reinhold*« entwickle »offenbar aus dem Begriffe der *bloßen Vorstellung* mehr, als darin liegen kann« (Beyträge I, S. 427f.), der von A. W. Rehberg, wonach der erste Grundsatz der Philosophie nur die Form, nicht den Inhalt der untergeordneten Urteile bestimmen könne, weil »die Beschaffenheit der ganzen wirklichen Welt in keiner einzigen Rücksicht auf einem einzigen

Wie sehr diese Kritik Reinhold beschäftigt, zeigt einmal sein Briefwechsel aus dieser Zeit. An seinen Freund Jens Baggesen schreibt er unmittelbar nach Erscheinen der Rezension, Schmid habe ihn zwar mißverstanden, doch so »wie ein Selbstdenker mißversteht«, und räumt ein, dieser habe durch seine Besprechung »Stoff zu weiteren Erörterungen gegeben, durch welche meine Elementarlehre, so Gott will, um einige Schritte weiter vorwärtsrücken soll.« (Jena, den 8. oder 9. April 1792, Bag I, S. 176). Diese Kritik ist Reinhold so wichtig, daß er in der Anzeige des zweiten Bands der *Beyträge* vom 2. Mai 1792 (ALZ IB Nr. 53, Sp. 425-427) dazu öffentlich anerkennend Stellung nimmt und zusichert, »die lehrreichen Erinnerungen der Recension N. 92. und 93. der A. L. Z. von diesem Jahre, deren Verfasser ich hier vorläufig meinen herzlichen Dank anzunehmen bitte« sollen in dem angekündigten Buch »benutzt werden« (ebd., Sp. 427).[33]

Ein wichtiger Brief an J. B. Erhard vom 18. Juni 1792[34] zeigt, daß sich Reinhold ernsthaft mit Schmids Einwänden auseinandergesetzt hat:

Princip« beruhe (Rezension Beyträge I, Sp. 205f.), und die Kritik Schmids in der EP, S. 163f. Zu den Kritiken Heydenreichs, Rehbergs und Schmids berichtet ausführlich Frank (1997), S. 336ff. Zu den in EP enthaltenen Kritiken an Reinhold vgl. auch Berger (1998), S. 158f.

33 Eine kritischere Einschätzung von Schmids Einwänden findet sich in einem Brief an Baggesen vom 11. Juni 1792: »Was sagst Du zu der Recension meiner Schrift über das Fundament ec. in der A. L. Z.? Sie ist von *Schmid*, der mich in der That nicht verstanden hat. Seine beiden Haupteinwürfe: daß der Satz des Bewußtseins nicht das *einzige* Fundament sein könne, weil nur der Begriff der Vorstellung daraus folgt; und daß der Begriff der Vorstellung nicht allumfassend sei, weil Gefühl und Begierde nicht darin läge, treffen mich nicht; denn ich habe ja behauptet und gezeigt, daß jener Satz nur das *einzig erste*, nicht das alle andere ausschließende Fundament sei; habe sogar die übrigen Sätze versprochen, und durch den Satz der Erkenntniß mit ihrer Lieferung den Anfang gemacht. Daß Gefühl eine Vorstellung, und Begierde ein Zustand des Gemüthes sei, der vom Vorstellen abhängt, habe ich in der Recension seiner Psychologie vorläufig gezeigt, und werde es in meiner Theorie des Begehrungsvermögens umständlicher zeigen.« (Bag I, S. 195: Im Originalabdruck überall Sperrdruck statt Kursivschrift)

34 Auf die Bedeutung dieses philosophisch wichtigen Briefs Reinholds ist zuerst im Rahmen des sogenannten »Jena-Projekts« unter der Leitung von Dieter Henrich hingewiesen worden (Henrich (1989), S. 121). Ein vollständiger modernisierter, von M. Stamm besorgter Abdruck desselben findet sich in Henrich (1997), S. 911-914.

Ich sehe nun deutlich ein[,] dass[35] in dem Ersten Theil der Fundamentallehre der Elementarphilosophie Theoreme vorkommen[,] bey denen ich selbst hatte ausdrücklich zeigen sollen[,] daß sie nicht unmittelbar aus dem Satze des Bewußtseyns[,] sondern nur *vermittelst* anderer Sätze[,] die ich in dieser Elementarlehre ohne Beweis als Aussprüche des sens commun aufstelle[,] erfolgen, und welche Sätze mir dann erst erweisliche Aussprüche der philosophirenden Vernunft werden können, wenn die übrigen Sätze des Bewußtseyns aufgestellt und entwickelt sind. Z. B. das Theorem, daß der Stoff gegeben[,] die Form hervorgebracht[,] die Vorstellung erzeugt sey, wobey *Selbstbewußtseyn* und bewußtseyn der Selbstthätigkeit, das nicht im *Bewußtseyn überhaupt liegt*[,] vorausgesetzt wird. Allein jene Aussprüche des gemeinen Verstandes *müssen* schlechterdings lemmatisch in der Elementarphilosophie angenommen werden, da nur vom gemeinen Verstand zur philosophierenden Vernunft übergegangen werden kann. Aber sie müs-

Dieser Abdruck – den ich mit einer Photokopie des Originalbriefs verglichen habe – bildet die Grundlage der folgenden Zitate (Seitenangaben beziehen sich auf diese Ausgabe, Abweichungen werden kenntlich gemacht), in denen aber auf jegliche Modernisierung verzichtet wurde. Ein Partialdruck dieses Briefs, der die Schreibweise des Originals beibehält, dessen Textwiedergabe aber an manchen Stellen fehlerhaft ist, findet sich in Frank (1997), S. 350 und 397f. (vgl. z. B. S. 350, Zeile 6 und S. 398, Zeilen 4 und 19, wo die Wörter »Recension« und »lemmatisch« in Kursivschrift wiedergegeben werden, obwohl sie im Original nicht unterstrichen sind). Eine kritische und kommentierte Ausgabe dieses Briefs soll die seit 1992 wiederholt angekündigte und seitdem auch im Verzeichnis Lieferbarer Bücher enthaltene, aber dennoch immer noch nicht erschienene Monographie von M. Stamm *Systemkrise – Die Elementarphilosophie in der Debatte (1789-1794)* enthalten. Reinholds Brief vom 18. Juni beantwortet einen Brief Erhards, der am 9. Juni eingetroffen und vermutlich um den Anfang des Monats herum verfaßt worden ist. Vgl. dazu Reinholds Brief an Baggesen vom 11. Juni 1792: »Vorgestern kam ein Brief von Erhard aus Nürnberg, der mir aber kein Wort von der zurückgelegten Reise nach Italien sagt, und fast nichts als die Ausführung des Gedankens enthält: daß die *Wissenschaft* des Vorstellungsvermögens nicht *Theorie* heißen könne. Da mag Erhard sehr Recht haben; aber mein Versuch hat es damals doch nur mit der Theorie zur künftigen Wissenschaft zu thun gehabt, die ich in der *Elementarphilosophie*, die nicht mehr Theorie heißt, aufzustellen angefangen habe.« (Bag I, S. 195; daselbst überall Sperrdruck statt Kursivschrift)

35 Im Original fälschlicherweise: »das«.

sen durch die letztere[36] in der Folge gerechtfertiget werden. Das Fundament der Elementarphilosophie sind lauter Fakta des Bewußtseyns, unter denen das[,] was der Satz des B[ewußtseins]. überhaupt ausdrückt[,] das allgemeinste und in sofern im System das *erste* ist. Die Elementarphilosophie stellt erst die Principien der Philosophie auf, kan also von keinen solchen Principien ausgehen sondern von blossen *Thatsachen*[,] die sich durch ihren Unterschied und Zusammenhang erläutern[,] und aus denen jene Principien alsdann von selbst hervorgehen.«

Reinhold gibt gegenüber Schmids Kritik[37] vorsichtig zu, daß gewisse zentrale Theoreme der Theorie des Vorstellungsvermögens nicht, wie

36 Da aus dem Manuskript nicht eindeutig festzulegen ist, ob hier »letztere« oder »letztern« zu lesen ist, ziehe ich mit Frank (1997), S. 398, und in Abweichung von Henrich (1997), S. 913, die erste Lesart vor, die an dieser Stelle wegen des Singulars sinnvoller erscheint.

37 Gegen die im Rahmen des »Jena-Projekts« vertretene Auffassung, Reinhold beziehe sich in seinem Brief vom 18. Juni vor allem auf Einwände, die ihm der erst kürzlich aus Tübingen angereiste Immanuel Carl Diez vorgetragen habe (vgl. Henrich (1991), S. 242f.; Henrich (1992), S. 114 und 787; insgesamt Henrich (1997); vgl. aber auch Frank (1997), S. 395ff.), betont M. Frank zu Recht, schon C. C. E. Schmid habe Reinhold in seiner Besprechung des *Fundaments* vorgeworfen, er nehme bei seinen vermeintlichen Demonstrationen »andere Sätze unvermerkt und stillschweigend zu Hülfe« (Rezension Fundament, Sp. 57f. Die unzutreffende Behauptung, Schmid belege diese Erschleichungen »am Gedanken der Selbsttätigkeit des Subjekts« (Frank (1996), S. 411; Frank (1996a), S. XXIIf.) wird dabei in Frank (1997), S. 350, zurückgenommen.). Daß sich Reinhold vor allem auf die Kritiken Schmids bezieht, wird aber noch durch weitere Anhaltspunkte im Text suggeriert. Reinhold hatte zwar schon früher von Tatsachen des Bewußtseins im Plural gesprochen (vgl. oben Anm. 7), doch sind seine Behauptungen, das Fundament der »Elementarphilosophie« seien »lauter Fakta des Bewußtseyns«, und der Satz des Bewußtseins überhaupt drücke die allgemeinste dieser Tatsachen aus, die im System das Erste sei, offenbar als Antwort auf Schmids Einwände der Rezension zu verstehen (vgl. insbesondere auch die entsprechende Stelle in Reinholds Brief an Baggesen vom 11. Juni, Bag I, S. 195). Ferner schließt Reinholds Behauptung, Selbstbewußtsein und Bewußtsein der Selbsttätigkeit lägen nicht *im* Bewußtsein überhaupt, an die aus *Beyträge I* (S. 116) stammende Unterscheidung »im Bewusstsein« // »unter dem Bewusstsein enthalten sein« an, die gerade in Schmids Unterscheidung zwischen materialen und normalen Grundsätzen eine zentrale Rolle spielt (vgl. »Rezension Fundament«, Sp. 52-56). Schließlich haben auch die von M. Stamm hervorgehobenen »kohärentistischen Züge« (Henrich (1997), S. 906ff.) der Begründung der Sätze des Bewußtseins, die in der Rede von den »bloßen *Thatsachen*[,] die sich

in *Beyträge I* angenommen, unmittelbar aus dem Satz des Bewußtseins überhaupt abgeleitet werden und deshalb schon als gerechtfertigt gelten können. Diese Theoreme lassen sich in Wirklichkeit nur unter der Annahme zusätzlicher Sätze des besonderen Bewußtseins aus dem Satz des Bewußtseins überhaupt, d.h. nur mittelbar aus ihm ableiten. Indem diese besonderen Sätze des Bewußtseins zur Ableitung der Theoreme

durch ihren Unterschied und Zusammenhang erläutern« (ebd., S. 913) sichtbar sind, eine Entsprechung in Schmids Auffassung, wonach die »übrigen Facta, die sich auf Gegenstände außer dem Bewußtseyn beziehen« ihre »wissenschaftliche Anordnung eben [...] Thatsachen zu verdanken« haben, »womit sie verbunden sind [...], die auf alle übrigen zufälligen Veränderungen des Gemüths einen bestimmenden Einfluß haben«, nämlich den »innern Factis im Bewußtseyn« (Rezension Fundament, Sp. 51). Reinhold selbst schreibt zwar unmittelbar vor der zitierten Stelle aus seinem Brief, Diez habe ihm »bey Gelegenheit meiner Kollegien[,] die er hört[,] Zweifel[ ] vor[getragen][,] die mir und meiner Elementarphilosophie äusserst wichtig sind, und nebst *einigen* Äusserungen in der Schmidschen Recension meiner Abhandlung über das Fundament (: *einigen* sage ich[,] denn die meisten sind wahrlich nicht lehrreich :) Stoff zum zweyten Theil der besagten Abhandlung fürs nächste Stück der Beyträge gegeben« (vgl. Henrich (1997), S. 912. Anders als von M. Frank (1997), S. 529, berichtet, ist hier allerdings von keinem Brief Diezens die Rede). Und unmittelbar nach dem von uns zitierten Abschnitt kommt er wieder auf Diez zu sprechen: »*Diez* schätzt und liebt Sie innigst, und wird sie[,] wenn [er] einst Jena verlaßt[,] in Nürnberg aufsuchen [...]« (vgl. Henrich (1997), S. 913), was den Schluß nahegelegt, es werden hier die Zweifel von Diez referiert. Doch wenn der hier zitierte Teil des Briefs als Ausführung und Reaktion auf diese Zweifel zu verstehen ist, dann kann es sich dabei nicht um Originalzweifel von Diez gehandelt haben, insofern praktisch alle in ihm angesprochenen Punkte auf Schmids Rezension zurückgeführt werden können. Zutreffender erscheint mir daher die Deutung, wonach auf Diez der besondere Einwand der Erschleichung von Selbstbewußtsein und Bewußtsein der Selbsttätigkeit beim Theorem, »daß der Stoff gegeben[,] die Form hervorgebracht[,] die Vorstellung erzeugt sey« (vgl. ebd.) zurückgehe, denn dieser Fall wird in Schmids detaillierter Liste von Beispielen solcher Erschleichungen (vgl. »Rezension Fundament«, Sp. 58f.) nicht angeführt. Vielleicht hat Diez aber zugleich oder auch nur Einwände von Schmid wiederholt, vielleicht hat er sogar eingewandt, in allen Theoremen der »Elementarphilosophie« müsse Selbstbewußtsein und Bewußtsein der Selbsttätigkeit vorausgesetzt werden. Dies zu entscheiden ist letztlich unmöglich, da uns kein Dokument vorliegt, aus dem hervorginge, welche *genau* Diez' Zweifel gewesen sind. Vgl. hierzu neuerdings Berger (1998), bes. S. 139, 141, 163, 207 u. ö., und Ameriks (2000), S. 114.

als Lemmata[38] gebraucht werden, sind sie als gerechtfertigte Sätze zu einem Zeitpunkt vorausgesetzt, da sie noch gar nicht aufgestellt und erwiesen sind. Dies sei nun zwar ein Zirkel, doch kein fehlerhafter, da selbst diese besonderen Sätze am Schluß des aufsteigenden Verfahrens ihre Rechtfertigung als philosophische Sätze finden, dann nämlich, wenn alle besonderen Sätze aufgestellt und entwickelt sind und wenn sich die Tatsachen, deren Ausdruck sie sind, »durch ihren Unterschied und Zusammenhang« vollständig erläutert haben.

Diese im privaten Briefverkehr skizzierte Reaktion auf grundsätzliche Kritiken an der Möglichkeit und Tragweite von Ableitungen innerhalb der »Elementarphilosophie« ordnet dem gemeinen Verstand eine gegenüber der philosophierenden Vernunft noch bedeutsamere Rolle zu als bis dahin der Fall war. Gegenüber dem in UP widergespiegelten Diskussionsstand wird aufgrund dieser Einwände die dem gemeinen Verstand zugeschriebene Rolle im Aufbau der »Elementarphilosophie« weiter gestärkt, wie sich vor allem an den besonderen Sätzen des Bewußtseins – der Satz des Selbstbewußtseins und der Satz der Erkenntnis – zeigt. Diese Sätze waren zwar schon im ersten Band der *Beyträge* als Sätze verstanden, die besondere Tatsachen des Bewußtseins ausdrücken und, was ihren Inhalt betrifft, lediglich aus der Reflexion über

38 In Logik und Mathematik: Hilfssätze bei Beweisführungen. D. Henrich meint, Reinhold habe »diesen Terminus vermutlich aus dem Paragraphen 68 von Kants *Kritik der Urteilskraft* entnommen, mit deren Rezension er über längere Zeit beschäftigt war« (Henrich (1991), S. 291). Damit gehört der Terminus allerdings zu dem Teil der *Kritik der Urteilskraft*, der von Reinhold in seiner Rezension nicht besprochen wird. Anders als in der Literatur dargestellt, werden für Reinhold weder Theoreme (vgl. Henrich (1991), S. 244) noch Tatsachen des Bewußtseins (vgl. Stamm (1995), S. 24), sondern die Sätze, welche als Aussprüche des gemeinen Verstandes bzw. des Sens commun zur Ableitung der Theoreme (und nicht zur Ableitung anderer Sätze des Bewußtseins, wie M. Stamm in Henrich (1997), S. 902, annimmt) benötigt werden, d.h. gewisse Sätze des besonderen Bewußtseins, lemmatisch angenommen. In bezug auf diese Sätze spricht aber Reinhold nie von »Sätze[n] des Bewußtseins (überhaupt)« (vgl. Henrich (1997), S. 902), sondern immer nur von »Sätzen des besonderen Bewußtseins« (Beyträge I, S. 363) oder von »besonderen Sätzen des Bewusstseins« (Fundament, S. 102, 108), da einzig der erste Satz des Bewußtseins für ihn Ausdruck der Tatsache des Bewußtseins *überhaupt* ist. Vgl. hierzu auch Berger (1998), S. 206.

diese Tatsachen bestimmt werden. Im Unterschied zu Reinholds Auffassung von 1790 sind aber diese besonderen Sätze des Bewußtseins nicht schon deshalb gerechtfertigte philosophische Sätze, weil sie ihrer Form nach durch den Satz des Bewußtseins überhaupt bestimmt und in diesem Sinne abgeleitet werden, sondern sie sind Aussprüche des gemeinen Verstandes. Obwohl ihre Rechtfertigung als philosophische Sätze erst geschieht, *nachdem* alle besonderen Sätze des Bewußtseins aufgestellt sind, wird der gemeine Verstand nun zum konstitutiven Bestandteil des Systems.

Wie sehr und in welcher Hinsicht Reinhold die geschilderten Kritiken gegen die »Elementarphilosophie« beschäftigt haben, geht aber vor allem aus einem Aufsatz hervor, der 1794 im zweiten Band der *Beyträge* unter dem Titel »Ueber den Unterschied zwischen dem gesunden Verstande und der philosophierenden Vernunft in Rücksicht auf die Fundamente des durch beyde möglichen Wissens« (Beyträge II, S. 1-72) erscheint. Dieser Aufsatz ist nicht ganz identisch mit der ursprünglich geplanten und in der Ankündigung vom 2. Mai 1792 erwähnten »*Fortsetzung der Abhandlung über das Fundament des philosophischen Wissens*« (ALZ IB Nr. 53, S. 427), die noch im Brief vom 18. Juni erwähnt wird.[39] Es handelt sich vielmehr um einen Text, in welchem Reinhold Materialien der ursprünglichen »Fortsetzung« – eine endgültige Fassung derselben ist dann nicht mehr erschienen – unter Berücksichtigung der inzwischen erfolgten Einwände neu bearbeitet.[40]

39 Vgl. oben Anm. 37: »[...] und nebst *einigen* Äusserungen in der Schmidschen Recension meiner Abhandlung über das Fundament [...] Stoff zum zweyten Theil der besagten Abhandlung fürs nächste Stück der Beyträge gegeben« (Henrich (1997), S. 912).

40 Daß Reinhold den noch in der Anzeige vom 2. Mai 1792 vorgestellten Plan nicht einhält, geht aus einer Stelle der Vorrede zu *Beyträge II* hervor: »Ich beschloß daher die für den gegenwärtigen *Zweyten Band* angekündigte fortgesetzte Bearbeitung des *Systems der Elementarphilosophie* vor der Hand noch aufzuschieben, und anstatt das bisher gesagte durch fernere unmittelbare Erörterungen vielleicht noch unverständlicher zu machen, die Quellen der neuen Mißverständnisse [...] aufzusuchen. So sind die drey erstern Aufsätze des gegenwärtigen Bandes entstanden [...]« (Beyträge II, S. IVf.). Daß aber der Aufsatz UU nicht ganz neu ist, wie hier ange-

Zu der etwas verwickelten Entstehungsgeschichte dieses Aufsatzes äußert sich Reinhold in der Vorrede zu *Beyträge II*:

> So sind die drey erstern Aufsätze des gegenwärtigen Bandes entstanden. Der *Erste* darunter ist wenigstens anderthalb Jahre vor der Erscheinung der lehrreichen Recension des Aenesidemus (in der Allg. Lit. Zeit.) geschrieben, und in den gegenwärtigen Blättern lange bevor mir dieselbe zu Gesichte kam, abgedruckt gewesen. (Beyträge II, S. V)

Folgt man diesen Angaben Reinholds, kann man, ausgehend von J. G. Fichtes Besprechung von G. E. Schulzes *Aenesidemus*[41] in der ALZ –

deutet, wird nicht nur durch Reinholds Behauptung im Brief vom 18. Juni nahegelegt, die neueren Einwände hätten, wie schon diejenigen von Schmid (vgl. Reinhold an Baggesen, 8. oder 9. April 1792, Bag I, S. 176) *Stoff* »zum zweyten Theil der besagten Abhandlung« geliefert (Henrich (1997), S. 912). Auch frühere Äußerungen Reinholds, die eine baldige an das *Fundament* anschließende Bearbeitung von Themen ankündigen, die mit UU Ähnlichkeiten aufweisen, gehen in diese Richtung. Vgl. z. B. *Fundament*, S. 128: »Ich behalte es mir auf eine andere nahe bevorstehende Gelegenheit auf, die Unentbehrlichkeit der strengsystematischen *reinen* Elementarphilosophie, zur Grundlegung der *empirischen* Philosophie in allen ihren Theilen zu zeigen, wo ich insbesondere von einer *allgemeinen empirischen Elementarphilosophie*, welche die Beschaffenheit, die Quelle und den Werth der *empirischen* Grundsätze, so wie ihr Verhältniß zu den *reinen* darstellen muß, sprechen werde.«

41 Gottlob Ernst Schulzes anonym und ohne Angabe des Druckorts (Helmstedt) zur Ostermesse 1792 erschienener *Aenesidemus oder über die Fundamente der von dem Herrn Professor Reinhold in Jena gelieferten Elementar-Philosophie. Nebst einer Vertheidigung gegen die Anmaassungen der Vernunftkritik* stellt die bis dahin ausführlichste und eingehendste Auseinandersetzung mit Reinholds »Elementarphilosophie« dar. Das Werk liegt heute dank M. Frank wieder vor, leider in einer mit zahlreichen Druckfehlern behafteten Ausgabe (Hamburg: Meiner 1996). Reinhold hat von diesem Werk spätestens durch Erhards Brief vom 30. Juli 1792 erfahren – ein Brief, der nicht, wie in Frank (1997), S. 383, behauptet wird, bereits »im Mai geschrieben war«, da es sich ganz klar um eine Beantwortung von Reinholds Schreiben vom 18. Juni handelt, die die Sendung der am 18. Juli 1792 verteidigten und mit Angabe dieses Datums (»Die XVIII Iulii MDCCLXXXXII«) gedruckten Dissertation Erhards (*Dissertatio inavgvralis medica exhibens ideam organi medici [...]*) begleitet (vgl. *Denkwürdigkeiten*, S. 37ff.). Reinhold selbst berichtet über den *Aenesidemus*, er habe ihn weitgehend ignoriert (vgl. z. B. Reinholds Brief an Maimon (»IX. Antwort auf das vorige Schreiben«, MW 3, S. 256-260, 259) und dessen Brief an Erhard vom 19. Oktober 1792 (Goethe-Schiller-Archiv, 76/II, 3, 2)), und tat-

(11. und 12. Februar 1794) –, schließen, das Manuskript zum Aufsatz UU habe spätestens im August 1792 fertig vorgelegen. Und wenn auch diesen Angaben nicht so uneingeschränkt zu trauen ist wie dies in der Literatur geschieht – denn einiges deutet daraufhin, daß Reinhold noch im Oktober und November 1792 mit diesem Aufsatz beschäftigt gewesen sein könnte[42] –, so kann doch mit einiger Zuversicht angenommen

sächlich finden sich in Reinholds Schriften von 1792 keine Spuren einer Auseinandersetzung damit. Vgl. auch Frank (1997), S. 266.

42 Vgl. vor allem Henrich (1989), S. 121; Henrich (1992), S. 787; Frank (1994), S. 39; Frank (1996), S. 408; Frank (1997), S. 31 u. ö.; Stamm (1995), S. 20f. Zweifel an der von Reinhold angegebenen Entstehungszeit von UU in *Beyträge II*, S. V, kommen durch einen undatierten Brief Reinholds an Salomon Maimon auf, den dieser 1793 in seinen *Streifereien* veröffentlicht (»IX. Antwort auf das vorige Schreiben«, MW 3, S. 256-260). Gegen einzelne Behauptungen des zweiten Bands der *Briefe* (vgl. »VIII. Schreiben des Verfassers an Herrn Professor Reinhold«, MW 3, S. 247-256, ebenfalls undatiert) hatte Maimon den Vorwurf erhoben, Reinhold »berufe[ ] sich auf den gesunden Menschenverstand, ohne vorher zu bestimmen, worin der gesunde Menschenverstand bestehet, und wie weit man sich auf ihn berufen darf«, S. 249f. Auf diesen Einwand erwidert Reinhold in seinem Antwortschreiben: »Was ich unter gesundem Verstande verstehe[,] habe ich in dem besagten Buche [*Briefe II*] fast bis zum Ekel oft angedeutet. Aber ich habe auch eine besondre Abhandlung darüber unter der Feder; allein ich weiß, daß Sie auch dadurch unbefriedigt bleiben werden« (ebd., S. 258). Maimons Brief an Reinhold dürfte zeitlich mit demjenigen zusammenliegen, den ersterer am 30. November 1792 an Kant schreibt, wo es mit Bezug auf Reinhold heißt: »Auch jetzt da ich den zweiten Theil seiner Briefe gelesen habe, bemerke ich [...]«, AA XI, Nr. S. 515, S. 374-379, hier S. 376. In jedem Fall ist Maimons Schreiben nach Erscheinen des zweiten Bands der *Briefe* verfaßt worden und nicht, wie von J. Gliwitzky fälschlicherweise angenommen, in der zweiten Maihälfte 1792 (Gliwitzky 1974, S. 297). Nimmt man nun an, Reinhold habe dieses Schreiben sofort beantwortet und man könne Reinhold Glauben schenken, muß man auch annehmen, sein Aufsatz zum gesunden Verstand habe sich im Dezember 1792 noch »unter der Feder« befunden. Dies bedeutet zwar nicht notwendigerweise, Reinhold habe bis Dezember 1792 nur einen *Teil* des Texts niegergeschrieben, der dann 1794 im zweiten Band der *Beyträge* als UU erschienen ist. Aus der schon von A. Pupi zu Recht bemerkten Fragmentarität von UU (Pupi (1966), S. 540) könnte man auch annehmen, Reinhold habe den später publizierten Text zwar ganz im Sommer 1792 geschrieben, zugleich aber vorgehabt, ihn zu vollenden, wozu er dann nicht mehr gekommen ist. Es ist aber wahrscheinlicher, daß Reinhold mit »unter der Feder haben« meint, er sei gerade am Abfassen dieses Artikels (vgl. Pupi (1966), S. 545). In diese Richtung geht auch Reinholds im noch unveröffentlichten

werden, es habe bis August 1792 zumindest eine alle späteren Themen abdeckende Vorfassung des Texts vorgelegen.[43]

Der Aufsatz UU stellt den bis dahin eingehendsten Versuch Reinholds dar, die Domänen und Rollen des gemeinen, des gesunden Verstandes und der philosophierenden Vernunft gegeneinander abzugrenzen und im Hinblick auf eine neue Gesamtdeutung der »Elementarphilosophie« zu bestimmen. Zum ersten Mal wird hier auch der Versuch sichtbar, gemeinen, gesunden Verstand und philosophierende Vernunft als besondere Äußerungen des Verstandes und der Vernunft darzustellen. Insofern Verstand »das Vermögen der Denkkraft [ist], das sich unmittelbar mit sinnlichen Vorstellungen beschäfftiget, und aus denselben [...] die *Begriffe* in *engster* Bedeutung [...] erzeugt« (UU, S. 4), ist gemeiner Verstand eben dieses Vermögen in zweierlei Hinsicht betrachtet: einerseits insofern es »dem Philosophen und Unphilosophen gemeinschaftlich (*communis*) ist«, andererseits insofern die Denk-

Brief an Erhard vom 19. Oktober 1792 enthaltene Bemerkung: »Die Begriffe von der *inneren Erfahrung*, von *Thatsachen des Bewußtseyns*, von *gesundem Verstand* – werden mich nun so Gott will zu nächst beschäftigen« (Transkription von mir aufgrund einer Photokopie des Originals, das im Goethe-Schiller-Archiv in Weimar unter der Signatur 76/II, 3, 2 aufbewahrt wird), da Reinhold sich nach Abschluß von *Briefe II* verstärkt diesem Projekt zuwenden konnte und zu dieser Zeit keinen anderen Text zum gleichen Thema »unter der Feder« hatte.

43 Dies zeigt sich darin, daß zahlreiche der in UU neu eingeführten oder behandelten Begriffe und Themen auch in anderen Schriften Reinholds dieser Zeit nachweisbar sind. So ist in den ersten drei Aufsätzen des zweiten Bands der *Briefe*, die am 23. Juli bereits gedruckt waren, von »Fakta« bzw. »Datis« der »äusseren« und der »inneren Erfahrung« die Rede (Briefe II, S. 3, 73) sowie von »zur inneren Erfahrung gehörigen Tatsachen des Bewusstseins« (ebd., S. 25), »nächsten« und »letzten Gründen« (ebd., S. 32), »Folgen« und »Gründen« (ebd., S. 48f.), »gegebenen Gründen« (ebd., S. 66f.) und von dem Umstand, daß zergliederte Begriffe als solche noch keine richtigen Begriffe seien (ebd., S. 79). Daß die ersten drei Aufsätze von *Briefe II* zu dieser Zeit bereits gedruckt waren, geht aus Reinholds Brief an Baggesen vom 23. Juli 1792 hervor: »Doch hierüber sollst Du, will's Gott, auf Michaelis mehr lesen im zweiten Bande der Briefe, von dem nun die sechs ersten Bogen abgedruckt sind« (Bag I, S. 221), und aus dem Umstand, daß die ersten sechs Bogen von *Briefe II*, d.h. die Bogen A-F, die Seiten 1-96 umfassen und so die ersten drei Briefe mit Ausnahme allein der letzten zwei Seiten des »Dritten Briefs« einschließen.

kraft nicht über diese ihre Funktion hinausgeht (»*vulgaris*«, ebd., S. 5). Der gemeine Verstand ist der Ort der Erfahrung, an dem etwas als Tatsache derselben erscheint. Die letzten konstitutiven Gründe hinter diesen Tatsachen, insofern diese vom Subjekt abhängen – Reinhold nennt sie, in auffälliger Anlehnung an die lange vermiedene Begrifflichkeit des Transzendentalen, transzendentale Gesetze bzw. Operationen des Verstandes (ebd., S. 26, 29) –, sind hier unerkannt am Werk und können als solche auch nicht verkannt werden, so daß der Verstand in dieser Rücksicht unfehlbar ist (ebd., S. 19). Was als Tatsache in der Erfahrung erscheint, ist – zumindest was den Anteil an seiner Erzeugung betrifft, der dem vorstellenden Subjekt zukommt – unmittelbare Folge dieser transzendentalen Gesetze und klare, aber undeutliche Vorstellung.

Reinhold ist nicht immer konsistent in der Bestimmung des Tätigkeitsgrads des gemeinen Verstandes angesichts dieser unmittelbaren Folgen. An manchen Stellen erscheint es so, als ob der gemeine Verstand nicht über die Tatsachen des Bewußtseins, insbesondere die des Selbstbewußtseins selbst hinausgehe.[44] Insgesamt ist jedoch die Ansicht deutlich vorherrschend, welche – im Unterschied zu UP – dem gemeinen Verstand eine reflektierte Dimension zuschreibt, in der man sich über die nackten Tatsachen erhebt, doch nur bis zu den nächsten, nicht bis zu den letzten Gründen dieser Tatsachen.

So wie der gemeine Verstand nichts als der in besonderer Hinsicht betrachtete Verstand ist, so ist philosophierende Vernunft nichts anderes als Vernunft in spezieller Hinsicht. Insofern Vernunft in engster Bedeutung »das Vermögen der Denkkraft [ist], das sich zunächst mit übersinnlichen Vorstellungen beschäfftiget, und aus denselben neue Vorstellungen, die *Ideen* heißen, erzeugt [...]« (ebd., S. 4), gemeine Vernunft aber das Vermögen der Denkkraft ist, inwiefern es »die *innere* Erfahrung *als solche*« (ebd., S. 25), d.h. den »*Inbegriff der Thatsachen des Selbstbewußtseyns*« (ebd., S. 26) möglich macht und dem Philosophen wie dem Nicht-Philosophen gemeinschaftlich ist, ist philosophierende Vernunft das Vermögen der Denkkraft, die letzten transzendentalen Gründe, Gesetze bzw. Operationen des Gemüts aufzusuchen. In

44 Vgl. UU, S. 23, 27.

ihrem aufsteigenden Weg zu den letzten Gründen muß philosophierende Vernunft von den Tatsachen des Selbstbewußtseins ausgehen – nach Reinhold das einzige, worin sich das transzendentale Vermögen des Subjekts ankündigt (ebd., S. 47) –, die sie ausmachenden klaren, aber undeutlichen »Totalvorstellungen« in deutliche »Partialvorstellungen« auflösen (ebd., S. 28) und sich darin durch den gemeinen Verstand, insofern er gesund ist, leiten lassen (ebd., S. 17).

Reinhold zeigt in UU ein besonderes Interesse an der Bestimmung des Unterschieds zwischen gemeinem und gesundem Verstand und, eng damit verbunden und unter Rückgriff auf ältere Gedanken,[45] der Ursache der bei Zergliederungsprozessen vorkommenden Irrtümer. Wie schon für den *Merkur*-Aufsatz UP von 1791 der Fall war, lehnt sich Reinhold auch hier an den medizinischen Krankheits- bzw. Gesundheitsbegriff, der aber eingehender behandelt wird. Während der Verstand als solcher unfehlbar ist, ist der Gebrauch bzw. die Anwendung desselben »Krankheiten unterworfen« (ebd., S. 19). Da die Gesundheit dieser Anwendung eine »schon an sich immer beschränkte« ist (ebd., S. 17) – Reinhold spricht auch von »*natürlichen* Irrthümer[n] des gemeinen Verstandes« (ebd., S. 18) –, ist sie nur »Grade[n] von Gesundheit fähig« (ebd., S. 19), wenn auch »unzähligen«, wobei Reinhold sowohl auf eine nähere Bestimmung dieser Gesundheitsgrade wie auf die Festlegung des für eine sichere Leitung der philosophierenden Vernunft erforderlichen Mindestgrads an Gesundheit ganz verzichtet. Genannt werden dagegen zunächst vier Bedingungen, von denen die Gesundheit oder Krankheit des Verstandes abhängt: physische Bedingungen (»Einrichtung und Beschaffenheit der Werkzeuge des äusseren Sinnes, der Nerven, des Gehirns, u. s. w.«, ebd.), psychologische (Beschaffenheit des Gefühls- und Empfindungsvermögens, der Einbildungskraft, der Phantasie, des Gedächtnisses und des Vermögens der Bezeichnung, ebd.), moralische (Willensfreiheit, ebd., S. 20) und äußere Bedingungen (ebd.).

Daraufhin versucht Reinhold auf ganzen 18 Seiten (ebd., S. 30-48) die Erklärung der Möglichkeit des Irrtums im Zergliederungsverfahren

45 Vgl. z. B. *Fundament*, S. 90ff.

innerhalb einer allgemeinen Sprachtheorie zu verankern. Reinhold unterscheidet zwischen natürlichen Zeichen, die sich unmittelbar auf eine konkrete individuelle und klare Vorstellung der äußeren Erfahrung beziehen, und willkürlichen Zeichen, die in einem Prozeß der Verdeutlichung der bloß klaren Vorstellungen einen höheren Abstraktionsgrad einnehmen. Nur indem von den natürlichen Zeichen, die selbst schon eine erste Form von Abstraktion darstellen, noch weiter abstrahiert wird, kann man durch Zergliederung zu deutlichen Begriffen gelangen (ebd., S. 33). Die zu dieser Zergliederung notwendige Instanz, die Phantasie, ist nun für Reinhold zugleich die »*nächste* Quelle jedes Irrthums« (ebd., S. 35), d. i. die Quelle »unrichtiger Begriffe«. Der Inhalt eines Begriffs ist nämlich dann und nur dann unrichtig, wenn durch die Phantasie in den zu zergliedernden Gedanken Merkmale hineinkommen, die weder im a posteriori noch im a priori Gegebenen enthalten sind (ebd., S. 34), d.h. wenn durch sie in die konkreten Begriffe von Tatsachen der inneren Erfahrung Bilder aufgenommen werden, die ausschließlich der äußeren Erfahrung zukommen. Bezeichnenderweise erläutert Reinhold dies am Begriff des Grundes. Wenn die Phantasie in die Bedeutung von »Grund« »vor der Zergliederung das Merkmal des *in* dem Einen Dinge bestimmten andern, und folglich des *durch* das Eine *einzig möglichen* andern aufgenommen hat: so wird durch die Zergliederung ein Satz erhalten, der alle eigentliche *Freyheit* des Willens aufhebt« (ebd., S. 37f.), da hier dem einen Ding eine einzig mögliche, d.h. notwendige Handlungsweise zugeschrieben wird. Versteht man stattdessen unter »Grund« »dasjenige, *wodurch* ein anderes bestimmt gesetzt wird« (ebd., S. 38), so kann man sich durchaus einen Grund denken, »dem keine *einzig mögliche* Handlungsweise gegeben ist, der sich daher dieselbe selbst bestimmen kann« (ebd.).[46] Solche durch Phantasie bewirkte Verfälschungen seien zwar unvermeidlich, da die äußere Erfahrung die ursprüngliche Quelle der Worte ist, durch die wir uns auf Tatsachen der inneren Erfahrung beziehen (ebd., S. 41). Sie

46 Diese Argumentation entspricht genau derjenigen des »Achten Briefs« in *Briefe II*, S. 282ff. Zu dieser äußerst wichtigen Passage, vgl. weiter unten S. 298-304.

können und müssen aber im Nachhinein von der philosophierenden Vernunft in einem Absonderungsverfahren korrigiert werden, in dem die Begriffe von allem Empirischen »gereinigt« werden, was für Reinhold das mühsamste und zugleich dringlichste Geschäft der philosophierenden Vernunft ist (ebd., S. 42).

Neben diesem Interesse an einer genaueren Bestimmung der Begriffe des gemeinen, des gesunden Verstandes und der philosophierenden Vernunft sowie der Ursachen der im Zergliederungsprozeß vorkommenden Irrtümer fällt in UU Reinholds Bemühung auf, in zumindest teilweiser Anlehnung an frühere Gedanken der *Fundamentschrift*[47] eine Klassifizierung der verschiedenen Tatsachen des Bewußtseins für eine Neudarstellung der »Elementarphilosophie« aufzustellen, und innerhalb dieses Klassifizierungsversuchs die Bedeutung, die nunmehr dem Selbstbewußtsein zukommt.

Reinhold unterscheidet zwischen Tatsachen der äußeren und der inneren Erfahrung, wobei erstere nicht weiter behandelt werden, da die letzten Gründe derselben »transcendent«, d.h. außerhalb des Subjekts sind (ebd., S. 7f.). Unter den Tatsachen der inneren Erfahrung unterscheidet Reinhold zwischen Selbstbewußtsein und Bewußtsein der bloßen Vorstellung (ebd., S. 59f.). Selbstbewußtsein, eine Tatsache, »ohne welche alle übrigen nicht denkbar wären« (ebd., S. 59), ist entweder reines Selbstbewußtsein – »durch dasselbe *wird das Subjekt, als das Vorstellende, von der Organisation als einem vorgestellten äusseren Objekte unterschieden, und jede Veränderung in der Organisation als etwas ausser dem Subjekte befindliches gedacht*« (ebd.)[48] – oder empirisches Selbstbewußtsein – »durch dasselbe *wird das vorstellende Subjekt mit der Organisation verbunden als Person vorgestellt, und die in der Organisation vorgehenden Veränderungen als in der Person befindlich*

47 Vgl. weiter oben Anm. 40.

48 Die Worte *»äusseren«* und *»ausser«* kursiv *und* Sperrdruck im Original. Während nach dieser Darstellung im reinen Selbstbewußtsein das Subjekt »als das Vorstellende« (UU, S. 59) gedacht und von der Organisation unterschieden wird, sagt Reinhold genau dies nur wenig später (ebd., S. 60) vom *»vorgestellte*[n] *Subjekt«* aus.

gedacht« (ebd., S. 59f.),[49] wobei die Tatsachen des reinen Selbstbewußtseins die Quelle der »Elementarphilosophie« darstellen (ebd., S. 65). Bewußtsein der bloßen Vorstellung ist entweder reines bzw. transzendentales Bewußtsein oder empirisches Bewußtsein. Im ersten Fall wird durch dasselbe *»die Vorstellung von dem Subjekte und allen bloßen Objekten, folglich auch den Veränderungen in der Organisation unterschieden, und lediglich auf das Subjekt des reinen Selbstbewusstseins bezogen«* (ebd., S. 61), während im zweiten Fall, den Reinhold unerörtert läßt, das »Gegentheil« davon geschieht (ebd.).

Erst in den letzten zwei Seiten von UU kommt es zu einer kurzen, offenbar in Eile abgefaßten und gedrängten Erörterung des einzigen Satzes des Bewußtseins überhaupt und der vielen Sätze des besonderen Bewußtseins. Reinhold führt dabei zunächst die Begriffe des Bewußtseins überhaupt und der Vorstellung ein. Unter dem Begriff des Bewußtseins überhaupt wird nach Reinhold »die *allgemeinste Thatsache* der inneren Erfahrung verstanden« – eine Tatsache, die sich von keiner anderen ableiten läßt und deshalb auch »keine *Erklärung*[,] sondern bloße *Erörterung* ihres Begriffes zuläßt« (ebd., S. 64). Wie schon im *Versuch*, in *Beyträge I* und in der *Fundamentschrift* werden als Bestandteile des Bewußtseins überhaupt, d.h. eines jeden Bewußtseins, Subjekt, Objekt und Vorstellung genannt (ebd.). Der Vorstellungsbegriff, der seinem Inhalt nach nur aus dem Begriff des Bewußtseins überhaupt geschöpft werden kann (ebd., S. 63) und für ein adäquates Erfassen der Tatsachen des Selbstbewußtseins und des Bewußtseins der Vorstellung unentbehrlich ist, bezeichnet – ganz analog zu den eben erwähnten Hauptwerken Reinholds – »dasjenige, *was im Bewußtseyn vom Subjekt und Objekt verschieden ist, aber sich auf beyde bezieht«* (ebd., S. 64). Der Satz des Bewußtseins überhaupt wird in diesem Zusammenhang eingeführt, ohne die seinen Inhalt ausdrückende Formel zu nennen. Er ist der *»erste Grundsatz* für die Wissenschaft der *transcendentalen Gesetze der Erkenntniß«* (ebd.) und zugleich der *»erste*

49 Die Worte *»verbunden«*, *»Person«* (erstes Vorkommnis) und *»gedacht«* (ebd., S. 60) kursiv *und* Sperrdruck im Original.

Grundsatz der Elementarphilosophie«, insofern er dasjenige ausdrückt, was allen Vorstellungen gemeinschaftlich ist und somit dasjenige, was man vor allem Aufsuchen und bestimmten Aufstellen von Sätzen und Prinzipien eingesehen haben muß (ebd., S. 65).

Die Sätze des Bewußtseins im Plural bestimmt Reinhold in auffälliger Übereinstimmung mit seinem Brief an Erhard vom 18. Juni, doch auf eine ungleich gedrängtere Weise auf der zweiten Hälfte der letzten Seite des Aufsatzes. Es handelt sich um Erfahrungssätze, welche die unmittelbar aus den Tatsachen des reinen Selbstbewußtseins geschöpften Begriffe von diesen Tatsachen in unmittelbare Urteile auflösen, wobei Reinhold weder über den Erzeugungsprozeß dieser Begriffe noch über die Auflösung derselben in Urteile etwas sagt. Als Erfahrungssätze sind diese Sätze keine philosophischen Prinzipien; sie enthalten aber die »reinen Materialien« zu diesen aus ihnen abzuleitenden Prinzipien, insofern die von diesen Sätzen aufgestellten Tatsachen »unmittelbar im *Subjekte des reinen Selbstbewußtseyns* gegründet sind« (ebd.). Von dieser Ableitung selbst – einer der wichtigsten Abschnitte der neuzuformulierenden »Elementarphilosophie«, wie schon im Brief vom 18. Juni angedeutet war – sagt dann Reinhold nur, sie geschehe durch die »*mittelbaren* Urtheile oder *Raisonnements*« (ebd.), durch welche auch die transzendentalen Gründe hinter den Tatsachen des reinen Selbstbewußtseins »zum Bewußtseyn gelangen« (ebd.).

Diese Texte der »Reorganisation« stellen in zweierlei Hinsicht den Höhepunkt von Reinholds Auseinandersetzung mit gemeinem, gesundem Verstand und ihrem Verhältnis zur philosophierenden Vernunft dar. Einerseits enthalten sie Reinholds bis dahin detaillierteste Ausführungen zu diesem Thema, zum anderen wird in ihnen die Skizze einer reorganisierten »Elementarphilosophie« geliefert, in denen die Äußerungen des gemeinen Verstandes eine fundamentale Stellung einnehmen. Zu dieser Auffassung – die nicht radikal verschieden ist von der schon im *Versuch* sichtbaren – gelangt Reinhold nicht erst durch eine im Sommer 1792 erfolgte plötzliche Einsicht in das Problematische seiner Theorie, sondern durch eine progressive Entwicklung, die im wesentlichen im Februar / März 1791 mit der erneuten Beschäftigung mit Fragen der praktischen Philosophie einsetzt und in welche die aus den neueren Kritiken an der »Elementarphilosophie« entspringenden Einsichten eingearbeitet werden.

Ausgehend von der Auffassung des *Versuchs* kommt es zunächst zur Heraushebung eines unfehlbaren Kerns innerhalb der Aussprüche des gemeinen Verstandes: die moralischen Gefühle, insofern es sich dabei um Aussprüche der praktischen Vernunft handelt. Diese fungieren nun deutlich als Orientierungsinstanz für die philosophierende Vernunft. Ganz auf derselben Linie kommt es zu einer Statusveränderung der wichtigsten unter den Äußerungen des gemeinen Verstandes: Das, was im *Versuch* noch »Selbstgefühl der Freiheit« war, tritt nun mit der Auszeichnung absoluter Evidenz und einer fundamentalen Stellung innerhalb des Systems als »Selbstbewusstsein der Freiheit« auf. Angeregt durch die sich abzeichnende Trennung von Willen und praktischer Vernunft, wird dann bereits gegen Oktober 1791 Reinholds Bedürfnis sichtbar, nicht nur zwischen philosophierender Vernunft und gemeinem Verstand, sondern auch zwischen einem gesunden und einem bloß gemeinen Verstand innerhalb eines theoretischen Rahmens zu unterscheiden, der sie als besondere Fälle von Bewußtsein, Vernunft, Verstand, Gesundheit bzw. Krankheit und Reflexion zu lokalisieren erlaubt. Erste Arbeiten am Entwurf eines solchen Rahmens unternimmt Reinhold dann unter der Einbeziehung der neueren schwerwiegenden Einwände gegen die »Elementarphilosophie« im Sommer 1792. Das Endresultat dieser Entwicklung liegt in UU vor und zeichnet sich in dreierlei Hinsicht gegenüber der frühen Position des *Versuchs* und der *Beyträge I* aus: *Erstens* gibt es Aussprüche des gemeinen, eigentlich des gesunden Verstandes, wie das Selbstbewußtsein der Freiheit, die in sich, d.h. unabhängig von einer philosophischen Rechtfertigung, absolut evident sind. *Zweitens* sind die Sätze, die dieses Wissen des gesunden Verstandes ausdrücken, d.h. die besonderen Sätze des Bewußtseins, nicht mehr schon dadurch als philosophische Sätze gerechtfertigt, daß sie als Sätze des Systems aufgestellt werden, sondern erfordern eine andere, zusätzliche Rechtfertigung. *Drittens* schließlich stehen nun die verschiedenen Bewußtseinsarten nicht mehr gleichwertig nebeneinander, wie dies z.B. bei der Erkenntnis und dem Selbstbewußtsein in *Bey-*

träge I der Fall war, sondern sie stehen in einem hierarchischen Verhältnis, das das Selbstbewußtsein über die Erkenntnis und das reine über das empirische Selbstbewußtsein setzt.

Stellen aber diese Texte den Höhepunkt in Reinholds früher Auseinandersetzung mit den Begriffen des gemeinen Verstandes und der philosophierenden Vernunft dar, so markieren sie zugleich implizit das Ende der »Elementarphilosophie«. Denn die Entwicklung, deren Höhepunkt in ihnen festgehalten wird, ist nicht nur die einer zunehmenden Verstärkung eines nicht-theoretischen Rechtfertigungspotentials – das des gemeinen Verstandes –, sondern zugleich die eines unablässigen Untergrabens der Fundamente der »Elementarphilosophie«, von denen dann im Sommer 1792 nicht mehr viel übrig bleibt. Das dem gemeinen Verstand neu zukommende Rechtfertigungspotential ist nämlich nur seine Übernahme gerade der Aufgaben, die zu lösen die »Elementarphilosophie« sich als unfähig erwiesen hatte. Beide Folgen hieraus, die Unmöglichkeit und die Nutzlosigkeit selbst einer reformierten »Elementarphilosophie« lassen sich gut anhand dieser Texte belegen.

Ersteres zeigt sich zunächst an der paradoxen Rechtfertigungslage einer reorganisierten »Elementarphilosophie« unter dem Satz des Bewußtseins überhaupt als erstem und oberstem Grundsatz. Es ist nämlich nicht nachvollziehbar, wie einerseits das Verständnis von »Vorstellung« Theoreme über Einheit und Mannigfaltigkeit, Form und Stoff, Hervorbringen und Gegebensein erfordert, wobei diese selbst Annahmen über Selbstbewußtsein voraussetzen, und zugleich umgekehrt das Verständnis dessen, was eine Tatsache des Selbstbewußtseins ist, vom Verständnis des Vorstellungsbegriffs und somit des Satzes des Bewußtseins überhaupt abhängen soll (UU, S. 64). Zusätzlich stellt sich aber das Problem, daß der Satz des Bewußtseins überhaupt unter den Bedingungen der reorganisierten »Elementarphilosophie« selbst einer Rechtfertigung bedarf. Denn wenn – wie im Brief vom 18. Juni behauptet – alle Sätze, die Tatsachen des Bewußtseins ausdrücken, erst nach erfolgter vollständiger Aufstellung derselben ihre Rechtfertigung als philosophische, gültige Sätze erfahren, dann gilt dies auch für den Satz des Bewußtseins überhaupt, so daß dieser nicht mehr als ein durchgängig durch sich selbst bestimmter, absolut evidenter Satz betrachtet werden kann.

Während diese Schwierigkeiten die Möglichkeit einer »Elementarphilosophie« unter dem Satz des Bewußtseins überhaupt als erstem Grundsatz und damit die Kontinuität des Reinholdschen Ansatzes betreffen, stellen sich andere, nicht weniger fundamentale Schwierigkeiten dem neuen elementarphilosophischen Ansatz selbst dann entgegen, wenn der Satz des Bewußtseins überhaupt als erster Grundsatz preisgegeben wird. Nicht nur bleibt nämlich die Spannung zwischen gemeinem Verstand und philosophierender Vernunft voll und ganz bestehen, insofern nach wie vor nicht zu sehen ist, wie philosophische Prinzipien, die aus besonderen Aussprüchen des gemeinen Verstandes (den Sätzen des Bewußtseins) hervorgehen, im Nachhinein eine Rechtfertigung dieser Sätze leisten könnten, da auch bei einem in sich kohärenten System gefragt werden kann, ob es das einzig mögliche sei. Das philosophische System wird als solches überflüssig.

Dies zeigt sich vor allem anhand von Reinholds Theorie des Irrtums in UU. Nach ihr ist der Inhalt eines Begriffs dann und nur dann unrichtig, wenn durch die Phantasie in den zu zergliedernden Gedanken Merkmale hineinkommen, die weder im a posteriori noch im a priori Gegebenen enthalten sind (ebd., S. 34). Doch woher weiß man, ob der Inhalt eines Begriffs richtig oder unrichtig ist, wenn »unrichtig« nicht einfach »in sich widersprüchlich« bedeuten soll? Woher weiß man, daß der Begriff des Grundes unrichtig ist, wenn in ihm »das Merkmal des *in* dem Einen Dinge bestimmten andern, und folglich des *durch* das Eine *einzig möglichen* andern aufgenommen« wird (ebd., S. 38)? Reinhold gibt kein Kriterium an, durch das man allein mittels Betrachtung dieser Definition schließen könnte, das eine oder andere Merkmal sei von der Phantasie fälschlicherweise in dieselbe aufgenommen worden. Er spricht stattdessen von »nachtheilige[n] Folgen« bzw. von dem Satz, »der alle eigentliche Freyheit des Willens aufhebt« und von dessen »verderbliche[n]« Folgen für Recht und Moral (ebd.).

Doch kann man diese Folgen samt ihres verderblichen und nachteiligen Charakters durchaus zugeben: sie sind trotzdem irrelevant zur Beurteilung der Adäquatheit einer Definition von »Grund«, solange nicht angenommen wird, der menschliche Wille sei erwiesenermaßen frei, so daß die Definition dieser Einsicht nicht widersprechen dürfe.

Nimmt man aber die menschliche Willensfreiheit als durch sich selbst einleuchtende Tatsache an, dann kann aus der Zergliederung des durch sie bestimmten Grund-Begriffs kein Satz folgen, der als eigentliche Rechtfertigung, sei es auch nur der Nicht-Unmöglichkeit der Willensfreiheit gelten könne, da die Frage, ob der menschliche Wille frei sei, von vornherein positiv beantwortet wurde.

Nicht nur kann es aber unter diesen Umständen keine eigentliche Rechtfertigung der Willensfreiheit geben; eine solche wird auch gar nicht mehr gebraucht. Denn sie könnte *höchstens* das begründen, was wir nach Reinhold durch unser Selbstbewußtsein der Freiheit mit absoluter Sicherheit bereits wissen, nämlich daß unser Wille frei ist, ein Umstand, der eine solche Rechtfertigung zu einem überflüssigen, unnützen Unternehmen macht. Diese Schlußfolgerung wird in der Theorie des Irrtums in UU freilich nicht explizit gezogen. Reinhold nähert sich aber bereits einer Position, in der auf die eigentliche Rechtfertigungsaufgabe der Philosophie zugunsten des gemeinen Verstandes verzichtet wird, und die das Ausbleiben einer eigentlichen Durchführung der Reorganisation der »Elementarphilosophie« als natürliche Folge erscheinen läßt. Diese Position wird Reinhold *de facto* im zweiten Band der *Briefe über die Kantische Philosophie* beziehen.

7. Die *Briefe über die Kantische Philosophie* von 1792

Der zweite Band von Reinholds *Briefen über die Kantische Philosophie* hat, im Vergleich zu den ersten *Merkur*-Briefen und ihrer Buchfassung von 1790, kaum Beachtung gefunden. Noch im Jahr 1797 kann Reinhold darüber klagen, er habe bis dahin im wichtigsten deutschsprachigen Rezensionsorgan, der *Allgemeinen Literatur-Zeitung*, »vergebens nach einer Beurtheilung« desselben »gesucht« (Vermischte Schriften I, S. V). Der Grund dieser Vernachlässigung ist leicht nachzuvollziehen. Während die *Merkur*-Briefe von 1786 und 1787 zu einem Zeitpunkt erscheinen, wo die *Kritik der reinen Vernunft* noch weitgehend unbekannt ist, hat der zweite Band der *Briefe* bereits vier Jahre Auseinandersetzungen um die *Kritik der praktischen Vernunft* hinter sich. Das Werk, welches als Fortsetzung des ersten Bands der *Briefe* dem Leserpublikum eine Einführung und faßliche Darstellung von Kants Moralphilosophie verspricht, erscheint zu einem Zeitpunkt, da eine solche keine Priorität mehr darstellt.

Die von Reinhold selbst gepflegte Erwartung, es werde in *Briefe II* in bezug auf Kants Moralphilosophie genau das geleistet, was *Briefe I* hinsichtlich der Hauptresultate der *Kritik der reinen Vernunft* leisteten, hat sich bis in die Reinhold-Rezeption dieses Jahrhunderts ausgewirkt. So ist die bis dahin einzige Neuauflage der *Briefe II*, die 1923 von Raymund Schmidt besorgte, eine Simultanausgabe beider Briefbände mit fortlaufender Paginierung. Das Werk selbst – Schmidt spricht undifferenziert von den »Briefen« als *einem* Werk in zwei Teilen – sei eine »Werbeschrift«, die sich nach wie vor bestens als Einführung in die Kantische Philosophie eigne ((1923), S. 5), obwohl Reinhold »nicht immer eine glückliche Hand in der Interpretation Kants bewiesen« habe (ebd., S. 4). Dieselbe Auffassung wird, wenn auch nuancierter, in Paul Oliviers Studie von 1941 vertreten. In ihr heißt es, Reinhold habe im zweiten Band der *Briefe* »eigene Begriffe angesetzt und Unterscheidungen getroffen« ((1941), S. 23), »um das mit Kants Position Gewonnene um so besser zu vermitteln« (ebd.); zugleich handle es sich dabei aber nicht um eine »reine Vermittlung« (ebd., S. 24), sondern um den Versuch einer Verbesserung, was auf die Frage, ob Reinhold mit Recht als Kant-Interpret betrachtet werden könne, letztlich eine negative Antwort nahelegt. In beiden Fällen beginnt das Interesse an *Briefe II* mit der Erwartung einer Einführung und Interpretation der Kantischen Moralphilosophie und endet, sobald klar wird, daß sie als solche unangemessen sind.[1]

Ein ganz anderes Bild des zweiten Bands der *Briefe* ergibt sich, wenn man denselben nicht mehr als einfache Fortsetzung von *Briefe I*, sondern als eigenständiges Werk innerhalb eines besonderen Entstehungs- und Problemkontexts betrachtet, wie in diesem Kapitel aufgrund unserer bisherigen Untersuchungen geschehen soll. Das Werk erscheint dann als der wichtigste Versuch Reinholds, mit den Schwierigkeiten aufzuräumen, die ihn seit den »Grundlinien« von 1789 beschäftigen – ein Versuch, der den Anspruch einer Kantauslegung hinter sich gelassen hat. Als besonders bemerkenswert erweist sich vor allem das bewußte Zusammenfassen der beiden bisher von Reinhold mehr isoliert behandelten Themen, die begriffliche Trennung von Willen und praktischer Vernunft und die Gegenüberstellung von gemeinem Verstand, gesundem Verstand und philosophierender Vernunft in einem einzigen Ansatz, in welchem das bisher verfolgte Programm einer »Elementarphilosophie« letztlich preisgegeben wird.[2]

Dieses Kapitel gliedert sich in vier Abschnitte. Im ersten Abschnitt (7.1.) sollen die Weiterentwicklung und Festigung der Trennung zwischen Willen und praktischer Vernunft seit dem »Beytrag« von 1792 und die nunmehr offene Auseinandersetzung mit C. C. E. Schmids »intelligiblem Fatalismus« nachkonstruiert werden. Im zweiten Abschnitt (7.2.) werden wir daraufhin die Eingliederung der Reinholdschen Theorie des gemeinen, gesunden Verstandes und der philosophierenden Vernunft in diesem Kontext näher betrachten. Es wird sich zeigen, daß un-

1 Vgl. auch Wundt (1932), S. 173: »Man tut Reinhold deshalb auch kein Unrecht, wenn man den zweiten Band seiner Briefe geringer einschätzt, als den ersten.«

2 Vgl. hierzu neuerdings Ameriks (2003) (im Druck).

ter »gesundem Verstand« nun eindeutig ein ursprüngliches, durch praktische Vernunft bewirktes moralisches Wissen verstanden wird. Anhand einer genauen Analyse einiger Passagen aus dem »Achten« und »Neunten Brief« soll dann im dritten Abschnitt (7.3.) gezeigt werden, wie Reinhold den seit dem *Versuch* von 1789 dem philosophischen System zugedachten Nachweis der Nichtunmöglichkeit der Freiheit nun dem gesunden Verstand überträgt, der ihn durch die Evidenz des Selbstbewußtseins der Freiheit »erbringt«, und so sein Projekt einer »Elementarphilosophie« *de facto* preisgibt. Schließlich wird es in einem vierten Abschnitt (7.4.) möglich sein, Reinholds Willens- und Freiheitstheorie der *Briefe II* insgesamt kritisch zu betrachten. Wie wir sehen werden, kann Reinholds Versuch, die frühen Schwierigkeiten durch seine neue Theorie zu lösen, keineswegs als gelungen gelten, indem zahlreiche neue Probleme an Stelle der alten treten. Ein näherer Blick auf einige Textstellen der *Briefe* sowie der Korrespondenz wird aber zugleich zeigen, daß sich Reinhold dieser Probleme und seiner zunehmenden Distanzierung zu Kant weitgehend bewußt ist. Wie er trotz derselben an seiner Theorie festhalten konnte, wird vor allem durch eine veränderte Einstellung Kant gegenüber erklärbar. Reinhold versucht soweit wie möglich an Kants Lehre festzuhalten, ist aber, wo dies nicht möglich ist, nunmehr bereit, sich von ihr zu lösen – eine Bereitschaft, die neben der *de facto*-Preisgabe der »Elementarphilosophie« als Vorbedingung für Reinholds spätere Anlehnung an Fichtes Wissenschaftslehre gelten muß.

7.1. Wille, Freiheit und praktische Vernunft in *Briefe II*

Reinhold hat schon früh an einen zweiten Band seiner *Briefe* gedacht. Bereits in der Vorrede zu *Briefe I* (23. April 1790) wird ein »nächstfolgende[r] Band« erwähnt, der sich »mit den bisherigen Vorstellungsarten über *Sittlichkeit*, *Freyheit* und *Instinkt*« und »mit den Resultaten [...], welche die kritische Philosophie über diese wichtigen Gegenstände fest setzt« (Briefe I, S. X), beschäftigen soll. Die in Kap. 5 und 6 behandelten *Merkur*-Aufsätze zu diesen Themen (UGM, ENR,

EPR I und II, Weltbürger, Stände, Beytrag) sowie ENP sind von vornherein als zukünftige Bestandteile dieses zweiten Bandes konzipiert. Entsprechen aber diese Aufsätze in ihrer späteren Fassung als Teile von *Briefe II* der allgemeinen Themenstellung von 1790, ist dies hinsichtlich der einzelnen Bearbeitungen dieser Themen nicht der Fall. Die Oktober / November 1791 einsetzende Trennung von Willen und praktischer Vernunft und die parallel dazu verlaufende Zunahme des Rechtfertigungspotentials des gemeinen Verstandes haben Reinhold zu einer Durchsicht des gesamten für *Briefe II* bestimmten Materials im Hinblick auf die inzwischen erfolgten Veränderungen bewogen, was sich in ganz unterschiedliche, z.T. aber erhebliche Eingriffe in den Textkorpus niederschlägt.

Was die Trennung von Willen und praktischer Vernunft betrifft, so hat sich Reinhold in der Revision der *Merkur*-Aufsätze nicht darauf beschränkt, die Stellen zu korrigieren, an denen von beiden als von Identischem die Rede war. Wie vor allem an der in etwa zwischen April und Juli 1792 stattfindenden Überarbeitung des »Beytrags«[3] deutlich wird, sieht Reinhold mit zunehmender Klarheit, daß aufgrund dieser Begriffsänderung eine ganze Konfiguration von zusammenhängenden Begriffen revidiert werden muß – ein Punkt, der ihm zur Zeit der Niederschrift der letzten Fassung des »Beytrags« noch

3 Daß die Bearbeitung des »Beytrags« zwischen April und Juli 1792 stattgefunden haben muß, geht aus Reinholds Korrespondenz hervor. In seinem Brief an Baggesen vom 8. oder 9. April 1792 schreibt Reinhold, er wolle das bei der *Berlinischen Monatsschrift* nicht aufgenommene Manuskript dem *Teutschen Merkur* anbieten (Bag I, S. 176). Wie wir aus einem Brief Wielands vom 5. Mai 1792 wissen, ist dies auch noch im April geschehen: »In Betracht dieser Umstände werden Sie, Mein Bester Herr Sohn, es mir um so eher zu gut halten, dass ich nicht einmal Muße gefunden, Ihnen für den überschickten Beytrag zum Merkur (der im Junius Stück primo loco erscheinen wird) zu danken [...]« (Seuffert 1887, S. 375; vgl. neuerdings WB 11.1., Nr. 273, S. 234). Reinhold hat deshalb frühestens im April mit der Überarbeitung des »Beytrags« begonnen. In einem Brief vom 23. Juli schreibt Reinhold seinem Freund aber, im zweiten Band der *Briefe* sei die »Beilage zu den Weltbürgern«, d.h. der frühere »Beytrag« in vermehrter, verbesserter und zur Hälfte umgearbeiteter Form enthalten (Bag I, S. 221), was den Schluß erlaubt, die endgültige Fassung des »Sechsten Briefs« sei zu dieser Zeit bereits abgeschlossen gewesen.

nicht gleichermaßen deutlich war. In konzentrierter Form findet sich die neubearbeitete Begriffskonfiguration im »Sechsten Brief« – die überarbeitete Fassung des »Beytrags« – und in den neu geschriebenen Briefen »Sieben« und »Acht«.[4]

Die in diesen Texten gegenüber der noch im »Beytrag« vertretenen Auffassung sichtbaren Vertiefungen und Veränderungen lassen sich in drei Gruppen aufteilen: die *erste Gruppe* (1) bilden diejenigen Begriffe, die spätestens seit dem »Beytrag« zu Reinholds Instrumentarium gehören, nun aber eine mehr oder weniger starke Ausarbeitung erfahren; die *zweite Gruppe* (2) besteht ebenfalls aus Begriffen, die nicht neu sind, gegenüber der im »Beytrag« vertretenen Auffassung aber mehr oder weniger stark verändert werden; die *dritte Gruppe* (3) setzt sich schließlich aus Begriffen zusammen, die Reinhold weder im »Beytrag« noch davor gebraucht. Wir wollen diese Bearbeitungen in gleicher Reihenfolge etwas näher betrachten.

(1) Die meisten im »Beytrag« enthaltenen Begriffe, die in einem Zusammenhang mit denen des Willens und der praktischen Vernunft stehen, und diese beiden Begriffe selbst, erfahren im Laufe der Niederschrift der Briefe »Sechs«, »Sieben« und »Acht« Bedeutungsveränderungen. Einzig die des veranlassenden und bestimmenden Grundes werden in *Briefe II* in gleicher Bedeutung beibehalten und lediglich weiter ausgearbeitet und vertieft.

Reinhold spricht im »Beytrag« nicht zum ersten Mal von veranlassenden Gründen. Der Ausdruck findet sich bereits in UNV (TM, November 1788, S. 156f.).[5] Doch erst im »Beytrag« erhält der Begriff die Bedeutung und den Stellenwert, die er auch in *Briefe II* haben wird, was nahelegt, Reinhold habe diesen Begriff während der sich vollziehenden begrifflichen Trennung von Willen und praktischer Vernunft wiederentdeckt. Von den veranlassenden Gründen heißt es, sie lägen im »Gesetz der Freyheit und im Antriebe der Sinnlichkeit« (Beytrag,

4 In diesem Kapitel beziehen sich die Ausdrücke »Sechster«, »Siebenter«, »Achter Brief« (usw.) durchgehend auf die entsprechenden Aufsätze in *Briefe II*.

5 Vgl. van Spanje (1988), S. 97.

S. 115). Das wollende Subjekt bedürfe dieser Gründe, nicht aber eines »von seinem freyen Willen verschiedenen *bestimmten* Grundes; weil es ausserdem nicht durch das Vermögen sich selbst zu bestimmen, d.h. nicht durch Willen handeln würde« (ebd.). Diese Auffassung ist auch die der *Briefe II*, läßt aber hier Reinholds Bemühung um eine nähere Bestimmung der involvierten Begriffe erkennen. Der eigennützige und der uneigennützige Trieb sind nun beide »an und für sich nur *veranlassende*, und nicht *durch sich selbst bestimmende* Gründe« des Willens (Briefe II, S. 259f.), die bei jedem Wollen vorhanden und als bloß veranlassende Gründe wirksam sind.[6] Der einzige durch sich selbst bestimmende Grund sowohl des sittlichen wie des unsittlichen Wollens – Reinhold spricht nun von dem *Bestimmungsgrund* des Willens und nicht mehr, wie im »Beytrag«, von einem »bestimmten Grund« – ist allein die Willkür der Person selbst (ebd., S. 259) bzw. »die Freyheit, das Vermögen der Selbstbestimmung« (ebd., S. 260).[7] Entscheidet sich der Wille zugunsten des eigennützigen oder des uneigennützigen Triebs, dann wird dieser Trieb durch die Freiheit von einem bloß veranlassenden Grund zur Triebfeder des Willens gemacht, womit im Unterschied zum »Beytrag« »Triebfeder« nicht mehr selbst als Bestimmungsgrund des Willens verstanden wird.

(2) Unter den schon im »Beytrag« enthaltenen Begriffen, die im Verlauf der Bearbeitung der *Merkur*-Aufsätze für *Briefe II* mehr oder weniger starke Änderungen erfahren, befinden sich die (a) des Willens, (b) der Freiheit und, damit zusammenhängend, die der praktischen Vernunft sowie (c) der Person.

6 Reinhold hält diese Auffassung der veranlassenden Gründe nicht immer klar ein und neigt manchmal zu einer Position, die nur in der Forderung, die zu befriedigen sich der Wille entschieden hat, den veranlassenden Grund desselben sieht. Vgl. *Briefe II*, S. 260.

7 Auch in diesen Erörterungen kommt Reinhold ins Schwanken, indem es schon wenige Zeilen später heißt, es sei die Freiheit der Selbstbestimmung, welche den bloß veranlassenden Grund zum bestimmenden mache (Briefe II, S. 260), was offenbar impliziert, auch der eigennützige und der uneigennützige Trieb könnten den Bestimmungsgrund des Willens ausmachen.

(a) Was den Begriff des Willens betrifft, so übernimmt Reinhold zwar wortwörtlich die im »Beytrag« gegebene Definition: »*Wille* ist das Vermögen der Person, sich selbst zur wirklichen Befriedigung oder Nichtbefriedigung[8] einer Forderung des eigennützigen Triebes zu bestimmen« (Briefe II, S. 183).[9] Schon in unmittelbarer Nähe des allgemeinen Willensbegriffs kommt es jedoch zu wichtigen Umgestaltungen, wie dies z.B. für die Begriffe des reinen und des empirischen Willens der Fall ist. Rein war im »Beytrag« ausschließlich jenes auch mit »bloße[m] Selbstbestimmen« gleichgesetztes Wollen, »bey welchem die Vorschrift, welche die Person sich selbst giebt, die einzige Triebfeder der Befriedigung oder Nichtbefriedigung des eigennützigen Triebes ist; *empirisch* oder unrein hingegen alles Wollen, bey welchem die Vorschrift, welche die Person sich selbst giebt, auf Antrieb des eigennützigen Triebes und lediglich um desselben willen gegeben wird, folglich keineswegs die einzige Triebfeder ist« (Beytrag, S. 113). Als implizite Selbstkritik dieser Auffassung, welche trotz der begrifflichen Trennung von Willen und praktischer Vernunft daran festhält, im reinen Willen die einzige eigentliche Selbstbestimmung zu sehen, heißt es nun im »Achten Brief«:

> *Reiner* Wille kann daher keine besondere *Art*, sondern nur eine der beyden möglichen besondern Aeußerungen des *freyen Willens* bedeuten, diejenige nämlich, die dem praktischen Gesetze gemäß ist, das *sittliche Wollen*. Dem reinen Willen steht daher auch nur der *unreine*, d.h. der unsittliche Wille entgegen, und wenn man unter *empirischem*[10] Willen nicht bloß den unsittlichen verstehen will, so kann man denselben keineswegs dem reinen entgegensetzen. *Empirischer* Wille kann nicht die besondere *Art* eines von der Erfahrung abhängigen Willens, verglichen mit einem andern lediglich a priori bestimmbaren bedeuten. Denn da der Wille überhaupt das Vermögen ist, sich selbst durch Befriedigung oder Nichtbefriedigung einer Forderung des eigennützigen Triebes zu bestimmen; diese Forderungen aber mittelbar oder unmittelbar von der Erfahrung abhängen: so ist *alles Wollen* in dieser Rücksicht empirisch. (Briefe II, S. 273)

8 Im Original fälschlicherweise »Nichtbedingung« (Briefe II, S. 183).

9 Vgl. auch *Briefe II*, S. 264, 299f. u. ö. und »Beytrag«, S. 111.

10 Im Original fälschlicherweise »*empirischen*«.

Der reine und der empirische Wille sind nach diesem Verständnis *»ein und eben derselbe* Wille nur aus verschiedenen Gesichtspunkten betrachtet, in seinem künstlich isolirten Verhältnisse zur bloßen praktischen Vernunft« (ebd., S. 274).[11]

Im Einklang mit diesen Umformulierungen steht auch eine weitere Modifikation gegenüber dem Willensbegriff des »Beytrags«: Reinhold weist nun die Beschreibung des reinen Willens als »bloße Forderung des *uneigennützigen* Triebes, in wieferne sie zur Triebfeder der Befriedigung oder Nichtbefriedigung einer Forderung des eigennützigen Triebes wird« (Beytrag, S. 112), explizit zurück: »Das Wollen ist also keine bloße Aeußerung weder des eigennützigen noch des uneigennützigen Triebes, keine *Forderung* weder des Einen noch des Andern; sondern Selbstbestimmung für oder gegen die Forderung des uneigennützigen Triebes zur Befriedigung oder Nichtbefriedigung einer Forderung des eigennützigen« (Briefe II, S. 183).

(b) Ganz eng mit dieser Umgestaltung einiger Konnotationen des Willensbegriffs hängt Reinholds Weiterentwicklung des Freiheitsbegriffs zusammen. Die im »Beytrag« vorgestellte Auffassung einer zweifachen Freiheit, die »natürliche Freyheit des Willens« einerseits (»Das Vermögen der Person, sich selbst in Rücksicht auf die Forderungen des eigennützigen Triebes der Forderung des Uneigennützigen entweder *gemäß, oder derselben zuwider* zu bestimmen« (Beytrag, S. 113) bzw. »[...] jenes Gesetz der Freyheit zu befolgen oder zu übertreten« (ebd., S. 114)), die »Freyheit (Selbstthätigkeit) der *Vernunft*« andererseits (»die in der Unabhängigkeit von äussern Eindrücken und von der Einrichtung der Sinnlichkeit besteht, aber sich nur durch Abhängigkeit der

11 A. Nuzzo mißversteht deshalb Reinholds Rede von reinem und empirischem Willen in *Briefe II*, wenn sie schreibt, von der Unterscheidung zwischen der Handlung der praktischen Vernunft und der Handlung des Willens aus betreffe »das Problem für Reinhold die Unterscheidung zwischen *reinem* und *empirischem* Willen und folglich die Möglichkeit, beiden oder nur dem reinen Willen Freiheit zusprechen zu können« (Nuzzo (1994), S. 504), wobei »diese Unterscheidung bei Reinhold zur Begründung einer substantiellen Verschiedenheit zweier Willenstypen erhoben« werde (Nuzzo (1994), S. 505). Zur Kritik dieser Interpretation vgl. Lazzari (2003), S. 201 (im Druck).

Vernunft von ihrem eigenen Gesetze (dem Gesetze der Freyheit) denken läßt« (ebd.)), wird nun durch eine einheitliche, aber komplexere Konzeption ersetzt. In Anlehnung an eine schon in der *Kritik der reinen Vernunft* vorhandene Unterscheidung[12] kann nun ein und dieselbe Freiheit des Willens in einem positiven und einem negativen Sinn verstanden werden. Im negativen Sinne besteht Willensfreiheit allgemein in der »Unabhängigkeit von dem Bestimmtwerden durch die objektiven Gründe«, die im Besonderen eine dreifache Unabhängigkeit umfaßt: 1) die Unabhängigkeit der Person von der Nötigung durch die Forderung des eigennützigen Triebs und der Instinkte (Briefe II, S. 264, 272); 2) die »absolute Unabhängigkeit der Vernunft in ihrem praktischen Gesetze von Lust und Unlust« (ebd., S. 267); 3) die »*Unabhängigkeit der Person von der Nöthigung durch die praktische Vernunft selbst*« (ebd., S. 272). Im positiven Sinn ist Freiheit hingegen »das Vermögen der Selbstbestimmung durch Willkühr für oder gegen das praktische Gesetz« (ebd.) bzw. die »Selbstthätigkeit der Person beym Wollen« (ebd., S. 281).

Im Vergleich zur früheren Auffassung des »Beytrags« ist damit nicht lediglich ein Übergang von einer zweifachen zu einer einheitlichen, aber in sich differenzierten Freiheitsauffassung festzustellen. Es findet darüber hinaus eine Identifikation von Freiheit und Willen statt, die Konsequenzen hat für die Freiheitszuschreibung im Falle der praktischen Vernunft und des reinen bzw. empirischen Willens. Freiheit ist nun *wesentlich* Willensfreiheit. Dies bedeutet zum einen, daß allein dem Willen Freiheit im eigentlichen Sinne zukommt und daß von einer Freiheit der praktischen Vernunft nicht mehr die Rede sein kann, wie Reinhold unterstreicht:[13]

12 Vgl. KrV, B 502, aber auch GMS, BA 97f. und KpV, A 58f.

13 M. Bondeli (1997), S. 168f., interpretiert Reinholds Willens- und Freiheitstheorie der *Briefe II* so, als ob die sittliche Handlung durch einen freien Willen zustande komme, der »durch einen Akt der vernünftigen Freiheit bestimmt« wird, nämlich die praktische Vernunft, welche »als unabdingbare[r] Bestimmungsgrund des Willens« durch den uneigennützigen Trieb dazu veranlaßt werde. Gegen diese Deutung

> Die Handlung der praktischen Vernunft stellt das bloße *Gesetz* im Selbstbewußtseyn auf. Diese ist Handlung durch *bloße Vernunft*, die nur diese einzige Handlungsweise hat; jene ist Handlung durch *Freyheit des Willens*, die zweyerley Handlungsweisen hat, die als reiner oder als unreiner Wille handeln kann. (Briefe II, S. 70)

> Aus der Verwechslung der zwar selbstthätigen, aber nichts weniger als freyen Handlung der praktischen Vernunft, – die nichts als das Gesetz giebt, – mit der Handlung des Willens, [...] muß nichts geringeres als die Unmöglichkeit der Freyheit für alle *unsittlichen* Handlungen erfolgen. (Ebd., S. 267)

Zum anderen folgt aus dem eingeschränkten Verständnis der Freiheit als Vermögen, das wesentlich mit dem Willen überhaupt zusammenfällt, die Aufhebung des Unterschieds zwischen einem absolut freien und einem bloß komparativ freien Willen. Denn insofern der Wille überhaupt, als Vermögen, in dem Sinne frei ist, daß er auf die beschriebene Weise in dreierlei Hinsicht unabhängig und zugleich ein Vermögen der Selbstbestimmung durch Willkür ist, dann sind sowohl der sittliche als der unsittliche Wille Äußerungen dieses selben freien Vermögens. Genau genommen ist es sogar sinnlos, zu sagen, der sittliche und der unsittliche Wille seien gleich frei, da Freiheit insgesamt nur dem Willen überhaupt, nicht seinen besonderen Äußerungen zukommt. Die Kritik gegen die eigene, vor allem im *Versuch* vertretene Auffassung, die zwischen absolut freien und bloß komparativ freien Willensäußerungen unterscheidet[14] und – trotz der begrifflichen Tren-

sprechen aber die zahlreichen Stellen, an denen Reinhold behauptet, die *einzige* Handlung der praktischen Vernunft sei das Aufstellen des Gesetzes (Briefe II, S. 68, 70, 181f., 191, 271), die »Willkühr der Person« sei der *einzige* Bestimmungsgrund sowohl zur sittlichen wie zur unsittlichen Handlung (ebd., S. 255, 260), der uneigennützige Trieb sei mit praktischer Vernunft identisch (ebd., S. 181ff.), schließlich die Stellen, an denen Reinhold der praktischen Vernunft jegliche eigentliche Freiheit abspricht (ebd., S. 267, 275f.). Vgl. hierzu auch Nuzzo (1994), S. 504, und die Kritik in Lazzari (2003), S. 202 (im Druck), sowie neuerdings von Wallwitz (1998), S. 152, und Fabbianelli (2000), S. 434.

14 Vgl. *Versuch*, S. 571f.

nung von Willen und praktischer Vernunft – noch im »Beytrag« weiterwirkt[15], ist offensichtlich:

> Der schon reine Wille ist freylich an die durchs Gesetz bestimmte, und der schon unreine an die durch Lust oder Unlust gegen das Gesetz bestimmte Handlungsweise gebunden; aber sowohl bey dem einen als dem // andern bindet die Person sich selbst an eine dieser Handlungsweisen, die ihr beyde gleich möglich sind. *Absolute* Freyheit kömmt also dem Willen weder allein, in wie ferne er als *reiner*, noch in wie ferne er als *unreiner* Wille handelt, zu; sondern in wie ferne er in beyden Eigenschaften handeln kann. (Briefe II, S. 272f.)

(c) Wie erwähnt[16] gibt es bereits im März 1791 Anzeichen eines verstärkten Interesses Reinholds an einer Bestimmung des Personenbegriffs. In UGM definiert Reinhold Personalität als »ein uns nur durch das Selbstbewußtseyn bekanntes *Selbstständiges Seyn*, das sich diesem Bewußtseyn nur durch *Selbstthätigkeit im Handeln* ankündiget« (UGM, S. 230). Dabei meint Reinhold nicht Selbsttätigkeit überhaupt, sondern »unsre eigentliche Selbstthätigkeit«, diejenige, welche sich »auf ein *Wollen*, und zwar nur auf das durch Vernunft bestimmte und im Handeln durch Vernunft bestehende Wollen, ein[ ]schränkt« (ebd.). Im »Beytrag« ist im wesentlichen noch dieselbe Personauffassung enthalten. Deutlicher als in UGM erscheint aber Reinholds Interesse an einer theoretischen Verwertung des Personenbegriffs. Diesem kommt nun die Funktion zu, die durch die Trennung von Willen und praktischer Vernunft aufgelöste Einheit der Gemütsvermögen unter dem Vernunftbegriff auf anderer Basis wiederherzustellen. Reinhold spricht nun von zwei Aktivitäten der Person: diejenige, durch welche sich die Person durch Vernunft eine Vorschrift gibt, und diejenige »in der persönlichen Selbstthätigkeit vorhanden[e]«, welche diese »blosse Vorschrift zum Gegenstand hat« (Beytrag, S. 109). Der Wille (ebd., S. 111), die »natürliche Freiheit« desselben (ebd., S. 113) und das Vermögen,

15 Vgl. z.B. die weiter oben zitierte Stelle (Beytrag, S. 113), an welcher Reinhold den reinen vom empirischen Willen dadurch unterscheidet, daß in ersterem der uneigennützige Trieb die *einzige* Triebfeder ist.

16 Vgl. Kap. 5, Anm. 49.

sich selbst die Vernunftvorschrift zu geben (ebd., S. 109, 111), haben allesamt die Person als Subjekt. Nur in bezug auf den ersteren in seiner reinen Form spricht aber Reinhold von »Selbstthätigkeit« oder »Handlung« (ebd., S. 109, 112).

Diese Unterscheidungen zum Personenbegriff finden sich in *Briefe II* in vertiefter Form wieder. Reinhold unterscheidet nun innerhalb dessen, was in der Person vorgeht, zwischen zwei Bereichen: dem Tätigkeitsbereich *der* Person, in dem sie selbst handelt, und dem Bereich *in der* Person, in dem etwas ohne ihr eigentliches Zutun vorgeht. Während sich in diesem zweiten Bereich beispielsweise die »Wirkung des eigennützigen Triebes« findet (Briefe II, S. 246f.), unterscheidet Reinhold innerhalb des ersten Bereichs wiederum zwischen zwei Unterbereichen. In einer ersten Unterabteilung des Tätigkeitsbereichs der Person ist die eigentliche Handlung der Person als Person oder als Ich enthalten: das Wollen, der Entschluß bzw. die willkürliche Selbsttätigkeit (ebd., S. 69, 245ff., 258, 281). Auf der anderen Seite findet man die Tätigkeit, durch welche sich die Person das Sittengesetz gibt. Reinhold faßt diese zweite Gegenüberstellung im »Achten Brief« wie folgt zusammen:

> Es ist zwar dieselbe Person, welche das Sittengesetz sich selbst giebt und befolgt, aber nicht dasselbe Vermögen in der Person. Das Gesetz giebt sie sich durch bloße Vernunft, und dieses ist daher unwillkührlich und unvermeidlich [...] Die durchs Gesetz vorgeschriebene Handlung aber bringt sie durch Willkühr hervor [...] (Briefe II, S. 294).

Daß es sich aber im Fall der Willkür um die eigentliche Selbsttätigkeit der Person handelt, begründet Reinhold damit, daß »der Grund nicht nur, daß sie wirket, sondern auch, daß sie so und nicht anders wirkt, in ihr selbst, in ihrem Vermögen ungebunden und ungezwungen zu seyn, liegt« (ebd., S. 258), was zugleich zeigt, dass nicht allein der vernünftige oder sittliche Wille – wie noch im »Beytrag« –, sondern der Wille überhaupt Ausdruck dieser eigentlichen Selbsttätigkeit ist.[17]

17 In seiner Behauptung, die Tätigkeit der reinen praktischen Vernunft sei für Reinhold *genau so* eine Tätigkeit der Person selbst wie das Wollen, verwischt S. Landucci (1994), S. 307, eine bei Reinhold nachweisbare Vorrangstellung des

Denn es ist gerade diese Bestimmung nicht nur des »Daß«, sondern auch des Soseins der Handlung, welche macht, daß die »*Handlung* der Person durch Vernunft« der Vernunft widersprechen kann, da diese Handlung »nicht in der bestimmten Handlungsweise der Vernunft, sondern in dem Vermögen, sich seine Handlungsweise selbst zu bestimmen, und die Vernunft willkührlich zu gebrauchen, gegründet ist.« (Ebd.)[18]

(3) Als neues, weder im »Beytrag« noch vorher gebrauchtes Element im Rahmen der Begriffskonfiguration von Willen, Freiheit und praktischer Vernunft fällt in *Briefe II* vor allem der Maximenbegriff auf. Wahrscheinlich beeinflußt durch Kants Aufsatz »Über das radikale Böse in der menschlichen Natur« (1792), in welchem die Gedanken der Willkürfreiheit, der Zurechenbarkeit sittlicher sowie unsittlicher Handlungen und der Maxime als »Regel, die die Willkür sich selbst für den Gebrauch ihrer Freiheit macht« thematisiert werden (Über

Wollens gegenüber der praktischen Vernunft innerhalb des Tätigkeitsbereichs der Person. Vgl. Reinholds Brief an Baggesen vom 28. März 1792 (Bag I, S. 168f.) und *Briefe II*, S. 257f.

18 Auch eine in *Briefe II* enthaltene weitere Bearbeitung des Rechtsbegriffs ist in diesem Zusammenhang zu deuten. Geleitet durch das Rechtsverständnis des gesunden Verstandes, welcher »das Wort Recht im praktischen Sinne, das heißt in Rücksicht auf den Willen, gebraucht« (Briefe II, S. 145), verändert Reinhold im »Sechsten Brief« noch einmal die eigene, im »Beytrag« enthaltene Rechtsauffassung. Recht ist nicht mehr lediglich die »durch das Gesetz des uneigennützigen Triebes bestimmte Möglichkeit der Befriedigung des eigennützigen Triebes« (Beytrag, S. 120), welche der Pflicht als der »durch das Gesetz des uneigennützigen Triebes bestimmte[n] Nothwendigkeit der Beschränkung des eigennützigen« (ebd., S. 118) gegenübersteht. In einem dem Text des »Beytrags« hinzugefügten Abschnitt unterscheidet Reinhold nun zwischen »Recht in weiterer Bedeutung«, welches das ist, »*was durch Freyheit des Willens vermittelst des Sittengesetzes möglich ist*« (Briefe II, S. 193), und »Recht in engerer Bedeutung«, womit dasjenige gemeint ist, »was durch Freyheit vermittelst des Sittengesetzes« nicht *einzig* möglich, d.h. notwendig, sondern *bloß* möglich, d.h. erlaubt ist (ebd.). In dieser neuen Begriffskonfiguration stellt Recht im weiteren Sinne einen Gattungsbegriff dar, der unter sich auf der einen Seite das Recht im engeren Sinn, als Erlaubtsein, enthält, auf der anderen die Pflicht als Inbegriff dessen, »was durch Freyheit vermittelst des Sittengesetzes *einzig möglich, d. i. nothwendig ist*« (ebd.).

das radikale Böse, S. 667), führt Reinhold die Maxime als eine bei jedem Wollen wirksame Vorschrift ein:[19]

> Diese sowohl von dem praktischen Gesetze des Willens als von den Naturgesetzen des Begehrens ganz verschiedene Vorschrift zur Wirklichkeit der Befriedigung oder Nichtbefriedigung des eigennützigen Triebes, wird durch den Namen der *Maxime des Willens* bezeichnet, und läßt sich nur als die Handlung des willkührlichen, lediglich der Person selbst zugeordneten, durch bloße Freyheit bestimmbaren Vernunftgebrauchs denken. (Briefe II, S. 253)

An anderen Stellen spricht Reinhold von Maximen als Vorschriften, »die von der Person durch Freyheit sich selbst« gegeben werden (ebd., S. 189), durch welche »entweder das praktische Gesetz, oder die demselben entgegen gesetzten Reize der Lust oder Unlust in den Willen aufgenommen, und aus bloß veranlassenden zu bestimmenden Gründen der Handlung gemacht werden« (ebd., S. 279), und von dem Vermögen der Maximen als einem Grundvermögen, »das sich als ein solches von keinem Andern ableiten, und daher auch aus *keinem Andern begreifen und erklären läßt*« (ebd., S. 284).

19 Daß Reinhold durch Kants Aufsatz beeinflußt gewesen sein dürfte, paßt auch zu den Angaben aus Reinholds Briefwechsel. Denn in dem Brief an Baggesen vom 28. März heißt es: »Im neuesten Stücke der Monatsschrift wirst Du eine Abhandlung von Kant über das radikale Böse finden, die ich noch nicht gelesen habe« (Bag I, S. 169). Kants Abhandlung ist tatsächlich im Aprilstück der *Berlinischen Monatsschrift* (Nr. 19, S. 323-385) erschienen, zu einem Zeitpunkt also, an dem Reinhold dieser selben Zeitschrift seinen »Beytrag« bereits zugeschickt hatte, was einen Einfluß auf den Inhalt des »Beytrags«, wo noch nicht von Maximen die Rede ist, ausschließt. Obwohl Reinhold schon bald Kants Aufsatz gelesen haben dürfte, ist aber die Einführung des Maximenbegriffs erst etwas später, wahrscheinlich im Juli, erfolgt, da die Stelle, an der Reinhold zum ersten Mal in diesem Zusammenhang von Maximen spricht, nämlich sein Brief an Baggesen vom 23. Juli 1792 (Bag I, S. 220), dieselbe ist, an welcher er seinem Freund das Eintreffen der ersten sechs gedruckten Bogen von *Briefe II* ankündigt (ebd., S. 221), wobei in ihnen – trotz der ausführlichen Darstellung der neuen Willensauffassung im »Dritten Brief« (Briefe II, S. 64-70) – der Maximenbegriff noch nicht zur neuen Begriffskonfiguration gehört.

Der zweite Band der *Briefe über die Kantische Philosophie* enthält eine Auffassung von Willen, Freiheit und praktischer Vernunft, die sich nicht nur von der drei Jahre älteren des *Versuchs* in einigen wichtigen Punkten, allen voran die begriffliche Trennung von Willen und praktischer Vernunft, unterscheidet. Selbst gegenüber dem »Beytrag« vom Juni 1792, ein Text, in welchem – wie gesehen – diese Trennung bereits vollzogen ist, enthalten die *Briefe II* auffällige Veränderungen und Weiterführungen. Betrachtet man sie insgesamt, dann zeigt sich, daß es sich nicht um zusätzliche kontingente und gleichwertige Änderungen neben der begrifflichen Trennung von Willen und praktischer Vernunft handelt, sondern um solche, die vor allem dann naheliegend sind, wenn die Bemühung vorausgesetzt wird, eine mit der neuen Gegenüberstellung von Willen und praktischer Vernunft konsistente Begriffskonfiguration zu erstellen. Die Bearbeitung der früheren *Merkur*-Aufsätze für den zweiten Band der *Briefe* erscheint dadurch insgesamt als wesentlich durch die Intention geleitet, die mit der alten Willensauffassung verbundenen Begriffe im Anschluß an die Trennung von Willen und praktischer Vernunft in ein konsistentes Ganzes zu fügen. Der Diskussionsstand, von dem aus diese Revisionsarbeiten ausgehen, ist aber im wesentlichen der im »Beytrag« verkörperte.

Im einzelnen läßt sich dies für alle seit dem »Beytrag« vertieften, veränderten oder neu eingeführten Begriffe zeigen. Setzt man als ein Hauptinteresse Reinholds das Erstellen einer auf der Gegenüberstellung von Willen und praktischer Vernunft gründenden praktisch-moralischen Begriffskonfiguration voraus, wird *erstens* die zunehmende Bedeutung der Begriffe des veranlassenden und bestimmenden Grundes verständlich. Wird nämlich der Wille nicht mehr als mit praktischer Vernunft identisch betrachtet, sondern als eine Selbstbestimmungsinstanz, die der praktischen Vernunft gewissermaßen gegenübersteht, ist auch eine Festlegung dieser Gegenüberstellung notwendig. Denn die den Willen bestimmende Tätigkeit ist nicht mehr, wie noch im *Versuch*, eine Selbsttätigkeit des uneigennützigen Triebs, was unmittelbar zur Frage führt, wie dann die Tätigkeit des uneigennützigen Triebs und der Triebe überhaupt dem Willen gegenüber bestimmt werden soll. Reinholds im »Beytrag« nur angedeutete, in *Briefe II* ausgearbeitete Antwort auf diese Frage besteht in seiner Theorie des veranlassenden und bestimmenden Grundes. Trotz ihrer spezifischen Unterschiede stehen nun eigennütziger und uneigennütziger Trieb dem Willen gleichermaßen gegenüber: in beiden Fällen ist ihre auf den Willen bezogene Tätigkeit lediglich ein Veranlassen, während die Freiheit, die einen der veranlassenden Gründe zur Triebfeder erhebt, der einzige Bestimmungsgrund des Willens ist.

Vor dem Hintergrund der begrifflichen Trennung von Willen und praktischer Vernunft werden *zweitens* auch all die Veränderungen verständlich, die im Zusammenhang der Begriffe des Willens, der praktischen Vernunft und der Freiheit gegenüber dem »Beytrag« eintreten. Wird praktische Vernunft vom Willen losgelöst, verliert sie alles Willkürliche. Dies führt zunächst zu einer Komplizierung des Freiheitsbegriffs. Praktischer Vernunft muß auch noch als unwillkürlichem Vermögen Freiheit in einem gewissen Sinne zukommen, nämlich als Unabhängigkeit von Lust, Unlust und Empirie insgesamt. Dieser Sinn von Freiheit ist aber nunmehr lediglich ein Bestandteil eines komplexeren, umfassenderen Freiheitsbegriffs, demgegenüber der erstere nicht mehr eigentlich Freiheit heißen kann. Denn diese Unabhängigkeit von allem Empirischen kommt auch dem Willen zu, welcher aber dazu auch von praktischer Vernunft unabhängig und ein Vermögen der Selbstbestimmung ist, was dem Willen einen aus drei Bedeutungskomponenten zusammengesetzten, komplexen Freiheitsbegriff zuordnet. Daraus folgt zum einen Reinholds Zurückweisung einer eigentlichen Freiheit der praktischen Vernunft. Andererseits hat dies aber Folgen für seine Redeweise von reinem und empirischem, komparativ und absolut freiem Willen sowie von Person. Denn insofern der Wille keine Handlung der praktischen Vernunft mehr ist, steht ihm letztere als Forderung des uneigennützigen Triebs auf genau gleiche Weise gegenüber, wie dies für den eigennützigen Trieb der Fall ist. Der Wille kann sich *gleicherweise* zur Erfüllung der einen oder der anderen Forderung bestimmen, was impliziert, daß sich das Willensvermögen in beiden Fällen mit gleicher Freiheit äußert. Nicht nur die jeweiligen Gegenüberstellungen von reinem und empirischem, komparativ und absolut freiem Willen werden deshalb hinfällig, auch die Rede vom Willen selbst als »Forderung des Triebs« erscheint nun unangemessen.

Ähnliches gilt für den Personenbegriff. Das Interesse an seiner näheren Bestimmung und an seiner Aufnahme als Mittelpunkt der Theorie des Willens kann betrachtet werden als Reinholds erste Antwort auf die naheliegende Frage, was als Subjekt der Willenshandlungen anzusehen ist, wenn der Wille nicht mehr mit praktischer Vernunft identisch ist. Denn offenbar kommt Vernunft selber – die nunmehr, von allem Willkürlichen befreit, nur das Sittengesetz aufstellt, und nicht mehr den Kern des Selbst ausmacht – ebensowenig wie das vorstellende Subjekt dazu in Frage, von dem gerade nicht zu zeigen war, wie es Subjekt einer absolut freien Tätigkeit sein konnte. Der Personenbegriff bietet sich als eine Instanz an, die zugleich die übergeordnete absolut freie Tätigkeit des Willens und die untergeordnete Tätigkeit des Vorstellens in sich faßt.[20]

Schließlich ist auch Reinholds plötzliches Interesse am Maximenbegriff vor dem Hintergrund der nun feststehenden Trennung von Willen und praktischer Vernunft zu deuten, indem dieser eine erste Antwort auf die Frage darstellt, wie nach der Trennung die Selbstbestimmung des Willens zu verstehen ist, soll sie nicht dem Zufall und der Gesetzlosigkeit zum Opfer fallen. Der Kantische Maximenbegriff bietet sich Reinhold in Form einer diffusen »Vereinigung von Vernunft und Willkür« (Briefe II, S. 253) als geeigneter Kandidat an, insofern er die Selbstauferlegung einer Vorschrift ausdrückt, die nicht mit der Kantischen moralischen Autonomie identisch ist.[21]

Während die *Briefe II* sich insgesamt mit dem Themenkomplex beschäftigen, der in der Vorrede zu *Briefe I* mit den Worten »Sittlichkeit«, »Freiheit« und »Instinkt« umschrieben wird, ist die Bearbeitung der

20 Dabei bleibt freilich im Dunkeln, wie dieses »in sich fassen« im einzelnen verstanden werden soll.

21 Vgl. Olivier (1941), S. 40.

zugrundeliegenden *Merkur*-Aufsätze ganz wesentlich von der inzwischen vollzogenen begrifflichen Trennung von Willen und praktischer Vernunft beeinflußt. Nicht nur widerspiegeln *Briefe II* Reinholds Bemühung, die Stellen der *Merkur*-Aufsätze zu tilgen bzw. zu ersetzen, in denen noch die Identitätsauffassung von Willen als praktischer Vernunft sichtbar ist. Auch gegenüber dem »Beytrag« enthalten die *Briefe II* Veränderungen im Umfeld der Begriffe von Willen, Freiheit und praktischer Vernunft, die vor dem Hintergrund dieser Trennung als der Versuch zu deuten sind, innerhalb dieser Begrifflichkeit zu einem hinreichenden Grad von Kohärenz zu gelangen.

Der äußerliche Aufbau des Werks deutet ebenfalls auf die Zentralität der neuen Willenstheorie. Reinhold nimmt die einzelnen *Merkur*-Aufsätze nicht in der chronologischen Reihenfolge ihres Erscheinens in den zweiten Briefband auf, sondern orientiert sich an einem Konzept, das eine Dreiteilung des Werks vorsieht. In einem ersten, die *Briefe* I bis V umfassenden Teil soll anhand der Erörterung einiger Vorurteile und Mißverständnisse der »bisherigen verschiedenen philosophischen Begriffe[ ] von Pflicht und Recht, und der Mißhelligkeit zwischen den Principien der moralischen und der bürgerlichen Gesetzgebung, wie auch de[r] Wissenschaften des natürlichen und des positiven Rechts, *das Bedürfniß* eines bestimmteren Begriffes vom Sittengesetze sichtbar« werden (Briefe II, S. VI, kursiv von mir, A. L.). In diesen Abschnitt fließen die Aufsätze ENR und EPR ein. Ein zweiter, die *Briefe* VI bis VIII umfassender Teil soll das eigentliche Fundament der Kantischen Moralphilosophie, die von Kant zuerst »aufgestellten«, aber in seinen Werken »völlig unentwickelt« vorausgesetzten »inneren« Prämissen bzw. die »eigenthümlichen Merkmale« der Sittlichkeit und des Willens (ebd.) dargestellt werden. Zu diesem Abschnitt gehört auch der »Beytrag« von 1792. Schließlich sind in den restlichen *Briefen* IX bis XII aufgrund dieses nun freigemachten Fundaments die »inneren« und »äußeren« Bedingungen zu untersuchen, unter welchen es den Selbstdenkern möglich sein wird, über »die bisherigen metaphysischen Vorstellungsarten« von der Seele, dem Dasein Gottes und der Geschichte der Moralphilosophie zu einem Einverständnis zu gelangen. Zu diesem dritten Teil der *Briefe* gehören UGM, die »Weltbürger« und die »Stände«.[22]

Dieser Versuch einer Festigung der neuen Reinholdschen Willens- und Freiheitsauffassung ist nun, im Unterschied zur bloßen Trennung von Willen und praktischer Vernunft,[23] in zentraler Hinsicht durch die Auseinandersetzung mit dem »intelligiblen Fatalismus« C. C. E. Schmids geprägt und ist deshalb zugleich eine Festigung der eigenen Position diesem gegenüber. Im Vergleich zu der schon im *Versuch* vor allem gegen Ulrich vertretenen Auffassung kommt es nun gegen Schmid zu einer stark entwickelten und vertieften Ablehnung des »intelligiblen Fatalismus«.

Schmids Theorie zeichnet sich für Reinhold durch zwei Fehldeutungen aus: durch den »unrichtigen Begriff *von sittlicher Handlung*, der dieselbe als *bloße Handlung der praktischen Vernunft* denkt, und von *Freyheit*, der dieselbe *in der bloßen Selbstthätigkeit dieser Vernunft* aufsucht« (Briefe II, S. 191). Beide Fehldeutungen zusammengenommen haben »nichts geringeres als die Unmöglichkeit der Freyheit für alle *unsittlichen* Handlungen« zur Folge (ebd., S. 267). Denn:

> Sobald einmal angenommen ist, daß die Freyheit des *reinen Wollens* lediglich in der Selbstthätigkeit der prak-//tischen Vernunft besteht, so muß man auch zugeben, daß das *unreine Wollen*, welches nicht durch praktische Vernunft bewirkt wird, keineswegs frey sey. (Briefe II, S. 267f.)

Reinhold nennt zwar nicht explizit die eigentlich verheerende Folge dieser Sicht der Dinge, doch geht aus *Briefe II* insgesamt und aus seiner Korrespondenz[24] hervor, was gemeint ist: Wenn die unsittlichen Handlungen nicht frei sind, dann können gerade sie nicht zugerechnet wer-

22 Zur Zuordnung der einzelnen *Merkur*-Aufsätze zum zweiten Band der *Briefe* vgl. von Schönborn (1991), S. 77-84.

23 Vgl. diesbezüglich unsere Argumentation in Abs. 5.3.

24 Vgl. Reinholds Brief an Baggesen vom 28. März 1792, wo es mit Bezug auf Schmid heißt: »Sein πρωτον ψευδος ist der kantische Begriff vom *Willen* als Causalität der Vernunft; woraus sich freilich ergibt, daß, wenn die Sittlichkeit *die Handlung der Vernunft* ist, die Unsittlichkeit nicht die Handlung der Vernunft sein könne, und folglich, da nur die Handlung der Vernunft frei sein soll, auch nicht frei sein könne.« (Bag I, S. 169)

den. Während Reinhold schon bald nach Kenntnis des Inhalts der Schmidschen *Moralphilosophie* (1792) zu dieser kritischen Einschätzung kommt, zeugen die *Briefe II* von einem tieferen Problembewußtsein, indem sie gegen Schmid einen zusätzlichen Einwand aufstellen. Reinhold würdigt die Argumentation des einzigen unter den »Freunden der kritischen Philosophie« (ebd., S. 295), der konsequent genug gewesen ist, »um die aus diesen Prämissen unvermeidliche Folge einzugestehen und aufzustellen: daß der Wille nur in Rücksicht auf die *sittlichen* Handlungen frey, und der Grund der *unsittlichen* außer dem Willen in äußeren Hindernissen und Schranken der Freyheit aufzusuchen sey« (ebd., S. 296). Reinhold sieht, daß die Unzurechenbarkeit unsittlicher Handlungen an sich betrachtet, ohne einen zusätzlichen Grund, zwar nicht wünschenswert sein mag, doch als solche den intelligiblen Fatalisten noch nicht eines Selbstwiderspruchs überführt. In *Briefe II* geht es ihm deshalb um einen zusätzlichen Einwand, der zeigt, daß aus den Grundannahmen des »intelligiblen Fatalismus« etwas folgt, das den Vertreter dieser Theorie zu einem Selbstwiderspruch führt. Setzt man diese Grundannahmen als gültig voraus – so der Einwand –

> würde auch der Grund der *sittlichen* Handlung keineswegs in der *bloßen* Selbstthätigkeit der praktischen Vernunft, sondern auch in der von dieser Vernunft ganz unabhängigen *Abwesenheit* jener Hindernisse aufgesucht werden müssen. Die ganze Freyheit dieser Vernunft, und durch dieselbe der Person, bestünde also lediglich in einer zufälligen, auf gewisse Fälle eingeschränkten Unabhängigkeit von äußerm Zwang, die keineswegs in der Gewalt der Person läge. Die sittliche Handlung erfolgte unvermeidlich durch eine ganz unwillkührliche Wirkung der praktischen Vernunft, *sobald kein Hinderniß da wäre*; und allein der Anwesenheit oder Abwesenheit der letztern müßte // also sowohl die sittliche als die unsittliche Handlung zugerechnet werden. (Briefe II, S. 296f.)

Dies bedeutet: Aus der Annahme der Unfreiheit unsittlicher Handlungen folgt nicht nur die Unzurechenbarkeit derselben, sondern auch die Aufhebung der sittlichen Handlungen. Denn insofern unsittliche Handlungen als unfreie nicht durch die Person geschehen, sind sie durch externen zufälligen Zwang bewirkt, und insofern letzteres der Fall ist, ist auch das Zustandekommen sittlicher Handlungen von externen Bedingungen abhängig. Nicht in dem Sinne, daß auch sittliche Handlungen unmittelbar durch externe Kräfte bewirkt würden, sondern daß ihr Zustandekommen von der zufälligen Abwesenheit solcher externen Kräfte abhinge. Letzteres wäre aber deshalb der Fall, weil die durch fremde Kräfte zufällig bewirkte unsittliche Handlung immer das Zustandekommen einer entgegengesetzten sittlichen oder zumindest nicht-unsittlichen Handlung ausschließt, so daß letzteres umgekehrt von dem Ausbleiben eines solchen fremden Einflusses abhängig wäre. Eine von solchen externen Bedingungen abhängige »sittliche« Handlung kann aber nicht mehr in dem Sinne als sittlich betrachtet werden, daß der *hinreichende* Grund ihres Zustandekommens in der Selbsttätigkeit des Subjekts liegt, da dieses ebenfalls von dem Ausbleiben externer Vorkommnisse und somit selbst von zufälligem, vom Subjekt unabhängigem Geschehen abhängt. Die Annahme der Unfreiheit unsittlicher Handlungen hätte damit eine Folge, die den intelligiblen Fatalisten Schmid eines Selbstwiderspruchs überführt, indem es diesem vor allem darum geht, eine Moralphilosophie auf Kantischer Basis zu begründen.

Reinhold begnügt sich aber nicht mit dem Nachweis, daß der ernstgenommene »intelligible Fatalismus« Schmids Folgen aufweist, die dieser selbst ausdrücklich nicht teilt. *Briefe II* enthalten auch eine Erklärung des Grundes, weshalb der intelligible Fatalist Schwierigkeiten mit der Freiheitszuschreibung im Fall unsittlicher Handlungen hat: Die »Freyheit der *unsittlichen* Handlung« wird für den intelligiblen Fatalisten »nur dadurch widersprechend, daß man sich die Freyheit der sittlichen durch unrichtige Begriffe denkt« (Briefe II, S. 297):

> Die dem praktischen Gesetze widersprechende Handlung muß jederzeit der Naturnothwendigkeit unterworfen werden, sobald man die dem Gesetze gemäße Handlung eben *derselben* Selbstthätigkeit zuschreibt, in der das Gesetz gegründet ist. Wenn man die sittliche Handlung nur in so ferne frey nennt, als sie nicht unsittlich ist, so kann man die unsittliche freylich nicht frey nennen [...]. (Ebd.)

Anders ausgedrückt: Die Freiheit unsittlicher Handlungen ist für den »intelligiblen Fatalisten« deshalb widersprechend, weil er die Freiheit sittlicher Handlungen als Autonomie oder Selbstgesetzgebung einer praktischen Vernunft versteht. Die sittliche Handlung ist nach seinem Verständnis deshalb frei, weil sie *unmittelbar* aus Achtung fürs Gesetz erfolgt, d.h. ohne Vermittlung empirisch gebundener Motive; und es ist klar, daß die unsittliche Handlung gerade nicht in diesem Sinne frei sein kann, weil sie gerade nicht ohne Vermittlung solcher Motive geschieht. Reinhold sieht sich deshalb auch hier in seiner Ansicht bestätigt, es müsse einerseits zu einer Sprengung dieser Einheit von praktischer Vernunft, Gesetz und sittlicher Handlung kommen, andererseits zu der Unterscheidung zwischen dem Willen als freier Handlungsinstanz und einer nicht eigentlich frei zu nennenden praktischen Vernunft als Vermögen der Vorschriften, obwohl, wie wir gesehen haben, diese Schwierigkeiten des »intelligiblen Fatalismus« nicht als unmittelbarer Auslöser von Reinholds zentraler begrifflichen Umgestaltung in der Periode der »Elementarphilosophie« betrachtet werden können.

7.2. Gemeiner Verstand und philosophierende Vernunft in *Briefe II*

Reinholds im Anschluß vor allem an die Schmidschen Kritiken stark weiterentwickelter Ansatz einer Pluralität von Bewußtseinstatsachen sowie dessen gleichzeitige Überlegungen über gemeinen, gesunden Verstand und philosophierende Vernunft haben die *Briefe II* in einem hohen Grad mitgeprägt, wie ein Vergleich zwischen den ursprünglichen *Merkur*-Aufsätzen und den entsprechenden Buchkapiteln zeigt. Im Unterschied zu dem, was im Umfeld der Neubestimmung der Begriffe des Willens, der Freiheit und der praktischen Vernunft geschieht, kommt es aber im Laufe der Bearbeitung der *Merkur*-Aufsätze und des Entstehens der neu hinzugefügten *Briefe* zu keiner auffälligen inhaltlichen Veränderung in Reinholds Auffassung von gemeinem, gesundem Verstand und philosophierender Vernunft. Wie bereits in den *Merkur*-Aufsätzen von 1791 stehen sich Autonomie, Praktizität, Gefühl und Untrüglichkeit auf der einen Seite, Heteronomie, Theoretizität, Begriff und Trüglichkeit auf der anderen Seite gegenüber (Briefe II, S. 77f., 95f., 293, 373, 385). Und wie in UU spricht nun Reinhold von den »nothwendigen und allgemeinen Gesetze[n] der vorstellenden Kraft«, die man durch »Reflexion über die zur innern Erfahrung gehörigen Thatsachen des Bewußtseyns« kennt (ebd., S. 25), sowie von den »ursprünglichen und allgemeinen Vermögen des menschlichen Gemüthes, in wie ferne sich dieselben durch Thatsachen des Bewußtseyns ankündigen« (ebd., S. 180).[25]

Reinhold beschränkt sich auf eine Anwendung dieser theoretischen Begrifflichkeit auf die neue Konfiguration von Willen und praktischer Vernunft. Was erstens die Rede von Tatsachen des Bewußtseins im Plural betrifft, so kommt es nun zur Annahme, neben der Tatsache der Freiheit (ebd., S. 279, 283 u. ö.), dreier zusätzlicher Tatsachen des Bewußtseins, die bei jeder »eigentlichen« Willenshandlung vorkommen: »die Unterscheidung der unwillkührlichen Forderung des eigennützigen Triebes von der ebenfalls unwillkührlichen Forderung des uneigennützigen, und dieser beyden von der willkührlichen Handlung des Entschlusses« (ebd., S. 384).[26] Die Übernahme des in der Auseinandersetzung mit Schmid ebenfalls zentralen Begriffs des Grundvermögens führt in diesem Kontext zu einer Auffassung von Freiheit – die hier mit dem Vermögen der Maximen gleichgesetzt wird – als Grundvermögen des Gemüts neben Sinnlichkeit, Verstand und Vernunft (ebd., S. 283f.).

In einem einzigen Punkt entwickelt Reinhold seine bisherige Konzeption des gemeinen und gesunden Verstandes weiter. Der gesunde Verstand wird nun deutlich als eine Untermenge des gemeinen Verstandes betrachtet, die sich dadurch auszeichnet, daß in ihr der gemeine Verstand von praktischer Vernunft geleitet wird. Im »Fünften Brief« hieß es diesbezüglich noch, die Aussprüche des gesunden Verstandes seien »*Urtheile der durch richtige oder vielmehr untrügliche Gefühle geleiteten Vernunft**)« (ebd., S. 144), eine Bestimmung, die Reinhold durch eine Fußnote ergänzt:

25 Vgl. hierzu die Veränderungen gegenüber der entsprechenden Stelle im »Beytrag« (S. 108).

26 Vgl. hierzu die leicht verschiedene Formulierung in *Briefe II*, S. 244.

*) Da das moralische Gefühl Wirkung der *praktischen Vernunft* ist, so ist das Urtheil der durchs *moralische Gefühl* geleiteten Vernunft der *einzige* Ausspruch des *gesunden Menschenverstandes*, wobey die Vernunft unfehlbar *sich selbst leitet*. (Briefe II, S. 144)

Während aber diese Äußerungen hinsichtlich des Gebrauchs der Ausdrücke »Verstand« und »Vernunft« noch unklar sind – man kann sich fragen, inwiefern das Urteil der durchs moralische Gefühl geleiteten *Vernunft* als Ausspruch des gesunden Menschen*verstandes* betrachtet werden kann –, und sie die Möglichkeit von Aussprüchen des gesunden Verstandes offenlassen, bei denen die Vernunft *nicht* unfehlbar sich selbst leitet, heißt es wenig später im »Neunten Brief« unmißverständlich, es sei unter gesundem Verstand der Verstand zu denken, »in wie ferne er durch *sittliche* Gefühle bestimmt wird« (ebd., S. 308f.).[27]

Neben dieser moralischen Spezifizierung zeichnet sich die Auffassung des gesunden Verstandes in *Briefe II* durch Widerspiegelung der in UU enthaltenen Konzeption aus. In Anlehnung an eine schon oft gebrauchte Formel spricht Reinhold auch hier von der orientierenden Funktion des gesunden Verstandes gegenüber der philosophierenden Vernunft. Die Aussprüche des ersten »begleiten [...] und berichtigen, läutern und ergänzen die unvollkommenen Begriffe«, durch welche letztere »bevor sie durch eine vollständige Entwicklung der *Grundbegriffe* mit sich selbst über die letzten Principien einig geworden ist, sich selbst mißleiten müßte« (ebd., S. 144). Auf dem Gebiet der Wissenschaften seien diese Aussprüche ein Machtspruch, der »so lange bleiben muß, so lange er kein philosophisch ausgemachtes Kriterium für die Gesundheit seiner Quelle erhalten kann« (ebd., S. 145). Dieses Kriterium sei aber nicht schon dann gefunden, wenn »die philosophierende Vernunft mit sich selbst« einig ist. Philosophierende Vernunft müsse

27 Vgl. hierzu von Schönborn (1999), S. 59. Daß Reinhold den Begriff des gesunden Verstandes selbst in der weiteren Niederschrift der *Briefe II* noch bearbeitet hat, zeigt eine selbstkritische, auch gegen seine Äußerungen des »Fünften Briefs« gerichtete Stelle aus dem »Neunten Brief«, in welcher er »das Publikum für den Ausdruck *Menschenverstand*, zu dem [er sich] durch einen unrichtigen Sprachgebrauch nicht selten verleiten ließ, um Vergebung« bittet (Briefe II, S. 308f.).

darüber hinaus »mit dem gesunden Menschenverstande völlig einverstanden« sein (ebd., S. 145). Die noch im *Versuch* vorhandene Dimension der Notwendigkeit einer Anpassung des gemeinen Verstandes an die Befunde der philosophierenden Vernunft im Falle eines Konfliktes zwischen beiden (Versuch, S. 78) ist hier ganz abwesend. Nicht der gesunde Verstand muß sich an die Resultate der philosophierenden Vernunft anpassen, sondern letztere an die unfehlbaren Aussprüche des gesunden Verstandes, was aber nichts anderes bedeutet, als daß letztlich der gesunde Verstand selbst das Kriterium seiner Gesundheit und somit eigentlich keines liefert.

Doch Reinhold beläßt es in *Briefe II* nicht lediglich bei einem offenen Widerspruch zwischen seiner traditionellen Auffassung der »Elementarphilosophie« als einer Instanz, der eine eigentliche Rechtfertigung des gemeinen und gesunden Verstandes obliegt, und einer immer stärker betonten Position, die in den Aussprüchen des gesunden Verstandes die Rechtfertigungsgrundlage der philosophierenden Vernunft sieht. Er bezieht nun implizit Stellung zugunsten der zweiten Auffassung, indem er gerade den Nachweis der Nichtunmöglichkeit der Willensfreiheit, der für ihn seit dem *Versuch* die zentrale Bedingung darstellt, damit die Philosophie ihren vornehmsten Zweck erreichen kann, aus dem Kompetenzbereich der »Elementarphilosophie« entfernt und ihn dem gesunden Verstand überträgt. Ohne es offen zuzugeben räumt Reinhold damit seine grundlegende Verlegenheit mit dem bisher verfolgten systematischen Ansatz ein und markiert damit zugleich das Ende seiner öffentlichen Bemühungen um dessen weiteren Ausbau.

7.3. Gesunder Verstand, Freiheit und die Preisgabe der »Elementarphilosophie«

Einen ersten Beleg dafür, daß Reinhold in *Briefe II* den Nachweis der Nichtunmöglichkeit der Freiheit von der philosophierenden Vernunft auf den gesunden Verstand überträgt, findet sich im ersten Satz des neugeschriebenen »Neunten Briefs«. In Beantwortung einer auf seinen »Achten Brief« erhaltene fiktive Erwiderung seines Lesers, schreibt Reinhold:

> Sie haben meine Erörterung des Begriffes von der Freyheit des Willens nicht mißverstanden, indem Sie in derselben nichts weiter als eine Rechtfertigung der Ueberzeugung des *gemeinen und gesunden Verstandes* und nichts andres // *bewiesen* antreffen, als daß in dieser Ueberzeugung kein Widerspruch vorhanden sey, durch den sie vor dem Richterstuhle der philosophierenden Vernunft als eine Täuschung befunden werden mußte. (Briefe II, S. 308f.)

Daß es Reinhold hier um genau den Beweis geht, den er 1789 im *Versuch* den »allgemeingiltigen Beweis dieser Nichtunmöglichkeit« (Versuch, S. 93) genannt hatte, ist augenscheinlich. Zur Beilegung eventueller Zweifel läßt sich aber in *Briefe II* auch auf eine Betrachtung verweisen, die nur wenige Zeilen von der eben angeführten entfernt und derjenigen auf S. 93f. des *Versuchs* ganz analog ist. Für den gemeinen Verstand »ist die *Freyheit* nach dem Zeugnisse des Selbstbewußtseyns *wirklich, folglich* auch möglich« (Briefe II, S. 309). Die philosophierende Vernunft könne sich aber nicht damit »begnügen, jene Erscheinungen durch die bloße[n] Gefühle zu kennen«, sondern müsse »nach Begriffen von den Gründen dieser Gefühle ringen« (ebd., S. 310):

> Anstatt die Möglichkeit der Thatsachen des Bewußtseyns aus der Wirklichkeit zu schließen, läßt sie diese Wirklichkeit nur in so ferne gelten, als sie von der Möglichkeit überzeugt ist. Sie kann daher über die Wirklichkeit der *Freyheit des Willens* nur in so ferne mit sich selbst einig werden, als sie die Frage: *Worin die Möglichkeit der Freyheit bestehe?* befriedigend beantwortet, oder, welches eben so viel heißt, als sie einen bestimmten und deutlichen Begriff von der Freyheit als einem *Vermögen* des Gemüthes errungen hat. (Briefe II, S. 310)

Diese Äußerungen sind einerseits denen des *Versuchs* derart ähnlich, daß man annehmen muß, Reinhold habe bei ihrer Niederschrift die frühere Vorlage vor Augen gehabt.[28] Zum anderen ist aber eine Abwei-

28 Daß Reinhold hier eng an der Vorlage des *Versuchs* arbeitet, dürfte auch erklären, weshalb er in diesen Passagen ausschließlich von *gemeinem* Verstand spricht.

chung von derselben so wichtig, daß der Eindruck entsteht, Reinhold fühle sich erst jetzt imstande, die fundamentale Aufgabe anzugehen, die er sich drei Jahre früher vorgelegt hatte, und so mit der Schwierigkeit abzurechnen, die ihre Erfüllung im Rahmen der Theorie des Vorstellungsvermögens verhindert hatte. Es handelt sich um eine Veränderung in Reinholds Art und Weise, über seinen Beweis zu sprechen, welche nahelegt, daß es sich nicht mehr um denselben Beweis handeln kann. Sie betrifft die Beantwortung der Frage, worin die Möglichkeit der Freiheit besteht. Diese wird – wie schon in UU – gleichgesetzt mit der Erklärung der Freiheit als Grundvermögen.[29] Wie aber vor allem in den zwischen April und August 1792 von Reinhold redigierten Texten deutlich wird, bedeutet der Umstand, daß Freiheit nun als Grundvermögen betrachtet wird, vor allem, daß Freiheit nicht, wie noch im *Versuch*, als Eigenschaft anderer Grundvermögen – sei es nun Vernunft oder das Vorstellungsvermögen überhaupt – abgeleitet werden kann, welches das Unternehmen der »Elementarphilosophie« war. Wenn so die Beantwortung der Frage nach der Möglichkeit der Freiheit mit einer Erklärung derselben als Grundvermögen gleichgesetzt wird, kann es sich deshalb bei dieser Erklärung, wie es scheint, nicht mehr um den im *Versuch* in Aussicht gestellten Beweis handeln.

Die von Reinhold zu Beginn des »Neunten Briefs« erwähnte »Rechtfertigung der Ueberzeugung des *gemeinen und gesunden Verstandes*« über Freiheit (Briefe II, S. 308) läßt sich aber zunächst nicht ganz eindeutig festlegen. Reinhold scheint zum einen mit seiner »Erörterung des Begriffes der Freyheit des Willens« (Briefe II, S. 308) die gesamten im »Achten Brief« enthaltenen Ausführungen zu diesem Thema zu meinen. Dafür spricht eine Stelle des Briefs, in der es von der philosophierenden Vernunft heißt, sie begreife »durch genaue Entwicklung der verschiedenen beym Wollen beschäftigten Vermögen des Gemüthes

29 Vgl. neben der oben zitierten Stelle (Briefe II, S. 309f.) auch folgende Passage aus dem »Neunten Brief«: »Wenn Sie, l. Fr. meine Erklärung von der Freyheit des Willens als einem Grundvermögen unter den Merkmalen, mit denen ich sie in meinem vorigen Briefe aufgestellt habe, nicht unrichtig gefunden haben [...]« (ebd., S. 311).

zwar völlig [...], *daß* der Wille frey ist, aber *nicht wie* diese Freyheit möglich« sei (ebd., S. 283) – eine Stelle, in der also die »Rechtfertigung« der Freiheit dadurch geschieht, daß die gesamten beim Wollen tätigen Vermögen auf den Begriff gebracht werden, ohne daß zwischen ihnen der mindeste Widerspruch entstünde. Andererseits scheint aber die fragliche Rechtfertigung auch von einer ganz bestimmten unter den Erörterungen des »Achten Briefs« erbracht zu sein.

In dieser Textstelle, welche die Seiten 282 bis 284 von *Briefe II* umfaßt, findet sich, in stark ausgearbeiteter Form, ein Gedanke wieder, den Reinhold bereits im »Beytrag« formuliert hatte. Im Anschluß an die dort vorkommende Behauptung, Freiheit werde dadurch als denkbar erwiesen, daß man die bisher im Freiheitsbegriff gesehenen Widersprüche »entfernt« (Beytrag, S. 114),[30] schickt sich Reinhold hier an, den wichtigsten Einwand gegen die Möglichkeit einer Freiheit als absoluter Spontaneität zu widerlegen. Reinhold wendet sich gegen den Einwand, der besagt, daß jede Handlung einen objektiven Grund haben müsse, was mit der Annahme von einer ursprünglichen, nur in sich selbst gegründeten Willensfreiheit inkompatibel sei. Ihm gegenüber betont er, es könne »nicht ohne Ungereimtheit« nach einem objektiven, d.h. »außer der Freyheit des Subjekts gelegenen Grunde« der Willenshandlung gefragt werden. Denn:

30 Die gesamte Stelle lautet: »Die Freyheit des Willens läßt sich nur als eine im Selbstbewußtseyn vorkommende *Thatsache* denken. Eben darum aber läßt sich an ihr nichts weiter begreifen, als das[s] sie nicht unmöglich sey. *Wie* und *wodurch* sie möglich sey, bleibt unbegreiflich. Die Widersprüche, die man in dem Begriffe der Freyheit bisher gefunden hat, entspringen aus den unbestimmten und unrichtigen Begriffen von Sinnlichkeit, Vernunft, Begehren, Wollen u.s.w. Durch die Entfernung dieser Widersprüche wird die Freyheit denkbar, aber nicht begreiflich, so wenig als irgend für ein anderes ursprüngliches Vermögen des Gemüthes. Die Frage: Warum der Willen, in was immer für einem gegebenen Falle, sich für oder gegen das Gesetz der Freyheit bestimme? – hat keinen Sinn, wenn sie eine vom Willen und seiner Freyheit verschiedene Ursache der Willenshandlung sucht und voraussetzt.« (Beytrag, S. 114f.) Im Blick auf die Ausarbeitung dieser Stelle im »Achten Brief« hat Reinhold auf eine Aufnahme derselben im »Sechsten Brief« verzichtet.

> Diese Frage würde eben so viel heißen, als: ›Worin liegt der objektive Grund, durch welchen das Vermögen von objektiven Gründen unabhängig zu handeln bestimmt wird?‹ Es läßt sich kein objektiver Grund des Wollens denken, der nicht diesen Rang der Freyheit zu danken hätte. Die freye Handlung ist darum nichts weniger als *grundlos*. Ihr Grund ist die Freyheit selbst. Aber diese ist auch der letzte denkbare Grund jener Handlung. Sie ist die absolute, die erste Ursache ihrer Handlung, über welche sich nicht weiter hinausgehen läßt, weil sie wirklich von keiner andern abhängt. Fragen: Warum der freye Wille sich auf diese oder jene Art bestimmt habe, heißt fragen: Warum er frey ist? Voraussetzen, es bedürfe eines von ihm selbst verschiedenen Grundes, heißt ihm seine Freyheit absprechen. (Briefe II, S. 282)

Reinhold setzt hier bei seinem Gegner ein zweiteiliges Argument voraus. Im *ersten Teil* schließt dieser auf die Gültigkeit einer besonderen Interpretation des Satzes vom zureichenden Grund für einen speziellen Bereich, den des menschlichen Handelns: Weil alles, was geschieht, einen objektiven, d.h. von ihm unabhängigen bzw. nicht auf es zurückführbaren Grund hat, gilt auch: Alles freie menschliche Handeln hat einen objektiven Grund. Im *zweiten Teil* seines Arguments kommt es dann zu einer auf dem ersten Teil basierenden Schlußfolgerung hinsichtlich der Widersprüchlichkeit einer ursprünglichen Willensfreiheit: Weil aber eine ursprüngliche, nur in sich gegründete Willensfreiheit *per definitionem* nicht selbst einen objektiven Grund hat, komme es zu einem Widerspruch zur Annahme eines universell gültigen Satzes vom zureichenden Grund: Es müßte hier angenommen werden, das Grundvermögen freier willentlicher Handlungen entziehe sich dem Satze vom zureichenden Grund, was aber nicht sein könne. Also sei Freiheit als ein ursprüngliches, nur in sich selbst gegründetes Vermögen, willentlich zu handeln, nicht möglich.

Gegenüber diesem Argument räumt Reinhold zunächst ein: Es muß tatsächlich zu »Ungereimtheiten« kommen, wenn man nach dem objektiven Grund der Freiheit und ihrer Handlungen fragt. Dies erlaubt aber noch nicht den Schluß auf die Grundlosigkeit der Freiheit. Denn eine ursprüngliche, nur in sich gegründete Willensfreiheit, welche *per definitionem* nicht selbst einen objektiven, d.h. externen

Grund hat, widerspricht zunächst nur einem Satz vom *objektiv* zureichenden Grund, nicht aber dem universell gültigen Satz vom zureichenden Grund überhaupt. Obwohl Freiheit keine eigentlichen objektiven Gründe hat, ist sie nämlich nicht grundlos, da sie selbst ihr eigener letzter Grund ist.[31]

Reinhold sieht, daß die eigentliche Auseinandersetzung mit seinem Gegner den ersten Teil seines Arguments betrifft, die Frage nämlich, wie der Satz vom zureichenden Grund zu verstehen sei. Gleich anschließend an den eben zitierten Abschnitt fügt Reinhold deshalb hinzu:

> Man hat *gegen* diesen Begriff der Freyheit das logische Gesetz des zureichenden Grundes aufgerufen, dem derselbe geradezu widersprechen sollte. Allein der Begriff der Freyheit widerspricht diesem Gesetze nicht mehr und nicht weniger, als demselben der Begriff einer *absoluten* und *ersten* // Ursache [...] widerspricht. Das logische Gesetz fordert keineswegs für alles was *da ist* eine von *diesem Daseyn* verschiedene Ursache [...], sondern es fordert, daß nichts ohne Grund *gedacht* werde. Die Vernunft hat aber einen sehr reellen Grund, die Freyheit als eine absolute Ursache zu denken; nämlich das *Selbstbewußtseyn*, durch welches sich die Handlung dieses Vermögens als eine *Thatsache* ankündiget, und *den gemeinen und gesunden Verstand* berechtiget, von ihrer Wirklichkeit auf ihre Möglichkeit zu schließen. (Briefe II, S. 282f.)

In seiner Widerlegung des Grundlosigkeits-Einwands unterscheidet Reinhold somit zwischen einer korrekten und einer fehlerhaften Interpretation des Satzes vom zureichenden Grund. Nach der fehlerhaften Deutung besagt er: Alles, was geschieht, hat einen objektiven, d.h. von ihm selbst unabhängigen bzw. nicht auf es zurückführbaren Grund.

31 Bei G. Tomasis Behauptung (1988), S. 315, für Reinhold sei die freie Handlung grundlos, handelt es sich deshalb um einen Irrtum. Mit der Auffassung von Freiheit als »einziger letzter Grund« der freien Willensäußerung – ein klassisches Theorem der Willenstheorie (vgl. schon Cicero, *De fato*, XI 23ff.) – hängen Reinholds Schwankungen in der Statusbestimmung der Triebe als veranlassende Gründe zusammen. Denn wenn Freiheit so verstanden wird, ist nicht mehr klar, was es heißen soll, daß jemand gewisse Handlungen *aus* bestimmten Gründen und nicht aus anderen Gründen tut. Vgl. unsere Ausführungen auf den S. 275f. sowie in Anm. 6 dieses Kapitels.

Nach der korrekten Deutung besagt dieser Satz stattdessen, daß alles, was geschieht, einen Grund hat, sei dieser nun in der Sache selbst oder außerhalb derselben befindlich. Oder, mit anderen Worten: Nichts kann ohne Grund gedacht werden.

In diesem korrekten Verständnis macht nach Reinholds Dafürhalten der Satz des zureichenden Grundes der Willensfreiheit als absolut ursprünglicher Ursache auch keine Schwierigkeiten. Nicht nur kann ohne Widerspruch behauptet werden, der Grund der Freiheit sei die Freiheit selbst. Es wird auch verständlich, was dies bedeuten soll, nämlich: Die Freiheit selbst liefert gewissermaßen den Grund, sie im Sinne einer absoluten Ursache zu denken. Was dies wiederum bedeuten soll, wird durch Reinhold im letzten Satz des eben wiedergegebenen Zitats erklärt. Die ursprüngliche Willensfreiheit kündigt sich uns als eine Tatsache des Selbstbewußtseins an. Reinhold sagt auch, daß diese Freiheit durch ihre Wirkungen unter den Tatsachen des Bewußtseins vorkommt (ebd., S. 284). Dadurch wird zunächst der gemeine und gesunde Verstand berechtigt, die Wirklichkeit der Freiheit anzunehmen bzw., wie Reinhold sich an anderer Stelle mit einer gegen Jacobi gerichteten Spitze ausdrückt: Die Freiheit ist »kein Gegenstand des *Glaubens*, sondern des eigentlichen *Wissens* für mich. Ich weiß so gut, daß ich einen Willen habe, und daß derselbe frey ist, als daß ich Sinnlichkeit, Verstand und Vernunft habe« (ebd.).[32] Indem aber der gemeine und gesunde Verstand auf eine solche unbestreitbare Weise berechtigt wird, die Wirklichkeit der Freiheit anzunehmen, wird nicht nur *ihm* gestattet, die Möglichkeit (Nichtunmöglichkeit) bzw. Denkbarkeit derselben anzunehmen. Auch die Vernunft, und d.h. hier die philosophierende Ver-

32 In seinen der zweiten Auflage des *Spinozabuchs* (1789) hinzugefügten Sätzen über die Freiheit des Willens vertritt Jacobi die Meinung, daß »[s]o lange aber noch ein Funken dieses Gefühls im Menschen wohnt, so lange [...] ein unwidersprechliches Zeugniß der Freyheit, ein unbezwinglicher Glaube an die innerliche Allmacht des Willens in ihm« ist (Spinozabuch, S. XL). Wenn Reinhold 1794 in seiner Abschiedsrede sagt, es sei ihm in Jena gelungen, den *»alle*[*in*] *seligmachenden Glauben an Freyheit des Willens* in so vielen Herzen aufzuwecken und gegen Speculation der Vernunft sicher zu stellen« (Genius der Zeit, S. 253), so könnte dies als Annäherung an Jacobi zu verstehen sein.

nunft, hat dadurch »einen sehr reellen Grund, die Freyheit als eine absolute Ursache zu denken« (ebd., S. 283), d.h. aber zugleich die Freiheit in ihrer Denkbarkeit als gerechtfertigt anzusehen.

Der unmittelbar auf diese Erörterung folgende Satz ist entscheidend für unsere Fragestellung. Er erlaubt nämlich, die Frage nach Ort und Beschaffenheit der im »Neunten Brief« genannten »Rechtfertigung« zu beantworten, und dokumentiert zugleich Reinholds faktische Preisgabe der »Elementarphilosophie« in *Briefe II*. Dieser Satz lautet:

> Dabey muß es auch die *philosophierende Vernunft* bewenden lassen, die durch genaue Entwicklung der verschiedenen beym Wollen beschäftigten Vermögen des Gemüthes zwar völlig begreift, *daß* der Wille frey ist, aber *nicht wie* diese Freyheit möglich ist. (Briefe II, S. 283)

Die philosophierende Vernunft muß es bei der schon im gemeinen und gesunden Verstand vorhandenen, unfehlbaren Einsicht in die Wirklichkeit und, *a fortiori*, in die Möglichkeit einer Willensfreiheit als absolute Spontaneität bewenden lassen. Dies bedeutet zunächst: Die philosophierende Vernunft kann nicht zeigen, *wie* eine solche Freiheit möglich ist. Dies bedeutet aber auch, daß die philosophierende Vernunft keine Rechtfertigung der Möglichkeit der Willensfreiheit liefern kann, die über das hinausgeht, was nicht schon zum *Wissen* des gemeinen und gesunden Verstandes gehört. Denn es sind gerade die Resultate des gemeinen und gesunden Verstandes in bezug auf Wirklichkeit und Möglichkeit der Willensfreiheit, bei denen es die philosophierende Vernunft bewenden lassen muß. Ist letzteres aber der Fall, dann kann die philosophierende Vernunft gar keine eigentliche Rechtfertigung der Möglichkeit der Willensfreiheit liefern, da der Ausgangspunkt einer solchen »Rechtfertigung« das als unfehlbar und mit absoluter Gewißheit feststehend angenommene Selbstbewußtsein der Freiheit selbst wäre, was allein schon die Möglichkeit einer Widerlegung der Aussprüche des gesunden Verstandes durch philosophierende Vernunft ausschließt.

Wie ist dann aber Reinholds Rede zu deuten, wonach die philosophierende Vernunft »durch genaue Entwicklung der verschiedenen beym Wollen beschäftigten Vermögen des Gemüthes [...] völlig begreift, *daß* der Wille frey ist«? Die Antwort auf diese Frage kann, nach dem bisher Gesagten, nur lauten: Dadurch, daß sie die verschiedenen beim Wollen beschäftigten Gemütsvermögen genau entwickelt, bringt die philosophierende Vernunft die dem gemeinen und gesunden Verstand gegebene Einsicht in Wirklichkeit und Möglichkeit einer Willensfreiheit als absoluter Spontaneität *auf den Begriff*. Philosophierende Vernunft liefert aber durch ihr Begreifen keine Rechtfertigung der Grundüberzeugung des gesunden Verstandes. Sie bringt lediglich die Einsicht des gesunden Verstandes auf Begriffe und damit zusammen die Selbstrechtfertigung der Freiheit, so daß sie selbst nur in dem (uneigentlichen) Sinne als Rechtfertigung der Grundüberzeugung des gesunden Verstandes gedeutet werden kann, daß sie die begriffliche Wiedergabe und damit gewissermaßen die Vollendung einer Rechtfertigung ist, die nicht von ihr selbst stammt.

Doch läßt sich diese Deutung von Reinholds Rede von der »Entwicklung der verschiedenen beym Wollen beschäftigten Vermögen« und seine damit verbundene *de facto*-Preisgabe der »Elementarphilosophie« auch durch eine grundsätzlichere Überlegung bestätigen, die sich aufdrängt, sobald man Reinholds für die eigene philosophische Tätigkeit vorgenommene Aufgabenteilung heranzieht.

Reinhold hatte schon in der Vorrede zum ersten Band der *Beyträge* (1790) zwischen zwei »Hapttheilen« des »Plans [s]einer künftigen Arbeiten« unterschieden (Beyträge I, S. IV). Der eine sollte in allgemein verständlicher Rede »die *Folgen*, die Anwendbarkeit, und den Einfluß« der kritischen Philosophie untersuchen: zu ihm rechnet Reinhold seine *Briefe*. Gegenstand des anderen, mehr für die »Philosophen von Profession« bestimmten Hauptteils sollten hingegen »die *Gründe*, die Elemente, und eigentlichen Principien der *Kritischen Philosophie*« sein – eine Aufgabe, die Reinhold seinen *Beyträgen* zuordnet. Hält man sich an diese Arbeitsteilung, fällt die Durchführung des Beweises der Denkbarkeit der Freiheit, so wie er noch im *Versuch* aufgefaßt war, nicht in den Rahmen des zweiten Bands der *Briefe*, sondern in den Kompetenzbereich der *Beyträge*. Eine einzige Veränderung im Verständnis dieses Beweises könnte es unter denselben Umständen rechtfertigen, seine Durchführung den *Briefen* zuzuordnen: daß er nun als ein solcher angesehen wird, der den Bereich des gesunden Verstandes nicht überschreitet. Denn in diesem Fall gehört er gerade zu dem »Hauptteil« der philosophischen Arbeiten Reinholds, der beim Leser nichts weiter voraussetzt, als einen gemeinen, gesunden Verstand, und den *Briefen* zugeordnet ist. Eine Rechtfertigung der Denkbarkeit der Freiheit als absolute Spontaneität des Willens, welche nichts mehr voraussetzt, als die Einsichten des gemeinen und gesunden Verstandes, ist aber gerade diejenige, welche, als Widerlegung des mit dem Satz vom zureichenden Grund argumentierenden Einwands, unser Selbstbewußtsein der Freiheit als letzten Grund für die Annahme der Wirklichkeit und Möglichkeit dieser Freiheit betrachtet – eine Rechtfertigung, die durch philosophierende Vernunft nur auf den Begriff gebracht wird.

Diese begrenzte Leistung der philosophierenden Vernunft im Rechtfertigungsprozeß der Freiheit zeigt nun, daß Reinhold hier eine Position vertritt, welche den elementarphilosophischen Ansatz *de facto* bereits verlassen hat. Denn dasjenige, was im »Achten Brief« durch philosophierende Vernunft nicht geleistet werden kann, nämlich eine *eigentliche* Rechtfertigung der Denkbarkeit der Freiheit, kann nach Reinhold von philosophierender Vernunft *überhaupt nicht* geleistet werden, d.h. auch nicht durch eine vom Satz des Bewußtseins ausgehende »Elementarphilosophie«. Dies bedeutet eben die Behauptung: »Dabey muß es auch die *philosophierende Vernunft* bewenden lassen« (Briefe II, S. 283). Dasjenige, was im »Achten Brief« durch philosophierende Vernunft nicht geleistet werden kann, *braucht* aber auch nicht mehr außerhalb der *Briefe* in einer »Elementarphilosophie« geliefert zu werden, da dies im »Achten Brief« bereits durch den gemeinen und gesunden Verstand geschehen ist, was ein auf dem Satz des Bewußtseins aufgebautes und abgeschlossenes System nicht nur unmöglich, sondern auch überflüssig macht.

7.4. Reinhold und Kant 1792

Reinholds Bemühungen, die im Laufe des *Versuchs* begegneten Schwierigkeiten im Rahmen einer kantisch inspirierten Systemphilosophie zu lösen, kommen mit dem zweiten Band der *Briefe* von 1792 zu einem vorläufigen Ende. Zum ersten Mal erhebt hier Reinhold den Anspruch, den im *Versuch* geforderten und angekündigten Nachweis der Nichtunmöglichkeit bzw. Denkbarkeit der Freiheit geleistet zu haben. Ist aber dieser Anspruch auch eingelöst worden?

Die Antwort auf diese Frage muß negativ ausfallen. Reinhold entgeht zwar tatsächlich seinen alten Schwierigkeiten, doch auf eine Weise, die zu neuen führt. Denn einerseits liefert der zweite Band der *Briefe* kein Argument, welches das leistet, was die ursprünglich angesteuerte elementarphilosophische Rechtfertigung der Denkbarkeit der Freiheit hätte leisten sollen. Was hier als eine solche ausgegeben wird, ist keine. Reinholds »Nachweis« – der selbstrechtfertigende Charakter des Selbstbewußtseins der Freiheit – stellt in Wirklichkeit nichts als eine *petitio principii* dar, die allein übrigbleibende Verlegenheitslösung, sobald auf den eigentlichen Nachweis der Denkbarkeit der Freiheit verzichtet wird, letztere aber dennoch nicht aufgegeben werden soll.[33] Andererseits führt Reinholds neue Willens- und Freiheitsauffassung in einem Kantischen Rahmen zu eigenen, neuen Schwierigkeiten. Auf ihren zentralen Punkt hat G. Prauss wie folgt hingewiesen:

> Wenn Reinhold die Freiheit des Willens nunmehr nicht allein von sinnlicher Natur, sondern auch von praktischer Vernunft noch abgrenzt, so bedeutet das [...]: Diese praktische Vernunft wird mit ihrem Gesetz nun auch Sache reiner Notwendigkeit [...] // Das hat jedoch als erstes zur Folge: Mit dieser Freiheit geht dann auch die Selbstbestimmung oder Autonomie, die als moralische Autonomie nach Kant gerade eine Sache praktischer Vernunft war,

33 Gegen G. Prauss' Vorwurf, Reinhold setze die Freiheit des Willens »durchwegs voraus« ((1983), S. 90), und zeuge damit von seiner »erkenntnistheoretischen Sorglosigkeit« (ebd.), argumentiert Röhr ((1995), S. 60f.), Reinhold mache die Wirklichkeit der Freiheit stattdessen von den Tatsachen des Bewußtseins des Sittengesetzes und der Selbstbestimmung abhängig, wobei er die philosophische Möglichkeit von Tatsachen des Bewußtseins als in seinem *Versuch* erwiesen voraussetzen könne. Aus unserer bisherigen Untersuchung geht dagegen hervor, daß Reinhold im *Versuch* den Beweis der Nichtunmöglichkeit der Freiheit gerade nicht leisten konnte. Ein Beweis der Nichtunmöglichkeit des moralischen Bewußtseins ist aber von Reinhold nie versucht worden, da er – im Unterschied zur Auffassung Röhrs – keineswegs der Meinung war, die Wirklichkeit der Freiheit sei aus unserem Bewußtsein des Sittengesetzes abzuleiten.

> solcher Vernunft jetzt verloren und gleichfalls ganz an diesen von ihr abgegrenzten Willen über. Solche Vernunft behält darum auch nur noch eine unverständliche, weil eben nicht mehr als Autonomie oder Selbstbestimmung verständliche ›Selbsttätigkeit‹ zurück, die um so unverständlicher wird, als sie auch noch eine ›notwendige‹ sein soll [...] Ausgerechnet die entscheidende Errungenschaft von Kant, die Einsicht nämlich, immer nur genau insoweit könne Handeln überhaupt moralisch oder sittlich sein, als die handelnde Person dabei ein Gesetz befolgt, das sie sich dafür aus sich selbst heraus auferlegt, eben aus eigenster Freiheit als Autonomie, – diese epochale Einsicht in den Grundsinn von Moralität oder Sittlichkeit gibt Reinhold damit wieder preis. (Prauss (1983), S. 88f.)[34]

Eine Theorie wie die Reinholdsche, in welcher ein nicht mehr mit praktischer Vernunft identischer Wille allein Freiheit verkörpert, kann die Kantische Sittlichkeitskonzeption nicht mehr integrieren. Reinhold will aber auf diese Auffassung, die in *Briefe II* fast durchgehend präsent ist, nicht einfach verzichten. Die sich daraus ergebenden weiteren Schwierigkeiten schlagen sich im Text – trotz der gegenüber dem »Beytrag« durchgeführten Korrekturen – als Schwankungen in den Begriffsbestimmungen von Person, veranlassendem und bestimmendem Grund, reinem und unreinem Willen nieder. Wenn so einerseits das Wollen als die eigentliche Tätigkeit der »Person als Person« ausgegeben wird (Briefe II, S. 69, 245ff., 258, 281), und dies auch die in *Briefe II* dominante Auffassung darstellt, so finden sich in den gegenüber den *Merkur*-Aufsätzen korrigierten Abschnitten Stellen, in welchen vom praktischen Gesetz noch ganz in Anlehnung an Kant gesagt wird, es sei »lediglich in der reinen Selbstthätigkeit der Person« gegründet (ebd., S. 69, 185).[35] Analog verhält es sich mit der Begrifflichkeit von veranlassendem, bestimmendem und objektivem Grund. Reinhold beschreibt einerseits den eigennützigen und den uneigennützigen Trieb als »an und für sich nur *veranlassende*, und nicht *durch sich selbst bestimmende* Gründe« des Willens (ebd., S. 259f.), was so verstanden werden soll, daß der »Wille [...] weder durch Eigennützigkeit noch durch Uneigen-

34 Vgl. auch Olivier (1941), S. 34f., 48; von Wallwitz (1998), S. 48.

35 Vgl. hierzu Prauss (1983), S. 90; Landucci (1994), S. 307.

nützigkeit«, sondern allein durch sich selbst bestimmt wird (ebd., S. 260). Auf derselben Seite räumt er aber ein, beide Triebe bestimmten doch den Willen, wenn auch nur mittelbar, was der Kantischen Unterscheidung »aus Pflicht, aus Neigung« nahesteht. Zugleich schwankt Reinhold zwischen der Annahme, eigennütziger und uneigennütziger Trieb erhielten den »Rang« eines objektiven Grundes nur durch die Freiheit (ebd., S. 282), und der mehr Kantischen Auffassung, beide seien an und für sich objektive Gründe des Willens (ebd., S. 259). Schließlich stellt auch die aus der Kantischen Theorie übernommene Unterscheidung von reinem und unreinem Willen vor dem Hintergrund der begrifflichen Trennung von Willen und praktischer Vernunft ein Problem dar. Denn wenn es in beiden Fällen der Wille überhaupt ist, welcher sich für oder gegen das Sittengesetz entscheidet, wenn er sich hier und dort *gleichermaßen* selbst bestimmt, dann stehen das Sittengesetz und das Gesetz von Lust und Unlust dem Willen *gleichermaßen* gegenüber, und es ist nicht mehr klar, weshalb und inwiefern gerade der Wille, der sich für das Sittengesetz entscheidet, rein genannt werden soll, und nicht vielmehr derjenige, der sich dagegen entscheidet.[36]

Diese Schwierigkeiten sind Reinhold nicht verborgen geblieben. Nicht nur legt Reinholds Ringen um Begriffsbestimmungen, die zugleich der Trennung von Willen und praktischer Vernunft und Kants Sittlichkeitskonzeption möglichst Rechnung tragen, nahe, daß in *Briefe II* ein solches Bewußtsein zumindest ansatzweise vorhanden ist. Man kann anhand einiger Beispiele zeigen, daß in *Briefe II* und in der Korrespondenz aus dieser Zeit eine Kant-Kritik enthalten ist, die viel weiter geht als die gegen die Identität von Willen und praktische Vernunft gerichtete. Aus ihr wird deutlich, daß sowohl in bezug auf die Unterschiede zwischen der Kantischen und der eigenen Theorie als hinsichtlich der Konsequenzen, die sich aus letzterer ergeben, Reinhold ein

36 Zu diesen und noch anderen problematischen Aspekten der Reinholdschen Willens- und Freiheitsauffassung von *Briefe II* vgl. Abicht (1793), S. VIIIff.; Creuzer (1793), S. 133; Garve (1798), S. 547f.; Guéroult (1929), S. 147-155; Guéroult (1974), S. 18-41 (bes. S. 30-39); von Wallwitz (1998), S. 59-62; Ameriks (2000), S. 144-159.

viel stärkeres Bewußtsein eingeräumt werden muß, als von seinen expliziten Äußerungen in *Briefe II* angenommen werden kann. Ein Bewußtsein, das auch die unlösbaren Spannungen zwischen der eigenen Willenskonzeption und dem Kantischen Verständnis von Sittlichkeit umfaßt.

Das erste Beispiel einer solchen Kritik ist im »Achten Brief« an einer der ganz wenigen Stellen enthalten, wo nicht nur die Mißdeutungen der »Kantianer«, sondern Kants eigene Auffassung kritisch diskutiert wird. Nach erneuter Beteuerung der Notwendigkeit für einen freien Willen *sowohl* eines praktischen Gesetzes *wie auch* der Naturgesetze des Begehrens (ebd., S. 275f.) schreibt hier Reinhold:

> In dieser Rücksicht ist die Behauptung der *Kritik der praktischen Vernunft*: ›daß der Begriff der Freyheit seine Realität erst durch das Bewußtseyn des Sittengesetzes erhalte‹, unstreitig wahr. Die Person kann sich des Vermögens sich selbst zu bestimmen nur in so ferne bewußt werden, als sie sich des Vermögens sich nach zwey verschiedenen Gesetzen zu bestimmen, und folglich als sie sich dieser verschiedenen Gesetze selbst bewußt ist. Aber eben darum kann auch die Freyheit keineswegs in einem Vermögen nur Eines von beyden Gesetzen zu befolgen bestehen, und jene *Kantische* Behauptung kann keineswegs den Sinn haben: ›daß die Realität der Freyheit von dem Bewußtseyn des Sittengesetzes *allein* abhänge.‹ (Briefe II, S. 276)

Reinhold bezieht sich hier auf Kants Behauptung zu Beginn der Vorrede der *Kritik der praktischen Vernunft*, wonach die Realität der Freiheit »durch ein apodiktisches Gesetz der praktischen Vernunft bewiesen ist« bzw. sich durch das moralische Gesetz »offenbaret« (KpV, A 4f.). Diese Behauptung Kants und die damit unmittelbar zusammenhängende Lehre vom moralischen Gesetz als *ratio cognoscendi* der Freiheit sei nicht so zu verstehen, daß das Bewußtsein des Sittengesetzes die einzige hinreichende Bedingung des Bewußtseins unserer eigenen Freiheit ist, sondern so, daß es sich dabei lediglich um eine notwendige Bedingung handelt. Denn neben dem Bewußtsein des Sittengesetzes müsse als notwendige Bedingung unseres Freiheitsbewußtseins auch dasjenige der Naturgesetze des Begehrens angenommen werden.[37]

37 Vgl. hierzu auch Creuzer (1793), S. 8f.

Was hier den Anschein eines Vorschlags für eine Deutung der KpV-Passage hat, ist in Wirklichkeit eine Kritik an Kant. Denn nicht nur erwähnt Kant an keiner Stelle eine weitere Bedingung, die neben dem Bewußtsein des Sittengesetzes zur Annahme der Realität der Willensfreiheit erfüllt sein muß. Seine Äußerungen unterstützen vielmehr – wie im Fall der berühmten Fußnote zu Beginn der Vorrede in KpV[38] – die Deutung, welche im Bewußtsein des Sittengesetzes die einzige hinreichende Bedingung unseres Freiheitsbewußtseins sieht. Reinhold, dem dies nicht verborgen geblieben ist, richtet in diesen Zeilen gegen Kant eine Kritik, die *in nuce* schon im *Versuch* enthalten war.[39] Ihr Hauptpunkt ist die Zurückweisung der Kantischen These vom Faktum der Vernunft. Das Sittengesetz ist uns – so könnte man Reinholds Argument rekonstruieren – nicht in einem unmittelbaren Bewußtsein, als ein Faktum der Vernunft gegeben.[40] Denn unmittelbar bewußt sind wir

38 »Denn, wäre nicht das moralische Gesetz in unserer Vernunft eher deutlich gedacht, so würden wir uns niemals berechtigt halten, so etwas, als Freiheit ist [...] *anzunehmen.*« (KpV, A 5)

39 Vgl. S. 59ff. dieser Arbeit sowie Anm. 41 in Kap. 1.

40 E. G. Schulz vertritt die These, es sei neben dem »intelligiblen Fatalismus« Schmids vor allem Rehbergs Einwänden gegen Kants Ethik »ein ständiger und wahrscheinlich der entscheidende Antrieb für das Philosophieren Reinholds, soweit es über Kant hinausging« zu verdanken (Schulz (1975), S. 177). Als Beleg führt er die Stelle aus der Vorrede von *Briefe II* an, an der Reinhold »den Verfasser der merkwürdigen Recension der Kritik der praktischen Vernunft in der Allgem. Litt. Zeit. Nr. 188 a. b. 1788«, dessen »Einwendungen« für seine »Untersuchungen über die Freyheit fruchtbare Winke geworden« seien (Briefe II, S. IX), zur Belehrung auffordert, und die beiden Aspekte, zu denen Reinhold selbst seine Übereinstimmung mit Rehberg bekundet: »Ich kann mir, so wenig als Er, in der Wirksamkeit der Vernunft eigentliche Freiheit denken, und, so wenig als Er, die Vernunft in dem Sinne *praktisch* nennen, als ob sie den vollständigen, durch sich selbst bestimmenden Grund einer Handlung des Willens enthielte«. Daß Reinholds Rede von den »fruchtbare[n] Winke[n]« nicht so zu verstehen ist, als ob Reinhold beiden Übereinstimmungspunkten einen entscheidenden Antrieb auf seine begriffliche Trennung von Willen und praktischer Vernunft zugestehe, geht schon daraus hervor, daß letztere erst drei Jahre nach Rehbergs Rezension ansetzt. Wir sind nun darüber hinaus in der Lage zu verstehen, wie Reinholds Redeweise zu deuten ist. Rehberg hatte in seiner Besprechung der zweiten *Kritik* die mögliche Existenz eines »Selbstbewußtseyn [s] als reiner Vernunft« mit dem Argument bestritten, es werde

uns nur zweier Triebe, eines uneigennützigen und eines eigennützigen, und eines Vermögens, uns für oder gegen den einen oder anderen zu entscheiden, ohne vom einen oder anderen bestimmt zu werden. Wie schon in der frühen Rede von Freiheit als philosophischem Erkenntnisgrund für die Grundwahrheit der Moralität (Versuch, S. 93) und in der in UGM enthaltenen von der »Sittlichkeit, die wir entweder gar nicht, oder nur durch das Bewußtseyn unsrer Freyheit kennen« (UGM, S. 248) – eine Formulierung, die in *Briefe II* unverändert beibehalten wird[41] – ist Reinhold auch hier der Ansicht, daß uns erst das Wissen um unsere Willensfreiheit erlaubt, das, was uns ursprünglich nur als uneigennütziger Trieb gegeben ist, als Äußerung der praktischen Vernunft zu deuten. Ganz in diesem Sinn sagt Reinhold unmittelbar darauf, die »Realität der Freyheit häng[e] vom Bewußtseyn der Forderung sowohl des eigennützigen als des uneigennützigen Triebes« ab (Briefe II, S. 276),[42] und nicht vom Bewußtsein des eigennützigen Triebs und

hierzu ein Übergang von der intelligiblen zur Sinnenwelt erfordert, von dem man sich keinen Begriff machen könne (Rezension KpV, Sp. 352f.). Dieses Argument muß Reinhold schon früh irritiert und ihn dazu veranlaßt haben, die bereits im *Versuch* sichtbare kritische Einstellung gegenüber Kants Lehre vom Faktum der Vernunft und des Sittengesetzes als *ratio cognoscendi* der Freiheit einzunehmen. Daß Reinholds Zugeständnis nicht aus dem Standpunkt der Anerkennung der Hauptthese Rehbergs, daß »es gar keine besondre reine praktische Vernunft gebe« (ebd., Sp. 357) geschieht, zeigt bereits die Stelle eines Briefs an Baggesen, in der es heißt: »Der Recensent von Kant's Kritik der pr. V., von dem ich in der Vorrede der Briefe, Band II, spreche, und der sogar die Realität der praktischen Vernunft leugnet, ist eben auch – Rehberg« (an Baggesen, 6. Dezember 1792, Bag I, S. 241). Reinholds Zugeständnis an Rehberg geschieht vielmehr aus seiner neuen Willenstheorie heraus, die Kants unmittelbares Bewußtsein des Sittengesetzes als Faktum der Vernunft leugnet und zugleich erlaubt, aus dem unmittelbaren Selbstbewußtsein der Freiheit heraus den uneigennützigen Trieb als Ort zu verstehen, in welchem reine praktische Vernunft wirklich ist.

41 Vgl. *Briefe II*, S. 365 (»Zehnter Brief«).

42 In diesem Sinne spricht Reinhold in der Auflistung der Bewußtseinstatsachen, die bei jeder »eigentlichen« Willenshandlung vorkommen, nicht von praktischer Vernunft, sondern von der unwillkürlichen Forderung des uneigennützigen Triebs (Briefe II, S. 384). Vgl. auch die Stelle im »Zweiten Brief«, wo Reinhold unterstreicht, das Dasein natürlicher Rechte und Pflichten kündige sich dem Menschen nur durch Gefühle an, während »die *wirkende Ursache* dieser Gefühle«, d.h. prak-

praktischer Vernunft. Es ist deshalb nicht ohne ein gewisses Wohlwollen, daß Reinhold Kant zugesteht, es sei im Sinne einer notwendigen Bedingung »unstreitig wahr«, daß »der Begriff der Freyheit seine Realität erst durch das Bewußtseyn des Sittengesetzes erhalte« (ebd.). Denn nach Reinhold ist es eben gerade nicht das Bewußtsein des Sittengesetzes als solches, sondern lediglich das Bewußtsein des uneigennützigen Triebes, welches – nicht unabhängig vom Bewußtsein des eigennützigen – unser Selbstbewußtsein der Freiheit ursprünglich begleitet.

Noch deutlicher zeigen einige private, an seinen Freund Baggesen gerichtete Äußerungen das Bewußtsein der sich vollziehenden Distanzierung zu Kant. Insbesondere zu zwei Themen nimmt Reinhold in dieser Korrespondenz eine Stellung ein, die sich gegenüber den entsprechenden in *Briefe II* enthaltenen Äußerungen stark unterscheidet. Die erste besteht in einer Einschätzung der Kantischen Theorie des Willens, in der Reinhold genau die Deutung vertritt, die er den »Schülern« Kants öffentlich vorwirft, die, wonach Kant den Willen im wesentlichen als Kausalität der Vernunft verstehe.[43] Interessanter für uns ist aber der zweite Gegenstand, dessen Behandlung in privatem Austausch eine erhebliche Distanzierung Reinholds gegenüber Kant erkennen läßt: der Gottesbegriff. Während im »Zehnten

tische Vernunft, »völlig außerhalb des Gesichtskreises des gemeinen Mannes« bleibe (ebd., S. 43).

43 Im »Achten Brief« versucht Reinhold mit einigem Aufwand, Kant von den Kritiken auszunehmen, die er gegen Schmid und die »Kantianer« hinsichtlich der Identifikation von Willen und praktischer Vernunft richtet. Die Kantischen Schriften hätten »den bestimmten Begriff, der das logische Wesen des Willens enthält, nur erst vorbereitet, keineswegs schon geliefert« (Briefe II, S. 268). Es sei daher nicht Kants Schuld, wenn seine Rede vom Willen als Kausalität der Vernunft, als Vermögen, nach der Vorstellung der Gesetze zu handeln, und als Vermögen, etwas gemäß einer Idee hervorzubringen, von seinen »Schülern« als Definitionen des Willens verstanden würden, wo es sich dabei für Kant nur um »Expositionen« handelte (ebd., S. 268f.). Von diesen Skrupeln ist in Reinholds Brief an Baggesen vom 28. März 1792 keine Spur mehr. Hier heißt es lediglich: »Gänzlich entferne ich mich von Kant und den Kantianern im Begriffe vom Willen, den ich weder für Causalität der Vernunft, noch Vermögen, nach vorgestellten Gesetzen u. s. w. zu handeln, sondern als ein von der Vernunft und Sinnlichkeit gleich verschiedenes Vermögen *der Person* halte [...]«. (Bag I, S. 168)

Brief« die »vollkommenste Sittlichkeit« als das »*charakteristische* Merkmal« bezeichnet wird, »unter welchem wir uns die Gottheit denken« (Briefe II, S. 365), und der »praktisch vernünftige Wille« als die Eigenschaft, »die der Gottheit schlechterdings beygelegt werden muß« (ebd., S. 374), äußert sich Reinhold in seinem Brief an Baggesen vom 28. März 1792 auf eine Weise, die eine tiefe Einsicht in die Konsequenzen der eigenen Theorie offenbart:

> Ich weiche unter Andern auch darin von Kant ab, daß ich mir kein Vorstellungsvermögen ohne reine Sinnlichkeit, und keine reine Sinnlichkeit ohne Raum und Zeit denken kann. Entweder hat der erste Seraph am Throne Gottes kein Vorstellungsvermögen, oder er schaut die Dinge außer sich im Raume an [...] Du wirst in dem Aufsatze, den ich für die berl. Monatsschrift eingesendet habe, finden, daß ich mich sogar über den Begriff von Sittlichkeit von Kant entferne, indem ich mir ohne *Sinnlichkeit* keine Sittlichkeit denken kann [...] Gott kommt Sittlichkeit, sowie jedes andere Prädikat, das wir ihm beilegen, nur in Rücksicht auf unsere Vorstellungsart, nicht als Dinge an sich, zu [...]//[...] Gott hat also auch nur durch einen Anthropomorphismus *Willen*, den kein Wesen ohne eigennützigen Trieb haben kann. (Bag I, S. 168f.)

Aus diesen Zitaten geht das Bild einer Kant-Kritik hervor, die nicht nur die Identität von Willen und praktischer Vernunft, sondern zugleich die Lehre vom Faktum der Vernunft, die Gottesauffassung der Postulatenlehre sowie Kants Verständnis von Sittlichkeit betrifft. Im Grunde handelt es sich um einen einzigen Kritikpunkt: Sinnlichkeit ist konstitutiv für eine in sich konsistente Auffassung der Sittlichkeit und eines freien Willens, was Kant aber nicht sehe.[44] Erst das Bewußtsein der Forderung *sowohl* des eigennützigen *wie auch* des uneigennützigen Triebes bildet die hinreichende Bedingung der Willensfreiheit. Und erst das Selbstbewußtsein der Willensfreiheit erlaubt es, den uneigennützigen Trieb bzw. unser moralisches Gefühl als Ausdruck der praktischen

44 Vgl. aber *Prolegomena* A 152: »Eben so wenig können wir vor reine Verstandeswesen, z.B. Gott, so fern seine Handlung immanent ist, keinen Begriff von Freiheit angemessen finden.«

Vernunft zu verstehen. Derselbe Grund schließt aus, daß man in bezug auf Gott sinnvoll von Willen, Freiheit und Sittlichkeit sprechen kann, was eine Kritik an Kants Postulatenlehre erkennen läßt.[45]

Insbesondere der Umstand, daß Gott keine Sittlichkeit zugeschrieben werden kann, zeigt nun, daß sich Reinhold der Spannungen bewußt sein muß, die zwischen der eigenen Willenstheorie und Kants Sittlichkeitsverständnis bestehen und bereits durch die Trennung von Willen und praktischer Vernunft nahegelegt werden. Denn der Grund, weshalb Reinhold Gott Sittlichkeit abspricht, ist ein Grund gegen die Annahme der Kantischen Autonomie des Willens als Kriterium sittlicher Handlungen überhaupt. Gott kann nicht sittlich oder moralisch gut sein, weil er sich nicht gegen das Sittengesetz entscheiden kann. Und letzteres kann er nicht, weil ihm der dazu nötige eigennützige Trieb fehlt.[46] Daß sich Gott nicht gegen das Sittengesetz *entscheiden* kann, ist aber deshalb ein Grund dafür, ihm Sittlichkeit grundsätzlich abzusprechen, weil die Möglichkeit, sich zum Zeitpunkt der sittlichen Handlung auch gegen die Forderung des Sittengesetzes zu entscheiden, eine notwendige Bedingung sittlichen Handelns *überhaupt* ist, d.h. nicht nur göttlichen sittlichen Handelns. Ist nun dies eine notwendige Bedingung sittlichen Handelns überhaupt, dann kann dasselbe nicht zugleich in einem Kantischen Sinne autonom sein, soll für den Menschen die Möglichkeit sittlichen Handelns nicht ebenfalls grundsätzlich

45 P. Olivier bemerkt zu Recht ((1941), S. 39f.), daß Reinhold den Begriff des Postulats selbst in *Briefe II* nicht übernimmt und »von seiner eigenen Position aus gar nicht ernsthaft übernehmen kann. Reinhold kann den Glauben nicht der Willkür anheimgeben wollen. Davon ist auch nirgendwo die Rede. Dann bleibt aber für ihn keine Möglichkeit, mit Bezug auf den Glauben von einem Postulat zu sprechen, das in der Freiheit gründet. Die Vernunft, nach Reinholds Bestimmung der Grundbegriffe, ist nicht frei. So wie sie das Sittengesetz unabhängig von der Willkür, und damit von der Freiheit des Menschen, ihrer eigenen Natur nach notwendig hervorbringt, so müßte sie auch den Glauben hervorbringen. Der Glaube wie das Sittengesetz wäre also der Willkür, und damit dem Menschen in seiner Freiheit *vorgegeben.*« Insbesondere leuchtet ein, daß, anders als bei Kant, Freiheit für Reinhold kein Postulat sein kann, da wir nicht erst durch das Bewußtsein des Sittengesetzes auf Freiheit schließen.

46 Vgl. hierzu neuerdings Ameriks (2000), S. 155f., und Ameriks (2003) (im Druck).

ausgeschlossen werden. Denn die beiden zentralen Merkmale des Kantischen autonomen Willens – der Gedanke der Selbstgesetzgebung, wonach die Instanz, welche das Gesetz gibt bzw. aufstellt, dieselbe ist, welche dasselbe empfängt und befolgt, und der Gedanke einer unmittelbaren Bestimmung des Willens durch das Sittengesetz – lassen allein reine praktische Vernunft als mögliche Handlungsinstanz übrig – eine Instanz, von der aber eine Entscheidung gegen das Sittengesetz nicht zu erwarten ist.

Neben dem Umstand, daß es genau derselbe Grund ist, der Reinhold dazu veranlaßt, Gott explizit Sittlichkeit abzusprechen, und es verhindert, sittliche Handlungen als im Kantischen Sinne autonome Handlungen zu verstehen, legt schließlich noch ein letzter Punkt nahe, Reinhold sei sich in *Briefe II* der Spannungen zwischen der eigenen und der Kantischen Theorie durchaus bewußt. Es ist seine deutliche Tendenz, den Autonomiegedanken mit den Maximen und dem Willen überhaupt zu verbinden. Reinhold spricht nun einerseits von der Selbsttätigkeit der praktischen Vernunft als »Autonomie der Vernunft« (Briefe II, S. 68),[47] andererseits von der Maxime als der mit »freye[r] Selbstbestimmung beym Wollen« identischen, »von der Person durch Freyheit sich selbst gegebene[n] Vorschrift zu einer Befriedigung oder Nichtbefriedigung des eigennützigen Triebes« (ebd., S. 189), die zugleich der »*einzige durch sich selbst bestimmende* Grund« (ebd., S. 261) ist. Das, was bei Kant die auf den sittlichen Willen eingeschränkte »Autonomie des Willens« war, spaltet sich bei Reinhold in eine Autonomie der Vernunft und eine willensneutrale Autonomie der Selbstbestimmung durch Maximen. Während die erste keine Autonomie des Willens mehr ist, verkörpert die zweite den Gedanken der willkürlichen Selbstauferlegung einer Vorschrift als Selbstbestimmung zur Handlung – eine Autonomie, die aber nunmehr nicht allein den sittlichen Willen, sondern den Willen überhaupt auszeichnet. Weil Reinhold die Spannungen zwischen der eigenen und der Kantischen Auffassung von Autonomie sieht, verzichtet er aber überhaupt auf den Ausdruck »Autonomie des

47 Zu den Schwierigkeiten dieser Redeweise vgl. Olivier (1941), S. 34f.; Prauss (1983), S. 88-90.

Willens«.[48] Entsprechend ist in der Erörterung der Sittlichkeit die Tendenz sichtbar, den Gedanken der Befolgung des Sittengesetzes aus Achtung zu eliminieren und Sittlichkeit allein in der Übereinstimmung mit der Forderung des Gesetzes bestehen zu lassen – daß also der Mensch nach solchen Vorschriften handle, »die, als Gesetze gedacht, sich nicht widersprechen« (ebd., S. 189) –, ohne zu fragen, aus welchem Grund diese Übereinstimmung geschieht.[49]

Es deutet also einiges darauf hin, daß sich Reinhold viel stärker, als aus *Briefe II* zunächst hervorgeht, der Schwierigkeiten und Spannungen bewußt ist, die der eigenen Willens- und Moraltheorie und ihrem Verhältnis zur Kantischen anhaften. Dennoch zeigt sich Reinhold überzeugt wie noch nie, die angemessene Theorie des Willens gefunden zu haben. In einem Brief an seinen Freund Baggesen vom Juli 1792 spricht er von seinem »nun völlig entwickelte[n] Begriff vom Willen« (Bag I, S. 220). An denselben schreibt er ein paar Monate später, sein »Bedürfniß« sei durch das, was er mit seinem neuen Begriff des Willens »aufgestellt habe, befriedigt« (ebd., S. 240). Wie paßt beides zueinander? Wie kann Reinhold trotz der Schwierigkeiten seiner Theorie an ihr so uneingeschränkt festhalten?

48 In seiner späteren Abhandlung »Ueber die Autonomie als Princip der praktischen Philosophie, der Kantischen und der gesammten Philosophie der Fichtisch-Schellingschen Schule« (*Beyträge zur leichtern Übersicht*, Heft II, S. 113) wird Reinhold von der »Autonomie der Transcendentalphilosophie überhaupt« als von einer »sehr handgreiflichen psychologischen Täuschung« sprechen. Vgl. hierzu Schrader (1993), S. 98f.; Peetz (1995), S. 208.

49 Während in *Briefe II* noch öfters von der »Befriedigung oder Nichtbefriedigung des Begehrens, um des praktischen Gesetzes willen« (Briefe II, S. 70; vgl. auch S. 188) die Rede ist, fällt zugleich Reinholds Insistieren auf dem Gedanken der Gesetzmäßigkeit als Kriterium der Moralität auf. In diesem Sinne definiert Reinhold das sittliche Wollen als das Wollen, das »dem praktischen Gesetze *gemäß* ist« (Briefe II, S. 273, kursiv von mir, A. L., vgl. auch ebd., S. 189), und behauptet an einer Stelle sogar: »Die *Legalität der* Willenshandlung hingegen ist *Moralität.* Die Selbstbestimmung hat kein anderes Gesetz, als das praktische, das sie erfüllen oder übertreten kann. Die Unterscheidung des *legalen* Willens von dem *moralischen* setzt daher einen unbestimmten Begriff vom Willen voraus, in welchem das Wollen noch nicht genug von *dem Begehren*, das kein Wollen ist, unterschieden wird.« (Ebd., S. 190)

Zwei Gründe müssen an dieser Stelle festgehalten werden. Der erste liegt in der veränderten Dringlichkeit der Einheitsfrage gegenüber der Freiheitsfrage in dieser Phase von Reinholds Denken. Gegen Mitte 1792 vetritt Reinhold eine Position, die auf den weiteren Ausbau der »Elementarphilosophie« so gut wie verzichtet hat. Damit gerät auch der Einheitsgedanke in den Hintergrund, wie er im Versuch einer einheitlichen Rekonstruktion der Gemütsvermögen unter den Begriffen der Vorstellung und des Bewußtseins verkörpert war. Insofern dieser Versuch aufgegeben wird und die Rechtfertigung der Freiheitsidee nicht mehr der philosophierenden Vernunft, sondern dem gesunden Verstand übertragen wird, verlieren auch die Schwierigkeiten an Gewicht, die sich aus der Reinholdschen Freiheitslehre für den Gedanken der Einheit der Gemütsvermögen ergeben.

Der zweite Grund hängt mit der Art und Weise zusammen, wie Reinhold 1792 sein Verhältnis zu Kant nunmehr einschätzt. Reinholds neue Theorie der Willensfreiheit entwickelt sich nach eigenen Worten aus einem »langwierige[n] und mühsame[n] Forschen nach dem Charakter der Freyheit« (Briefe II, S. VIII), dessen Ausgangspunkt in Schwierigkeiten bestand, die sich in weitem Sinne aus der Identität von Willen und praktischer Vernunft ergaben. Diese Auseinandersetzung bildet den Angelpunkt, um den Reinhold die Niederschrift des zweiten Bands seiner *Briefe* organisiert. Der neue zentrale Begriff eines absolut freien, von praktischer Vernunft verschiedenen Willens stellt für Reinhold ein unhintergehbares Resultat dar, von dem aus die übrigen Teile einer Morallehre erst nachzukonstruieren sind.[50] Von ihm aus stellt sich erst die Frage, inwieweit sich die Forderung, der Kantischen Inhalte soviel als möglich Rechnung zu tragen, erfüllt werden kann. Der zweite Band der *Briefe* liefert diese Morallehre nicht schon in ihrer endgültigen Fassung und damit auch keine klare Antwort auf diese Frage. Vielmehr zeigt sich in ihm Reinholds Experimentieren auf dem Weg einer Lösung – ein Experimentieren, das zwar immer noch an der vorrangigen Einarbeitung der Kantischen Resultate festhält, zugleich aber zum ersten Mal die Bereitschaft erkennen läßt, sich gegebenenfalls –

50 Vgl. Olivier (1941), S. 23.

sehr *à-contre-cœur* – von denselben zu verabschieden. Die Schwierigkeiten, die vor allem in Spannungen gegenüber der Kantischen Lehre bestehen, stellen sich Reinhold deshalb nicht als Gründe dar, die eigene Theorie preiszugeben, sondern als Herausforderung für die Zukunft.

Schlußbemerkung

Den Ausgangspunkt unserer Überlegungen um die Thematik von Einheit und Freiheit in Reinholds Philosophie bildete dessen Hauptwerk, der *Versuch einer neuen Theorie des menschlichen Vorstellungsvermögens* (1789). Durch eine Betrachtung dieser Schrift im Rahmen der eigenen konkreten Entstehungsbedingungen konnten zwei Leitideen isoliert werden, die dazu nötigen, das Projekt einer Theorie des Vorstellungsvermögens in einem anderen Licht zu lesen, als bisher üblich. Die Theorie des Vorstellungsvermögens wird von Reinhold *erstens* als eine Theorie konzipiert, deren oberster Zweck moralisch-praktischer Natur ist. Ihre Aufgabe ist es, der Menschheit allgemeingültige Aufschlüsse zu liefern *»über die Gründe ihrer Pflichten und Rechte in diesem, und ihrer Erwartung für das zukünftige Leben«* (Versuch, S. 74). Reinhold geht es nicht darum, eine möglichst faßliche Darstellung der *Kritik der reinen Vernunft* zu schreiben. Die Kantischen Ideen von Gott, Freiheit und Unsterblichkeit, die für Reinhold die gesuchten Aufschlüsse enthalten, sind nicht nur einige unter vielen »Resultaten« der ersten *Kritik*, die im *Versuch* gerechtfertigt werden sollen. Sie stellen das Hauptresultat dar, an dem sich – wie aus der »Theorie der Grade der Spontaneität« hervorgeht – der gesamte argumentative Aufbau des Werks orientiert. Neben diesem Primat des Praktischen und unmittelbar mit ihm verbunden konnten als zweite Leitidee frühe Schwierigkeiten Reinholds mit Kants praktischer Philosophie, insbesondere mit seiner Freiheitsauffassung und der Lehre vom Faktum der Vernunft erkannt werden. Anhand dieses zweifachen Leitfadens gestaltet sich die Theorie des Vorstellungsvermögens vor allem als Versuch einer Rechtfertigung der Widerspruchsfreiheit bzw. Nichtunmöglichkeit (Denkbarkeit) der Vernunftideen, in welcher Mängel und Mißverständnisse der Kantischen Begründung behoben werden sollen.

Reinholds Grundintuition ist, diese Rechtfertigung durch ein philosophisches System zu erbringen. Die Kantischen Resultate sollen als gerechtfertigt gelten, weil sie in ihrer Besonderheit als Variation eines einheitlichen und mit absoluter Gewißheit feststehenden Grundmusters rekonstruierbar sind und sich in der einheitlichen Begrifflichkeit eines solchen Systems unmißverständlich ausdrücken lassen. Dieses Grundmuster ist der Gedanke der Vorstellung – ein Gedanke, worüber nach Reinhold alle einig sind, und der sich deshalb vorzüglich als Systembasis eignet. Auf diesem Fundament gestaltet sich die Rechtfertigung der Vernunftideen, allem voran der Idee einer absoluten Freiheit, als ein aus zwei Schritten bestehendes Verfahren: die Rekonstruktion zunächst der Vernunfttätigkeit als besondere Tätigkeit des Vorstellungsvermögens, dann der Ideen als besondere Produkte dieser Vernunfttätigkeit.

Doch die Idee einer absolut freien Ursache fügt sich diesem Interpretationsschema nicht. Insofern es sich bei ihr um eine Tätigkeit handelt, die an nichts Fremdes gebunden und von nichts Fremdem gezwungen wird, kann sie nicht als ein Erzeugen von Vorstellungen verstanden werden, genausowenig wie das Erzeugen von Vorstellungen eine in diesem Sinne absolut freie Tätigkeit sein kann. Denn der einzige Beitrag der Spontaneität an diesem Erzeugungsprozeß, das Hervorbringen der Form einer Vorstellung, führt nie allein zu einer wirklichen Vorstellung, sondern ist dazu immer auf einen von anderswo gegebenen Stoff angewiesen. Damit ist aber die spontane Tätigkeit des vorstellenden Subjekts immer an etwas Fremdes gebunden und ihrem Wesen nach nicht absolut frei.

Als Reinhold gegen Ende der »Theorie der Vernunft« diese fundamentale Schwierigkeit zu sehen beginnt, beschließt er, den planmäßigen Gang der Argumentation zu unterbrechen und die Ableitung der Idee einer absolut freien Ursache durch Vorgriff auf Grundlinien einer Theorie des Begehrungsvermögens zu versuchen; ein Einschnitt, der ursprünglich in dieser Form im *Versuch* nicht vorgesehen war. Reinholds zentraler Gedanke ist hier, zur Ableitung der Idee einer absolut freien Ursache die Kantische Form-Stoff Konfiguration des Willensbestimmungsprozesses in den Begriffsrahmen seiner Theorie des Vorstellungsvermögens einzugliedern. Diese »Ableitung« nimmt so die Form einer »Ableitung« des reinen Willens an, in welcher dieser als das Realisieren der Sittlichkeitsidee rekonstruiert wird. Die fundamentale Schwierigkeit des *Versuchs* soll dabei so gelöst werden, daß das Sittengesetz als eine Vorstellung erkannt wird, die als Stoff der zu realisierenden Idee zwar gegeben ist, doch nur der Möglichkeit nach, während die Vorstellung der Sittlichkeit insgesamt – ihrer Form und ihrem Stoff nach – durch Spontaneität wirklich wird; eine Lösung, in der der gegebene Stoff kein *wirkliches* Hindernis mehr ist für absolute Freiheit.

Wir haben gesehen, daß dieser Lösungsversuch nicht nur deshalb scheitert, weil er auf einer Äquivokation der Rede vom Verwirklichen einer Vorstellung beruht, sondern auch deshalb, weil Reinholds Übernahme der Kantischen Auffassung von Freiheit und Sittlichkeit als Autonomie die Möglichkeit ausschließt, neben einem reinen, sittlichen Willen noch einen empirischen, unsittlichen anzunehmen. Dies stellt Reinhold am Ende des *Versuchs* vor zwei gleich unwillkommene Alternativen: Entweder an den bisherigen Bestimmungen der Theorie des Vorstellungsvermögens festhalten und den Begriff eines absolut freien Handelns preisgeben oder am »vornehmsten Zweck der Philosophie« festhalten und den Begriff der absolut freien Ursache aus einem ganz anderen Rahmen heraus zu entwickeln, als den der Theorie des Vorstellungsvermögens.

Wie wir im zweiten Teil unserer Arbeit zeigen konnten, hat sich Reinhold für letzteres entschieden. Beide von uns verfolgten philosophischen Entwicklungen in Reinholds Denken zwischen 1789 und 1792 müssen vor dem Hintergrund dieser Einstellung gedeutet werden. Die erste, der Vollzug der begrifflichen Trennung von Willen und praktischer Vernunft und die Ausbildung einer neuen Theorie der Willensfreiheit, setzt erst im Oktober/November 1791 ein. Trotz der zeitlichen Distanz ist sie vor dem Hintergrund der Schwierigkeiten des *Versuchs* zu deuten. Denn nicht nur ist der Kontext ihrer Entstehung, die besondere rechtsphilosophische Problematik der Bestimmung einer einheitlichen Vernunftgrundlage von Rechten und Pflichten, demjenigen der Schwierigkeiten des *Versuchs* genau analog; in einer von Reinhold besonders beachteten Kritik sind in C. C. E. Schmids *Empirischer Psychologie* die »Grundlinien« gerade in dieser Hinsicht gerügt worden.

Die zweite von uns betrachtete, aber zeitlich früher einsetzende Entwicklung in Reinholds Denken, die progressive epistemische Aufwertung des gemeinen Verstandes und die zunehmende Gewichtung der Gegenüberstellung von gemeinem, gesundem Verstand und philosophierender Vernunft, setzt ein, als sich Reinhold Anfang 1791 wieder intensiv mit praktischer Philosophie zu beschäftigen beginnt, und wird durch die etwas späteren Änderungen in Reinholds Begrifflichkeit noch verstärkt. Sie ist insofern Folge der Schwierigkeiten des *Versuchs*, als in ihr die Tendenz zum Ausdruck kommt, dem gesunden Verstand die Rechtfertigungsaufgaben zu übergeben, die zunächst der philosophierenden Vernunft, insbesondere der Theorie des Vorstellungsvermögens, angehörten und von ihr aufgrund dieser Schwierigkeiten nicht erfüllt werden konnten.

Beide Entwicklungen finden ihren vorläufigen Abschluß und fügen sich im zweiten Band der *Briefe über die Kantische Philosophie* (1792) zusammen, wo Reinhold den Beweis der Nichtunmöglichkeit der absoluten Freiheit dem gesunden Verstand überträgt: Wir *wissen* nun, daß wir absolut frei sind, weil in uns das unfehlbare Selbstbewußtsein einer Willkür ist, die den »Grund nicht nur, daß sie wirket, sondern auch, daß sie so und nicht anders wirkt, in ihr selbst, in ihrem Vermögen[,] ungebunden und ungezwungen zu seyn« enthält (Briefe II, S. 258). Indem Reinhold in dieser »Rechtfertigung« gerade auf das verzichtet, was im *Versuch* das Haupthindernis derselben war – die durch den Rahmen der Theorie des Vorstellungsvermögens induzierte Bindung an einen gegebenen Stoff –, und so das Wollen nicht mehr als eine Tätigkeit des *vorstellenden* Subjekts betrachtet, bezieht er aber zugleich eine Position, die einer *de facto*-Preisgabe der »Elementarphilosophie« gleichkommt.

Wir müssen uns nun wieder der in der Einleitung aufgestellten Hauptthese unserer Arbeit zuwenden: daß Reinholds Interesse an der Auflösung praktischer Fragestellungen zwischen 1789 und 1792 nicht nur größer ist, als bisher angenommen, sondern sogar das entscheidende, übergeordnete Motiv für seine gesamtphilosophische Entwicklung in dieser Zeit darstellt. Die Ergebnisse unserer Untersuchung erlauben beide in ihr enthaltenen Behauptungen zu rechtfertigen.

Reinholds Interesse an der Auflösung praktischer Fragestellungen zwischen 1789 und 1792 ist größer, als bisher angenommen, weil für Reinholds vielleicht wichtigste philosophische Entscheidung dieser Periode nicht theoretische Überlegungen, etwa über die Natur der Vorstellung oder den Satz des Bewußtseins, sondern ein moralisch-praktisches Interesse ausschlaggebend ist. Die unüberwindbaren Schwierigkeiten, im Rahmen der Theorie des Vorstellungsvermögens zu einer Rechtfertigung der Nichtunmöglichkeit einer absolut freien Ursache zu gelangen, haben Reinhold *nicht* dazu veranlaßt, den Gedanken einer solchen Ursache und die Suche danach aufzugeben. Die Preisgabe der absoluten Freiheit wäre aber eine mögliche legitime Entscheidung im Anschluß an diese Probleme gewesen. Denn gerade dies besagte das dem *Versuch* zugrundeliegende Rechtfertigungskonzept: Läßt sich im Rahmen der Theorie des Vorstellungsvermögens die Nichtunmöglichkeit bzw. Widerspruchsfreiheit der Freiheit *nicht* zeigen, d.h.: stößt man in diesem Zusammenhang immer wieder auf Widersprüche, darf man auf ihre Unmöglichkeit schließen (Versuch, S. 93). Die einzige Erklärung dafür, daß Reinhold trotzdem die Suche nach einer Rechtfertigungsinstanz für die Idee einer absoluten Freiheit nicht aufgibt, ist praktisch-moralischer Natur: Weil es das »Eine, was der Menschheit Noth ist«, die allgemeingültigen Aufschlüsse über unsere Rechte und Pflichten in diesem, und unsere Erwartungen für ein zukünftiges Leben geben *soll*. Dies ist dann auch die entscheidende Voraussetzung für beide in dieser Arbeit rekonstruierten Veränderungen in Reinholds Denken.

Das Interesse an der Auflösung praktischer Fragestellungen ist aber auch das wichtigste Motiv für Reinholds gesamtphilosophische Entwicklung in dieser Zeit. Die gegenwärtig in der Reinhold-Forschung vieldiskutierte Krise der »Elementarphilosophie« von 1792, die im Aufsatz UU in einem letzten folgenlosen Rettungsversuch gipfelt, ist nämlich das Resultat eines Prozesses, dessen Hauptstämme die Trennung des Willens von der praktischen Vernunft und die damit zusammenhängende epistemische Aufwertung des gemeinen Verstandes sind – ein Prozeß, in den Einwände zu besonderen Ableitungen oder Ableitungsmethoden nur integriert werden. Die Krise der »Elementarphilosophie« von 1792 beginnt dort, wo das Wollen nicht mehr als eine besondere Äußerung der Vernunft, sondern als eigenes *Grund*vermögen neben dem Vernunftvermögen und den anderen Gemütsvermögen betrachtet wird. Denn unter diesen Umständen *kann* die Denkmöglichkeit der Willensfreiheit nicht mehr dadurch begründet werden, daß das freie Wollen als besondere Äußerung einer übergeordneten Tätigkeit verstanden oder aus einer solchen abgeleitet wird, was aber der zentrale Gedanke einer Rechtfertigung in einem philosophisch-systematischen Zusammenhang ist.[1] Gerade für jemanden wie Reinhold, der im Aufstellen allgemeingültiger Behauptungen über Gott, Freiheit und Unsterblichkeit das erhabenste Ziel der Philosophie sieht, mußte deshalb die grundsätzliche Unfähigkeit der »Elementarphilosophie«, ausgerechnet die wichtigste unter den Vernunftideen zu rechtfertigen, auch das Ende der Krise in der Preisgabe des Systems nahelegen.

Reinhold hat zwischen 1789 und 1792 nicht nur durch die Wiedereinführung des Systemgedankens und den Satz des Bewußtseins philosophisch Interessantes und philosophiegeschichtlich Wirksames geleistet. Auch seine praktische Philosophie, insbesondere die Untersuchungen über Freiheit, Willen und praktische Vernunft sind durchaus beachtenswert. Neben dem, was Reinhold *innerhalb* beider Bereiche leistet, scheint aber auch dasjenige philosophisch von Bedeutung zu sein, was er zu ihrer Vermittlung beiträgt. Und es sind hier nicht nur Reinholds Argumente, sondern oft Mehrdeutigkeiten, Brüche und Verschiebungen, welche zusammen mit ihren Gründen den größten Aufschluß geben. Durch sie liessen sich nicht nur wichtige Folgen zur Kompatibilität von praktischer Philosophie und System ermitteln. Auch wären sie – besonders im Rahmen der Auseinandersetzung mit dem intelligiblen Fatalismus Schmids – ein unumgänglicher Bezugspunkt für eine Rekonstruktion des Denkraums der Kantischen praktischen Philosophie als ein komplexes, aus mehreren theoretischen Ansätzen zusammengesetztes Ganzes.[2]

Reinholds oft mehrdeutige und unklare Überlegungen zu Freiheit und Willen in ihrem Verhältnis zu einem systemphilosophischen Kontext haben aber auch eine nicht zu unterschätzende philosophiehistorische Wirkung gehabt. Gerade für sie interessiert sich nämlich J. G.

1 Vgl. hierzu Krings (1977).
2 Vgl. Lazzari (2003a).

Fichte in dem Text, der als erster eine skizzenhafte Vorform der späteren »Wissenschaftslehre« erkennen läßt, der neue § 2 der Zweitauflage des *Versuchs einer Critik aller Offenbarung* von 1793: die »Theorie des Willens, als Vorbereitung einer Deduction der Religion überhaupt« (GA I, 1, S. 135-153). Zu einer Zeit, da das *Fundament* und *Briefe II* Reinholds Ruhm ausmachen und der *Versuch* nicht mehr Gegenstand der Diskussion ist, wendet sich Fichte gerade dem Teil von Reinholds Hauptwerk zu, in welchem die Schwierigkeiten mit einer Ableitung einer absolut freien Ursache ihren Höhepunkt erreichen, den »Grundlinien«, und versucht, vor diesem Hintergrund eine Theorie des Willens zu skizzieren, die den Unzulänglichkeiten der Reinholdschen »Rechtfertigung« der Freiheit im »Achten Brief« entgeht und zugleich die Bestimmung eines »einzig allgemeingeltenden Princips aller Philosophie« erlaubt (ebd., S. 140). Ein Umstand, der den Verdacht nahelegt, daß gerade aus Reinholds Bemühungen um eine Zusammenführung von systematischer Einheit und Freiheit einer der ersten und vielleicht wichtigsten Impulse zur Entstehung der »Wissenschaftslehre« ausgegangen ist.[3]

3 Zu § 2 der *Offenbarungskritik* von 1793 und den anschließenden Auseinandersetzungen Fichtes mit Freiheit und praktischer Vernunft vor der »Aenesidemus-Rezension« vgl. Kabitz (1902), bes. S. 49ff.; Pallon (1921), S. 6-13; Gliwitzky (1965), bes. S. 53-68; Neuhouser (1990), bes. S. 20-41; Rotta (1990), bes. S. 75ff.; Schrader (1991), bes. S. 163-166, 170-173; Rotta (1995) sowie Rotta (1997); Merle (1995) sowie Merle (1995a); Moiso (1995); Wittekind (1997); Lazzari (1997); Fabbianelli (1998), bes. S. 85-143; von Wallwitz (1999); Wildfeuer (1999), bes. S. 537ff.

Literaturverzeichnis

Im folgenden sind nur explizit im Text erwähnte Schriften berücksichtigt worden.

Werke und Briefe Reinholds

(Korr.)
Korrespondenzausgabe der Österreichischen Akademie der Wissenschaften. Hrsg. von Reinhard Lauth, Kurt Hiller und Wolfgang Schrader. Stuttgart-Bad Cannstatt: Frommann-Holzboog / Verlag der Österreichischen Akademie der Wissenschaften, Bd. 1: *Korrespondenz 1773-1788.* Hrsg. von Reinhard Lauth, Kurt Hiller und Eberhard Heller, 1983.

(GüA)
»Gedanken über Aufklärung.« In: TM III, Julius 1784, S. 3-22; August 1784, S. 122-133; September 1784, S. 232-245 (wiederabgedruckt in: *Karl Leonhard Reinhold: Schriften zur Religionskritik und Aufklärung: 1782-1784.* Hrsg. von Zwi Batscha. Bremen: Jacobi 1977, S. 351-396).

(Schreiben des Pfarrers)
»Schreiben des Pfarrers zu *** an den H. des T. M. Ueber eine Recension von Herders Ideen zur Philosophie der Geschichte der Menschheit«. In: TM I, Februar 1785, S. 148-174 (wiederabgedruckt in: Landau (1991), S. 119-135).

(Herzenserleichterung)
Herzenserleichterung zweyer Menschenfreunde, in vertraulichen Briefen über Johann Caspar Lavaters Glaubensbekentnis. Frankfurth und Leipzig [Weidmann Verlag] 1785.

(Briefe)
Briefe über die Kantische Philosophie. In: TM 1786-1787.

(Erster Brief)
»Erster Brief. Bedürfniß einer Kritik der Vernunft.« In: TM III, August 1786, S. 99-127.

(Zweiter Brief)
»Zweyter Brief. Das Resultat der Kantischen Philosophie, über die Frage vom Daseyn Gottes«. In: TM III, August 1786, S. 127-141.

(Dritter Brief)
»Dritter Brief. Das Resultat der Kritik der Vernunft über den nothwendigen Zusammenhang zwischen Moral und Religion«. In: TM I, Januar 1787, S. 3-39.
(Vierter Brief)
»Vierter Brief. Ueber die Elemente, und den bisherigen Gang der Ueberzeugung von den Grundwahrheiten der Religion«. In: TM I, Februar 1787, S. 117-142.
(Fünfter Brief)
»Fünfter Brief. Das Resultat der Kritik der Vernunft über das zukünftige Leben«. In: TM II, Mai 1787, S. 167-185.
(Sechster Brief)
»Sechster Brief. Fortsetzung des vorigen. Vereinigtes Interesse der Religion und der Moral bey der Hinwegräumung des metaphysischen Erkenntnißgrundes für das zukünftige Leben«. In: TM III, Julius 1787, S. 67-88.
(Siebenter Brief)
»Siebenter Brief. Skizze einer Geschichte des psychologischen Vernunftbegriffes der einfachen denkenden Substanz«. In: TM III, August 1787, S. 142-165.
(Achter Brief)
»Achter Brief. Fortsetzung des vorigen. – Hauptschlüssel zur rationalen Psychologie der Griechen«. In: TM III, September 1787, S. 247-278.
[Anzeige:] »Der Verfasser der Briefe über die Kantische Philosophie [...]«. In: *Anzeiger* des TM, TM II, Junius 1788, S. LXXII.
»Wie ist Reformazion der Philosophie möglich?«. In: *Neues Deutsches Museum* I, St. 1, 1789, S. 31-47; I, St. 2, 1789, S. 204-226; I, St. 3, 1789, S. 284-304.
[Rezension:] »Leipzig, b. Crusius: Fragmentarische Beyträge zur Bestimmung und Deduction des Begriffes der Causalität und zur Grundlegung der natürlichen Theologie; in Beziehung auf die Kantische Philosophie. Von J. F. Flatt. Prof. der Philos. zu Tübingen. 1788. 190 S. 8. (12 gr.)«. In: ALZ Nr. 3, 3. Januar 1789, Sp. 18-22.
Ueber die bisherigen Schicksale der Kantischen Philosophie von Karl Leonhard Reinhold. Jena, bey Joh. Michael Mauke 1789.
»Ueber das bisherige Schicksal der Kantischen Philosophie«. In: TM II, April 1789, S. 3-37; Mai 1789, S. 113-135.
(Rezension Eberhard)
[Rezension:] »Halle b. Gebauer: Philosophisches Magazin herausgegeben von J. A. Eberhard. Drittes und viertes Stück. 1789. 8. (16 gr.)«. In: ALZ Nr. 174, 11. Junius 1789, Sp. 577-584; Nr. 175, 12. Junius 1789, Sp. 585-592; Nr. 176, 13 Junius 1789, Sp. 593-597.

(UNV)
»Ueber die Natur des Vergnügens«. In: TM IV, Oktober 1788, S. 61-79; November 1788, S. 144-167; TM I, Januar 1789, S. 37-52.
(Versuch)
Versuch einer neuen Theorie des menschlichen Vorstellungsvermögens von Karl Leonhard Reinhold. Prag und Jena, bey C. Widtmann und I. M. Mauke 1789 (unveränderter fotomechanischer Nachdruck: Wissenschaftliche Buchgesellschaft Darmstadt 1963).
(Grundlinien)
»Grundlinien der Theorie des Begehrungsvermögens«. In: Versuch, S. 560-575.
(Fragmente TM)
»Fragmente über das bisher allgemein verkannte Vorstellungsvermögen«. In: TM IV, Oktober 1789, S. 3-22.
(Erklärung)
»Erklärung«. In: ALZ IB Nr. 137, 2. December 1789, Sp. 1138-1140.
[Anzeige:] »Beyträge zur Berichtigung bisheriger Mißverständnisse der Philosophen. Erster Band«. In: *Journal des Luxus und der Moden* IB Nr. 12, Dezember 1789, S. CLXX-CLXXI.
[Anzeige:] »Beyträge zur Berichtigung bisheriger Mißverständnisse der Philosophen. Erster Band«. In: ALZ IB Nr. 33, 13. März 1790, Sp. 259f.
»Erklärung über die Anzeige meines Versuches über das Vorstellungsvermögen in der Leipziger gel. Anz. 7 Junius 1790«. In: ALZ IB Nr. 80, 26. Junius 1790, Sp. 653ff.
[Anzeige:] »Beyträge zur Berichtigung bisheriger Mißverständnisse der Philosophen. Erster Band«. In: ALZ IB Nr. 91, 17. Juli 1790, Sp. 744.
[Anzeige:] »Beyträge zur Berichtigung bisheriger Mißverständnisse der Philosophen. Erster Band«. In: ALZ IB Nr. 93, 24. Juli 1790, Sp. 759f.
(Briefe I)
Briefe über die Kantische Philosophie. Von Carl Leonhard Reinhold. Erster Band. Leipzig, bey Georg Joachim Göschen 1790 (Nachdruck hrsg. von Raymund Schmidt, Leipzig: Reclam 1923).
(Neunter Brief)
»Neunter Brief. Erörterung des metaphysischen Erkenntnißgrundes der Unsterblichkeit der Seele, in Rücksicht sowohl auf den Ursprung als auch auf die Folgen desselben«. In: Briefe I, S. 233-261.

(Beyträge I)
Beyträge zur Berichtigung bisheriger Mißverständnisse der Philosophen von Karl Leonhard Reinhold. *Erster Band das Fundament der Elementarphilosophie betreffend.* Jena, bey Johann Michael Mauke 1790.
(Ueber den Begriff)
»Ueber den Begriff der Philosophie«. In: Beyträge I, S. 1-90.
(Ueber das Bedürfniss)
»Ueber das Bedürfniss die Möglichkeit und die Eigenschaften eines allgemeingeltenden ersten Grundsatzes der Philosophie«. In: Beyträge I, S. 91-164.
(Neue Darstellung)
»Neue Darstellung der Hauptmomente der Elementarphilosophie«. In: Beyträge I, S. 165-254.
(Ueber das Verhältniss)
»Ueber das Verhältniss der Theorie des Vorstellungsvermögens, zur Kritik der reinen Vernunft«. In: Beyträge I, S. 255-338.
(Ueber die Möglichkeit)
»Ueber die Möglichkeit der Philosophie als strenge Wissenschaft«. In: Beyträge I, S. 339-372 (Fotomech. Nachdruck hrsg. von Wolfgang Schrader, Hamburg: Meiner 1978).
(Erörterungen)
»Erörterungen über den Versuch einer neuen Theorie des Vorstellungsvermögens«. In: Beyträge I, S. 373-404.
(ENP)
»Ehrenrettung der neuesten Philosophie«. In: NTM I, Januar 1791, S. 81-112.
(UGM)
»Ueber die Grundwahrheit der Moralität und ihre [sic!] Verhältniß zur Grundwahrheit der Religion«. In: NTM I, März 1791, S. 225-262.
(ENR)
»Ehrenrettung des Naturrechts«. In: NTM I, April 1791, S. 338-382 [383].
(Fundament)
Ueber das Fundament des philosophischen Wissens von C. L. Reinhold – *nebst einigen Erläuterungen über die Theorie des Vorstellungsvermögens.* Jena, bey Johann Michael Mauke, 1791 (Fotomech. Nachdruck hrsg. von Wolfgang Schrader, Hamburg: Meiner 1978).
(UBG)
»Über den Begrif der Geschichte der Philosophie. Eine akademische Vorlesung«. In: Fülleborn (1791), S. 5-35.

(EPR)
»Ehrenrettung des positiven Rechtes«. In: NTM III, September 1791, S. 3-40; November 1791, S. 278-311.
(UP)
»Ueber Popularität und gesunden Menschenverstand. Fragment eines Briefwechsels«. In: NTM III, Dezember 1791, S. 419-429.
(Stände)
»Die drey Stände. Ein Dialog«. In: NTM I, März 1792, S. 217-241.
(Weltbürger)
»Die Weltbürger. Zur Fortsetzung des Dialogs, die drey Stände, im vorigen Monatsstück«. In: NTM I, April 1792, S. 340-379.
(Rezension Schmid)
[Rezension:] »Jena, in der Crökerschen Buchhandl.: Empirische Psychologie von M. Carl Christian Erhard Schmid (itzt Prof. in Gießen). 1791. 568 S. gr. 8 (Erster Band, welches auf dem Titel nicht bemerkt ist.)«. In: ALZ Nr. 86, 2. April 1792, Sp. 1-8; Nr. 87, 3. April 1792, Sp. 9-14.
[Anzeige:] »Beyträge zur Berichtigung bisheriger Mißverständnisse der Philosophen. Zweyter Band«. In: ALZ IB Nr. 53, 2. Mai 1792, Sp. 425-427.
(Beytrag)
»Beytrag zur genaueren Bestimmung der Grundbegriffe der Moral und des Naturrechtes. Als Beylage zu dem Dialog der Weltbürger«. In: NTM II, Junius 1792, S. 105-139.
(Briefe II)
Briefe über die Kantische Philosophie. Von Carl Leonhard Reinhold. Zweyter Band. Leipzig, bey Georg Joachim Göschen 1792 (Nachdruck hrsg. von Raymund Schmidt, Leipzig: Reclam 1923).
»Zweyter Brief. Von der bisherigen Uneinigkeit der philosophierenden Vernunft mit sich selbst über die Quelle der Pflicht und des Rechtes«. In: Briefe II, S. 38-63.
»Dritter Brief. Von dem künftigen Einverständnisse der philosophierenden Vernunft mit sich selbst über die Quelle der Pflicht und des Rechtes«. In: Briefe II, S. 64-98.
»Fünfter Brief. Ueber die künftige Einhelligkeit zwischen der moralischen und politischen Gesetzgebung und zwischen der natürlichen und positiven Rechtswissenschaft«. In: Briefe II, S. 136-173.
»Sechster Brief. Versuch einer neuen Darstellung der Grundbegriffe und Grundsätze der Moral und des Naturrechts«. In: Briefe II, S. 174-220.

»Siebenter Brief. Ueber den bisher verkannten Unterschied zwischen dem uneigennützigen und dem eigennützigen Triebe, und zwischen diesen beyden Trieben und dem Willen«. In: Briefe II, S. 220-261.

»Achter Brief. Erörterung des Begriffes von der Freyheit des Willens«. In: Briefe II, S. 262-308.

»Neunter Brief. Ueber die Unverträglichkeit aller bisherigen philosophischen Begriffe von der Seele mit dem richtigen Begriffe von der Freyheit des Willens«. In: Briefe II, S. 308-351.

»Zehnter Brief. Ueber die Unverträglichkeit zwischen den bisherigen philosophischen Ueberzeugungsgründen vom Daseyn Gottes und den richtigen Begriffen von der Freyheit und dem Gesetze des Willens«. In: Briefe II, S. 351-380.

»Berlin b. Lagarde: Critik der Urtheilskraft von Immanuel Kant. (Erste Auflage.) 1790. 476 S. gr. 8. Zweyte Auflage. 1793. 482 S. gr. 8. (i Rthlr. 12 gr.)«. In: ALZ Nr. 191, 1. Juli 1793, Sp. 1-8; Nr. 192, 2. Juli 1793, Sp. 9-16; Nr. 193, 3. Juli 1793, Sp. 17-24; Nr. 194, 3. Juli 1793, Sp. 25-32.

(Beyträge II)

Beyträge zur Berichtigung bisheriger Mißverständnisse der Philosophen von Karl Leonhard Reinhold. *Zweyter Band die Fundamente des philosophischen Wissens, der Metaphysik, Moral, moralischen Religion und Geschmackslehre betreffend.* Jena, bey Johann Michael Mauke 1794.

(UU)

»Ueber den Unterschied zwischen dem gesunden Verstande und der philosophierenden Vernunft in Rücksicht auf die Fundamente des durch beyde möglichen Wissens«. In: Beyträge II, S. 1-72.

(Genius der Zeit)

»Aus einem Briefe von Jena, über Reinholds Abgang nach Kiel«. In: *Der Genius der Zeit*, Bd. 2, 6. Stück 1794, S. 245-254, 258-259.

(Vermischte Schriften I)

Auswahl vermischter Schriften, Erster Theil. Jena, bey Johann Michael Mauke 1796.

(Vermischte Schriften II)

Auswahl vermischter Schriften, Zweyter Theil. Jena, bey Johann Michael Mauke 1797.

(Bag I/II)
Aus Jens Baggesen's Briefwechsel mit Karl Leonhard Reinhold und Friedrich Heinrich Jacobi. In zwei Theilen. Erster Theil: Dezember 1790 bis Januar 1795. Zweiter Theil: Januar 1795 bis November 1801. Nebst vierzehn Beilagen. Hrsg. von Karl und August Baggesen. Leipzig: F. A. Brockhaus 1831.
(Zoeppritz)
Aus F. H. Jacobi's Nachlaß. Ungedruckte Briefe von und an Jacobi und Andere. Nebst ungedruckten Gedichten von Goethe und Lenz. Hrsg. von Rudolf Zoeppritz. Erster Band. Leipzig: Wilhelm Engelmann 1869.
(Denkwürdigkeiten)
Ausgewählte Schriften von K. A. Varnhagen von Ense (19 Bde.), sechzehnter Band: *Denkwürdigkeiten des Philosophen und Arztes Johann Benjamin Erhard*, II. Dritte vermehrte Auflage. Leipzig: F. A. Brockhaus 1874.
»Ueber die Autonomie als Princip der praktischen Philosophie der Kantischen – und der gesammten Philosophie der Fichtisch-Schellingschen Schule«. In: *Beyträge zur leichtern Übersicht des Zustandes der Philosophie beym Anfange des 19. Jahrhunderts*, Hefte 1-3: 1801, Heft 4: 1802, Hefte 5-6: 1803. Hamburg: Perthes, Zweytes Heft 1801, S. 104-140.

Zeitschriften und Werke zeitgenössischer Autoren

Abicht, Johann Heinrich: »Ueber die Freyheit des Willens«. In: *Neues philosophisches Magazin*, Bd. I/1 (1789), S. 64-85.
– *Versuch einer krittischen Untersuchung über das Willensgeschäfte und einer darauf gegründeten Beantwortung der Frage: Warum gehn die moralischen Lehren bei den Menschen so wenig in gute Gesinnungen und Handlungen über?* Frankfurt/M.: Jägerische Buchhandlung 1788.
(VMV)
– *Versuch einer Metaphysik des Vergnügens nach Kantischen Grundsätzen zur Grundlegung einer systematischen Thelematologie und Moral.* Leipzig: Joh. Philipp Haugs Wittwe 1789 (Photomech. Nachdruck in der Reihe *Aetas Kantiana*, Bd. 8, 1970).
– *Kritische Briefe über eine wahre wissenschaftliche Moral, Theologie, Rechtslehre, empirischen Psychologie und Geschmackslehre: mit prüfender Hinsicht auf die Kantische Begründung dieser Lehre.* Nürnberg: Felseker 1793.

(ALZ)
Allgemeine Literatur-Zeitung. Hrsg. von Christian Gottfried Schütz, 1785-1803. Jena: Mauke.

Beck, Jacob Sigismund: *Erläutender Auszug aus den critischen Schriften des Herrn Prof. Kant auf Anrathen desselben. Dritter Band, welcher den Standpunct darstellt, aus welchem die critische Philosophie zu beurtheilen ist*. Riga: Hartknoch 1796 (Neudruck Frankfurt/M.: Minerva 1975).

Buhle, Johann Gottlieb: *Lehrbuch der Geschichte der Philosophie und einer kritischen Literatur derselben*, Achter Theil. Göttingen: Vandenhoek und Ruprecht 1804.

Creuzer, Leonhard: *Skeptische Betrachtungen über die Freyheit des Willens mit Hinsicht auf die neuesten Theorien über dieselbe*. Giessen: Georg Friedrich Heyer 1793.

Crusius, Christian August: *Anweisung vernünftig zu leben*. Leipzig: Gleditsch 1744. In: Christian August Crusius: *Die Philosophischen Hauptwerke*. Begr. von Giorgio Tonelli. Hrsg. von Sonia Carboncini und Reinhard Finster. 5 Bde. Hildesheim / New York: Olms 1964ff., Bd. 1, eingel. von Giorgio Tonelli, 1969.

Daub, Carl: *Darstellung und Beurtheilung der Hypothesen in Betreff der Willensfreiheit*. Altona: Hammerich 1834.

Eberhard, Johann August: »Ueber den moralischen Sinn«. In: Johann August Eberhard: *Neue vermischte Schriften*. Halle: Johann Jacob Gebauer 1788, S. 182-278.

[–] »Ueber ein neues merkwürdiges Resultat der philosophischen Geschichte, in Beziehung auf die Frage vom Daseyn Gottes«. In: *Philosophisches Magazin*, Zweiten Bandes viertes Stück, 1790, S. 436-446.

[–] »Ueber Herr Reinholds Resultate der Geschichte der philosophischen Lehre von Gott«. In: *Philosophisches Magazin*, Zweiten Bandes viertes Stück, 1790, S. 447-459.

[–] »Ueber den Begriff des Vorstellungsvermögens«. In: *Philosophisches Magazin*, Dritten Bandes erstes Stück, 1790, S. 111-124.

[Eberhard, Johann August:] »Recension. Versuch einer neuen Theorie des Vorstellungsvermögens. Von Karl Leonhard Reinhold. Prag und Jena 1789«. In: *Philosophisches Magazin*, Dritten Bandes drittes Stück, 1790, S. 358-376.

Eberstein, Wilhelm Ludwig Gottlob: *Versuch einer Geschichte der Logik und Metaphysik bey den Deutschen von Leibnitz bis auf gegenwärtige Zeit*, Zweyter Band. Halle: Johann Gottfried Ruff 1799.

Erhard, Johann Benjamin: *Dissertatio inavgvralis medica exhibens ideam organi medici* [...]. Altdorf: Johann Paul Meyer 1792.

Feder, Johann Georg Heinrich: [Rezension:] »Versuch einer neuen Theorie des menschlichen Vorstellungsvermögens«. In: *Göttingische Anzeigen von gelehrten Sachen unter der Aufsicht der Königlichen Gesellschaft der Wissenschaften* Nr. 14, 23. Januar 1790, S. 129-139.

– [Rezension:] »Versuch einer neuen Theorie des menschlichen Vorstellungsvermögens. Von Karl Leonh. Reinhold. Prag und Jena, bey C. Widtmann und J. M. Mauke. 1789. 579 S. gr. 8.«. In: *Philosophische Bibliothek*, Dritter Band, 1790, S. 142-194.

(Aenesidemus-Rezension)

[Fichte, Johann Gottlieb:] [Rezension:] »Ohne Druckort: Aenesidemus, oder über die Fundamente der von dem Hrn. Prof. Reinhold in Jena gelieferten Elementar-Philosophie. Nebst einer Vertheidigung des Skepticismus gegen die Anmaßungen der Vernunft-Kritik. 1792. 445 S. 8.«. In: ALZ Nr. 47, 11. Februar 1794, Sp. 369-374; Nr. 48, 12. Februar 1794, Sp. 377-383; Nr. 49, 12. Februar 1794, Sp. 385-389 (Wiederabgedruckt in: GA I, 2, S. 41-67).

(GA)

Fichte, Johann Gottlieb: *Gesamtausgabe der Bayerischen Akademie der Wissenschaften.* Hrsg. von Reinhard Lauth und Hans Jacob. Stuttgart-Bad Cannstatt: Frommann-Holzboog 1962ff.

(Offenbarungskritik)

[–] *Versuch einer Critik aller Offenbarung*. Königsberg: Hartung 1792, 2. Aufl. 1793 (kritische Ausgabe in GA I, 1, S. 15-123).

[–] »§ 2. Theorie des Willens, als Vorbereitung einer Deduction der Religion überhaupt«. In: Offenbarungskritik 1793, GA I, 1, S. 135-153.

Flatt, Johann Friedrich: *Briefe über den moralischen Erkenntnißgrund der Religion überhaupt, und besonders in Beziehung auf die Kantische Philosophie.* Tübingen: Johann Georg Cottaische Buchhandlung 1789.

– *Fragmentarische Beyträge zur Bestimmung und Deduktion des Begriffs und Grundsatzes der Caussalität, und zur Grundlegung der natürlichen Theologie, in Beziehung auf die Kantische Philosophie*. Leipzig: Siegfried Lebrecht Crusius 1788.

– [Rezension:] »Versuch einer neuen Theorie des menschlichen Vorstellungsvermögens«. In: *Tübingische gelehrte Anzeigen* Nr. 39, 1790, S. 306ff.

(Fragmente)

[Forberg, Friedrich Carl:] *Fragmente aus meinen Papieren*. Jena: Voigt 1796.

(Lebenslauf)
[–] *Lebenslauf eines Verschollenen*. Hildburghausen / Meiningen: Keßelring 1840.
(Fülleborn)
Fülleborn, Georg Gustav: *Beyträge zur Geschichte der Philosophie*, Erstes Stück. Züllichau / Freystadt: Frommann 1791.
Garve, Christian: *Die Ethik des Aristoteles übersetzt und erläutert [...] Erster Band enthaltend die zwey ersten Bücher der Ethik nebst einer zur Einleitung dienenden Abhandlung über die verschiedenen Principe der Sittenlehre, von Aristoteles bis auf unsere Zeiten*. Breslau: Wilhelm Gottlieb Korn 1798.
Gentz, Friedrich von: »Ueber den Ursprung und die obersten Prinzipien des Rechts«. In: *Berlinische Monatsschrift* 17, April 1791, S. 370-396.
(Gurlitt)
Gurlitt, Johannes: *Abriß der Geschichte der Philosophie. Zum Gebrauch der Lehrvorträge*. Leipzig: Müller 1786.
Herbart, Johann Friedrich: *Allgemeine Metaphysik nebst den Anfängen der philosophischen Naturlehre*. In: Johann Friedrich Herbart: *Sämtliche Werke*. Hrsg. von G. Hartenstein. Bd. 3: *Schriften zur Metaphysik. Erster Theil*. Hamburg / Leipzig: Leopold Voss 1884 (Nachdruck: Aalen, Scientia Verlag 1964).
– *Zur Lehre von der Freiheit des menschlichen Willens. Briefe an Herrn Professor Griepenkerl*. In: Johann Friedrich Herbart: *Sämtliche Werke*. Hrsg. von G. Hartenstein. Bd. 9: *Schriften zur praktischen Philosophie. Zweiter Theil*. Hamburg / Leipzig: Leopold Voss 1890 (Nachdruck: Aalen, Scientia Verlag 1964).
(Ideen)
Herder, Johann Gottfried: *Ideen zur Philosophie der Geschichte der Menschheit*, Erster Theil. Riga und Leipzig: Hartknoch 1784 (Nachdruck: München / Wien, Hanser Verlag 2002).
(Betrachtungen II)
Heydenreich, Karl Heinrich: *Betrachtungen über die Philosophie der natürlichen Religion*, Zweyter Band. Leipzig: Weygandsche Buchhandlung 1791.
(Rezension VM I)
[–] [Rezension:] «Jena, in d. Cröker. Buchh.: Versuch einer Moralphilosophie von M. Carl Christian Erhard Schmid. 1790. 420 S. 8.«. In: ALZ Nr. 108, 8. April 1791, Sp. 57-64.

– *Encyclopädische Einleitung in das Studium der Philosophie nach den Bedürfnissen unsers Zeitalters. Nebst Anleitungen zur philosophischen Litteratur*. Leipzig: Weygandsche Buchhandlung 1793.
Jacobi, Friedrich Heinrich: »Ueber die Freyheit des Menschen«. In: Friedrich Heinrich Jacobi: Spinozabuch, S. XXVI-XLVIII.
(Spinozabuch)
– *Ueber die Lehre des Spinoza, in Briefen an den Herrn Moses Mendelssohn*. Breslau: Gottlieb Löwe ²1789 (Nachdruck hrsg. von Marion Lauschke: Hamburg, Meiner 2000).
Jakob, Ludwig Heinrich von: *Ueber das moralische Gefühl, an Kanzler von Hoffmann*. Halle: Franke 1788.
– »Ueber die Freiheit des Willens«. In: Kiesewetter (1788), S. 3-26.
(Prolegomena)
Kant, Immanuel: *Prolegomena zu einer jeden künftigen Metaphysik die als Wissenschaft wird auftreten können*. Riga: Johann Friedrich Hartknoch 1783 (Zitate nach Bd. V der Weischedel-Ausgabe).
(GMS)
– *Grundlegung zur Metaphysik der Sitten*. Zweyte Auflage (= BA). Riga: Johann Friedrich Hartknoch 1786 (Zitate nach Bd. VII der Weischedel-Ausgabe).
(KrV)
– *Kritik der reinen Vernunft*. Erste Auflage (= A). Riga: Johann Friedrich Hartknoch 1781; Zweite Auflage (= B). Riga: Johann Friedrich Hartknoch 1787 (Zitate nach Bd. III und IV der Weischedel-Ausgabe).
(KpV)
– *Kritik der praktischen Vernunft*. Erste Auflage (= A). Riga: Johann Friedrich Hartknoch 1788 (Zitate nach Bd. VII der Weischedel-Ausgabe).
(Über den Gebrauch)
– »Ueber den Gebrauch teleologischer Principien in der Philosophie«. In: TM I, Januar 1788, S. 36-52; Februar 1788, S. 107-136.
(KdU)
– *Kritik der Urteilskraft*. Erste Auflage (= A), Berlin / Libau: Lagarde und Friedrich 1790 (Zitate nach Bd. X der Weischedel-Ausgabe).
(Über das radikale Böse)
– »Ueber das radikale Böse in der menschlichen Natur«. In: *Berlinische Monatsschrift* 19, 1792, S. 323-385. (Zitate nach Bd. VIII der Weischedel-Ausgabe).

(MS)

- *Die Metaphysik der Sitten in zwey Theilen*, Erster Teil: *Metaphysische Anfangsgründe der Rechtslehre*. Erste Auflage (= A). Königsberg: Nicolovius 1797 (Zitate nach Bd. VIII der Weischedel-Ausgabe).

(AA)

- *Kant's gesammelte Schriften*. Hrsg. von der Königlich Preußischen Akademie der Wissenschaften. Berlin / Leipzig: Vereinigung wissenschaftlicher Verleger / Walter de Gruyter & Co. Erste Abteilung: Werke, Bde. I-IX, 1900ff.; Zweite Abteilung: Briefwechsel, Bde. X-XIII, [2]1922.
- *Werkausgabe*. Hrsg. von Wilhelm Weischedel. 12 Bde. Frankfurt/M.: Suhrkamp Taschenbuch Wissenschaft 1968-1969.

(Kar.)

Karamsin, Nikolaj Michailowitsch: *Briefe eines reisenden Russen*. Aus dem Russischen übertragen von Johann Richter. München: Winkler 1966 (Orig. in Buchform 1799-1801).

Kiesewetter, Johann Gottfried Carl Christian: *Ueber den ersten Grundsatz der Moralphilosophie. Nebst einer Abhandlung über die Freiheit von dem Herrn Prof. Jakob*. Eisleben / Halle: Friedrich Christian Dreyßig 1788.

[Kraus, Christian Jakob:] [Rezension:] »Jena, in der Crökerschen Buchhandlung: Eleutheriologie, oder über Freyheit und Nothwendigkeit, von Johann August Heinrich Ulrich. Zum Gebrauch der Vorlesungen in den Michaelisferien. 1788. 7 ½ B. 8.«. In: ALZ Nr. 100/2, 25. April 1788, Sp. 177-184 (wiederabgedruckt in AA, Bd. VIII, S. 453-460).

(MW 3)

Maimon, Salomon: *Streifereien im Gebiete der Philosophie*. In: Salomon Maimon: *Gesammelte Werke* [reprographischer Nachdruck der Originaldrukke]. Hrsg. von Valerio Verra. 6 Bde., Bd. 3. Hildesheim / New York: Olms 1965-1976.

(NTM)

Der neue Teutsche Merkur. Hrsg. von Christoph M. Wieland. Weimar: Im Verlag der Gesellschaft 1790ff.

(PM)

Philosophisches Magazin. Hrsg. von Johann August Eberhard. Halle: Johann Jacob Gebauer 1788ff.

(Aphorismen I)

Platner, Ernst: *Philosophische Aphorismen nebst einigen Anleitungen zur philosophischen Geschichte*, Erster Theil. Neue durchaus umgearbeitete Ausgabe. Leipzig: Schwickert 1784.

(Aphorismen II)
– *Philosophische Aphorismen nebst einigen Anleitungen zur philosophischen Geschichte*, Anderer Theil. Leipzig: Schwickert 1782.
(Rezension KpV)
[Rehberg, August Wilhelm:] [Rezension:] »Riga, bey Hartknoch: Kritik der praktischen Vernunft, von Immanuel Kant. 1788. 292 S. 8.«. In: ALZ Nr. 188 a und b, 6. August 1788, Sp. 345-360 (wiederabgedruckt in Schulz (1975), S. 230-256).
[Rehberg, August Wilhelm] [Rezension:] »Prag, b. Widtmann, und Jena, b. Mauke: Versuch einer neuen Theorie des Vorstellungsvermögens, von Karl Leonhard Reinhold. 1789. 68 S. Vorr. und 579 S. Text. gr. 8.«. In: ALZ Nr. 357, 19. November 1789, Sp. 417-424; Nr. 358, 20. November 1789, Sp. 425-429.
(Rezension Beyträge I)
– [Rezension:] »Jena, b. Mauke: Beyträge zur Berichtigung bisheriger Misverständnisse der Philosophen, von Karl Leonhard Reinhold. Erster Band, das Fundament der Elementarphilosophie betreffend. XII. und 456 Seiten in 8. (1 Rthr. 8 gr.)«. In: ALZ Nr. 26, 28. Januar 1791, Sp. 201-208; Nr. 27, 28. Januar 1791, Sp. 209-214.
Schelling, Friedrich Wilhelm Josef: »Allgemeine Uebersicht der neuesten philosophischen Literatur«. In: Friedrich Wilhelm Josef Schelling: *Historisch-kritische Ausgabe.* Im Auftrag der Schelling-Kommission der Bayerischen Akademie der Wissenschaften hrsg. von Hans Michael Baumgartner u. a. Stuttgart-Bad Cannstatt: Frommann-Holzboog 1976ff., Bd. I,4 (1988), S. 57-190.
Schleiermacher, Friedrich: »Über die Freiheit«. In: Friedrich Schleiermacher: *Kritische Gesamtausgabe*. Hrsg. von Hans-Joachim Birkner et al. Abt. 1: *Schriften und Entwürfe*, Bd. 1: *Jugendschriften 1787-1796*. Hrsg. von Günter Meckenstock. Berlin / New York: Walter de Gruyter 1984.
Schmid, Carl Christian Erhard: *Wörterbuch zum leichtern Gebrauch der Kantischen Schriften nebst einer Abhandlung*. Zweyte vermehrte Ausgabe. Jena: Cröker 1788.
(VM I)
– *Versuch einer Moralphilosophie*. Jena: Cröker 1790.
(EP)
– *Empirische Psychologie*. Jena: Cröker 1791.

(VM II)
– *Versuch einer Moralphilosophie*. Zweyte, vermehrte Ausgabe. Jena: Cröker 1792.
(Rezension Fundament)
– [Rezension:] »Jena, b. Mauke: Ueber das Fundament des philosophischen Wissens, von C. L. Reinhold, nebst einigen Erläuterungen über die Theorie des Vorstellungsvermögens. 1791. 222 S. 8. (18 gr.)«. In: ALZ Nr. 92, 9. April 1792, Sp. 49-56; Nr. 93, 10. April 1792, Sp. 57-60.
(Rezension Kant/Schultz)
[Schütz, Christian Gottfried:] [Rezension:] »Königsberg, bey Dengel: Erläuterungen über des Herrn Professor Kant Critik der reinen Vernunft von Johann Schulze, Königl. Preußischem Hofprediger 200 S. gr. 8 (16gr.) in Beziehung auf die Critik der reinen Vernunft von Immanuel Kant. Riga bey Hartknoch 1781. 856 S. gr. 8. (2 Th. 8 gr.) und die Prolegomena zu einer jeden künftigen Metaphysik die als Wissenschaft wird auftreten können von Immanuel Kant. 1783. 222 S. gr. 8. (16 gr.)«. In: ALZ Nr. 162, 12. Julius 1785, Sp. 41-44; Nr. 164, 14. Julius 1785, Sp. 53-56; Nr. 178, 29. Julius 1785, Sp. 117f.; Nr. 179, 30. Julius 1785 (mit Beilage), Sp. 121-128.
(Aenesidemus)
[Schulze, Gottlob Ernst:] *Aenesidemus oder über die Fundamente der von dem Herrn Prof. Reinhold in Jena gelieferten Elementar-Philosophie. Nebst einer Vertheidigung des Skepticismus gegen die Anmaaßungen der Vernunftkritik.* [Helmstedt 1792] (Photomech. Nachdruck in der Reihe *Aetas Kantiana*, Bd. 240, 1969. Neue Ausgabe hrsg. von Manfred Frank: Hamburg, Meiner 1996).
Schwab, Johann Christoph: »Ueber den Reinholdischen Versuch einer neuen Theorie des menschlichen Vorstellungsvermögens«. In: *Philosophisches Magazin*, Dritten Bandes zweytes Stück, 1790, S. 125-147.
Snell, Friedrich Wilhelm Daniel: *Menon, oder Versuch in Gesprächen die vornehmsten Punkte aus der Kritik der praktischen Vernunft des Herrn Professor Kant zu erläutern* [...]. Mannheim: Neue Hof- und akademische Buchhandlung 1789.
Stattler, Benedikt: *Anhang zum Anti-Kant in einer Widerlegung der Kantischen Grundlegung zur Metaphysik der Sitten*. München: Joseph Lentner 1788.
(TM)
Der Teutsche Merkur. Hrsg. von Christoph M. Wieland. Weimar: Carl Rudolf Hofmann 1775-1789.

(Eleutheriologie)
Ulrich, Johann August Heinrich: *Eleutheriologie, oder über Freyheit und Nothwendigkeit. Zum Gebrauch der Vorlesungen in den Michaelisferien*. Jena: Crökersche Buchhandlung 1788.
(WB 10.1/10.2)
Wieland, Christoph Martin: *Wielands Briefwechsel.* Zehnter Band (April 1788-Dezember 1790). Bearbeitet v. Uta Motschmann. Hrsg. von Siegfried Scheibe u. der Deutschen Akademie der Wissenschaften. Berlin: Akademie-Verlag. Erster Teil: Text (1992). Zweiter Teil: Anmerkungen (1993).
(WB 11.1)
– *Wielands Briefwechsel.* Elfter Band (Januar 1791-Juni 1793). Bearbeitet v. Uta Motschmann. Hrsg. von der Berlin-Brandenburgischen Akademie der Wissenschaften durch Siegfried Scheibe. Berlin: Akademie-Verlag. Erster Teil: Text (2001).
(WGW)
Wolff, Christian Friedrich von: *Gesammelte Werke*. Neu hrsg. und bearb. von J. Ecole, H. W. Arndt, Ch. A. Corr, J. E. Hofmann und M. Thomann. I. Abteilung: *Deutsche Schriften*, 22 Bde., 1971-1983; II. Abteilung: *Lateinische Schriften*, 37 Bde., 1968-1983; III. Abteilung: *Ergänzungsreihe*, 30 Bde., 1973ff. Hildesheim / New York: Olms.
– *Psychologia empirica, methodo scientifica pertractata* [...]. Frankfurt / Leipzig: s. n. 1738. In: WGW, II. Abteilung, Bd. 5. Hrsg. und bearb. von J. Ecole, 1968.
– *Psychologia rationalis, methodo scientifica pertractata* [...]. Halle: Renger 1740. In: WGW, II. Abteilung, Bd. 6. Hrsg. und bearb. von J. Ecole, ²1994.
– *Vernünfftige Gedancken von Gott, der Welt und der Seele des Menschen, auch allen Dingen überhaupt* (Deutsche Metaphysik). Halle: Renger 1751. In: WGW, I. Abteilung, Bd. 2. Hrsg. und bearb. von Ch. A. Corr, ²1997.

Sekundärliteratur

Adam, Herbert (1930): *Carl Leonhard Reinholds philosophischer Systemwechsel*. Heidelberg: C. Winter (Beiträge zur Philosophie, 19).
Allison, Henry (1990): *Kant's Theory of Freedom*. Cambridge e. a.: Cambridge University Press.

Ahlers, Rolf (2003): »Fichte, Jacobi und Reinhold über Spekulation und Leben«. In: *Fichte-Studien* 21 *(Fichte und seine Zeit. Beiträge zum vierten Kongress der Internationalen Johann-Gottlieb-Fichte-Gesellschaft in Berlin vom 03. – 08. Oktober 2000*. Hrsg. von Hartmut Traub), S. 1-25.

Alwast, Jendris (1979): Art. »Reinhold«. In: *Schleswig-Holsteinisches Biographisches Lexikon*. Hrsg. im Auftrage der Gesellschaft für Schleswig-Holsteinische Geschichte von Olaf Klose, Eva Rudolph und Ute Hayessen. Bd. 5. Neumünster: Karl Wachholtz Verlag, S. 227-231.

Ameriks, Karl (1989): »Reinhold and the Short Argument to Idealism«. In: *Proceedings of the Sixth International Kant Congress*. Hrsg. von Gerhard Funke und Thomas M. Seebohm. Bd. II/2, Washington D.C.: University Press of America, S. 441-453.

– (2000): *Kant and the Fate of Autonomy. Problems in the Appropriation of the Critical Philosophy*. Cambridge: Cambridge University Press.

– (2003): »Reinhold's Challenge: Systematic Philosophy for the Public«. In: Bondeli / Schrader (2003), S. 77-103.

Aster, Ernst von (1921): *Geschichte der neueren Erkenntnistheorie (von Descartes bis Hegel)*. Berlin / Leipzig: Vereinigung wissenschaftlicher Verleger / Walter de Gruyter & Co.

Batscha, Zwi (1977): »Einleitung«. In: *Karl Leonhard Reinhold: Schriften zur Religionskritik und Aufklärung: 1782-1784*. Hrsg. von Zwi Batscha. Bremen: Jacobi 1977, S. 9-93.

Baum, Günter (1973): »K. L. Reinholds Elementarphilosophie und die Idee des transzendentalen Idealismus«. In: *Kant-Studien* 64/2, S. 213-230.

Baum, Wilhelm (Hrsg.) (1995): *Friedrich Immanuel Niethammer. Korrespondenz mit dem Herbert- und Erhard-Kreis*. Wien: Turia & Kant.

Baumanns, Peter (1974): *Fichtes Wissenschaftslehre. Probleme ihres Anfangs. Mit einem Kommentar zu § 1 der »Grundlage der gesamten Wissenschaftslehre«*. Bonn: Bouvier.

Baur, Michael (1999): »The Role of Skepticism in the Emergence of German Idealism«. In: *The Emergence of German Idealism*. Hrsg. von Michael Baur und Daniel O. Dahlstrom. Washington, D.C.: The Catholic University of America Press, S. 63-91.

Beiser, Frederick C. (1987): *The Fate of Reason. German Philosophy from Kant to Fichte*. Cambridge, Mass. et al.: Harvard University Press.

Berger, Andreas (1998): »Systemwandel zu einer ›neuen Elementarphilosophie‹? Zur möglichen Rolle von Carl Christian Erhard Schmid in der Entwicklung von Reinholds Elementarphilosophie nach 1791«. In: *Athenäum.*

Jahrbuch für Romantik 8. Hrsg. von Manfred Frank et al. Paderborn: Schöningh, S. 137-210.

Bergmann, Julius (1892): *Geschichte der Philosophie. Zweiter Band. Erste Abtheilung: Von Kant bis einschließlich Fichte*. Berlin: Ernst Siegfried Mittler und Sohn.

Bittner, Rüdiger (1983): *Moralisches Gebot oder Autonomie*. Freiburg i. Br. / München: Alber.

Bittner, Rüdiger / Cramer, Konrad (Hrsg.) (1975): *Materialien zu Kants »Kritik der praktischen Vernunft«*. Frankfurt/M.: Suhrkamp.

Bondeli, Martin (1995): *Das Anfangsproblem bei Karl Leonhard Reinhold. Eine systematische und entwicklungsgeschichtliche Untersuchung zur Philosophie Reinholds in der Zeit von 1789 bis 1803*. Frankfurt/M.: Klostermann.

– (1995a): »Hegel und Reinhold«. In: *Hegel-Studien* 30, S. 45-87.

– (1997): *Der Kantianismus des jungen Hegel. Die Kant-Aneignung und Kant-Überwindung Hegels auf seinem Weg zum philosophischen System*. Hamburg: Meiner.

– (1997a): »Zu Fichtes Kritik an Reinholds ›empirischem‹ Satz des Bewußtseins«. In: *Fichte-Studien* 9 (*200 Jahre Wissenschaftslehre. Anfänge und Ursprünge. Zur Vorgeschichte der Jenaer Wissenschaftslehre*. Hrsg. von Wolfgang Schrader), S. 199-213.

– (2001): »Freiheit im Anschluß an Kant – Zur Kant-Reinhold Kontroverse und ihren Folgen«. In: *Kant und die Berliner Aufklärung. Akten des IX. Internationalen Kant-Kongresses.* Hrsg. von Rolf-Peter Horstmann, Volker Gerhardt und Ralf Schumacher. Bd. 5. Berlin / New York: De Gruyter, S. 243-251.

– (2003): »Reinholds Kant-Kritik in der Phase der Elementarphilosophie«. In: Bondeli / Schrader (2003), S. 1-24.

Bondeli, Martin / Schrader, Wolfgang (Hrsg.) (2003): *Die Philosophie Karl Leonhard Reinholds*. Amsterdam / Atlanta: Rodopi (im Druck).

Breazeale, Daniel (1982): »Between Kant and Fichte: Karl Leonhard Reinhold's ›Elementary Philosophy‹«. In: *Review of Metaphysics* 35, S. 785-821.

– (1998): »Putting Doubt in Its Place: K. L. Reinhold on the Relationship between Philosophical Skepticism and Transcendental Idealism«. In: *Skepticism Around 1800: Skeptical Tradition in Philosophy, Science, and Society*. Hrsg. von Johann van der Zande und Richard Popkin. Dordrecht: Kluwer, S. 119-132.

– (2003): »Reinhold gegen Maimon über den Gebrauch der Fiktionen in der Philosophie«. In: Bondeli / Schrader (2003), S. 123-151.

Carabellese, Pantaleo (1929): *Il problema della filosofia da Kant a Fichte: 1781-1801*. Palermo: Trimarchi 1929.

Cassirer, Ernst (1920/1994): *Das Erkenntnisproblem in der Philosophie und Wissenschaft der neueren Zeit*. Bd. 3: *Die nachkantischen Systeme*. Darmstadt: Wissenschaftliche Buchgesellschaft (Nachdruck der Berliner Originalausgabe).

Cesa, Claudio (1993): »Der Begriff ›Trieb‹ in den Frühschriften von J. G. Fichte (1792-1794)«. In: Claudio Cesa / Norbert Hinske (Hrsg.): *Kant und sein Jahrhundert. Festschrift für Giorgio Tonelli*. Bern / New York: Peter Lang, S. 165-186.

Chenet, François (Hrsg.) (1989): *Karl Leonhard Reinhold: Philosophie élémentaire*. Paris: Vrin.

– (1989a): »Préface« zu Chenet 1989.

Cicero, Marcus Tullius (2000): *Über das Schicksal = De fato*. Lateinisch-deutsch. Hrsg. und übers. von Karl Bayer. 4. Aufl., Zürich: Artemis (Reihe Tusculum).

Cloeren, Hermann-J. (1972): »Philosophie als Sprachkritik bei Karl Leonhard Reinhold. Interpretative Bemerkungen zu seiner Spätphilosophie«. In: *Kant-Studien* 63, S. 225-236.

Coreth, Emerich (1985): »Zur Elementarphilosophie Karl Leonhard Reinholds«. In: *Zeitschrift für katholische Theologie* 107, S. 259-270.

di Giovanni, George (1995): »The Moral Individual: Kant's Reply to Rehberg and Reinhold«. In: *Proceedings of the Eight International Kant Congress*. Hrsg. von Hoke Robinson. Bd. II/1. Milwaukee: Marquette University Press, S. 49-60.

– (2000): »The Facts of Consciousness«. In: di Giovanni / Harris (2000), S. 3-53.

– (2003): »1799: The Year of Reinhold's Conversion to Jacobi«. In: Bondeli / Schrader (2003), S. 259-282.

di Giovanni, George / Harris, Henry S. (2000): *Between Kant and Hegel: Texts in the Development of Post-Kantian Idealism*. Albany, N.Y.: Hackett (1. Aufl. 1985).

Dilthey, Wilhelm (1889): »Die Rostocker Kanthandschriften«. In: *Archiv für Geschichte der Philosophie* 2, S. 592-650.

Durante, Gaetano (1943): *Gli epigoni di Kant*. Firenze: Sansoni.

Engfer, Hans-Jürgen (1982): *Philosophie als Analysis: Studien zur Entwicklung philosophischer Analysiskonzeptionen unter dem Einfluß mathematischer*

Methodenmodelle im 17. und frühen 18. Jahrhunderts. Stuttgart-Bad Cannstatt: Frommann-Holzboog.
– (1982a): »Handeln, Erkennen und Selbstbewußtsein bei Kant und Fichte. Historische Anmerkungen zur Handlungstheorie in systematischer Absicht«. In: *Philosophische Probleme der Handlungstheorie*. Hrsg. von Hans Poser. Freiburg i. Br. / München: Alber, S. 101-125.
Erdmann, Johann E. (1834/1931): *Versuch einer wissenschaftlichen Darstellung der Geschichte der neueren Philosophie*, Bd. V: *Die Entwicklung der deutschen Spekulation seit Kant*, Bd. 1. Stuttgart-Bad Cannstatt: Frommann-Holzboog (Faksimiledruck der Originalausgabe).
Fabbianelli, Faustino (1998): *Impulsi e libertà. »Psicologia« e »trascendentale« nella filosofia pratica di J. G. Fichte*. Genova: Pantograf.
– (1998/99): »La concezione della libertà del volere nel ›Versuch einer neuen Theorie des menschlichen Vorstellungsvermögens‹ di Karl Leonhard Reinhold«. In: *Annali del Dipartimento di Filosofia dell'Università di Firenze*, S. 39-53.
– (2000): »Die Theorie der Willensfreiheit in den ›Briefen über die Kantische Philosophie‹ (1790-92) von Karl Leonhard Reinhold«. In: *Philosophisches Jahrbuch* 107, S. 428-443.
– (2001): »Elementarphilosophie und Wissenschaftslehre: zwei Modelle der Transzendentalphilosophie«. In: *Der transzendentalphilosophische Zugang zur Wirklichkeit*. Hrsg. von Erich Fuchs und Marco Ivaldo. Stuttgart-Bad Cannstatt: Frommann-Holzboog.
– *Die zeitgenössischen Rezensionen der Elementarphilosophie K. L. Reinholds*. Hildesheim: Olms.
Fischer, Kuno (1914): *Geschichte der neuern Philosophie*. Heidelberg et al.: Carl Winter's Universitätsbuchhandlung, Bd. 5: *J. G. Fichte und seine Vorgänger* (4. Aufl.; Nendeln: Klaus Reprint 1973).
Fortlage, Carl (1852): *Genetische Geschichte der Philosophie seit Kant*. Leipzig: Brockhaus.
Frank, Ernst (1904): *Der Primat der praktischen Vernunft in der frühnachkantischen Philosophie*. Inauguraldissertationen Erlangen. Erlangen: Universitätsdruckerei von E. Th. Jacob.
Frank, Manfred (1996): »›Alle Wahrheit ist relativ, alles Wissen symbolisch‹. Motive der Grundsatz-Skepsis in der frühen Jenaer-Romantik (1796)«. In: *Revue internationale de philosophie* 197: *Le premier romantisme allemand*. Hrsg. von Manfred Frank, S. 403-436.

– (1996a): »Einleitung«. In: [Gottlob Ernst Schulze:] *Aenesidemus oder über die Fundamente der von dem Herrn Professor Reinhold in Jena gelieferten Elementar-Philosophie. Nebst einer Verteidigung des Skeptizismus gegen die Anmaßungen der Vernunftkritik*. Hrsg. von Manfred Frank. Hamburg: Meiner, S. IX-LXXVIII.

– (1997): *»Unendliche Annäherung«. Die Anfänge der philosophischen Frühromantik*. Frankfurt/M.: Suhrkamp Taschenbuch Wissenschaft.

Franks, Paul (2000): »Transcendental Arguments, Reason, and Scepticism: Contemporary Debates and the Origins of Post-Kantianism«. In: *Transcendental Arguments. Problems and Prospects*. Hrsg. von Robert Stern. Oxford: Clarendon Press, S. 111-145.

– (2000a): »All or Nothing: Systematicity and Nihilism in Jacobi, Reinhold, and Maimon«. In: *The Cambridge Companion to German Idealism*. Hrsg. von Karl Ameriks. Cambridge: Cambridge University Press, S. 95-116.

Fuchs, Gerhard W. (1994): *Karl Leonhard Reinhold – Illuminat und Philosoph*. Frankfurt/M. et al.: Peter Lang.

Gawlina, Manfred (1995): *Das Medusenhaupt der Kritik. Die Kontroverse zwischen Immanuel Kant und Johann August Eberhard*. Berlin / New York: De Gruyter.

Gerten, Michael (2003): »Begehren und Wollen. Zur Grundlegung der praktischen Philosophie bei C. L. Reinhold«. In: Bondeli / Schrader (2003), S. 153-189.

Gliwitzky, Johann (1965): *Die Fortentwicklung des Kantischen Freiheitsbegriffes in der Fichteschen Philosophie bis zur ›Grundlage der gesammten Wissenschaftslehre‹ von 1794*. Inauguraldissertation München. München: Uni-Druck.

– (1974): »Briefe von und an Carl Leonhard Reinhold (Katalog)«. In: Lauth (1974), S. 293-315.

Goubet, Jean-François (Hrsg.) (1999): *Karl Leonhard Reinhold: Le principe de conscience. Nouvelle présentation des Moments principaux de la philosophie élémentaire*. Paris: L'Harmattan.

– (1999a): »Présentation«. In: Goubet (1999), S. 1-47.

Grondin, Jean (1989): *Kant et le problème de la philosophie: l'a priori*. Paris: Vrin.

– (1989a): »De Kant à Fichte«. In: *Proceedings of the Sixth International Kant Congress*. Hrsg. von Gerhard Funke und Thomas M. Seebohm. Washington D.C.: University Press of America, S. 471-492.

Guéroult, Martial (1929): *La philosophie transcendantale de Salomon Maïmon.* Thèse pour le doctorat ès lettres. Paris: Félix Alcan.
– (1930/1982): *L'évolution et la structure de la doctrine de la science chez Fichte*. Paris: Les Belles Lettres (Nachdruck: Hildesheim, Olms).
– (1974): *Etudes sur Fichte*. Paris: Aubier Montaigne.
Hartmann, Nicolai (1923): *Die Philosophie des deutschen Idealismus*, I. Theil: *Fichte, Schelling und die Romantik*. Berlin / Leipzig: Walter de Gruyter.
[Hasse, Friedrich C. A.:] *Zeitgenossen. Biographien und Charakteristiken.* Leipzig: F. A. Brockhaus 1826, Neue Reihe, Bd. 5, Heft XIX, S. 41-76.
Henrich, Dieter (1975): »Die Deduktion des Sittengesetzes. Über die Gründe der Dunkelheit des letzten Abschnittes von Kants ›Grundlegung zur Metaphysik der Sitten‹«. In: *Denken im Schatten des Nihilismus. Festschrift für Wilhelm Weischedel.* Hrsg. von Alexander Schwan. Darmstadt: Wissenschaftliche Buchgesellschaft, S. 55-112.
– (1989): »Die Anfänge der Theorie des Subjekts (1789)«. In: *Zwischenbetrachtungen. Im Prozeß der Aufklärung*. Hrsg. von Axel Honneth, Thomas McCarthy, Claus Offe und Albrecht Wellmer. Frankfurt/M.: Suhrkamp, S. 106-170.
– (1991): *Konstellationen. Probleme und Debatten am Ursprung der idealistischen Philosophie* (1789-1795). Stuttgart: Klett-Cotta.
– (1992): *Der Grund im Bewußtsein. Untersuchungen zu Hölderlins Denken* (1794-1795). Stuttgart: Klett-Cotta.
– (Hrsg.) (1997): *Immanuel Carl Diez. Briefwechsel und Kantische Schriften. Wissensbegründung in der Glaubenskrise Tübingen-Jena* (1790-1792). Stuttgart: Klett-Cotta.
Hinske, Norbert et al. (1995): *Der Aufbruch in den Kantianismus. Der Frühkantianismus an der Universität Jena von 1785-1800 und seine Vorgeschichte*. Stuttgart-Bad Cannstatt: Frommann-Holzboog.
Holzer, Paul (1921): *Carl Leonhard Reinholds Wandlungen*. Inauguraldissertation Erlangen (Maschinenschrift).
Holzheimer, Franz (1936): *Der logische Gedanke von Kant bis Hegel.* Paderborn: Ferdinand Schöningh.
Horkheimer, Max (1990): *Vorlesungen über die Geschichte der deutschen idealistischen Philosophie*. In: Max Horkheimer: *Gesammelte Schriften*, Bd. 10: *Nachgelassene Schriften* 1914-1931. Frankfurt/M.: Fischer.
Horstmann, Rolf-Peter (1972): »Maimon's Criticism of Reinhold's ›Satz des Bewußtseins‹«. In: *Proceedings of the third international Kant congress.* Hrsg. von Lewis W. Beck. Dordrecht: Kluwer, S. 330-336.

– (1991): *Die Grenzen der Vernunft. Eine Untersuchung zu Zielen und Motiven des Deutschen Idealismus*. Frankfurt/M.: Anton Hain.

Kabitz, Willy (1902): *Studien zur Entwicklungsgeschichte der Fichteschen Wissenschaftslehre aus der Kantischen Philosophie. Mit bisher ungedruckten Stücken aus Fichtes Nachlaß*. Berlin: Reuther & Reichard.

Keil, Robert (Hrsg.) (1885): *Aus klassischer Zeit. Wieland und Reinhold. Original-Mittheilungen als Beiträge zur Geschichte des deutschen Geisteslebens im XVIII. Jahrhundert*. Leipzig: Wilhelm Friedrich.

Kim, Yun Ku (1996): *Religion, Moral und Aufklärung. Reinholds philosophischer Werdegang*. Frankfurt/M. et al.: Peter Lang.

Klemmt, Alfred (1958): *Karl Leonhard Reinholds Elementarphilosophie. Eine Studie über den Ursprung des spekulativen deutschen Idealismus*. Hamburg: Felix Meiner Verlag.

– (1961): »Die philosophische Entwicklung Karl Leonhard Reinholds nach 1800«. In: *Zeitschrift für philosophische Forschung* XV, S. 79-101, 250-277.

König, Alfred P. (1972): »Reinholds Modifikation des Kantischen analytischen Urteils«. In: *Kant-Studien* 73, S. 63-69.

– (1980): *Denkformen in der Erkenntnis. Die Urteilstafel bei Immanuel Kant und Karl Leonhard Reinhold*. Bonn: Bouvier.

Krings, Hermann (1977): »System und Freiheit. Beitrag zu einem ungelösten Problem«. In: *Ist systematische Philosophie möglich?* (*Hegel-Studien*, Beiheft 17). Hrsg. von Dieter Henrich. Bonn: Bouvier, S. 35-51.

Kronenberg, Moritz (1912): *Geschichte des Deutschen Idealismus*, Zweiter Band: *Die Blütezeit des deutschen Idealismus. Von Kant bis Hegel*. München: C. H. Beck.

Kroner, Richard (1921): *Von Kant bis Hegel*. Erster Band. Tübingen: Mohr.

Kühn, Manfred (1987): *Scottish Common Sense in Germany, 1768-1800. A Contribution to the History of Critical Philosophy*. Kingston / Montreal: McGill's / Queens University Press.

Landau, Albert (Hrsg.) (1991): *Rezensionen zur Kantischen Philosophie 1781-1787*. Bebra: Albert Landau Verlag.

Landucci, Sergio (1994): *Sull'etica di Kant*. Milano: Guerini e Associati.

Lauth, Reinhard (Hrsg.) (1974): *Philosophie aus einem Prinzip. Karl Leonhard Reinhold. Sieben Beiträge nebst einem Briefekatalog aus Anlaß seines 150. Todestages*. Bonn: Bouvier.

– (1979): »Nouvelles recherches sur Reinhold et l'Aufklaerung«. In: *Archives de Philosophie* 42, cahier 4, S. 593-629.

Lazzari, Alessandro (1995): »Zwischen Illuminatismus und Vernunftkritik. Neue Literatur zu K. L. Reinhold«. In: *Freiburger Zeitschrift für Philosophie und Theologie* 42, Heft 3, S. 416-424.
– (1997): »Fichtes Entwicklung von der zweiten Auflage der Offenbarungskritik bis zur Rezeption von Schulzes Aenesidemus«. In: *Fichte-Studien* 9 (*200 Jahre Wissenschaftslehre. Anfänge und Ursprünge. Zur Vorgeschichte der Jenaer Wissenschaftslehre*. Hrsg. von Wolfgang Schrader), S. 181-196.
– (2003): »K. L. Reinholds Behandlung der Willens- und Freiheitsthematik zwischen 1789 und 1792«. In: Bondeli / Schrader (2003), S. 191-215.
– (2003a): »Denkräume der Freiheit. Bemerkungen zur Methodologie der Philosophiegeschichte anhand eines Beispiels«. In: *Metamorphosen der Vernunft. Festschrift für Karen Gloy*. Hrsg. von Alessandro Lazzari. Würzburg: Königshausen & Neumann, S. 119-130.
– (2003b): »Zur Genese von K. L. Reinholds ›Satz des Bewußtseins‹« (MS).
Lenk, Hans (1968): *Kritik der logischen Konstanten. Philosophische Begründungen der Urteilsformen vom Idealismus bis zur Gegenwart*. Berlin: Walter de Gruyter & Co.
Léon, Xavier (1922/24): *Fichte et son temps*, 3 Bde. Paris: Armand Colin.
Leopoldsberger, Jürgen (1968/69): »Anfang und Methode als die Grundprobleme der systematischen Philosophie: Reinhold, Fichte, Hegel«. In: *Salzburger Jahrbuch für Philosophie* XII/XIII, S. 7-48.
Liebmann, Otto (1865/1912): *Kant und die Epigonen. Eine kritische Abhandlung*. Besorgt von Bruno Bauch. Berlin: Reuther & Reichard.
Maréchal, Joseph (1947): *Le point de départ de la métaphysique*, Cahier IV: *Le système idéaliste chez Kant et les postkantiens*. Bruxelles / Paris: L'Edition Universelle / Desclée de Brouwer.
Martin, Wayne M. (1997): *Idealism and Objectivity: Understanding Fichte's Jena Project*. Stanford: Stanford University Press.
Mensen, Bernhard (1974): »Reinhold zur Frage des ersten Grundsatzes der Philosophie«. In: Lauth (1974), S. 108-128.
Merle, Jean-Christophe (1995): »La volonté dans la seconde version de l'Essai d'une critique de toute révélation (1793) et l'émergence de la dimension pratique de la religion chez Fichte«. In: *L'année 1793. Kant sur la politique et la religion*. Hrsg. von Jean Ferrari. Paris: Vrin, S. 225-232.

– (1995a): »La synthèse pratique de la seconde version de l'Essai d'une critique de toute révélation«. In: *Le Bicentenaire de la Doctrine de la science de Fichte (1794-1994). Actes du colloque de Poitiers (4-6 octobre 1994) organisé par le Centre de recherche et documentation sur Hegel et Marx*. Lille: *Les Cahiers de philosophie*, numéro hors série, S. 47-67.

Michelet, Carl Ludwig (1837): *Geschichte der letzten Systeme der Philosophie in Deutschland*, Erster Theil. Berlin: Duncker & Humblot.

Mittmann, Jörg-Peter (1993): *Das Prinzip der Selbstgewißheit. Fichte und die Entwicklung der nachkantischen Grundsatzphilosophie*. Bodenheim: Athenäum Hain Hanstein.

Moeller, Nikolaï (1910): *De Leibnitz à Hegel: Un chapitre de l'histoire de la Philosophie en Allemagne*. Bruxelles: Bureaux de Durendal.

Moiso, Francesco (1995): »›Wille‹ e ›Willkür‹ in Fichte«. In: *Revue internationale de philosophie* 191/1 (*L'idéalisme allemand*), S. 5-38.

Muralt, André de (1958): *La conscience transcendantale dans le criticisme kantien. Essai sur l'unité d'apperception*. Paris: Aubier Montaigne.

Nelson, Leonard (1970): *Gesammelte Schriften in neun Bänden*. Hrsg. von Paul Bernays u. a. Hamburg: Meiner 1970ff., Bd. 7: *Fortschritte und Rückschritte der Philosophie. Von Hume und Kant bis Hegel und Fries.*

– (1973): *Gesammelte Schriften in neun Bänden*. Hrsg. von Paul Bernays u. a. Hamburg: Meiner 1970ff., Bd. 2: *Geschichte und Kritik der Erkenntnistheorie*.

Neuhouser, Frederick (1990): *Fichte's Theory of Subjectivity*. Cambridge: Cambridge University Press.

Nuzzo, Angelica (1994): »Metamorphosen der Freiheit in der Jenenser Kant-Rezeption (1785-1794)«. In: Strack (1994), S. 484-518.

Oittinen, Vesa (2003): »Reinhold, ein Cartesianer?« (MS)

Olivier, Paul (1941): *Zum Willensproblem bei Kant und Reinhold*. Berlin: Emil Ebering.

Pallon, Egon (1921): *Die Freiheitslehre Fichtes in ihrer historischen Entwicklung*. Inauguraldissertation Marburg (Maschinenschrift).

Peetz, Siegbert (1995): *Die Freiheit im Wissen. Eine Untersuchung zu Schellings Konzept der Rationalität*. Frankfurt/M.: Klostermann.

Perconti, Pietro (1999): *Kantian Linguistics. Theories of Mental Representation and the Linguistic Transformation of Kantism*. Münster: Nodus.

Pfeifer, Albert (1935): *Die Philosophie der Kantperiode Karl Leonhard Reinholds*. Inauguraldissertation Bonn. Wuppertal-Elberfeld: Voerckel.

Piché, Claude (1995): *Kant et ses épigones*. Paris: Vrin.

Pierini, Aldo (1941): »Carlo Leonardo Reinhold: il metodo della filosofia elementare, il ›principio della coscienza‹ e il problema della cosa in sé«. In: *Giornale critico della filosofia italiana* 22, S. 162-176.

Pinkard, Terry (2002): *German Philosophy 1760-1869. The Legacy of Idealism.* Cambridge: Cambridge University Press.

Prantl, Carl (1889): Art. »Reinhold«. In: *Allgemeine Deutsche Biographie*, Bd. 28. Leipzig: Duncker & Humblot, S. 82-84.

Prauss, Gerold (1983): *Kant über Freiheit als Autonomie*. Frankfurt/M.: Klostermann.

Pupi, Angelo (1962): *Alla soglia dell'età romantica*. Milano: Vita e pensiero.

– (1966): *La formazione della filosofia di K. L. Reinhold 1784-1794*. Milano: Vita e pensiero.

Randall, John H. (1965): *The Career of Philosophy*, Volume II: *From the German Enlightenment to the Age of Darwin*. New York / London: Columbia University Press.

Rauchbauer, Martin (1996): *Aufklärung und Geschichte. Die Philosophie Karl Leonhard Reinholds*. Lizentiatsarbeit Universität Wien [Eigendruck].

Reicke, Rudolf (1856): *De explicatione, qua Reinholdus gravissimum in Kantii Critica rationis purae locum epistolis suis illustraverit*. Inauguraldissertation Königsberg. Königsberg: Dalkowski.

Reinhold, Ernst (1825): *Karl Leonhard Reinhold's Leben und litterarisches Wirken, nebst einer Auswahl von Briefen Kant's, Fichte's, Jacobi's und andrer philosophirender Zeitgenossen an ihn*. Jena: Frommann.

– (1845): *Geschichte der Philosophie nach den Hauptmomenten ihrer Entwicklung*, Bd. 2, 3. Aufl. Jena: Mauke.

Richter, Heinrich Moritz (1882): »Aus dem Zeitalter der französischen Revolution. Ungedruckte Briefe des Philosophen und Arztes Joh. Benjamin Erhard«. In: *Deutsche Revue über das gesammte nationale Leben der Gegenwart*, Siebenter Jahrgang, Heft 11., November, S. 209-229.

Rivelaygue, Jacques (1990): *Leçons de métaphysique allemande*, Tome I: *De Leibniz à Hegel*. Paris: Grasset.

Rockmore, Tom (1986): *Hegel's Circular Epistemology*. Bloomington: Indiana University Press.

Röhr, Sabine (1995): *A Primer on German Enlightenment. With a Translation of Karl Leonhard Reinhold's The Fundamental Concepts and Principles of Ethics*. Columbia / London: University of Missouri Press.

– (1995a): »Historical-Analytical Introduction«. In: Röhr (1995), S. 3-153.

Röttgers, Kurt (1974): »Die Kritik der reinen Vernunft und K. L. Reinhold. Fallstudie zur Theoriepragmatik in Schulbildungsprozessen«. In: *Akten des 4. Internationalen Kant-Kongresses*. Hrsg. von Gerhard Funke. Berlin / New York: De Gruyter, Bd. II/2, S. 789-804.

Rohs, Peter (1969): »Philosophie«. In: *Geschichte der Christian-Albrechts-Universität Kiel 1665-1965*, Bd. 5: *Geschichte der Philosophischen Fakultät*, Teil 1. Bearb. von Peter Rohs, Meinhart Volkamer et al. Neumünster: Karl Wachholtz, S. 9-104.

Rosen, Michael (2000): »From Kant to Fichte: A Reply to Franks«. In: *Transcendental Arguments. Problems and Prospects*. Hrsg. von Robert Stern. Oxford: Clarendon Press, S. 147-153.

Rosenkranz, Karl (1840/1987): *Geschichte der Kant'schen Philosophie*. Hrsg. von Steffen Dietzsch. Berlin: Akademie Verlag.

Rotta, Graziella (1990): »Il ›Saggio di una critica di ogni rivelazione‹ di J. G. Fichte e la filosofia pratica di Kant«. In: *Studi Kantiani* III, S. 63-89.

– (1995): *La »idea Dio«. Il pensiero religioso di Fichte fino all'Atheismusstreit*. Genova: Pantograf.

– (1997): »Die Grundzüge der Moral in der zweiten Auflage der *Offenbarungskritik* Fichtes (1793)«. In: *Fichte-Studien* 11 (*Materiale Disziplinen der Wissenschaftslehre – die Theorie der Gefühle*. Hrsg. von Wolfgang Schrader), S. 135-146.

Sauer, Werner (1982): *Österreichische Philosophie zwischen Aufklärung und Restauration. Beiträge zur Geschichte des Frühkantianismus in der Donaumonarchie*. Amsterdam / Atlanta: Rodopi.

– (1992): »Reinholds Versuch zur Überwindung der Kantischen Dualität von Anschauung und Begriff«. In: *Verdrängter Humanismus – verzögerte Aufklärung*. Hrsg. von Michael Benedikt, Wilhelm Baum und Reinhold Knoll. Wien: Turia & Kant, S. 828-851.

Schelle, Hansjörg (1971): »Unbekannte Briefe C. M. Wielands an Carl Leonhard Reinhold«. In: *Lessing-Yearbook* III, S. 7-24.

Schmidt, Raymund (1923): »Einleitung« zu: Reinhold, Karl Leonhard: *Briefe über die Kantische Philosophie*. Hrsg. von Raymund Schmidt. Leipzig: Reclam.

Schönborn, Alexander von (1991): *Karl Leonhard Reinhold. Eine annotierte Bibliographie*. Stuttgart-Bad Cannstatt: Frommann-Holzboog.

– (1997): »Fichte und Reinhold über die Begrenzung der Philosophie«. In: *Fichte-Studien* 9 (*200 Jahre Wissenschaftslehre. Anfänge und Ursprünge. Zur*

Vorgeschichte der Jenaer Wissenschaftslehre. Hrsg. von Wolfgang Schrader), S. 241-255.

– (1999): »Karl Leonhard Reinhold: ›... Endeavoring to keep up the pace mit unserem zeitalter‹«. In: *The Emergence of German Idealism*. Hrsg. von Michael Baur und Daniel O. Dahlstrom. Washington, D.C.: The Catholic University of America Press, S. 33-62.

– (2003): »Reinholds letztes Werk: Anfang im Ende«. In: Bondeli / Schrader (2003), S. 303-321.

Schönecker, Dieter (1999): *Kant: Grundlegung III. Die Deduktion des kategorischen Imperativs*. Freiburg / München: Alber.

Schönfuß, Walther (1914): *Das erste Jahrzehnt der Allgemeinen Literatur-Zeitung*. Dresden: Buchdruckerei Oskar Lehnert.

Schrader, Wolfgang (1983): »Systemphilosophie als Aufklärung: Zum Philosophiebegriff K. L. Reinholds«. In: *Studia Leibnitiana* 15, S. 72-81.

– (1987): »›Wir denken über keinen einzigen Begriff gleich‹ – Die Auseinandersetzung zwischen Reinhold und Maimon«. In: *Fortschritt der Aufklärung. Studien zur Dialektik. Klassische europäische Philosophie und materialistische Dialektik*. Hrsg. von Hans Jörg Sandkühler und Hans Heinz Holz. Köln: Pahl-Rugenstein, S. 41-64.

– (1991): »Etica autonoma – etica dell'autonomia. Sulla relazione fra etica ed antropologia in J.G. Fichte«. In: *Giornale critico della filosofia italiana* 70, S. 161-177.

– (1993): »C. L. Reinholds ›Systemwechsel‹ von der Wissenschaftslehre zum rationalen Realismus Bardilis in der Auseinandersetzung mit J. G. Fichte«. In: *Transzendentalphilosophie und Spekulation. Der Streit um die Gestalt einer ersten Philosophie (1799-1807)*. Hrsg. von Walter Jaeschke. Bd. 1. Hamburg: Meiner, S. 85-104.

Schröpfer, Horst (1995): »Karl Leonhard Reinhold – sein Wirken für das allgemeine Verständnis der ›Hauptresultate‹ und der ›Organisation des Kantischen Systems‹«. In: Hinske et al. (1995), S. 101-120.

– (1995a): »Carl Christian Erhard Schmid – der ›bedeutendste Kantianer‹ an der Universität Jena im 18. Jahrhundert«. In: Hinske et al. (1995), S. 37-83.

– (2003): *Kants Weg in die Öffentlichkeit. Christian Gottfried Schütz als Wegbereiter der kritischen Philosophie*. Stuttgart-Bad Cannstatt: Frommann-Holzboog (im Druck).

Schüttler, Hermann (1988): »Karl Leonhard Reinhold und die Illuminaten im Vorfeld der Französischen Revolution«. In: *Deutscher Idealismus und Fran-*

zösische Revolution. Hrsg. von Manfred Buhr. Trier: Studienzentrum Karl-Marx-Haus, S. 49-75.
Schuhmann, Karl (1968): »Reinholds Vorstellungstheorie und die Metaphysik«. In: *Tijdschrift voor Filosofie* 30/2, S. 264-324.
Schulz, Eberhard G. (1975): *Rehbergs Opposition gegen Kants Ethik. Eine Untersuchung ihrer Grundlagen, ihrer Berücksichtigung durch Kant und ihrer Wirkungen auf Reinhold, Schiller und Fichte*. Köln / Wien: Böhlau.
Seifert, Siegfried (1994): »›Eine vollständige Übersicht der Kantischen Grundsätze‹. Die Jenaer ›Allgemeine Literatur-Zeitung‹ und ihr Beitrag zur Kritik in einer Zeit des Umbruchs und des Aufbruchs«. In: Strack (1994), S. 275-293.
Selling, Magnus (1938): *Studien zur Geschichte der Transzendentalphilosophie*, Bd. 1: *Karl Leonhard Reinholds Elementarphilosophie in ihrem philosophiegeschichtlichen Zusammenhang. Mit Beilagen Fichtes Entwicklung betreffend*. Lund: Håkan Ohlssons Buchdruckerei.
Sennewald, Lothar (1929): *Carl Christian Erhard Schmid und sein Verhältnis zu Fichte. Ein Beitrag zur Geschichte der Kantischen Philosophie*. Leipzig: Frommhold & Wendler.
Seuffert, Bernhard (1887): Rezension von Keil (1885). In: *Anzeiger für deutsches Alterthum* 13, S. 259-291.
Spanje, Daniel van (1988): *Een kommentaar bij de voorstellingstheorie van Karl Leonhard Reinhold: uitleg en achtergronden bij de paragrafen VI tot XII van Boek II van de Versuch einer neuen Theorie des menschlichen Vorstellungsvermögens, Praag 1789*. Diplomarbeit Universität Utrecht [Eigendruck].
Spickhoff, Karl (1961): *Die Vorstellung in der Polemik zwischen Reinhold, Schulze und Fichte 1792-94*. Inauguraldissertation München. München: Uni-Druck.
Stamm, Marcelo (1995): »Das Programm des methodologischen Monismus. Subjekttheoretische und methodologische Aspekte der Elementarphilosophie K. L. Reinholds«. In: *Neue Hefte für Philosophie* 35, S. 18-31.
– (1997): »Prinzipien und System. Rezeptionsmodelle der Wissenschaftslehre Fichtes 1794«. In: *Fichte-Studien* 9 (*Anfänge und Ursprünge. Zur Vorgeschichte der Jenaer Wissenschaftslehre*. Hrsg. von Wolfgang Schrader), S. 215-240.
Starnes, Thomas (1987): *Christoph Martin Wieland. Leben und Werk. Aus zeitgenössischen Quellen chronologisch dargestellt*, 3 Bde., Bd. 2: *Der berühmteste Mann in Teutschland 1784-1799*. Sigmaringen: Jan Thorbecke.

Stolzenberg, Jürgen (1986): *Fichtes Begriff der intellektuellen Anschauung. Die Entwicklung in den Wissenschaftslehren von 1793/94 bis 1801/02*. Stuttgart: Klett-Cotta.

– (1996): »Selbstbewußtsein: ein Problem der Philosophie nach Kant«. In: *Revue Internationale de Philosophie* 197/3: *Le premier romantisme allemand*, S. 461-482.

Strack, Friedrich (Hrsg.) (1994): *Evolution des Geistes: Jena um 1800. Natur und Kunst, Philosophie und Wissenschaft im Spannungsfeld der Geschichte*. Stuttgart: Klett-Cotta.

Teichner, Wilhelm (1976): *Rekonstruktion oder Reproduktion des Grundes. Die Begründung der Philosophie als Wissenschaft durch Kant und Reinhold*. Bonn: Bouvier.

Thomas-Fogiel, Isabelle (2000): *Critique de la représentation. Etude sur Fichte*. Paris: Vrin.

Timm, Hermann (1974): *Gott und die Freiheit. Studien zur Religionsphilosophie der Goethezeit*, Bd. 1: *Die Spinozarenaissance*. Frankfurt/M.: Klostermann.

Tomasi, Gabriele (1988): »Moralità e libertà. Appunti su un problema della prima recezione dell'etica kantiana«. In: *Verifiche* 17, S. 301-326.

Valenza, Pierluigi (1994): *Reinhold e Hegel. Ragione storica e inizio assoluto della filosofia*. Padova: CEDAM.

– (2003): »Das Verhältnis von Denken und Sprache in der Spätphilosophie Reinholds«. In: Bondeli / Schrader (2003), S. 283-301.

Verra, Valerio (1951): *Reinhold e le Lettere su la filosofia kantiana*. Torino: Edizioni di »Filosofia«.

Vleeschauwer, Herman J. de (1937): *La déduction transcendantale dans l'œuvre de Kant*, Tome troisième: *La déduction transcendantale de 1787 jusqu'à l'Opus postumum*. Antwerpen / Paris / 'S Gravenhage: De Sikkel / Librairie Ernest Leroux / Martinus Nijhoff.

Wahl, Hans (1933): »Wieland und die Allgemeine Literatur-Zeitung«. In: *Jahrbuch der Goethe-Gesellschaft* 19, S. 167-202.

Wallwitz, Georg Graf von (1998): *Die Interpretation und Ausformung von Kants Philosophie durch Carl Christian Erhard Schmid* (1762-1812). Aachen: Shaker.

– (1999): »Fichte und das Problem des intelligiblen Fatalismus«. In: *Fichte-Studien* 15 (*Transzendentale Logik*. Hrsg. von Klaus Hammacher et al.), S. 121-145.

Warda, Arthur (1922): *Immanuel Kants Bücher*. Berlin: Breslauer.

Weinhandl, Ferdinand (1930): »Carl Leonhard Reinhold. Ein Kapitel aus der Problemgeschichte des Kritizismus«. In: *Veröffentlichungen der Schleswig-Holsteinischen Universitätsgesellschaft, Jahrbuch* 26 (1929), S. 65-94.

Wellek, René (1984): »Between Kant and Fichte: Karl Leonhard Reinhold«. In: *Journal of the History of Ideas* 45/2, S. 323-327.

Wildfeuer, Armin (1999): *Praktische Vernunft und System. Entwicklungsgeschichtliche Untersuchungen zur ursprünglichen Kant-Rezeption Johann Gottlieb Fichtes*. Stuttgart-Bad Cannstatt: Frommann-Holzboog.

Wittekind, Folkart (1997): »Von der Religionsphilosophie zur Wissenschaftslehre. Die Religionsbegründung in Paragraph 2 der zweiten Auflage von Fichtes *Versuch einer Kritik aller Offenbarung*«. In: *Fichte-Studien* 9 (*Anfänge und Ursprünge. Zur Vorgeschichte der Jenaer Wissenschaftslehre*. Hrsg. von Wolfgang Schrader), S. 101-113.

Wundt, Max (1932): *Die Philosophie an der Universität Jena*. Jena: Fischer.

Wurzbach, Constant von (Hrsg.) (1873): *Biographisches Lexikon des Kaiserthums Oesterreich, enthaltend die Lebensskizzen der denkwürdigen Personen, welche seit 1750 in den österreichischen Kronländern geboren wurden oder darin gelebt und gewirkt haben*, Fünfundzwanzigster Theil [...]. Wien: Druck und Verlag der k. k. Hof- und Staatsdruckerei, S. 222-230.

Zacharias, Gerhard (1948): *Der unmittelbare Selbstbesitz bei Kant, Reinhold, Fichte und Schelling. Eine Untersuchung zum Werdegang der Identitätsphilosophie aus dem Kritizismus*. Inauguraldissertation Freiburg i. Br. (Maschinenschrift).

Zeller, Eduard (1873): *Geschichte der deutschen Philosophie seit Leibniz*. München: Oldenbourg.

Zynda, Max von (1910): *Kant – Reinhold – Fichte. Studien zur Geschichte des Transzendental-Begriffs*. Inauguraldissertation Marburg. Berlin: *Kant-Studien*, Ergänzungsheft Nr. 20.

Personenregister

Sachregister